ERICH SCHÜTZ
Judengold

JÜDISCHES GOLD Leon Dold ist Journalist. Als er am Bodensee für einen Dokumentarfilm recherchiert, stößt er auf einen Fall von Goldschmuggel und eine Geschichte, die schon im Dritten Reich begann: Jüdisches Kapital wurde damals in die Schweiz verschoben; ein Zugschaffner namens Joseph Stehle spielte offensichtlich eine tragende Rolle, auch ein Schweizer Bankhaus war involviert. Jetzt soll es gewaschen nach Deutschland zurückgebracht werden.

Auf der Suche nach den Hintergründen stößt Leon auf unglaubliche Machenschaften und verstrickt sich immer tiefer in den brisanten Fall: Eine Organisation, die Verbindungen in höchste Geheimdienstkreise zu haben scheint, von deren Existenz jedoch niemand etwas wissen will, streckt ihre tödlichen Fänge nach ihm aus …

Erich Schütz, Jahrgang 1956, ist freier Journalist. Er arbeitet als Autor von Fernsehdokumentationen und kulturellen Reiseberichten und ist Herausgeber verschiedener Restaurantführer. Jüngst erschien im Gmeiner-Verlag sein journalistischer Reiseführer »66 Bodensee-Orte und 11 Bodensee-Köche, die Sie besucht haben müssen!«. Aufgewachsen im Südbadischen, lange Zeit in Berlin und Stuttgart zu Hause, hat sich Erich Schütz einen Traum erfüllt und wohnt heute in Überlingen am Bodensee. Hier war er auch als Programmchef des ersten regionalen Fernsehsenders am Bodensee, »see tv«, tätig. 2007 erschien sein erster Kriminalroman »Die Doktormacher Mafia«. Mit »Judengold« folgt nun sein Debüt im Gmeiner-Verlag.

ERICH SCHÜTZ
Judengold
Kriminalroman

Personen und Handlung sind frei erfunden.
Ähnlichkeiten mit lebenden oder toten Personen
sind rein zufällig und nicht beabsichtigt.

Besuchen Sie uns im Internet:
www.gmeiner-verlag.de

© 2009 – Gmeiner-Verlag GmbH
Im Ehnried 5, 88605 Meßkirch
Telefon 0 75 75/20 95-0
info@gmeiner-verlag.de
Alle Rechte vorbehalten
1. Auflage 2009

Lektorat: Claudia Senghaas, Kirchardt
Herstellung / Korrekturen: Susanne Tachlinski /
Doreen Fröhlich, Katja Ernst
Umschlaggestaltung: U.O.R.G. Lutz Eberle, Stuttgart
unter Verwendung eines Fotos von: aboutpixel.de / Blick in die Ferne
© Gernot Weiser
Druck: Fuldaer Verlagsanstalt, Fulda
Printed in Germany
ISBN 978-3-8392-1015-4

Für Martina, die, während dieser Krimi geschrieben wurde, zuversichtlich ihre Chemotherapie durchstand.

KAPITEL 1

»Grüezi«, murmelte Joseph Stehle kurz angebunden vor sich hin, ohne seinen Gesprächspartner anzuschauen. Dabei öffnete er eine abgegriffene, dunkelbraune Ledertasche und legte einige dicke, mit einem dünnen Gummi zusammengeschnürte Reichsmarkbündel, auf die Theke des schweizerischen Bankhauses Wohl & Brüder in Schaffhausen.

»Grüezi«, antwortete der rundliche Bankangestellte hinter den dicken Panzerglasscheiben, ebenfalls ohne besondere Freundlichkeit. Es war offensichtlich, die beiden kannten sich, es schien jedenfalls nicht das erste Mal zu sein, dass der Mann dem Kassierer lose Geldbündel auf den schmucklosen Tresen blätterte.

Der Schalterraum war nicht größer als ein ganz normales Wohnzimmer. Ein quadratisches, kleines Fenster zur Straße sowie eine alte Schreibtischlampe, direkt über der Kasse, dienten als einzige Lichtquelle. Außer der Ladentür führte nur noch eine weitere Tür direkt neben der Kasse in einen anderen Raum.

»Vier neue Nummernkonten«, befahl Joseph Stehle mit grobem schweizerischen Tonfall. Er sprach auffallend ungehobelt und ohne Höflichkeitsschnörkel. Er war groß gewachsen, hatte eine stattliche Figur, graue, kurze Haare mit angedeutetem Linksscheitel, ein schmales, strenges Gesicht mit tiefen Furchen und eine Nase, die ebenfalls schlank, aber etwas zu lang geraten war. Unter einem offenen, schwarzen Mantel trug er sichtbar eine dunkelblaue Uniform.

»Selbstverständlich, mein Herr«, nassauerte der Bankangestellte und kramte mit seinen wurstigen Fingern die für eine Nummernkontoeröffnung notwendigen Formulare aus einem Fach unter seiner Theke hervor. Der Angestellte wirkte hinter seinem Schalter klein und gedrungen. Er hatte eine Nickelbrille auf seiner Nase und im Verhältnis zu seinem Zwergenwuchs einen zu großen, quadratischen Kopf mit glatt gescheitelten, fettigen Haaren.

Während des gesamten bürokratischen Vorgangs fiel kein persönliches Wort. Vor allem aber war auffallend, dass beide weder einen Namen noch eine Adresse nannten.

Als Joseph Stehle die Bank verließ, knöpfte er trotz milden Sonnenscheins seinen Mantel fest zu. Er hielt dabei in seiner rechten Hand einen kleinen Zettel, auf dem vier Nummern geschrieben standen. Energisch marschierte er durch das Herrenackerviertel, einem der schönsten Winkel in der Schaffhauser Altstadt. Er ging hinunter, an dem kleinen, frühklassizistischen Kastenerker mit einfacher Namenkartusche vorbei, und blinzelte vergnügt der kleinen Friedenstaube zu, die seit der Französischen Revolution 1789 über der Rundbogenpforte verharrte.

Von Frieden war zu jener Zeit in ganz Europa keine Rede, auch nicht in Schaffhausen. Die gesamte Schweiz befand sich in einem Ausnahmezustand. Nachdem Hitler in Österreich einmarschiert war, die deutschen Truppen fast ganz Frankreich überrannt hatten und in Italien Mussolini mit faschistischer Skrupellosigkeit herrschte, war die Schweiz zur eingeigelten Trutzburg für viele Flüchtlinge geworden. Hauptsächlich Juden, aus allen besetzten Ländern, suchten Zuflucht – für sich und ihre Ersparnisse.

Joseph Stehle war über diese Situation nicht unglücklich. Im Gegenteil: Seine Geschäfte liefen glänzend. Er fühlte sich bestens, vertrieb mit einem angedeuteten Fußtritt eine Taube von einer Parkbank am Rhein und setzte sich selbst darauf. Er blinzelte kurz in die Sonne, dann stierte er auf den Zettel in seiner Hand. Seine Lippen bewegten sich leicht, er prägte sich die Nummern ein: Nummer 1017 Josef Weiß: 200.000 Reichsmark; Nummer 1020 Jakob Kaufmann: 130.000 Reichsmark; Nummer 1045 Samuel Rosenberg: 100.000 Reichsmark und 1048 Nathan Wolf: 250.000 Reichsmark.

Er hatte sich ein System erdacht, mit dem er sich die Nummern und vor allem die Höhe der Summen leicht merken konnte. Dabei fuhr er einfach gedanklich mit dem Zug seine Lieblingsstrecke, die Gäubahn, von Stuttgart nach Zürich ab. An jeder Bahnhofsstation – er kannte alle – hatte er vor seinem geistigen Auge Schließfächer eingerichtet. Schon vor Jahren hatte er damit begonnen. Im Hauptbahnhof Stuttgart hatte er in seinem Kopf das erste Depot angelegt. Dort fuhr der Zug nach Zürich schon seit Jahren um 7.58 Uhr ab. Sein erstes Nummernkonto in dem Schaffhauser Bankhaus Wohl & Brüder hatte so die Nummer 758. Das war leicht zu merken. Das zweite Konto, am ersten Halt Böblingen, hatte die Ankunftszeit als Nummer und damit 823, die Nummer des dritten Kontos war mit der Abfahrtszeit 825 identisch usw.

Die jeweiligen Kontonummern in der Bank erbat er sich nach dem Fahrplan der Reichsbahn, der in seinem Kopf fest verankert war. Er konnte alle Ankunfts- und Abfahrtszeiten im Schlaf herunterleiern. Als Schaffner fuhr er die Strecke schon seit Jahren. Die Summe der Beträge merkte er sich ebenso leicht. Dafür brauchte er kein weiteres System, dabei halfen ihm seine Gier und ein kleiner Trick. In seinem Kursbuch unterstrich er mit Bleistift jene Ziffern, die an seinen Haltestellen zu weiteren Anschlusszügen führten. So waren zum Beispiel unter Böblingen bei der Ankunftszeit 8.23 Uhr die Ziffern der Zugnummer für die Anschlusszeit nach Sindelfingen unterschiedlich gestrichelt. Der Vorteil des Systems: Zugnummern änderten sich so wenig wie die Fahrpläne. Und es gab immer eine große Auswahl an Anschlusszügen und Nummern. Die glatten Tausenderbeträge konnte er so leicht verschiedenen Zügen zurechnen.

Die Namen der Eigentümer selbst, da war er sich sicher, konnte er vergessen. Nach allem, was er gehört hatte, war die Angst unbegründet, dass Juden nach 1940 es noch schafften, Deutschland zu verlassen. Und wenn schon: Wo wollten sie klagen? In Deutschland sicher nicht, lachte er selbstsicher in sich hinein, und in die Schweiz müssten sie erst einmal hereinkommen. Ein Beschluss des Bundesrates in Bern von 1939 machte eine Einreise für deutsche Juden fast unmöglich. Ohne gültige Ausreisepapiere, und zwar von deutscher Seite, ging nichts mehr. Die Schweizer Behörden wiesen Reichsdeutsche, die von den deutschen Behörden keine gültigen Ausreisepapiere vorlegen konnten, gnadenlos zurück, und Juden bekamen diese Genehmigung in Deutschland kaum noch. Viele Flüchtlinge, die schon vor dem Berner Beschluss schwarz über die deutsch-schweizerische Grenze gelangt waren, wurden von den Schweizer Behörden nach 1940 sogar wieder zurück an die Gestapo ›ausgeschafft‹, wie es im Schweizer Amtsjargon hieß.

Joseph Stehle und einige seiner Kollegen hatten schon zuvor das lukrative Geschäft erkannt. Ob Kellner im Speisewagen der deutschen Gesellschaft Mitropa oder eben Schaffner der Reichsbahn – mit fast allen Zöllnern standen sie auf Du und Du. Ihr Grenzübertritt als Zugbegleitpersonal war tägliche Routine. Illegale Vermögensverschiebungen aus dem Deutschen Reich in die Schweiz boten sich als lukratives Nebengeschäft geradezu an.

Joseph Stehle hatte die Geldscheine, Münzen oder den Schmuck stets in einem sicheren Versteck im Zug deponiert. Er schob seine alte Lederaktentasche in den Hohlraum der Waggonaußenwand im eigenen Schaffnerabteil und ließ die Sperrholzwand wieder zurückschnappen. Der Hohlraum maß immerhin zehn Zentimeter Breite und reichte über die gesamte Fläche unterhalb des Waggonfensters bis zum Heizungsschacht. Der Zutritt in das Abteil war nur dem Dienstpersonal gestattet. Die Abteiltür hielt er immer verschlossen. Selbst die Zöllner baten ihn nur selten, diese Tür zu öffnen. Schließlich galt er sowieso als ein Einhundertfünfzigprozentiger. Und meist verlief der tägliche Grenzverkehr ohnedies ohne Zwischenfälle.

*

»Wenn Sie mich umbringen, versiegt Ihre Quelle«, hatte sie ihn noch gewarnt. Doch Joseph Stehle drehte ihr die Halsschlagadern ab.

Sie schaute ihm flehend in die Augen.

Er lächelte sie kalt an und erhöhte den Druck.

Als er spürte, wie das Leben aus ihrem Körper weichen wollte, löste er die Fäuste, fing ihren dünnen Leib auf, damit dieser nicht lautstark auf den Boden ihres Wohnzimmers krachte, und trug sie ins Badezimmer.

Dort lehnte er die bewusstlose Frau mit der einen Hand an die grün gefliese Wand, öffnete ungeschickt mit der anderen Hand ihre Bluse, suchte dann die Knöpfe ihres Rockes, um diesen über ihre schmalen Hüften zu streifen, und entkleidete sie, so weit es ihm in dieser Stellung möglich war.

Zwischendurch öffnete sie ihre Augen, doch Joseph Stehle wusste, was er zu tun hatte, und drückte ihr schnell beide Halsschlagadern, jetzt leicht mit einer Hand, wieder ab.

Dann legte er den für ihn leichten Körper in die Badewanne, entkleidete sie vollständig und zückte aus seiner Hosentasche ein Schweizer Offiziersmesser.

Er kniete sich neben die Wanne, ließ die Klinge aufspringen und schnitt der Frau rasend schnell beide Pulsadern in ihren Unterarmen auf.

Die Arme legte er schlaff auf ihren nackten Bauch.

Zufrieden sah er das Blut aus den Wunden quellen.

Seine Hände waren blutig geworden und auch sein Messer. Er drehte einen Wasserhahn auf, dann den zweiten, und staunte, wie leicht er mit den beiden Hähnen die Wassertemperatur regeln konnte. Das Badezimmer in der Stuttgarter Schlossstraße war großzügig ausstaffiert, in dem Haus gab es eine der ersten Zentralheizungen und im Bad Mischbatterien für Warm- und Kaltwasser, wie sie Stehle noch nie gesehen hatte.

Für die Schönheit des Körpers der schlanken Frau hatte Joseph Stehle heute keinen Blick. Er schaute nur in ihr Gesicht und wusste, dass er ihr jederzeit, sollte sie doch noch einmal ihre Augen öffnen, schnell wieder die Halsschlagadern abdrücken würde.

Doch die junge Frau erwachte nicht mehr.

Joseph Stehle drehte das Wasser ab und blickte zufrieden auf sein Werk. Er ging in die Küche, holte aus einer Schublade ein scharfes Messer und drapierte es so bei der Leiche in der Wanne, dass man glauben konnte, es sei ihr aus der Hand geglitten. Eine Jüdin, die sich das Leben nahm, war in jenen Tagen nichts Besonderes. Da hatte er auch vonseiten der Stuttgarter Polizei keine weiteren Nachforschungen zu befürchten. Jüdisches Leben war zu jener Zeit keine Ermittlung wert.

Joseph Stehle wog sich in der Sicherheit, dass in der

Wohnung über seine schwunghaften Schiebereien keine Hinweise zu finden waren. Der jetzt toten Dame, wie auch ihm, war von Anfang ihrer Geschäftsbeziehungen an klar gewesen, dass jede Art von Aufzeichnungen den eigenen sicheren Tod bedeuten konnte. Denn für Devisenvergehen gab es im Deutschen Reich kein Pardon. Aus Angst vor der Todesstrafe hatten sie sich gegenseitig immer wieder versichert, keine Beweise für ihre Geldtransaktionen aufzubewahren.

Luise Levy starb am 4. November 1940. Der für die Behörden offensichtliche Selbstmord einer 39-jährigen Jüdin war in den Kriegsjahren für die Öffentlichkeit kein Thema.

Mit Luise Levy versiegte für Joseph Stehle aber tatsächlich fürs Erste eine Einnahmequelle. Sie hatte recht gehabt, sie war wie eine Goldader für ihn gewesen, die ihn zu immer neuen Funden geführt hatte. Doch er hatte sie beseitigen müssen. Die Stuttgarter Jüdin hatte ihm zwar die meisten seiner Kunden zugeführt, aber das Geschäft wurde immer gefährlicher. Dabei hatte vor drei Jahren alles ganz harmlos begonnen.

*

Joseph Stehle tat am 13. August 1937 Dienst in dem Personenzug Singen–Winterthur, Abfahrt 9.30 Uhr, Gleis 1. Die Grenzzöllner durchstreiften die Waggons. Sie fuhren jeweils von Singen bis über die Grenze Rielasingen-Ramsen mit. Alle Passagiere mussten ihnen ihre Ausweise sowie eine Bewilligung zum Grenzübertritt oder die neue, gesetzlich vorgeschriebene Grenzkarte vorlegen.

Er, Joseph Stehle, kontrollierte als Schaffner die Fahrscheine, die Zöllner begutachteten die Grenzpapiere.

Joseph Stehle war den Zöllnern oft ein Stück voraus. Die Fahrkarten waren in jener Zeit schneller kontrolliert als die Ausweispapiere, und an jenem Tag hatte zudem eine attraktive Frau seine Aufmerksamkeit erregt. Sie saß im Erste-Klasse-Abteil allein am Fenster. Sie hatte eine blonde Dauerwelle, trug ein keckes rotes Hütchen und hatte sich in ein enges blaues Kostüm gezwängt, das die Konturen ihres Körpers mehr als erahnen ließ.

»Heil Hitler«, begrüßte Stehle sie freundlich. Die Frau war nach seinem Geschmack und nach der von ihm verinnerlichten Rassenlehre durch und durch arisch.

»Heil Hitler«, antwortete sie leise und reichte ihm ihre Fahrkarte.

Stehle sah ihre Hand leicht zittern.

Er nahm die Fahrkarte, schaute diese genau und in Ruhe an, um nichts zu übersehen. Dann lochte er sie und reichte sie der jungen Frau mit einer unverfänglich klingenden Nachfrage zurück: »Sie fahren heute wieder nach Hause?«

»Ja«, lächelte sie unsicher, »ich besuche eine Tante in Winterthur, sie hat heute Geburtstag. Um 18.30 Uhr geht doch wieder ein Zug zurück?«

Stehle zeigte sich hilfsbereit und griff nach seinem Kursbuch: »Was für einen Tag haben wir denn heute?«, fragte er ganz beiläufig, als wüsste er dies nicht ganz genau, und blätterte sich durch die dünnen Seiten seines dicken Kursbuches.

»Freitag«, wusste die Zugfahrerin.

»Schon«, lachte Stehle, »aber welches Datum?«

»Heil Hitler«, brachen die Zöllner in das Abteil ein.

»Stören wir?«, lachte der ältere der beiden Grenzer und klopfte Stehle kameradschaftlich auf die Schultern. »Tut uns leid, Joseph, aber es muss sein.«

Stehle zwinkerte der Frau komplizenhaft zu.

Der ältere Zöllner nahm ihre Papiere, prüfte sie sorgfältig und wurde plötzlich unfreundlich in seinem Ton: »Sie haben einen Tagesschein, Frau Levy«, herrschte er sie an. »Einen Tagesschein, eine Rückfahrkarte und doch eine ziemlich große Reisetasche?«

»Meine Tante in Winterthur hat Geburtstag, und sie hat nur einen Wunsch«, die junge Frau versuchte, unbefangen zu wirken und öffnete auf den Fingerzeig des Zöllners folgsam ihre Tasche. »Schauen Sie ...«

»Kuckuck, Kuckuck, Kuckuck ...!«

Die Männer blickten ratlos. Zehn Mal hörten sie den künstlichen Schrei des Vogels, dann mussten sie alle lachen, nachdem Frau Levy das braune Packpapier von einer überdimensionalen Kuckucksuhr abgestreift hatte.

Es war Punkt 10 Uhr am 13. August 1937, und der Personenzug Singen–Winterthur überquerte, wie jeden Tag, ohne besondere Vorkommnisse die Grenze zwischen Deutschland und der Schweiz.

*

Die deutschen Zöllner verließen vor dem schweizerischen Ramsen den Zug, die Schweizer Zöllner stiegen zu, nur Joseph Stehle und der Lokführer blieben nach der staatsvertraglichen Vereinbarung Zugbegleiter bis nach Winterthur.

Joseph Stehle nutzte diese Chance: Kaum hatte der Zug den Schweizer Bahnhof nach dem Grenzübertritt verlassen, zog es ihn in das Abteil der blonden Dame zurück.

»Alles in Ordnung?«, fragte sie ängstlich, als er wieder in ihrem Abteil stand.

»Ja«, lachte Stehle freundlich, »aber Sie wollten mir doch noch das heutige Datum nennen?«

Luise Levys Gesichtsfarbe veränderte sich. In die vornehme Blässe ihrer Wangen schoss dunkelrot das Blut.

»Tja«, Joseph Stehles Stimme wurde amtlich, »wir haben gar nicht in den Kasten der Kuckucksuhr reingeschaut, geschweige denn die dicke Tasche ordentlich durchsucht.«

Luise Levys Kopf glühte plötzlich. Sie schluckte deutlich und antwortete unsicher: »Wir sind doch jetzt in der Schweiz.« Es klang wie eine Frage, auch wenn es eine Feststellung sein sollte.

»Aber noch immer in einem Waggon der Deutschen Reichsbahn«, konterte Stehle amtlich, legte geschickt eine kleine Pause ein, in der Luise Levys Gesichtsfarbe nun wieder ganz blass wurde, und setzte zynisch lächelnd nach: »Heute ist der 13. – Freitag, der 13., der Geburtstag Ihrer Tante! Das ist wohl kein Glückstag für Sie, oder?«

»Warum?«

»Weil man als liebe Nichte dieses Datum doch immer parat hat, oder?« Stehles Tonfall war plötzlich harsch geworden.

»Wollen Sie die Polizei rufen?« Luise Levy hatte sich schnell gefangen, es war offensichtlich für sie, dass der Schaffner Lunte gerochen hatte. Sie fragte sich nur, warum er seinen Verdacht nicht schon den Zöllnern gemeldet hatte, und schöpfte deshalb gleichzeitig Hoffnung. Die Begehrlichkeit der Menschen, das hatte sie in den vergangenen Jahren schon oft erfahren, machte diese angreifbar.

Joseph Stehle antwortete nicht. Er spürte die Angst in der jungen Frau aufkeimen. Diesen Augenblick genoss er.

»Was wollen Sie?« Luise Levy wollte handeln, um möglichst schnell diese für sie prekäre Lage zu verändern. »Ich biete Ihnen die Hälfte meiner Provision.« Ihr war klar, sie musste diesen Mann ködern. Er hoffte offensichtlich auf einen Vorteil, sonst hätte er die Grenzer noch auf deutschem Hoheitsgebiet gerufen.

Stehle hingegen zögerte. Er beugte sich nah zu ihr hinunter, roch die Mischung ihres teuren Parfums und inhalierte die Aura ihrer Angst. Er versank fast in ihrem Dekolleté.

Luise sprang von ihrer Sitzbank auf, sie spürte die Überlegenheit des fremden Mannes. Sie hasste diese Situation und diesen Schaffner. In Augenhöhe stand sie ihm nun aufrecht gegenüber.

Er grinste ihr jetzt unverschämt ins Gesicht. Gleichzeitig wurde ihm aber klar, dass diese Frau kein leichtes Opfer sein würde. Er begehrte sie zwar auf der einen Seite und war noch nie einem sich bietenden Seitensprung ausgewichen, fürchtete aber zugleich, dass das Spiel mit ihr vielleicht doch zu gefährlich werden könnte. Er überlegte daher, ob er nicht doch lieber das Angebot annehmen sollte, um sich ein paar Mark nebenbei zu verdienen. »Wie hoch ist denn die Provision?«

»Zehn Prozent, ich würde sie mit Ihnen teilen. Das hieße dann für Sie und für mich jeweils fünf.«

»Wie viel ist das in Mark und Pfennig?«

»Rund 1.000 Mark für Sie.«

Joseph Stehle überschlug kurz. Er bekam im Monat 275 Reichsmark von der Reichsbahn. Dafür musste er 56 Stunden die Woche arbeiten. 1.000 Mark, das war weit mehr als ein Vierteljahresverdienst, für nichts! Nur dafür, dass er nicht wahrnahm, was sowieso nur er aufgedeckt hatte. »1.500«, forderte er kalt.

»In Ordnung«, erwiderte Luise Levy.

»Und Sie eröffnen für mich ein Konto in der Schweiz und zahlen den Betrag dort ein.«

Luise Levy sah jetzt die Unsicherheit in den Augen des deutschen Schaffners. Ihm war klar geworden, dass er solch eine Summe unmöglich mit nach Deutschland nehmen konnte. Er hätte sie dort auch gar nicht ausgeben können.

Joseph Stehle zögerte plötzlich: Was hatte er von dem Geld? Er begab sich damit in die Hand dieser fremden Frau. Sie konnte ihn jederzeit verpfeifen und noch schlimmer: Sie konnte ihn erpressen. Auf der anderen Seite malte er sich aus, was er mit dem Geld alles tun könnte.

»Wir sollten uns auf neutralem Boden in Winterthur weiter unterhalten«, unterbrach Luise Levy die Gedanken des plötzlich ängstlich wirkenden Schaffners. Sie musste diesen unbekannten Mann für sich gewinnen, zumindest so lange, bis sie aus diesem Zug ausgestiegen war. Sie setzte auf ihre weiblichen Reize, straffte ihren Oberkörper, zog ihre Bluse glatt und zeigte stehend ihre attraktive Figur. Mit großen Augen und geöffneten Lippen sah sie Joseph Stehle an.

Joseph Stehles Angst wich blitzartig. Er sah ihre Lippen, er blickte unverhohlen auf ihren festen Busen, musterte ihre zierlichen Hüften und roch ihr teures Parfum. Er schöpfte erneut eine vage Hoffnung. Er wähnte sie in seiner Hand. Hinter dem Winterthurer Eisenbahnheim kannte er ein ziemlich heruntergekommenes Hotel. Dort war er bei solchen Gelegenheiten schon mehrfach abgestiegen. Stehle fühlte sich wieder wie ein ganzer Kerl. »Sie überlassen mir Ihren Pass und die Bewilligung zum Grenzübertritt, und wir treffen uns in Winterthur im Hotel Studer hinter dem Eisenbahnerheim. Sie werden es leicht finden, Sie gehen aus dem Bahnhof heraus, dann rechts, über die Brücke der Zürcherstraße, über die Gleise, und biegen dann links in den Bahnmeisterweg ein.«

Luise Levy fiel ein Stein vom Herzen. Sie lächelte ihn ehrlich aus ihren blauen Augen an, reichte ihm den Pass und die Grenzübertrittsbewilligung und versprach: »Ich werde eine halbe Stunde nach Ankunft unseres Zuges in Winterthur im Hotel Studer sein.«

»Ich weiß«, antwortete Stehle arrogant, »ohne Ihren Pass gibt es keinen Weg zurück, und deutsche Schmuggler werden aus der Schweiz direkt der Gestapo überstellt.«

*

Als Luise Levy die Hände ihres Mörders um ihren Hals spürte, wusste sie, dass alles Gold und Geld, welches sie bisher mit diesem Mann über die Grenze geschafft hatte, verloren war. Sie allein war die Garantin für ihre jüdischen Kunden, dass diese den ihr anvertrauten Schatz nach der Hitlerzeit wieder zurückbekommen würden. Den meisten hatte sie nur von einem Konto in der Schweiz erzählt, wohin genau die Summen und Schätze geschafft wurden, wussten diese nicht. Sie alle hatten ihr in ihrer Notlage vertraut, ihr vertrauen müssen. Mit ihrem Tod waren jedoch alle entscheidenden Informationen über die tatsächlichen Eigentümer der Vermögen nur noch in Stehles Hand. Ihre begründete Vorsicht und ihr Misstrauen gegenüber allem hatten zur Folge, dass sie niemandem etwas über ihre Beziehung zu diesem Mann und der Schaffhauser Bank erzählt hatte. Schriftliche Dokumente, die Bargeldzahlungen belegt hätten, waren zu jener Zeit in Deutschland für alle Beteiligten tödlich. Deshalb gab es nur die Aufzeichnungen, die Stehle in der Schaffhauser Bank hinterlegt hatte.

Joseph Stehle war sich über seine Position schnell klar geworden. Er hatte darauf gesetzt. Sie waren sich damals in dem Winterthurer Hotel nähergekommen. Er hatte Zeit genug gehabt, sie kennenzulernen. Er hatte schon damals ihre ständige Angst gespürt, wie zuvor in dem Zugabteil. Zur Schmugglerin war sie nicht geboren. Deshalb empfand er sie schon bald als Gefahr für sich. Immer, wenn er sie in Stuttgart besuchte, um bei ihr neue Geldbündel und andere kleine Schätze abzuholen, war sie zu besorgt und furchtsam. Sie hatte es ihm leicht gemacht, ihr die gesamten Geschäfte abzunehmen. Jetzt hielt er alle wichtigen Papiere in seinen Händen. Seit dem Gerede über die Vernichtungsanlagen für Juden war ihre Angst ins Unermessliche gewachsen.

Er musste sie töten, bevor es zu spät war – ob er wollte oder nicht!

Sie musste weg.

*

Zunächst hatte er ihren Tod bedauert. Er hatte es geliebt, mit ihr zu schlafen, wenn sie bei seinen Besuchen in Stuttgart vor Angst zitterte. Er lernte Katharina Gloger kennen. Sie war keine Goldader, dafür ein echter Goldschatz. Die junge Frau war auf der Flucht aus der besetzten Tschechoslowakei. Sie war ihm regelrecht in die Arme gelaufen. Es war im August 1943, kurz nach 22 Uhr. Er hatte Dienstschluss und wollte gerade das Bahnhofsgebäude in Singen verlassen, da hatte er sie getroffen.

Er hatte Katharina Gloger schon gesehen, bevor sie vor ihm stand. Sie trug einen auffallend schönen Koffer, mit hellem, braunem Holz gerahmt und mit dunkelbraunem Leder bezogen. Joseph Stehle fiel das Gepäckstück aber nicht wegen dessen Verarbeitung auf, sondern weil es offensichtlich schwer war. Für die Größe des kleinen Handgepäcks war es zu schwer. Stehle hätte gerne gewusst, was sich darin verbarg.

Sie hatte ihn gezielt nach der Wohnung des katholischen Stadtpfarrers gefragt. Joseph Stehle schilderte ihr hilfsbereit den Weg zum Pfarrhaus. Danach folgte er ihr unauffällig. Er ahnte, dass diese Frau eine illegale Absicht verfolgte. Eine fremde Dame, spätabends allein auf der Straße, das war ungewöhnlich. Und August Ruf, der Stadtpfarrer, war bekannt für seine antinazistische Einstellung. Joseph Stehle witterte ein mögliches Geschäft für sich. Zu lange schon hatte er seine Fähigkeit, Wertsachen über die deutsch-schweizerische Grenze zu schieben, nicht mehr genutzt.

Er sah in der Dunkelheit, wie der Frau im Pfarrhaus Einlass gewährt wurde. Er wartete. Es dauerte circa eine halbe Stunde, dann kam sie wieder aus dem Pfarrhaus heraus und ging direkt zum Central-Hotel.

Stehle folgte ihr durch die Adolf-Hitler-Straße bis vor das Hotel in der Innenstadt Singens. Er sah, wie nach kurzer Zeit in einem Gästezimmer ein Licht angeknipst wurde. Es war im ersten Stock, das dritte Zimmer von links.

Stehle rauchte genüsslich eine Zigarette und wartete, bis ihr Licht erlosch.

Dann wusste er, was er zu tun hatte.

KAPITEL 2

»Nichts wäre leichter, als mit dem Boot den ganzen Kladderadatsch von Kreuzlingen nach Meersburg zu schippern, warum nur müssen wir versteckt über diese kahlen Felder kutschieren?«

»Was machst du dir einen Kopf? Bisher ging immer alles glatt, Opa wird schon wissen, warum er uns mit der Karre nach Zürich geschickt hat!«

»Sind wir überhaupt noch in der Schweiz? Oder sind wir schon in Deutschland?«

»Was soll's, wir sind mitten in Europa, mach dir nicht ins Hemd, du Scheißer.«

Sven steuerte den schweren, silbergrauen Mercedes mit leichter Hand über die schmalen Straßen am Südhang des Randen entlang. Das eingebaute Navigationsgerät verriet ihm die kleinsten Feldwege mit allen möglichen Grenzübergängen. Sven war wie immer gut gelaunt. Er hatte eine große, neumodische Sonnenbrille auf der Nase, freche Sommersprossen und lockige, blonde Haare, die ihm tollkühn ins Gesicht hingen. Er grinste verwegen und drehte das Radio lauter. Er hatte gerade eine CD der Böhsen Onkelz eingeschoben und grölte mit. »Nur die Besten sterben jung …«

Sven führte oft und gerne Aufträge für seinen Opa aus. Der kleine Gefallen, den er ihm heute tat, war eine Lappalie. Einmal Zürich und zurück, pah! Er würde die Karre noch einige Zeit behalten dürfen, und schon allein dieser Gedanke gefiel ihm. Heute Abend würde er damit eine Tour durch die Singener Innenstadt unternehmen. Zwar waren die Gartenwirtschaften jetzt im späten Herbst längst geschlossen, aber seine Kumpels hingen noch immer gerne vor dem ›Exil‹, einer seiner Stammkneipen, herum.

Sein nur um wenige Jahre älterer Bruder Bernd dagegen wirkte eher ängstlich. Er saß steif neben Sven. Er trug eine etwas biedere Kombination: braune Kordhose, blaues Hemd und ein schwarzes Sakko. Seine Haare waren kurz geschnitten, seine Brille hatte dicke Gläser mit Zylindern. Im Gegensatz zu seinem Bruder gefielen ihm die Aufträge seines Opas nie. Er hatte dabei immer das Gefühl, etwas zu tun, das er nicht ganz durchschaute.

Auf der anderen Seite war der Auftritt heute Morgen cool gewesen. Sie waren in Zürich in der Bahnhofstraße direkt beim Hauptsitz der Schweizer Bankgenossenschaft vorgefahren. Locker hatte Sven den Wagenschlüssel in die Hände eines Bediensteten geworfen, dann hatten sie die Papiere von Opa auf einen Tisch gelegt, und schon waren sie bedient worden wie Staatsgäste im Bundespräsidialamt. Es hatte Kaffee und feinste Sprüngli-Pralinen und anschließend eine Führung in die Katakomben des noblen Bankhauses gegeben. Dort hatte ihnen ein weiterer Bediensteter mehrere Schlüssel überreicht, und gemeinsam hatten sein Bruder Sven und er mehrere Fächer seines Opas in dem Saferaum geplündert. Sie hatten dabei konzentriert vorgehen, zum Teil nummerierte Goldbarren entnehmen und notieren sowie einen nicht unerheblichen Batzen Bargeld zusammenzählen müssen.

»Befehl von Opa«, hatte Sven gegrinst und einige Scheine, wie in einem schlechten Hollywoodstreifen, in die Luft geworfen.

»Woher der das alles nur hat?«, wollte Bernd im Auto wissen.

»Du fragst, wie immer, zu viel«, wies ihn Sven zurecht. »Du weißt doch: W-Fragen beantwortet nur der liebe Gott.«

»Scheiß drauf, das muss gerade der Alte sagen, der weiß ja nicht einmal, wie man Gott schreibt.« Bernd hasste die Ausflüchte seines Opas auf alle die Fragen, die darauf abzielten, ein bisschen Licht in das mysteriöse Leben des alten Herrn zu bringen.

»Dafür muss er einen guten Draht zu ihm haben«, beschwichtigte Sven seinen Bruder, »der Nebel kommt doch wie vom lieben Gott selbst gemacht.«

Es war ein klarer Novembertag. Für die Jahreszeit war es bisher viel zu warm. Sonnenstrahlen schafften sich immer wieder einen Weg durch die wallenden Nebelbänke, die vom See aus dank dem leichten Ostwind sanft westwärts geschoben wurden. Jetzt in den späten Nachmittagsstunden drückten sich die Nebelbänke aus dem Tal unterhalb des Randen nach oben in die Hügelkette zwischen der Schweiz und Deutschland empor. Die Wälder liegen hier einsam, nur unterbrochen von einigen Wiesen und Feldern und wenigen einzelnen Bauernhöfen. Wanderer können sich nur schwer orientieren, wo und wann sie die Staatsgrenze überschreiten. Dabei kann es vorkommen, dass sie trotz Geradeausmarsch in nur eine Himmelsrichtung öfter die Grenzseite wechseln, als sie es selbst wahrnehmen. Hie und da stehen alte, längst vermooste Grenzsteine, manchmal ein neues Schild, das Grenzgänger ermahnt, nicht zu schmuggeln.

Die Autofahrer haben es leichter, sich zu orientieren. Sie sehen zumindest die obligatorischen Grenzschranken, sofern sie auf den ordentlichen Straßen fahren. Und an jedem offiziellen Grenzübergang entlang dieser kleinen Landstraßen wehen sichtbar deutsche und schweizerische Flaggen in gemeinsamer Eintracht.

Allerdings sind die Zollhäuser selbst oft unbesetzt. Eine Garantie dafür gibt es aber nicht, denn hin und wieder wird trotz Personalmangels auch an den kleinen Grenzübergängen kontrolliert. Doch das Besetzen dieser Posten lohnt sich kaum. Es gibt an den kleinen Grenzübergängen fast keinen Verkehr. Meist sind es nur wenige Traktoren, die dort über die Grenze fahren, denn die deutschen Landwirte verpachten ihre Äcker gerne an Schweizer Bauern. Diese bezahlen mehr als ihre deutschen Kollegen.

Die beiden Brüder hatten sich den kleinen Grenzübergang bei Wiechs am Randen, zwischen dem kleinen Flecken der schweizerischen Ortschaft Bibern und dem noch kleineren deutschen Klecks Beuren, ausgesucht. Langsam näherten sie sich dem kleinen Zollhäuschen von der Schweizer Seite kommend. Beide Staatsfahnen hingen vor der Zollstation schlaff im Wind. Die Amtsstube war in einem Gebäude untergebracht, das nicht viel mehr Raum bot als eine Garage. Trotzdem war das Häuschen ordentlich hergerichtet. Vor den Fenstern haderten rote Geranien mit einem bevorstehenden Winter, dem noch immer die Kraft fehlte, echte, für sie tödliche Fröste zu schicken.

Sven hatte circa 100 Meter vor dem Grenzübergang angehalten. Er griff zu einem Fernglas auf der Rückbank des Wagens. Er schob seine Sonnenbrille lässig nach oben und hob das Glas vor seine Augen. Dann schwenkte er, wie ein Jäger auf der Pirsch, die Straße vor sich ab. Er spähte nach einem Auto der Zollbeamten, sah aber keines. Beruhigt gab er langsam wieder Gas.

»Lass uns doch erst mal zu Fuß die Lage abchecken«, riet Bernd und minderte die Lautstärke der Böhsen Onkelz.

»Pah, die faulen Säcke sind doch alle zu Hause«, provozierte Sven und drückte das Gaspedal kräftiger durch. Der schwere Wagen schaltete automatisch vom zweiten in den dritten Gang und beschleunigte.

Bernd nahm das Fernglas von Sven und spähte nun ebenfalls. Er sah die geöffnete Schranke und die Tür des Zollhäuschens verschlossen. Erleichtert erwiderte er: »Du hast recht, der Schlagbaum ist oben.«

»Give me five«, forderte Sven seinen Bruder auf, und sie schlugen ihre jeweils rechten Handflächen aneinander.

Lachend überquerten sie die unbesetzte Grenzstation.

»Und jetzt nichts wie Gas«, freute sich Bernd und drückte mit seiner linken Hand auf das rechte Knie seines Bruders und damit dessen Fuß noch fester auf das Gaspedal.

Nach dem ungehinderten Grenzübertritt bogen die beiden in ein weiteres Nebensträßchen auf dem Weg von dem schweizerischen Örtchen Thayngen in Richtung des deutschen Kleinstädtchens Tengen.

Über einen Feldweg bog Sven in ein Seitental ab, als er plötzlich scharf abbremsen musste. Jäh standen sie in einer Nebelwand, und direkt vor ihnen waren, wie aus dem Nichts, mehrere eisern schillernde Pflugscharen aufgetaucht. Die Scharen standen drohend in die Luft, direkt vor der Frontscheibe. Sie gehörten zu einem Traktor, der, ohne auf den Verkehr zu achten, von dem Acker auf die kleine Straße gefahren war. Die Straßenverkehrsordnung schien den Fahrer nicht zu kümmern. Der saß geschützt hoch oben auf seiner Zugmaschine, Nebelscheinwerfer hatte er nicht eingeschaltet. Warum auch? Mag sein, dass er gedacht hatte, beim Pflügen würden sie ihm auch im Nebel nicht weiterhelfen. Und auch Nebelschlussleuchten hatte der Bauer bis zu diesem Tag auf dem Feld noch nie eingeschaltet.

Sven hatte die Pflugscharen in Höhe seiner Frontscheibe gerade noch vor sich gesehen, war heftig erschrocken und stand unvermittelt auf dem Bremspedal, während er laut und aggressiv hupte.

Der Bauer hörte das Warnsignal offensichtlich nicht, oder es interessierte ihn nicht. Er streifte den für ihn vermeintlichen Städter in seinem Mercedes mit keinem Blick, wendete geschickt seinen schweren Traktor auf dem schmalen Sträßchen und setzte die sechs Pflugscharen danach in aller Seelenruhe wieder in das Erdreich am Straßenrand.

Sven sah das Schaffhauser Nummernschild an dem Traktor, hupte erneut und zeigte dem Schweizer Bauer seinen gestreckten Mittelfinger. Doch dieser schien sich um die beiden Jungs in dem teuren Auto immer noch nicht zu scheren und zog gemächlich weiter seine Bahn.

Die beiden Brüder fuhren mit deutlich hörbarem Vollgas weiter. Sie sahen nicht mehr, wie der Bauer grob lächelte, ebenfalls sein Gaspedal bis zum Anschlag drückte und zu seinem Handy griff.

»Bauerntrottel«, quittierte Sven die Begegnung und reduzierte das Gas gerade rechtzeitig vor der nächsten scharfen Rechtskurve wieder.

»Für den sind wir die Schwobenärsche, die hier eh nichts verloren haben, der Chaibe, der weiß doch nicht einmal den Unterschied zwischen Baden und Schwaben«, pflichtete Bernd seinem Bruder bei. »Dabei nehmen die mit ihren teuren Fränkli den deutschen Bauern ihre Felder weg.«

»Deutsches Land in deutsche Hand!«, skandierte Sven und reckte seine rechte Hand, mit ausgestrecktem Arm und ausgestreckten Fingern, hoch nach vorn.

»Stimmt«, pflichtete ihm Bernd bei, »die haben jetzt schon einige Tausend Hektar bei uns gepachtet oder gar gekauft. Die deutschen Bauern können bei diesen Preisen, die die Schweizer Bauern bezahlen, längst nicht mehr mithalten. Das ist nicht in Ordnung.«

»Genau«, stachelte Sven seinen Bruder an, »und wenn

dann ein deutscher Bauer irgendetwas in die Schweiz einführen will, dann zahlt er kräftig Zoll, der Schweizer Chaibe aber nicht.«

Dass bei diesem Deal die deutschen Landbesitzer den Reibach machten, so wie auch die Schweizer Grundstücksbesitzer, wenn reiche Deutsche sich ihr Häuschen in der Steueroase Schweiz kauften, so weit wollten die jungen Männer nicht denken. Konnten sie auch nicht, denn so unvermittelt, wie zuvor der Traktor aufgetaucht war, tauchte jetzt ein Zollwagen vor ihnen auf.

»Scheiße«, entfuhr es Bernd. »Was machen wir jetzt?«

»Ganz cool bleiben«, versuchte Sven ihn zu beruhigen und holte eine Pistole aus dem Handschuhfach.

»Bist du verrückt?«, entsetzte sich Bernd.

»Bleib cool, lass die doch erst mal rankommen, meist winken sie einen sowieso durch.«

Der Zollwagen fuhr an die Fahrbahnseite, zwei Zöllner stiegen aus, beide setzten sich ihre Dienstmützen auf den Kopf. Dann stellten sie sich mitten auf die Straße und nahmen den Mercedes mit festem Blick ins Visier.

Sven lenkte den Wagen langsam auf die Beamten zu.

Er wirkte unentschlossen, er überlegte: Wenn sie ihn nur durchwinken oder nur die Papiere kontrollieren wollten, dann hatte er keinen Grund, sich jetzt auffallend zu verhalten.

Wenn sie ihn stoppen würden, um den Wagen zu filzen, dann musste er sich etwas einfallen lassen.

»Scheiße, jetzt sitzen wir in der Falle, der Stinke-Schwizer-Bauerntrottel, der hat uns die auf den Hals gehetzt«, fluchte Bernd.

Sven grinste verächtlich. Er hielt noch immer die Pistole in der rechten Hand, entsicherte sie jetzt mit der linken und ließ dabei dem Mercedes freihändig den Lauf. Leise schnurrend bewegte sich der Wagen auf die beiden Männer zu.

Diese postierten sich links und rechts der schmalen Fahrbahn.

Sven ließ den Wagen zwischen sie rollen.

Der Zöllner auf der rechten Seite des Wagens hielt seine Hand hoch. Das Zeichen war unmissverständlich: Stopp!

Sven blickte in den Rückspiegel und entdeckte einen Dienstwagen des Schweizer Zolls hinter ihnen.

»Aha, so ist das, na denn gut«, kommentierte er die Zange, in die sie geraten waren, und klemmte die Pistole zwischen seine Schenkel.

»Was machen wir jetzt?«, fragte Bernd ängstlich.

»Opa sein Geld bringen«, erwiderte Sven völlig gelassen und betätigte den automatischen Fensterheber. Das Glas senkte sich, der Wagen rollte zwischen die beiden Zöllner. Der eine blieb auf der einen Seite am Wagen stehen, der andere stand links auf der Höhe des Beifahrerfensters.

»Guten Tag, Ihre Papiere bitte«, forderte der Zöllner auf der Fahrerseite Sven auf.

Sven schaute dem Zöllner in die Augen, lächelte freundlich und griff zwischen seine Beine.

Dann ging alles sehr schnell: Sven hob die Waffe für den Polizisten kaum sichtbar mit der rechten Hand hoch und feuerte gleichzeitig los. Er gab einfach einen Schuss aus der Hüfte durch das geöffnete Fenster in Richtung des Zollbeamten ab. Gleichzeitig schlug er das Lenkrad scharf nach rechts ein, gab Vollgas, touchierte den rechts stehenden Zöllner und fegte ihn damit von der Straße. Der Wagen machte einen Satz und stob geradeaus davon.

Die beiden deutschen Zöllner blieben auf dem Boden liegend zurück. Die Schweizer Zollbeamten schalteten vorschriftsmäßig ihr Martinshorn ein und preschten zu ihren deutschen Kollegen. Über Funk schlug der eine Alarm, der andere kümmerte sich zunächst um die beiden Verletzten.

Sven blickte in den Rückspiegel und lachte: »Dem hab ich ein Ei abgeschossen«, prustete er.

Bernd saß kreidebleich neben ihm: »Du spinnst, du bist völlig verrückt, was jetzt?«

»Bleib cool«, beruhigte Sven seinen Bruder, »bis die sich von ihrem Schock erholt haben, sind wir über alle Berge.«

Der Alarm der Schweizer Zöllner rief zunächst nur die Schweizer Kollegen auf den Plan. Doch dank der internationalen Zusammenarbeit gab es eine Alarmstufe, die auch auf der jeweils anderen Seite der Grenze gehört wurde. Im Hauptzollamt Singen blinkten nur wenige Minuten später die roten Alarmlämpchen in der Einsatzzentrale auf. Von dort aus wurde bald eine Großfahndung auf der deutschen Seite gesteuert. Mordversuch an einem Kollegen! Aus allen Polizeistationen von Waldshut über Villingen-Schwenningen bis nach Singen und Konstanz rückten alle Mann aus.

Sven aber gab sich zuversichtlich. Er fuhr zunächst in Richtung Engen. Er wollte diesem Wirrwarr der kleinen Sträßchen entlang der Grenze entkommen. Auf der Autobahn konnte er mit seinem stark motorisierten Wagen schnell Kilometer wettmachen. Auf der anderen Seite war ihm klar, dass gerade dort die Straßensperren zuerst aufgebaut würden. Das sprach für die kleinen Nebenstraßen.

»Wir sollten möglichst schnell in Singen alles in meinen Golf umladen«, schlug Bernd vor.

»Bist du verrückt? Jetzt nach Singen hineinfahren?«, herrschte Sven ihn an.

»Klar, volle Kanne der Polizei entgegen, das glauben die doch nie«, verteidigte Bernd seine Idee. »Die sind jetzt auf alle Autos geeicht, die möglichst weit vom Tatort wegfahren. Wer dagegen in der Nähe bleibt, hat nichts zu verbergen.«

Sven bremste scharf ab und schoss in einen Waldweg. »Schnell, wechseln wir die Nummernschilder aus«, befahl er seinem Bruder und sprang aus dem Wagen, riss die hintere Tür auf, hob die Rückbank hoch und machte sich an der Innenverkleidung des Wagens zu schaffen.

Bernd rannte in der Zwischenzeit um das Auto herum, löste die Kennzeichen vorne und hinten und reichte sie seinem Bruder in den Fond des Wagens. Der gab ihm zwei neue Schilder, die er unter der Innenverkleidung des Fußbodens hervorgeholt hatte, und schob die alten unter die Verkleidung. Dann zog er sein Portemonnaie aus der rechten Hosentasche, nahm den Fahrzeugschein heraus und tauschte ihn mit dem anderen, der zu den neuen Schildern gehörte. Den alten Schein legte er zu den gebrauchten Schildern in den Hohlraum hinter der Verkleidung.

Bernd hatte die neuen Schilder schnell angebracht und setzte sich wieder auf den Beifahrersitz, Sven klemmte sich hinter das Steuer, stieß auf die Straße zurück und fuhr lässig und gemächlich Richtung Singen.

»Give me five«, lachte Sven, und Bernd schlug ein.

Sven drehte die CD wieder auf: »Es regnet Wut, hier gibt es keine Arche, wir ertrinken in Blut«, grölten die Böhsen Onkelz.

*

Kriminalhauptkommissar Horst Sibold hatte endlich dienstfrei. Er hatte einen routinemäßigen Arbeitstag hinter sich mit öden Verwaltungsarbeiten. Der Vorteil: Er kam pünktlich um 16.30 Uhr aus der Amtsstube, wie er das Kommissariat verächtlich nannte.

Horst Sibold war ein gutmütiger Mensch, Karriereleiter und Hierarchiedenken waren seine Sache nicht. Er hatte sich freiwillig aus Stuttgart an den Hohentwiel versetzen lassen, als man zur Verstärkung der südlichen Grenzstadt Polizeibeamte suchte. Zwar nahm er damals die Beförderung zum Hauptkommissar mit, doch wegen der Beförderung war er nicht umgezogen. Es war die Nähe zum Bodensee, die ihn zu dem Umzug ermuntert hatte, und, wenn er ehrlich war, in erster Linie die Scheidung von seiner Frau sowie ernsthafte Alkoholprobleme, die sich in der Dienststelle in Stuttgart herumgesprochen hatten. Singen sollte ein Neuanfang für ihn werden.

Horst Sibold war ein leidenschaftlicher Angler. Ein Argument mehr, das für den Umzug an den Bodensee sprach. In Stuttgart fand er kaum geeignete Gewässer, die ihm gefielen. Den Neckar überließ er lieber Daimler und anderen Industriebetrieben als Abwasserkanal. Die Fische daraus wollte er nie verspeisen. Doch Sibold gehörte schon immer zu den Petrijüngern, die ihren Fang auch selbst konsumierten. Man sah es ihm an, dass er gut und viel aß.

Gleich nach seinem Umzug nach Singen suchte er direkt am See einen Angelverein, in den er eintreten konnte. Doch schon bald fand er im Umland von Singen, im Hegau, sein Jagdrevier, sodass er meist auf das Angeln im Bodensee selbst verzichtete. Ein Kollege war Mitglied der Anglergemeinschaft ›Östliches Hegau‹. Dieser hatte bald Horst Sibold am Haken und zog ihn mit in seinen Verein. In der Aach, im Riederbach oder in der Biber gab es zwar keine Felchen oder Kretzer, aber wunderschöne Forellen und vor allem Saiblinge. Ein frischer Bachsaibling, das war für Horst Sibold wie ein Gedicht. Das leicht rötliche Fleisch des Fisches dünstete er meist nur sanft in Butter, dazu Salz und Pfeffer, einen kleinen Spritzer Olivenöl mit Zitrone, das war's.

Auch für heute Abend hatte er es sich so vorgestellt. Noch galt für den Saibling, Anfang November, keine Schonzeit, und es war noch hell, als er den Innenhof des Kommissariats mit seinem grünen Opel Omega verließ. Im Kofferraum hatte er die Angelausrüstung immer griffbereit liegen. Er entschloss sich, nicht nach Hause zu fahren, sondern bog an der Bahnhofskreuzung links ab und fuhr südlich aus der Maggi-Stadt in Richtung Gottmadingen.

Der Kriminalkommissar hatte als Petrijünger den Hegau schnell wie seine Westentasche kennengelernt. Er fuhr auf der Landstraße vor Gottmadingen links weg, in Richtung des kleinen Orts Randegg.

Randegg selbst kannte Sibold als Mineralwassertrinker. Die Ottilienquelle in Randegg ist das bekannte Mineralwasser der Region. Den Anglern ist der Ort dank der Biber bekannt, einem durch und durch sauberen Bach mit – für Horst Sibold – den besten Saiblingen.

Ein gutes Stück vor der Schweizer Grenze bog Sibold in einen schmalen Waldweg ab, der offensichtlich nicht weiterführte. Doch er ließ seinen Omega über den Waldboden rollen und lenkte den Wagen geschickt an einigen Bäumen vorbei in ein Gestrüpp. Von hier aus hatte er nur wenige Meter bis zu seinem Angelstand an der Biber.

Sibold öffnete die Fahrertür, stieg aus, schaute sich um, dann knöpfte er seinen Hosenladen auf. Er blickte nochmals in alle Himmelsrichtungen, ließ die Hose ganz runter fallen, setzte sich stöhnend auf den Fahrersitz zurück und zog die weiten Hosenbeine über seine Schuhe. Vom Vordersitz aus griff er rücklings auf die Hinterbank und fischte eine alte

Militärhose, die er bei der Bereitschaftspolizei erhalten hatte, nach vorn. Sein dicker Bauch war ihm im Weg, trotzdem schaffte er es, auch diese Hosenbeine über seine Schuhe zu ziehen. Danach wuchtete er sich wieder aus dem Wagen und zog die Hose jetzt ganz hoch. Den oberen Knopf konnte er zwar beim besten Willen nicht mehr durch das dafür vorgesehene Knopfloch schieben, doch wo einst der Knopf hielt, erfüllte heute sein Hüftfett diese Aufgabe.

Dann stopfte er Taschentuch, Messer und Handy von seiner Diensthose in die Anglerhose und ging um den Wagen herum zum Kofferraum. Dort zog er sein Sakko aus, legte es in den Wagen, zog einen dicken Pullover an und darüber eine ärmellose Outdoorweste mit unzähligen Taschen.

Schließlich tauschte er noch seine Schuhe gegen Gummistiefel aus, setzte sich einen Jägerhut auf sein nur noch spärlich mit Haaren bewachsenes Haupt und war endlich bereit, die Angelrute in die Hand zu nehmen.

Gerade wollte er, ausstaffiert wie ein echter Petrijünger aus dem Fachmagazin ›Rute und Rolle‹, losziehen, da bog ein weiteres Auto in den Waldweg ein. Er befürchtete, dass es Abendspaziergänger waren, die ihr Auto parken wollten, sodass sie ihn später eventuell blockierten, wenn er mit seiner Jagdbeute auf die Straße zurückstoßen wollte. Also schaute er sicherheitshalber nach und ging, geschützt durch das Blattwerk der Sträucher, bis zum Rand des Buschs, hinter dem sein Auto stand.

Durch das Gebüsch sah er einen silbergrauen Mercedes und zwei junge Männer. Der eine verkroch sich im Fond, der andere rannte an die Front des Wagens zur Motorhaube und schraubte an der Stoßstange herum. Bald war Sibold klar: Der Mann entfernte das Kennzeichen.

»Heiliger Strohsack!«, fluchte Horst Sibold und fragte

sich: »Muss ich diese Lausbuben eigentlich sehen?« Unwillig schüttelte er seinen Kopf. Er hatte Feierabend. Er schnupperte mit seiner Nase schon den Duft von Saiblingen. Er sah ihr zartrosa Fischfleisch vor sich. Er sah aber auch, wie der eine Bursche um das Auto sprang und nun ein neues Kennzeichen an dem Wagen befestigte.

Der Kriminalhauptkommissar fluchte. Er griff in seine Hosentasche und tippte eine Nummer in sein Handy. Auf dem Display erschien: ›Anrufe werden umgeleitet‹.

Horst Sibold wurde ungeduldig. Unwillig schaute er dem Schauspiel, das die beiden Burschen boten, weiter zu.

Mit der Wiederholungstaste versuchte er erneut, eine Verbindung in das Kommissariat herzustellen. Immer noch war besetzt. Jetzt wählte Sibold die Nummer der Zentrale. Es dauerte verhältnismäßig lange, bis abgenommen wurde. Sibold hätte am liebsten losgepoltert, doch er musste leise sein. Also nannte er nur kurz seinen Namen und gab an, was er gerade sah.

»Ein möglicher Autoschieber juckt uns gerade wenig, Herr Hauptkommissar«, urteilte der diensthabende Telefonist in der Einsatzzentrale am anderen Ende der Leitung, »hier ist die Hölle los, ein Kollege des Zolls wurde gerade angeschossen.«

»Wo?«, fragte Sibold.

»Beim Grenzübergang Bibern.«

»Wie ging das vor sich?«

»Ich habe jetzt keine Zeit, Herr Hauptkommissar«, entschuldigte sich der Telefonist und wollte das Gespräch beenden.

»Glauben Sie, ich?«, stöhnte Sibold. »Glauben Sie, ich habe Zeit? Ich habe dienstfrei! Schicken Sie eine Streife, aber hopp!«

»Kollege! Es gibt hier keine Streife, die ich schicken könnte. Alle Mann sind im Einsatz, wir haben im Moment Wichtigeres zu tun, als einem Autodiebstahl nachzugehen.«

Horst Sibold hörte nur noch ein Klicken. Er schluckte trocken und zwang sich zu innerer Ruhe. Er spähte zu den beiden Burschen hinüber und sah, wie sie jetzt wieder im Wagen saßen und rückwärts auf die Straße stießen.

Schnell schlug er sich die Saiblinge aus dem Kopf und den Kofferraumdeckel zu. Klar, stimmte er der Einsatzentscheidung zu: Versuchter Mord an einem Kollegen, da hatte alles andere hintenanzustehen. Aber er konnte deshalb doch nicht diese zwei Trübspitze einfach laufenlassen. Dazu war er viel zu sehr Polizist, als dass er nicht zumindest erfahren wollte, was da vor sich ging.

Kaum hatte der silberne Daimler sich auf der Landstraße Richtung Singen eingefädelt, setzte sich auch Sibold mit seinem grünen Omega auf die Fährte der beiden. Nur zwei Autos waren zwischen dem Daimler und ihm. Langsam wurde es dunkel, er musste nahe dranbleiben.

*

Sven und Bernd fuhren über Gottmadingen nach Singen. Bernd fummelte an einem Weltempfänger und suchte auf dem UKW-Bereich den Polizeisender.

»Das kannst du lassen, die wissen doch eh nichts«, versuchte Sven seinen Bruder zu beruhigen.

»In der Karre sind wir mit den neuen Nummernschildern vorerst sicher, das sehe ich auch so«, überlegte Bernd laut, »aber wenn der Zollbeamte überlebt, wird er dich identifizieren, das ist dann wohl ein Leichtes für ihn.«

»Blöd, ich weiß, aber ich hatte keine Zeit für einen weiteren Schuss, hinter uns standen schon die Schweizer Bullen. Jetzt lass uns erst mal unseren Schatz in deinem Golf verstauen.«

»Dann fahren wir aber sofort damit zu Opa, du musst erst mal für eine Zeit verschwinden!«, riet Bernd seinem Bruder.

*

Auch Horst Sibold hatte den Polizeifunk eingeschaltet. Allerdings genügte ihm ein Knopfdruck, und er war auf Empfang. Er hörte die Ringfahndungsanweisungen seiner Kollegen und konnte sich schnell ein genaues Bild über den Umfang der Straßensperren machen, die im gesamten Hegau errichtet worden waren. Es mussten auch Kollegen aus Villingen-Schwenningen und Rottweil vor Ort im Einsatz sein, dachte Sibold, denn sie hatten schon fast alle wichtigen Kreuzungsstraßen gesperrt.

Er überlegte kurz, ob er den Daimler vor sich nicht fahren lassen und sich sofort im Kommissariat melden musste, um sich ebenfalls dem großen Fahndungsring anzuschließen. Dann aber verwarf er den Gedanken schnell wieder. Seine Neugier siegte: Welches Geheimnis hatten die zwei Jungs zu verbergen?

*

Sven und Bernd nutzten die Südtangente in Richtung Innenstadt.

Der Kommissar lächelte zufrieden. Wenn sie nicht bald wieder die Tangente verließen, würden sie genau auf eine

Sperre seiner Kollegen zurasen, das war ihm nach Sachlage klar. Gerade hatte er noch gegrübelt, wie er die beiden Burschen allein stellen könnte, da schien sich das Problem schon zu lösen.

Entschlossen griff Kommissar Sibold erneut zum Handy. Er telefonierte, während er seinen Wagen steuerte. Diesmal ließ er sich von dem jungen Schnösel in der Leitstelle nicht abweisen. Ruhig und sachlich stellte er klar: »Wir bewegen uns auf die Sperre der Südtangente Richtung Innenstadt zu. Vor mir fährt ein silbergrauer Mercedes mit folgendem Kennzeichen …«

Weiter kam er in seinen Ausführungen nicht. Der Telefonist unterbrach lebhaft: »Silbergrauer Mercedes, sagen Sie? Ist das der Wagen, den Sie bei Randegg sahen, bei dem zwei junge Männer die Kennzeichen tauschten?«

»Ja doch, aber nun lassen Sie mich doch …«

»Vorsicht, Kollege Sibold, es sieht so aus, als würden Sie dem gesuchten Tatfahrzeug folgen. Die beiden Burschen fuhren ebenfalls einen silbergrauen Mercedes.«

Horst Sibold stöhnte. Er dachte an seine Saiblinge und hätte am liebsten auf der Stelle umgedreht. Doch jetzt steckte er mitten im Schlamassel. Er war noch nie während seiner Laufbahn auf Verfolgungsjagden scharf gewesen. Er hatte Angst vor hilflosen Verbrechern, die eine Pistole in der Hand hielten, und noch mehr vor schießwütigen Kollegen.

Doch vor ihm zuckte schon das kalte Blau der Warnlichter der Einsatzfahrzeuge der Polizei durch die Nacht. Sibold wusste, dass die Einfahrtsschleuse zur Straßensperre immer 1.000 Meter vor der Kontrollstelle begann. Die Kollegen mussten sie schon im Auge haben.

*

Sven hatte ebenfalls die Sperre erkannt. »Du Volltrottel!«, zischte er seinem Bruder zu. »Die Bullen suchen uns am Tatort. Versteck dein Volksradio und schnall dich an!« Gleichzeitig holte er wieder seine Pistole aus dem Handschuhfach.

*

Im Wagen hinter den beiden Flüchtenden entsicherte Kommissar Horst Sibold seine Waffe. Er war mit dem Einsatzführer der Straßensperre Südtangente über eine Ringleitung mit der Zentrale verbunden. Der Einsatzleiter hatte schnell entschieden. Alle Autos vor dem Mercedes wurden hektisch ohne Kontrolle durchgewunken. Dann rannten vor dem herannahenden Mercedes schnell einige Beamte über die Fahrbahn. Im Schlepptau zogen sie Kunststoffhürden, ein Nagelbrett und zwei Straßensperren aus Kunststoff, wie sie Bauarbeiter auf Autobahnen verwenden, mit sich. Wie im Schulbuch beschrieben, ordneten sie die Barrieren hintereinander an. Selbst für einen Lastwagen war ein Durchkommen nicht mehr möglich. Daraufhin rannten die Polizisten in Deckung.

Sven hatte die auswegslose Sackgasse schnell erkannt. Es waren vielleicht noch 100 Meter bis zur Kontrollstelle. Er fluchte, trat entschlossen das Gaspedal ganz durch, drückte mit dem linken Fuß die berühmte Daimler-Handbremse bis zum Anschlag und riss gleichzeitig das Lenkrad so herum, dass der schwere Mercedes ausbrach und sich um 180 Grad drehte. In neuer Fahrtrichtung, so dachte Sven, könne er vielleicht ausbrechen.

Doch Horst Sibold stand mit seinem grünen Omega quer hinter ihm. Er hatte ebenfalls schnell reagiert und seinen Wagen so auf die Fahrbahn gestellt, dass es fast aussichtslos war, zwischen den Leitplanken und ihm durchzukommen.

Sibold saß noch im Wagen, er schwitzte. Er sah die Xenonleuchten des Mercedes wie eine Drohung auf sich gerichtet. Reflexartig öffnete er die Fahrertür und ließ sich seitlich aus dem Auto fallen. Zunächst musste der Wagen ihm Schutz bieten, dann robbte er mit seinem Revolver in der Hand von dem Fahrzeug weg, sprang, als er außerhalb des Lichtkegels des Mercedes war, ins Dunkel und verkroch sich hinter der nächsten Leitplanke. Sein Jägerhut blieb auf der Fahrbahn zurück.

Die Autos hinter ihm waren stehen geblieben. Einige Fahrer suchten hektisch einen Fluchtweg und legten die Rückwärtsgänge ein. Sibold grinste. Zwar war die Lage für die unbeteiligten Autofahrer prekär, aber ihre Sperre für den Mercedes war perfekt. Der Weg zurück, an ihm vorbei, wurde durch das Chaos versperrt.

Der schwere Daimler stand mitten auf der Straße: das Heck Richtung Straßensperre, wo die Polizei in circa 50 Metern Entfernung wartete; die Schnauze des Mercedes rund 20 Meter vor Sibolds Omega.

Sibold selbst kauerte unterhalb der Leitplanke im Gras. Er spähte zu den beiden Burschen, wollte gerade näher an den Wagen kriechen, da zischten unvermittelt vier Schüsse durch das Dunkel.

Der Daimler senkte sich mit einem Knall.

Sibold war klar, dass seine Kollegen aus der Deckung der Kontrollstelle die Reifen zerschossen hatten. Bravo, dachte er, alle vier auf einen Streich!

Dann war es still.

Eine Ruhe wie kurz bevor ein Fisch anbeißt, dachte Sibold, verscheuchte diesen Gedanken aber schnell wieder.

Über ein Megafon hörte er jetzt die Stimme seines Chefs: »Werfen Sie die Waffen aus Ihrem Wagen und steigen Sie mit erhobenen Händen aus. Sie haben keine Chance, unsere Scharfschützen haben Sie im Visier!«

Sibold lächelte. Eine bevormundende Anweisung, typisch sein Boss. Gerade hatte er sie zur Weiterbildung ›Psychologische Ansprache während Extremsituationen‹ geschickt. Als erstes Gebot hatten sie gelernt: Treiben Sie nie den Täter in die Enge! Doch sein Chef liebte nun mal Fakten. Und Sibold war klar: Wenn die beiden Burschen nicht schnell der Aufforderung nachkommen würden, dann würde die Androhung zur definitiven Realität werden. Vermutlich hatten die beiden in dem Wagen den Kollegen angeschossen, da lagen die Nerven und auch die Revanchegelüste bei jedem Polizisten blank.

Ein weiterer Einzelschuss hallte durch die angespannte Stille.

Die Heckscheibe des Daimlers barst.

Sibold drückte sein Gesicht ins Gras, es roch widerlich. Vorsichtig hob er seinen Kopf.

Der Wagen stand noch immer unbeweglich da, es tat sich nichts.

Kaum war der Hall verklungen, klinkte sich das Megafon erneut ein, die Stimme des Chefs klang jetzt ungehalten: »Wir zählen bis drei, dann sollten Sie die Türen geöffnet haben!«

Doch bevor irgendjemand mit Zählen beginnen konnte, hallte schon ein weiterer Schuss durch das Dunkel. Dieser aber klang deutlich anders – wie ein dumpfer, lauter Silvesterkracher. Gleichzeitig war es kurz blitzhell in dem Mercedes geworden, dann schien es, als würde dieser brennen. In Sekundenschnelle umhüllten Rauchwolken den Wagen.

Flutlichter gingen fast gleichzeitig wie aus dem Nichts an und setzten den Mercedes in ein gleißendes Licht.

Sibold sah, wie die beiden Türen aufflogen und die beiden jungen Männer hustend und keuchend aus dem Wagen flüchteten. Sie hielten ihre Hände schützend vor ihre Augen und bewegten sich, als wüssten sie nicht, wohin sie liefen.

Sibold sprang über die Leitplanken aus seiner Deckung.

Doch bevor er bei dem Wagen angekommen war, standen auch schon Polizeibeamte mit schusssicheren Westen und mit Maschinenpistolen im Anschlag neben ihm. Sie warfen die jungen Männer zu Boden und fesselten sie mit Plastikbändern an Armen und Beinen.

Der Einsatzleiter kam hinzu, hob Sibolds Jägerhut von der Straße auf und setzte ihm diesen auf den Kopf: »Du hast dir die Krönung heute verdient.«

Svens Waffe sowie Goldbarren, einige Edelsteine und Bargeld im Kofferraum des Mercedes wurden sichergestellt. In der Bilanz des Polizeiberichts stand noch am selben Abend in korrektem Beamtendeutsch: Hoch steuerbare Waren: Gold-/Silbermünzen im Wert von circa drei Millionen Euro; Schmuck im Wert von circa 800.000 Euro; und unter der Rubrik Bargeldaufgriffe war ein Wert von rund zwei Millionen Euro angegeben, aufgeteilt in verschiedene Währungen.

KAPITEL 3

Der freie Journalist Leon Dold las die Polizeimeldung an seinem Bildschirm in seinem Büro in Überlingen. Er hatte für Eilmeldungen ein akustisches Signal auf seinem PC installiert. ›Zwei Zöllner nach Schießerei verletzt, einer schwebt in Lebensgefahr‹. Kurz überlegte Leon Dold, ob er mit seiner Kamera losziehen sollte. Doch am Tatort war für ihn, das war klar, nichts mehr zu sehen. Die Polizei lud am Ende der Pressemitteilung zu einer Pressekonferenz ein. Aber was sollte er dort?, fragte er sich. Für die Kollegen der lokalen Medien wie dem Südkurier würde es morgen der aktuelle Aufmacher sein. Zwei verletzte Zöllner, einer in Lebensgefahr, ein Kofferraum voller geschmuggelter Schätze. Das war der Stoff, von dem die Tageszeitungen tagelang leben würden. Aber für ihn, als freier Journalist, brachten solche Storys nicht viel ein. Diese Geschichten übernahmen die festangestellten Mitarbeiter der Medien. Journalisten, die im Tagesablauf der aktuellen Redaktionen integriert und jederzeit einsatzbereit waren. Das war er nicht. Er produzierte meist längere Storys, Features genannt. Er recherchierte intensiv, investigativ und gründlich. Deshalb notierte er sich die Polizeimeldung zunächst nur im Kopf – als Anregung für den eventuellen Einstieg in eine Reportage über den letzten Grenzzaun im Herzen Europas. Die Geschichte hatte er gerade jüngst wieder verschiedenen Sendern vorgeschlagen. Eine Reise entlang des Zauns sollte der rote Faden für eine halbstündige Fernsehreportage sein. Er hatte das Exposé dem Regionalprogramm angeboten sowie dem ZDF. Schließlich sei diese Staatsgrenze zwischen der Schweiz und Deutschland heutzutage, in Zeiten der weltweiten Globalisierung, irgendwie ein Anachronismus, hatte er argumentiert. Die Schweiz, sie war in sämtlichen Gremien der EU vertreten, trotzdem aber nicht ordentliches Mitglied der EU.

Wer von Singen nach Schaffhausen fährt, benötigt noch immer einen Pass, als Deutscher zumindest einen Personalausweis. Ausländer aber brauchen einen Reisepass, schließlich verlassen sie die EU. Dagegen kann längst jeder ungehindert von Singen bis nach Lissabon fahren, ohne sich auch nur einmal auszuweisen. Vor allem amerikanische Touristen staunen über die deutsch-schweizerische Grenze. Sie fragen sich, wo sie denn nun gelandet sind? Von wegen good old Europe.

Die grenzfreie Fahrt von Singen nach Schaffhausen war seit 1548 vorbei. Damals verabschiedeten sich die Eidgenossen aus dem Heiligen Römischen Reich Deutscher Nation, und seither sind Singen und Schaffhausen Grenzstädte. Endgültig festgezurrt hat Napoleon diese Grenze, nicht etwa Wilhelm Tell. Dieses Märchen, von dem Schwaben Friedrich Schiller geschrieben, glauben nur die Schweizer selbst. Tatsache ist, dass Napoleon nach französischem Vorbild den Zentralstaat Helvetische Republik schuf und die Grenzen dafür endgültig festlegte, wie sie heute noch gelten. Aus seinen französischen Departements wurden schweizerische Kantone, Schaffhausen war einer von ihnen.

Leon überlegte, wie er den Themenvorschlag aktualisieren könnte. Keine Redaktion, der er die Geschichte bisher angeboten hatte, schien sich dafür zu interessieren. Mit einer lässigen Handbewegung verscheuchte er die miesen Gedanken und schloss das aktuelle Nachrichtenfenster auf dem Bildschirm seines PCs.

Er hatte anderes zu tun, er musste sich jetzt konzentrieren: ›Es werden festgesetzt, Sonderausgabenpauschbeträge, abziehbare Sonderausgaben …‹ Leon stöhnte. Doch einmal im Jahr musste er in diesen sauren Apfel beißen. Er saß in seinem Büro, in einer Überlinger Altstadtvilla, über der Einkommensteuer: Tankquittungen, Übernachtungsbelege, Parkhausquittungen galt es zu sortieren. Es war schon November, und das seit elf Monaten vergangene Vorjahr war von ihm noch immer nicht steuerrechtlich aufgearbeitet worden.

Er tippte in seine Fahrtentabelle: Überlingen–Zürich, 108 Kilometer. Er schrieb dazu: Recherche wegen Titelhandels, das war für eine Dokumentation der ARD, die er im vergangenen Jahr abgedreht hatte. Dabei fiel ihm ein, dass er damals in einer stinkvornehmen Zürcher Bank einen alten südafrikanischen Krügerrand verkauft hatte. Den Krügerrand hatte er von seinem Opa geerbt. Doch Leon brauchte immer eher Geld als Geldwertereserven. In Zürich hatte er den Krügerrand in einer Bank umgetauscht, weil er dort für ihn mehr Geld bekommen hatte als in Deutschland.

Gold hatte in der Schweiz einen höheren Kurs. Jeder Schweizer sollte Gold als Geldanlage besitzen, rieten die Schweizer Banken ihren Kunden. 20 Prozent der Ersparnisse sollten in Gold angelegt sein, empfahl eine Bankenstatistik der Schweizer Kredithäuser.

Leon erinnerte sich an das Geld, das ihm der Krügerrand eingebracht hatte. Es waren rund 300 Euro. Die Frage, ob er dieses Geld als Einnahme des vergangenen Jahres in seiner Steuererklärung nun angeben müsste, stellte er sich lieber nicht. Dafür fragte er sich jetzt, ob er damals geschmuggelt hatte. Er hatte das Gold aus Deutschland in die Schweiz ausgeführt. Plötzlich wurde er unruhig. Nicht wegen der 300 Euro, die waren längst wieder im Umlauf. Aber er hatte Gold ausgeführt in die Schweiz, weil er wusste, dass dessen Wert in der Schweiz höher notiert war. Und in der Pressemeldung der Polizei war von zwei jungen Männern berichtet worden, die Gold aus der

Schweiz nach Deutschland hatten schmuggeln wollen. Und das im Wert von drei Millionen Euro. Eine Summe, die sich in der Schweiz umzutauschen proportional um ein Vielfaches mehr lohnen würde als sein läppischer Krügerrand!

Plötzlich erkannte er das Rätsel: Warum wollten die beiden jungen Männer so viel Gold aus der Schweiz schmuggeln, wo doch der Wert für Gold in der Schweiz höher lag?

Leon schob die Steuerunterlagen von seinem Tisch, griff nach einem Telefonbuch und rief einen Freund bei der Überlinger Volksbank an. Dieser bestätigte ihm, dass der Kurs von Gold an der Zürcher Börse immer höher notiert sei als in Frankfurt bzw. in der EU. »Nur ihr Fränkli haben wir geschlagen«, lachte er hämisch, »für unseren Euro müssen die Chaibe jetzt das Eineinhalbfache hinblättern.«

»Dafür bekommen sie die bessere Schokolade«, brummte Leon und legte schnell wieder auf, bevor sein Bankkumpel ihn noch an seinen, bis auf den letzten Cent ausgenutzten, Überziehungskredit erinnern konnte.

Aber damit war Leon wieder bei seinem eigentlichen Thema gelandet: die Steuererklärung des längst vergangenen Jahres. Wenn er endlich die zwölf Monate aufgearbeitet hätte, würde er sicherlich Geld vom Finanzamt zurückerstattet bekommen. Trotzdem wählte er die Telefonnummer des Zolls in Singen und ließ sich mit der dortigen Pressestelle verbinden.

Ein freundlicher, aber wortkarger Herr wollte ihn zunächst abwimmeln: »Wir haben zu diesem Fall in einer Stunde eine Pressekonferenz angesetzt. Da wird Sie unser Chef persönlich informieren.«

»Kann er uns auch schon etwas zu dem Motiv sagen?«, fragte Leon schnell, noch bevor der Pressesprecher wieder auflegen konnte.

Der Mann lachte: »Geld, was denn sonst? Immer das

Gleiche, wir haben es hier nur mit Kapitalverbrechen im wahrsten Sinne des Wortes zu tun.«

»Und warum wollten die beiden Gold und Geld aus der Schweiz nach Deutschland schmuggeln?«

»Geldwäsche, was denn sonst?«, lag für den Polizeibeamten der Fall klar auf der Hand.

»Geldwäsche, verstehe ich schon«, blieb Leon unerbittlich, »aber geht da die Richtung nicht immer von Deutschland aus in die Schweiz? Warum also nun umgekehrt?«

Der Pressesprecher schwieg. Er schien zu überlegen. Dann gab er zu: »Eine gute Frage. Kommen Sie doch zur Pressekonferenz, dann können Sie ja unseren Chef direkt ansprechen.«

Entmutigt legte er auf und widmete sich wieder seinem ursprünglichen Vorsatz. Er musste diese verdammte Steuererklärung zu Ende bringen. Er suchte den Übernachtungsbeleg für sich und sein Kamerateam in Zürich. Er hatte, wie immer, alles in einer Schublade abgelegt. Und wie jedes Jahr musste er nun für die Steuer alle Belege, Rechnungen und Quittungen wieder zu einer Einheit zusammenfügen, um sie danach wieder getrennt nach Ausgabearten in einem Ordner abzuheften.

›Nächstes Jahr wird alles besser organisiert‹, schwor er sich jedes Jahr zornig. Frustriert fuhr er den Computer herunter, löschte das Bürolicht, schnappte sich entschlossen seinen grünen Parka vom Kleiderhaken im Flur und stieg in seinen alten 911er-Porsche.

*

Leon Dold fuhr von Überlingen in Richtung Ludwigshafen, er bediente, während der Porschemotor betulich schnurrte, sein Autoradio. Er suchte den Seefunk. Vielleicht wussten sie schon mehr zu der Schießerei am Zoll und der anschließenden spektakulären Festnahme. Doch der Sender nudelte, wie jeden Tag, Oldies der 70er ab.

Leon wurde nervös. Die ängstlichen Nebelkriecher vor ihm nervten. Bei den miesen Sichtverhältnissen konnte er aber auch nicht überholen. Deshalb fuhr er bei Stockach auf die Autobahn. Er fädelte sich schnell auf die linke Fahrbahn ein und konnte endlich Gas geben. Zwar hatte er noch Zeit bis zum Beginn der Pressekonferenz in Singen, trotzdem wollte er früher vor Ort sein. Die wirklichen Infos gab es immer vor und nach den Pressekonferenzen in kleinen Zirkeln. Was öffentlich vorgetragen wurde, das stand in der Regel nicht nur in den Pressemappen, sondern meist auch schon in den verschiedenen Meldungen der Kollegen.

*

Vor dem Hauptzollamt Singen, in der Bahnhofstraße, war großer Bahnhof angesagt. Der Eingang war mit Flutlichtern verschiedener Fernsehstationen hell erleuchtet. Aus Stuttgart waren Kollegen des SWR, der aktuellen Landesschau, angereist, verschiedene Privatsender hatten ihre Übertragungswagen direkt vor den Eingang gestellt. Fernsehkabel führten aus den kleinen Transportfahrzeugen der TV-Sender direkt in das große Besprechungszimmer des Zollamtes.

Drinnen rüsteten Zoll- und Polizeibeamte zur großen Pressekonferenz. Auch einige Beamte aus der Schweiz waren anwesend.

Die Kameras der Fernsehsender waren positioniert. Einige Kollegen sendeten sogar live, weil ihre Nachrichtensendungen bereits begonnen hatten. Sie wussten allerdings nicht viel mehr zu sagen, als den ganzen Abend über schon in jeder Meldung zu hören gewesen war, trotzdem redeten sie unablässig.

Leon grinste, als er im Vorübergehen belauschte, wie ein Kollege eines deutschen Privatsenders einem Schweizer Zöllner eine Sprachlektion verpassen wollte: »Bitte verstehen Sie, wir senden nicht nur in Süddeutschland, man muss Sie auch in Hamburg und Berlin verstehen.« – »Säg nüüt. I verschtand di scho«, antwortete der Schweizer entrüstet und grinste entschlossen in die Kamera.

Leon suchte nach ihm bekannten Gesichtern. Er hatte bisher wenig mit der Polizei in Singen zu tun gehabt. Er selbst war erst vor einem halben Jahr an den See gezogen. Der Liebe wegen, wie er jedem versicherte. Für ihn war es auch die Liebe zum See, für seine Freundin Lena Rößler in erster Linie die Liebe zu ihr.

Leonhart Dold lachte verunsichert, wenn der Widerspruch zur Sprache kam. Er hatte sich gerade auf seine Gradlinigkeit immer etwas eingebildet. Als gebürtiger Schwarzwälder, und dann noch Leonhart mit einem harten t, damit war er doch dazu geboren, deutlich und kompromisslos seine Meinung zu sagen. Aber in Sachen Liebe, musste er zugeben, eierte er schon sein ganzes Leben lang weich herum. Trotzdem hielt er sich zugute: Er war von Stuttgart weg zu Lena an den Bodensee gezogen, das war doch eindeutig!

Und Lena? Lena Rößler studierte an der Uni in Konstanz. Er hatte sie kennengelernt und sich Knall auf Fall in sie verliebt, als er am Bodensee für eine Fernsehdokumentation drehte. Daraufhin wollte er nicht mehr weg von ihr, oder eben vom See? Getrennt hatte er sich diese Frage noch nie beantwortet. Er hätte jedenfalls nach dieser heftigen Liebesattacke in Stuttgart nicht mehr einfach so weitermachen können wie bisher. Er war nun mal verknallt über beide Ohren. Lena war klug und äußerst attraktiv. Eine Kombination, die es in Leons Augen bei Frauen nicht allzu oft gab. Sie hatte von Anfang an immer klar und deutlich gesagt, was sie wollte bzw. was nicht. Das hatte ihm imponiert. Und als seine Dreharbeiten am See beendet waren, machte sie ihn mit ihrer Tante Helma bekannt. Sie hatte eine kleine Wohnung in ihrer alten Villa mit Seeblick leer stehen. Da konnte er nicht widerstehen.

Doch an Terminen wie heute verfluchte er diese Liebe, gleichgültig, ob sie nun in erster Linie Lena oder dem See galt. Denn in Stuttgart hatte er ein enges Netzwerk aufgebaut. Dort hätte er längst einen Polizisten intern anzapfen können. Öffentliche Pressekonferenzen taugten für Insidernews wenig. Jetzt stand er hier in einem großen Pressepulk und doch irgendwie allein.

Er schlenderte an aufgebauten Mikrofonen vorbei bis zur Stirnseite des Saals. Dort stand eine kleine Gruppe deutscher Polizeibeamter zusammen. Wie zufällig gesellte er sich zu ihnen. Dabei hatte er seine Ohren aufgestellt wie ein Luchs auf der Jagd. »Alles Gold und Geld war bisher ordentlich in einer Schweizer Bank deponiert«, hörte er gerade noch einen Polizisten sagen, als dieser zu ihm aufschaute. Sofort unterbrach der Mann seine Ausführungen und schaute Leon auffordernd an: »Was wollen Sie, kann ich Ihnen behilflich sein?«

»Guten Abend«, Leon Dold stellte sich ordentlich vor, erzählte, dass er freier Journalist sei und neu am Bodensee arbeite, dann fragte er wie nebenbei: »Warum nur haben die Burschen das Gold nicht in Zürich umgetauscht, wo doch dort ein deutlich höherer Kurswert notiert ist?«

»Die Pressekonferenz beginnt in zehn Minuten, so lange müssen Sie sich schon noch gedulden«, fertigte ihn der Polizist ab, ohne auf den Inhalt der Frage einzugehen.

Die Leitung der Konferenz unterstand dem Leiter des Zolls und dem Leiter der Polizei, jeweils zwei gewichtige Regierungsdirektoren. Doch viel Neues wussten auch sie nicht zu berichten. Dafür gab es ein dickes Lob für die schnelle Ergreifung der Täter.

Alle Fragen über etwaige Hintermänner, woher das Geld stammte, wohin es gebracht werden sollte, beschieden die Herren mit der Formel: ›Laufende Ermittlungen‹.

Leon hatte während der gesamten Konferenz die Polizisten im Hintergrund beobachtet. Er hatte genau registriert, wie sie alle auf einen Mann schielten, als der Einsatzleiter für die schnelle Ergreifung der Täter dankte. Der vermeintliche Polizist war auffallend gekleidet. Er sah wie ein Jägersmann, nicht wie ein Polizist aus. Auch sein ansehnlicher Bauchumfang ließ eher vermuten, dass der Mann Rehrücken schmorte, als dass er Verbrecher jagte. Er wirkte nach außen sehr gelassen und abgebrüht, trotz der lobenden Worte seiner Vorgesetzten. Aus seinen Augen blitzte kein bisschen Stolz, eher Schalk, als der Einsatzleiter ihm ausdrücklich für die schnelle Ergreifung der Täter dankte. Die Lobesworte schienen diesem Mann eher peinlich zu sein. Ungeschickt steckte er die Hände seiner kurzen Arme in die weit ausgebeulten Taschen seiner alten, etwas vergammelten Kampfhose, die offensichtlich schon mehrere Schlachten erlebt hatte und wohl auch nie richtig gereinigt worden war.

Leon Dold ging nach dem Ende der Konferenz schnurstracks auf ihn zu. Neben diesem Beamten konnte auch er in seinem Outfit bestehen. Leon zählte in seinem Gewerbe nicht zu der Dressman-Fraktion. Da waren die Kollegen Moderatoren und Reporter im On immer besser gekleidet. Sie hatten in den Wintertagen immer einen schicken Trenchcoat oder gelackte Lederjacken für ihre Aufsager dabei. Die ganz Seriösen seiner Zunft banden sich sogar vor jedem Sätzchen vor der Kamera eine Krawatte um. Leon dagegen war zwar nur in Jeans erschienen und mit einem Pulli, doch neben dem Kommissar sah er nun doch außerordentlich gut gekleidet aus.

»Gratuliere, Sie also haben die beiden Burschen gefasst.«

Horst Sibold lächelte. »Die Fragezeit ist, glaube ich, beendet«, wich er aus.

»Offiziell ja«, schmunzelte Leon, »aber ich habe auch keine Frage gehört, Ihr Chef hat Sie doch schon als den erfolgreichen Jagdführer vorgestellt, und Ihr Outfit lässt ja auch darauf schließen, dass Sie die Verfolgung der Täter selbst übernommen hatten.«

»Kommen Sie von C&A oder was wollen Sie von mir?«, reagierte Sibold kühl, »es ist doch alles gesagt.«

»Vielleicht für Sie, heute! Aber irgendwann werden auch Sie auf die Frage stoßen, die mir bisher noch niemand beantworten konnte.«

»Und die wäre?« Horst Sibold wurde nun doch zugänglicher, und Leon hatte das Gefühl, dass dieser untypische Beamte vielleicht sein richtiger Ansprechpartner sein könnte: »Warum schmuggelt jemand Gold aus der Schweiz nach Deutschland, wo der Kurs in der Schweiz deutlich höher notiert ist als hier?«

»Eine interessante Frage«, brummte der Kommissar plötzlich hellhörig und bat Leon: »Geben Sie mir Ihre Karte.«

Schnell griff Leon in seine Tasche, kramte ein selbst gebasteltes Visitenkärtchen hervor und setzte nach: »Verraten Sie mir Ihren Namen?«

»Der ist kein Staatsgeheimnis«, lachte Horst Sibold jetzt offensichtlich kollegialer gestimmt und gab Leon ebenfalls eine Visitenkarte, auf die er seine Handynummer notierte. »Die gebe ich nicht jedem, schließlich will man auch als Polizist manchmal seine Ruhe.«

Leon las die Visitenkarte und pfiff durch die Zähne. »Oho, Kriminalhauptkommissar. Ihre Dienstkleidung hätte Sie eher der reitenden Jägergruppe zugeordnet.«

»Tarnen und Täuschen ist unser Job«, lachte Horst Sibold jetzt doch noch zum Scherzen aufgelegt. Leon wurde aus dem schmuddelig wirkenden Kommissar nicht schlau. Doch eine Recherche in unbekannten Teichen war mühevolle Kleinarbeit. Leon war froh, einen ersten Fisch am Haken zu haben, wenn er auch noch nicht wusste, wie er diesen waidmännisch verkleideten Beamten einzuschätzen hatte.

Vielleicht konnte er über ihn doch noch etwas aus der Geschichte herausholen.

*

Leon trat vor das Hauptzollamt und sah, wie die Nachrichtenredakteure ihre Neuigkeiten von der Pressekonferenz hektisch absetzten. Fernsehkollegen schnitten in ihren Übertragungswagen Reporterbeiträge für die Spätnachrichten, andere versuchten weiter, Fachleute und Pressesprecher der Polizei vor ihre Mikrofone zu zerren.

Die Hörfunkkollegen saßen in ihren Reportagewagen und gaben den verschiedensten Nachrichtensendungen ihrer Anstalten Interviews.

Schneller ihre Arbeit erledigt hatten die Kollegen der Tageszeitungen. Sie hatten schon während der Pressekonferenz ihre Meldungen und Reportagen in ihre Laptops getippt und sie dann, per Knopfdruck via Handyleitungen, direkt in die Redaktionen verschickt.

Eine kleine Gruppe der schreibenden Zunft stand jetzt zusammen. Leon gesellte sich zu ihr. Er erhoffte sich einige

Hintergrundinformationen, die die Lokalredakteure vor Ort meist besaßen.

Als er bei der Gruppe ankam, schauten ihn die Kollegen nur kurz an, dann redete ihr offensichtlicher Wortführer engagiert weiter: »Das lohnt sich alles nicht mehr. Ich bin jetzt dann den ganzen Tag unterwegs, von heute Morgen um 10 Uhr Pressekonferenz beim OB bis jetzt, spät am Abend. Denkste, ich bekomme deshalb einen höheren Tagessatz?«

»Sei froh, dass du noch mit einem festen Tagessatz rechnen kannst. Unser Verleger hat die Tagessätze gestrichen. Er bezahlt jetzt nur noch nach Zeilen und Artikel. Gleichzeitig hat er aber auch perfide festgelegt, dass kein Artikel länger als 50 Zeilen lang sein darf, da dem Leser mehr nicht zuzumuten ist.«

»Deshalb warst du heute mit deinem Text so schnell fertig«, frotzelte der Wortführer.

»Ja«, grämte sich der Kollege, »aber ich stehe jetzt auch noch hier, das ändert doch am Zeitaufwand gar nichts.«

Leon drehte ab. Er wollte sich den Abend nicht verderben lassen. Natürlich hatten sie alle recht. Der eine bekam zu wenig, der andere noch weniger, aber er konnte diesen Einsatz bisher gar nicht abrechnen, wer sollte ihm ein Honorar dafür anweisen? Er musste zuerst die Story verkaufen, wenn er überhaupt jemanden dafür interessieren konnte. Denn dafür musste er erst mal seinen eigenen journalistischen Zugang finden. Die Nachricht selbst verkauften die Platzhirsche, die ihm jetzt das Ohr volljammern wollten.

*

Leon fuhr von Singen nach Überlingen über Radolfzell. Ein Ortsschild lockte ihn nach Moos. Die Höri-Gemeinde neben Radolfzell war für ihn als Feinschmecker immer einen

Abstecher wert. Zwei gute Restaurants hatte er dort auf seiner Liste stehen. Das Restaurant Gottfried oder, direkt daneben, der Grüne Baum. Eines der beiden Lokale war immer geöffnet, gleichgültig also, welches heute Ruhetag hatte. In den beiden Restaurants kochten zwei Brüder um die Wette. Beide waren angetan von der französischen Küche. Und Leon hatte Lust auf eine Bodensee-Bouillabaisse.

Er fuhr auf den Parkplatz, den die beiden Gourmets brüderlich teilten, und sah, dass im Grünen Baum Licht brannte. Also war es entschieden; Hubert, der jüngere Bruder, würde Leon heute verwöhnen. Hubert war ein Unikat, sein Mooser Fischtopf eine Köstlichkeit. Leon hatte ihn erst einmal gegessen. Der Mann machte eine Rouille, da konnten die Franzosen noch etwas lernen. Wobei Hubert Neidhart solche überschwänglichen Komplimente eher kleinredete. Denn sein Vorbild für sein Gasthaus auf der Höri war nach wie vor die typische französische Dorfgaststätte. In solchen Gasthäusern hatte er seine Lehr- und Wanderjahre verbracht, und diese Küche hatte ihn geprägt.

Leon parkte und stieg aus. Plötzlich wurde er unschlüssig. Er sah in sein Portemonnaie und zählte 25 Euro. Das musste genügen, für die Bodensee-Bouillabaisse und ein Glas Wein. Trotzdem überkam ihn ein schlechtes Gewissen. Nicht wegen des Geldes. Er dachte an Lena. Das letzte Mal war er mit ihr hier, sie hatte ihn mit den beiden kochenden Brüdern bekannt gemacht. Ihr hatte er den Tipp zu verdanken. Kurz hielt er inne, blieb stehen, im gleichen Moment klingelte sein Handy. Unschlüssig griff Leon in die Tasche, zog das kleine Ding heraus und sah auf das Display.

Verdammt! Er fühlte sich ertappt. Lena versuchte ihn gerade in diesem Augenblick, als er mit sich kämpfte, zu erreichen. Was sollte er jetzt tun?

Beherzt nahm er das Gespräch an: »Ich fahre gerade zu einer Pressekonferenz«, log er schnell. Er hatte einfach geredet, er wusste nichts anderes zu sagen. Während er sich aber reden hörte, schämte er sich auch schon für seine Lüge. Doch er konnte Lena nicht einfach die Wahrheit sagen, er hatte nun mal keine Lust, sie zu sehen, er musste heute Abend schließlich noch seine Steuer auf die Reihe bringen, beschwichtigte er sich selbst.

Auf der anderen Seite wusste er, dass es gerade heute Lena beschissen ging. Denn kurz nachdem er seine Wohnung am See bezogen hatte, attestierten die Ärzte bei ihr Krebs. Zuerst hatte sie nur Schmerzen im Unterleib. Dann ging alles plötzlich sehr schnell. Diagnose: Tumor am Gebärmutterhals.

Er und Lena wurden gemeinsam in einen Strudel von Angst und Schrecken geschleudert. Leon hatte sofort im Internet recherchiert: Die zweithäufigste Krebsart bei Frauen; 230.000 Tote jährlich weltweit; Überlebenschance immerhin 70 Prozent, dank des heutigen medizinischen Wissensstands.

Lena wurde operiert, der Tumor entfernt. Zurzeit musste sie eine dreimonatige Chemotherapie über sich ergehen lassen. Er selbst konnte nichts tun, das war sein Problem. Er konnte ihr nicht helfen. Er war machtlos, konnte nur danebenstehen, sah ihr zu, sah ihr Leiden, ihre Schmerzen, ihre Übelkeiten und das ganze Elend. Es war zum Verzweifeln, auch für ihn.

Am Anfang stand er liebevoll zu ihr. Er war in fast jeder freien Minute mit ihr zusammen. Doch mit der Zeit wurde dieses Aushalten zum Höllentrip.

Vor acht Wochen hatte Lena mit ihrer Chemotherapie begonnen. Seither war alles von Grund auf anders. Besonders in den Tagen nach der Infusion. Da war sie niedergeschlagen und sah völlig mitgenommen aus. Und heute hatte sie erst ihren vierten Termin gehabt, sechs Infusionstermine standen noch an. Leon hatte das Gefühl, jetzt schon am Ende zu sein, gleichzeitig wusste er, dass er eben feige gelogen hatte. Doch einen Weg zurück sah er nicht.

Lena bedauerte seine Absage, gab ihm aber auf ihre verständnisvolle Art zu verstehen, dass sein Job und der Pressetermin natürlich Vorrang hatten. Sie hatte schon von der Schießerei am Zoll in Wiechs am Randen und der Festnahme der Täter in Singen im Radio gehört.

Leon stöhnte, er fühlte sich nach der Absolution noch beschissener, flüsterte ihr trotzdem ein paar aufmunternde Worte ins Telefon und legte schnell auf. Gleichzeitig kam er sich so mies vor, wie es vermutlich Lena gerade ging.

Der Mooser Fischtopf mit den Bodenseefischen Hecht, Zander und Kretzer sowie der sagenumwobenen Rouille ließen ihn schnell wieder an seine Bodenseeliebe glauben. Er schrieb Lena eine aufmunternde SMS, verdrängte für den Rest des Abends sein schlechtes Gewissen und bestellte noch ein zweites Glas Wein. Der Riesling vom Hohentwieler Elisabethenberg des Weinguts Vollmayer schenkte ihm eine angenehme Säure und die Sicherheit, dass seine Entscheidung, an den Bodensee zu ziehen, auf jeden Fall gut war.

KAPITEL 4

›Strahlender Apriltag voller Wunder und Blüten. Mit klarblauem Himmel erwachte der 1. April 1944‹, schrieb der Schaffhauser Bürger Erwin Nägeli in sein Tagebuch. Es waren die Zeiten, in denen die Schweizer ihre Neutralität genossen. Denn auf der anderen Seite der Grenze erschallte Tag für Tag der hässliche Sirenenton des Bombenalarms. Die Schaffhauser sahen von ihrem Marktplatz aus jeden Tag die Staffeln von Hunderten silbern glänzenden Flugzeugen mit deren tödlichen Frachten am nördlichen Horizont. Sie hörten das ferne Grollen der Explosionen und das Hacken der Bordwaffen. Waldshut, Blumberg, Singen – die deutschen Städte rund um ihre Heimat standen in Flammen. Doch im vermeintlich sicheren Schaffhausen ging alles seinen Gang. Die Friedenstaube im Rundbogen des Herrenackerviertels gurrte.

Doch um 11 Uhr desselben Tages sollte Erwin Nägeli tot sein und sich Schaffhausen mitten im Krieg befinden.

*

Zwei Tage zuvor war Joseph Stehle als Schaffner der Deutschen Reichsbahn wieder einmal über die Grenze von Singen nach Schaffhausen gefahren. Er hatte nur einen kurzen fahrplanmäßigen Aufenthalt und wollte diesen nutzen, um sein beachtliches Kapital, das er längst auf mehrere amerikanische Banken verteilt hatte, nach Argentinien zu transferieren. Er hatte gehört, dass seit Kriegseintritt der Amerikaner der Kapitalfluss auch aus der Schweiz nach Amerika streng überwacht wurde. Mehrere Milliarden waren schon über den großen Teich überwiesen worden. Kapital, das zum Teil vor den Nazis geschützt werden sollte, aber auch, so vermutete die US-Regierung, Nazigeld selbst.

*

Joseph Stehle hatte es nicht weit vom Bahnhof zu seiner Bank. Er drückte rasch die Klinke der Banktür und wollte eintreten. Doch gleichzeitig mit ihm drängte sich ein anderer vermeintlicher Kunde in den Geschäftsraum.

Der kleine Kassierer hinter dem Panzerglas schaute interessiert auf. Stehle achtete nicht weiter auf den zweiten Mann, schloss die Tür und ging zielstrebig auf den Kassierer zu. Barsch forderte er ihn auf: »Ich muss Direktor Wohl, den Junior, reden, schnell!«

Der Kassierer nickte untertänig und drückte auf einen Klingelknopf, der vor ihm in die Tresen montiert war. Dann blickte er auf den Mann neben Stehle, doch dieser sagte kein Wort.

»Mein Herr«, forderte der Kassierer ihn auf, seinen Wunsch zu formulieren, und schaute ihn direkt an.

Der Fremde aber blieb stumm. Er schien nur Augen für Stehle zu haben und beobachtete diesen unverhohlen.

Jetzt erst fiel der Mann auch Stehle selbst auf. Er war sehr jung, sicherlich keine 30 Jahre alt. Er hatte blondes, kurz geschorenes Haar, sodass die Haarspitzen sich kaum legen konnten. Sie standen, wie bei einer umgedrehten Bürste, auffallend steil nach oben. Sein Gesicht wirkte, trotz seines jugendlichen Aussehens, streng. Der Anzug, den er trug, schien teuer, sein Trenchcoat war salopp.

Die beiden Männer musterten sich kurz und stechend. Stehle wurde unsicher.

Der Fremde lächelte lässig.

»Mein Herr, bitte, was kann ich für Sie tun?«, intonierte der Kassierer erneut mit ungeduldiger Stimme.

»Sie?«, lächelte der Mann den Kassierer an, »Sie, nichts!«

Der Kassierer wandte sich verunsichert zu Stehle.

Dieser zuckte ratlos die Achseln.

Schließlich regte sich der Fremde doch und sagte mit deutlich hörbarem englischen Akzent: »Ich warte mit Herrn Stehle auf Ihren Bankdirektor.«

Plötzlich witterte Joseph Stehle Gefahr. Woher kannte der Mann seinen Namen? Der Kassierer hatte ihn nicht damit angesprochen. Was wollte er von ihm? Er blickte ihn scharf an.

Der Fremde reagierte gelassen: »Ich hoffe, Sie haben Zeit.«

»Nein, keine Minute!«

»Ich weiß, Ihr Zug, Sie müssen zurück nach Deutschland. Aber Sie werden sich ein bisschen Zeit nehmen müssen«, antwortete der Mann selbstsicher.

Stehle schluckte. Er wusste nicht, was er dem fremden Mann antworten sollte, zu selbstbewusst stand dieser neben ihm.

Der Kassierer spitzte seine Ohren. Endlich, schien er zu denken, endlich brach jemand die Arroganz dieses überheblichen Schaffners.

Noch bevor Stehle sich fangen konnte, öffnete ein hagerer, großer Mann mit akkurat kurz rasiertem Oberlippenbart die Tür zu dem Besprechungszimmer neben der Kasse und nickte Stehle auffordernd zu.

Dieser wollte sich aus der unangenehmen Situation retten, setzte zu einem stürmischen Lauf an, hielt dann plötzlich nach zwei Schritten wieder inne und schaute unsicher zu dem Bürstenhaarschnitt im Trenchcoat zurück.

Doch dieser stand schon fast wieder auf seiner Höhe, lächelte ihm aufmunternd zu und ging zielgerade weiter an ihm vorbei auf den vermeintlichen Bankdirektor zu: »Grüezi, Herr Wohl«, sagte er und reichte dem verdutzten Bankchef unverfroren seine Hand. »John Carrington is my name. Aber lassen Sie uns alle zusammen drinnen weiter sprechen«, lud er die beiden überraschten Herren in das Besprechungszimmer ein, aus dem der Bankdirektor gerade getreten war.

Joseph Stehle setzte seinen begonnenen Sturmlauf fort und hetzte ebenfalls in den Besprechungsraum hinterher. Kaum drinnen, drehte er sich sofort um und stellte sich vor den fremden Eindringling. »Es reicht, wer sind Sie? Was wollen Sie? Woher kennen Sie meinen Namen?«

John Carrington lachte belustigt: »Reiche Männer sind schnell bekannt. Und Sie sind verdammt reich – für einen Schaffner sogar ungewöhnlich reich.«

Der jugendlich wirkende Bankdirektor vergewisserte sich mit einem geübten Blick, dass keine weiteren Kunden in der Filiale zu Zeugen des Schauspiels geworden waren, und schloss schnell die Tür. »Was wollen Sie?«, blaffte nun auch er den fremden Mann an.

»Ich bin ein Agent der US-Finanzpolizei«, stellte John Carrington sich vor, »und wir haben ein paar Fragen an Sie und Ihren Kunden Stehle, oder soll ich sagen Ihren Komplizen?«

Das war das Stichwort für einen Auftritt des Bankdirektors. Oswald Wohl, Schweizer Staatsbürger und Eigner der Privatbank Wohl & Brüder, setzte zu einer Lehrstunde zum Thema Schweizer Bankgeheimnis an: »Sie wissen wohl nicht, wo Sie sich hier befinden?«, raunzte er in Richtung des vermeintlichen amerikanischen Agenten, »Sie sind hier auf neutralem Boden der Schweizer Eidgenossenschaft, und hier gilt nur das Schweizer Recht, und zwar nach dem Bankengesetz von 1934. Wir sind dem Geheimnisschutz verpflichtet, und niemand wird hier zu keiner Zeit in diesen Räumen irgendetwas sagen oder erzählen über Bankgeschäfte gegenüber Dritten, ob gegenüber dem Staat, dessen Organen wie der Polizei oder wem auch immer. Schon gar nicht gegenüber der«, dabei lächelte er nun milde, »der US-Finanzpolizei!«

Nach dieser Tirade holte Oswald Wohl tief Luft und rüstete zur zweiten Runde. Er piekste mit dem Zeigefinger dem ungebetenen Besucher auf die Brust: »Im Übrigen, Herr Amerikaner«, referierte er ereifernd weiter, »im Übrigen werden Sie uns hier nicht zu einer Straftat drängen können, denn wenn ich Ihnen, und dann noch einem Amerikaner, auch nur ein Sterbenswörtchen von den Geschäften irgendeines Kunden erzählen würde, würde ich mich nach Schweizer Recht strafbar machen. Nach Schweizer Recht!«, betonte er laut, »und nur das zählt hier, verstanden?«

John Carrington hatte alle Ausführungen des Bankdirektors mit einem müden Lächeln quittiert. Der Finger auf seiner Brust aber störte ihn offensichtlich. Er schlug ihn energisch weg. »Hören wir auf, Versteck zu spielen!« Der Amerikaner legte sein freundliches Lächeln ab und wurde eiskalt. »Treiben Sie Geschäfte mit den Nazis in Ihrer Schweiz, wie Sie wollen, aber nicht mit unseren Banken«, jetzt lachte er hämisch, »und wenn, dann behalten Sie das schmutzige Geld bei sich, aber dummerweise liegt es nun bei uns in unseren Staaten, und da gelten unsere Gesetze, die Gesetze des US-Finanzministeriums.«

Während er sprach, legte Carrington einige Überweisungsbelege und Kontoauszüge auf den Tisch, die bewiesen, dass die Schaffhauser Bank Wohl & Brüder größere Summen auf verschiedene kleinere amerikanische Banken verschoben hatte. Und auf manchen Überweisungen fand sich auch der Name Joseph Stehle.

Carrington zeigte darauf. »Wir gehen davon aus, dass es sich bei diesen Beträgen um Nazikapital handelt.«

Joseph Stehle prustete. »Wie kommen Sie denn auf diese Schnapsidee?«

»Die deutsche Reichsbank hat zu genau jenem Zeitpunkt ihr Konto in New York aufgelöst, als aus der Schweiz plötzlich erstaunliche Überweisungsaufträge an uns einsetzten. Wir haben daraufhin alle Kapitalflüsse zu unseren US-Banken überprüft. Insgesamt stellten wir fest, dass seit Herbst 1940 von mehreren kleinen Schweizer Banken zusammengerechnet Milliardenbeträge zu uns flossen, mit jeweils sehr fraglichen Absendern. Herr Stehle, einer davon sind Sie! Ein Eisenbahnschaffner der Deutschen Reichsbahn mit einem Einkommen von 275 Mark monatlich hat bei uns auf mehreren Konten Millionenbeträge liegen. Heil Hitler!«

»Das ist nicht mein Geld, ich bin nur der Verwalter dieser Beträge. Im Übrigen wüsste ich nicht, seit wann die amerikanische Polizei in der neutralen Schweiz ermitteln dürfte.« Stehle war es heiß geworden. Er erkannte in diesem fremden Mann eine Gefahr, die er nicht so leicht loswerden würde. Pah, ein amerikanischer Finanzpolizist, das sollte glauben, wer mochte. Polizist? Der Mann roch für ihn nach amerikanischer Mafia.

»Herr Stehle, verlassen Sie sich darauf, ich werde Sie bald als amerikanischer Offizier in Deutschland vernehmen. Machen Sie sich nichts vor, es ist eine Frage der Zeit, dann sitzen alle Nazis wie Sie in ihren eigenen Gefängnissen. Überlegen Sie es sich gut, wir bieten Ihnen eine Zusammenarbeit an.«

»Meine Herren, bitte«, der Bankdirektor, ganz Schweizer Diplomat, suchte ein Ende der Konfrontation, er wollte Zeit gewinnen. Die neue Situation war ihm nicht geheuer.

»Herr Carrington, oder wie immer Sie heißen mögen. Ich denke, wir gehen jetzt erst mal den rechtlich ordentlichen Weg. Sie benötigen eine Legitimation, geben schriftlich bei meiner Bank Ihr Ansinnen kund, und dann werden wir uns bei Ihnen oder Ihrer Dienststelle melden. So verkehren doch zivilisierte Menschen auch in Amerika miteinander, oder nicht?«

»Oh my god«, lachte der ungebetene Besucher. »Wo, glauben Sie, leben Sie? Wir haben Krieg in Europa. Wir werden die Nazis ausrotten, und meine Behörde sorgt dafür, dass kein Dollar eines Nazis in die falsche Tasche gelangt. Egal, ob diese Brut ihr Geld auf deutschen, Schweizer oder amerikanischen Banken versteckt hält.«

»Da kann ich Sie beruhigen.« Joseph Stehle witterte die Chance, sich als Nazigegner zu präsentieren. »Kein Pfennig der Beträge, die ich nach Amerika überwiesen habe, stammt von Nazis. Im Gegenteil: Ich habe das Geld von Verfolgten der Nazis zum Schutz vor den Nazis gerettet.«

»Sorry, Mister, Sie haben zurzeit gar nichts gerettet. Wir werden darüber noch befinden, zurzeit sind Ihre Konten gesperrt.«

»Das widerspricht den staatsvertraglichen Abmachungen«, ereiferte sich jetzt wieder der Bankdirektor.

John Carrington lachte: »Sie scheinen mich wirklich nicht verstehen zu wollen, aber ich bin sicher, Herr Stehle«, sagte er zu dem deutschen Schaffner gewandt, »Sie werden mich noch verstehen.« Jovial klopfte er Stehle auf die Schulter und sagte: »Sie wollten ja hier noch etwas erledigen, und soviel ich weiß, geht Ihr Zug in wenigen Minuten zurück nach Deutschland.« Süffisant verabschiedete er sich von den beiden: »Ein Zug ohne Schaffner? Ich denke, da würden selbst Sie Ärger mit der Gestapo bekommen.«

Schon im Türrahmen stehend, drehte sich Carrington noch einmal zu dem Bankdirektor um: »Einige der Summen, die Sie der New-York-City-Bank übereignet haben, weisen keinen weiteren Eigentümer auf als nur Ihre eigene Bank. Deshalb habe ich Sie Komplize genannt. Gewehrt gegen meine Unterstellung haben Sie sich nicht.«

Bevor der Bankdirektor antworten konnte, war Carrington aus dem Raum marschiert.

Stehle blieb, blass geworden, mit Oswald Wohl zurück. »Wir haben noch nicht verloren.«

Der Bankdirektor lachte herb auf: »Wir nicht, aber ihr Deutschen schon. Aber bleib gelassen, Joseph, der kann uns nichts nachweisen. Was wolltest du eigentlich?«

»Zu spät«, ärgerte sich Stehle, »zu spät, Oswald. Ich wollte dich bitten, unser Geld nach Argentinien zu transferieren. Argentinien soll sicher sein, du hörst ja, die Amis drehen wegen des Kriegs völlig durch.«

»Quatsch! Mach dir da mal keine Sorgen, wir sind hier in der Schweiz, und die Amis wissen, wie man Geschäfte macht. Da hatte ich bisher vor einem Einmarsch von eurer Wehrmacht mehr Angst. Stell dir vor, die SS hätte uns den Arsch aufgerissen, dann wärst du gleich weg gewesen. Deshalb bin ich auch froh, wenn der ganze Spuk nun bald ein Ende hat. Lange wird sich Hitler nicht mehr halten können.«

Joseph Stehles Augen flackerten. »Hör auf, so zu reden. Du siehst ja, wohin das führt, wenn die Amis hier das Sagen haben, dann gute Nacht!« Joseph Stehle schnappte nach Luft, drehte sich um und rannte aus dem Besprechungszimmer: »Mein Zug«, japste er nur noch und lief los.

*

Zwei Tage später, am 1. April, kurz vor 11 Uhr, tauchten zwei Staffeln viermotoriger Liberta-Bomber über dem Kohlfirstwald vor Schaffhausen auf. Zwölf Flugzeuge waren in dem ersten Geschwader formiert, über 20 Bomber flogen in der zweiten Staffel.

Es war ein Samstag, Markttag in Schaffhausen. Aus der Innenstadt konnte man die Flugzeuge deutlicher sehen als sonst. Doch wer sollte schon auf die täglichen Bombenflüge der Amerikaner achten. Ihre tödliche Fracht warfen sie auf der anderen Seite der Grenze, in Deutschland, ab.

Aber heute, da schien irgendetwas anders zu sein. Die kleinen Flieger kamen immer näher an die Munotstadt heran. Und dann: Punkt 11 Uhr krachte es plötzlich inmitten der eigenen Stadt. 236 Brandbomben und 130 Sprengbomben donnerten auf Schaffhausen. Nach 40 Sekunden war alles vorbei: 40 Tote und 270 Verletzte lagen in den Trümmern der Schweizer Stadt Schaffhausen.

Die Amerikaner entschuldigten sich später für den Angriff. Es sei ein Versehen gewesen, begründete die US-Armee die Bombardierung. Als Grund gab sie schlechte Sichtverhältnisse an.

Doch am 1. April 1944 hatte sich über ganz Europa ein blauer Himmel gezeigt. Die Sonne hatte an jenem Tag von Aufgang 7.45 bis Untergang 18.30 Uhr geschienen.

*

Joseph Stehle hatte die Bombardierung beobachtet. Er stand in sicherer Entfernung auf deutschem Boden. Vor ihm lag eine tote Sau in einer hölzernen Wanne. Er hatte gerade Harz über ihre hellbraunen Borsten geschüttet und heißes Wasser darübergegossen. Gemeinsam mit Ferdinand Alber, dem Gutsbauer auf dem Randen, schabten sie der Sau die Borsten von der Schwarte.

Ferdinand Alber hielt inne: »Die wollen ganz Europa. Die bombardieren alles kurz und klein.« Dabei zeigte er auf die US-Bomber, die gefährlich nah über den Hegaubergen kreisten.

»Die haben es nicht anders verdient«, höhnte Stehle und deutete mit seinem Kopf Richtung Schaffhausen, wo die ersten dunklen Rauchsäulen aufstiegen. »Immer schön neutral, nur nie Farbe bekennen. Wir hätten schon gleich nach unserer Ostmark«, damit meinte er Österreich, »auch die Schweiz heim ins Reich holen müssen.«

Ferdinand Alber verzichtete auf eine Antwort. Er warf seinen Borstenschaber weg und rannte in einen nahen Schopf. Die kleinen, silbernen Flugzeuge wurden immer größer und hielten direkten Kurs auf seinen Hof. Alber hatte Angst vor einem Abwurf oder Maschinengewehrbeschuss aus der Luft.

Stehle lachte und schabte unbeirrt weiter die Borsten der Sau. Er hatte diese Woche dienstfrei. Er musste immer drei Wochen am Stück arbeiten, dann meist rund um die Uhr, dafür durfte er danach eine Woche am Stück zu Hause bleiben. Doch Joseph Stehle legte sich in den freien Wochen nicht auf die faule Haut, sondern metzgerte.

Bevor er zur Deutschen Reichsbahn kam, hatte er in der Schweiz das Metzgerhandwerk erlernt. Als Hausmetzger wurde er heute von den Bauern rund um Singen engagiert, die meisten deutschen Metzger waren längst an der Front.

Joseph Stehle war von Geburt an Schweizer Staatsbürger. Er war in Thayngen, einem kleinen Grenzort zwischen Singen und Schaffhausen, geboren. Nach der Volksschule ging er mit 14 Jahren in Schaffhausen in die Lehre. Mit 17 Jahren, 1933, begann er in Singen in der Schweizer Firma Maggi zu arbeiten. Dort lernte er seine deutsche Frau kennen. Sein

Schwiegervater holte ihn zur Bahn. Schon zuvor, noch in der Schweiz, hatte er zu ›hitlere‹ begonnen. Mit dem Eintritt in die NSDAP wurde er Schaffner bei der Deutschen Reichsbahn, diese Stelle hatte er der Partei zu verdanken. Das wusste Stehle, und dafür war er auch immer bemüht, ein ordentliches Parteimitglied zu sein.

Es war in den Kriegsjahren genau zugeordnet, welcher Bauer wie viel Vieh schlachten durfte. Im Gäu war bekannt: Wer Joseph Stehle engagierte, der musste saubere Papiere haben. Krumme Geschäfte, das hieß Schwarzschlachtungen, machte dieser Mann nicht.

So kannte man Joseph Stehle: ein aufrechter Mann, überzeugter Nazi, ehrlich und Gradlinig.

Ferdinand Alber hatte deshalb den Schaffner als Metzger engagiert. Er selbst war nicht in der Partei und musste aufpassen, nicht angeschwärzt zu werden. Mit Joseph Stehle als Hausmetzger hatte man die Denunzianten auf seiner Seite.

Ferdinand Alber war wieder aus dem Schopf gekommen und sah der Staffel kritisch nach. Dann schaute er Stehle an und schluckte. Nein, dachte er, diesem Mann darf ich meine Gedanken nicht anvertrauen. Für sich aber beschloss er, baldmöglichst dieses überdimensionale Hakenkreuz an seinem geliebten Hohentwiel, das die Nazis der Maggi-Stadt dort hingemalt hatten, zu überstreichen. Schließlich, so dachte er: Man musste den Fliegern doch nicht schon von Weitem zeigen, wo Nazis wohnten, das provozierte doch nur deren Bombenabwürfe. Natürlich dachte er dabei auch an sich und seine Familie und seinen prächtigen Hof.

Joseph Stehle hatte ihn von der Seite beobachtet. Er schien seine Gedanken zu erraten und riet ihm fast drohend: »Alber, sei du froh, dass du auf deinem Hof bleiben durftest, während andere an der Front ihren Kopf hinhalten. Benimm dich wie ein deutscher Mann. Glaub standhaft an unseren Endsieg, und jetzt hol das Tor, dann können wir die Sau hochziehen.«

Die Schwarte des Schweins war glatt rasiert. Das Tier lag schlachtbereit in der Wanne, die Halsschlagader war geöffnet. Die beiden Männer stellten einen stabilen Rahmen über den Zuber. Vom Oberbalken hingen je zwei Enden eines Seils herunter. Stehle band an jedes Ende eine Hinterhaxe des Schweins. Dann zogen sie gemeinsam das Seil über die Winde. Kopfüber hing das Schwein in der Wanne. Blut rann noch immer aus dem tiefen Schnitt der Halsschlagader.

Fränzle, der Sohn des Gutsbauern, hielt mit der linken Hand eine Schüssel unter den Kopf des Tieres und fing das restliche Blut auf. Mit der rechten Hand rührte er in der roten, warmen Flüssigkeit, damit das Blut nicht klumpte.

»Fränzle, du wirsch mol en rächte Kerle«, lobte ihn der Metzger, »dir mach ich nachher eine extra Blutwurscht.«

Fränzle hörte das Lob gerne, gerade von diesem Mann, vor dem die Erwachsenen einen Heidenrespekt hatten, warum auch immer. Zu ihm, und auch zu den anderen Kindern, war er immer nett. Eine Extrawurst für ihn allein, das hätte ihm sein Vater nie gegeben. Und er wusste, danach bekam er von diesem Metzger auch noch ein Stück vom Apfelkuchen dazu. Seine Mutter musste immer zum Schlachttag einen großen Kuchen für den Metzger backen. Denn Joseph Stehle aß, wenn alle sich über die Wurstsuppe und die frischen Würste hermachten, am liebsten süßen Kuchen. Und wenn Stehle ihm dann ein Stück von dem Kuchen abgab, dann konnten seine Eltern diesem Mann nicht widersprechen.

›Stalin‹ nannten die Erwachsenen Stehle hinter dessen Rücken. Das musste ein ganz besonderes Schimpfwort sein. Die großen Leute sahen sich dabei verstohlen an. Fränzle schmunzelte dann mit den Alten, fragte sich aber, was dieser kinderfreundliche Metzger mit diesem bösen Mann in Russland gemein hatte, der Krieg gegen sie führte.

*

»Well, Stalin, du wirst nicht mehr lange leben, wenn du nicht dein Geld uns überlässt!«

Joseph Stehle lag blutverschmiert auf dem Rücken. Ihn hatte es mit seinem ganzen Körpergewicht auf die Schotterstraße geschlagen. Das rechte Knie tat ihm höllisch weh, er schmeckte Blut, und zu allem hin stand ihm dieser amerikanische Agent mit dem Absatz auf der Gurgel. Er konnte sich kaum bewegen, nicht einmal seine Blessuren betasten. Er lag hilflos wie ein Marienkäfer auf dem Rücken.

Er war vom Randen mit seinem Fahrrad weggefahren. Es war schon dunkel gewesen. Links und rechts an seine Lenkstange hatte er zwei Eimer mit Wurstsuppe gehängt. Die Suppe hatten die Albers ihm aus einem großen Kessel abgefüllt, dazu noch jeweils zwei Blut- und zwei Leberwürste beigegeben. Er hatte sich auf die strahlenden Augen seiner Frau gefreut und vor allem auf Medi, seine kleine Tochter. Das würde morgen ein Sonntagsessen geben. Schlachtplatte!

Plötzlich hatte es gekracht, sein Rad hatte abrupt gestoppt und ihn abgeworfen, wie ein störrischer Esel seinen Reiter. Er war mit dem Kopf voraus über die Lenkstange zu Boden gefallen. Sein Gesicht war auf die Schottersteine geknallt, er hatte sich noch in der Wucht des Falls auf den Rücken gedreht, aber schon war der Stiefel hart und rücksichtslos auf seinen Hals getreten.

Joseph Stehle hatte im Flug an alle gedacht, an alle, die ihm Böses wollten. Vor allem an Luise Levy und Katharina oder anonyme Mitwisser, die doch von einem der beiden Weiber informiert worden waren.

Auf dem Boden gelandet, öffnete er sofort die Augen und erkannte im Gegenlicht des Mondes, über den ledernen Stiefeln, diesen Bürstenhaarschnitt. Gleichzeitig hörte er die Stimme mit diesem englischen Akzent: »Good evening, Mister Stehle«, lachte John Carrington, »Glück für Sie, dass Sie heute nicht in Schaffhausen waren. Sonst hätten wir uns jetzt vielleicht gar nicht mehr treffen können.«

Stehle hechelte. Er bekam kaum Luft. Er roch das Fett der Lederstiefel, wollte antworten, schluckte Blut, versuchte, sich freizustrampeln.

Carrington lachte und drückte seinen Stiefel tiefer in den Hals des unter ihm liegenden Stehle.

Der fasste an den Stiefel, wollte ihn wegdrehen.

Carrington verstärkte erbarmungslos den Druck auf den Gurgelknopf.

Stehle musste würgen, bekam keine Luft mehr und legte schnell, als Zeichen seiner Unterwerfung, beide Arme weit von sich, flach auf den Boden.

»Okay«, klang die Stimme des Amerikaners versöhnlich, und gleichzeitig löste er den Druck seines Stiefels leicht.

Stehle konnte wieder Luft in die Lunge einziehen.

Carrington wartete geduldig, bis der Angegriffene sich erholt hatte. Dann legte er los: »Ich weiß nicht, ob dein Komplize Wohl die Bomben überlebt hat. Vielleicht ja, vielleicht nein. Spielt aber keine große Rolle, es sollte eine Warnung für dich sein.«

Carrington hielt inne, zog eine Zigarette aus seinem Trenchcoat und zündete sie an. Die Flamme züngelte in der Dunkelheit, er inhalierte den Rauch tief und ließ dann das noch brennende Streichholz achtlos auf Stehle fallen. Er unterstrich damit seine Furchtlosigkeit und Überlegenheit.

Mit ruhiger Stimme fuhr er fort: »Stalin, hör zu: Es ist keine Frage mehr, dass ihr Deutschen den Krieg verloren habt. Die Frage ist nur, wer ihn gewinnt. Wir oder Stalin.« Dann lachte er auf: »Ihr Deutschen habt ja doch Humor. Dass sie dich Stalin nennen, ist wirklich lustig. Gerade du, der du doch Stalin hasst. Aber es stimmt. Freundlich gesagt, bist du sehr Gradlinig, korrekt und kompromisslos, wie deine Kollegen dich kennen. Aber wir beide wissen, du hast ganz andere Gemeinsamkeiten mit ihm: Du bist skrupellos und gehst über Leichen, genau wie Stalin.«

Stehle wollte etwas erwidern, aber seine Worte gingen über ein Gurgeln nicht hinaus, Carrington hatte den Stiefeldruck schnell wieder erhöht.

Er fand sichtbaren Gefallen an seiner Siegerpose. Er inhalierte nochmals tief den Rauch der Zigarette, blies ihn kräftig aus der Lunge und kam dann zu seinem Anliegen: »Wir denken an morgen. Der Sieg über die Nazis ist entschieden. Aber wir sind mit den Russen im Wettlauf, wer von uns zuerst Berlin erreicht. Wir wollen Hitler erledigen, aber wir wollen keine Rote Armee auf deutschem Boden. Wir müssen schon heute für die Zeit nach Hitler sorgen. Eure Armee hält an der Ostfront die Russen nicht mehr auf. Stalin ist auf dem Vormarsch, wir bekommen täglich neue Meldungen von den Russen. Weißt du, was das heißt?«

Joseph Stehle hatte endlich eine einigermaßen erträgliche Lage gefunden. Er hatte seinen Gurgelknopf unter der drückenden Sohle etwas auf die Seite drehen können. Angestrengt schielte er zu seinem Peiniger hoch.

Carrington zog erneut an der Zigarette und schnippte sie dann weit weg, während er den Rauch energisch aus den Lungenflügeln blies.

Dann schaute er wieder zu Stehle hinunter, nahm den Fuß vom Hals des fragwürdigen Millionärs und kniete sich neben ihn. Er fasste ihn am Kragen und zog dessen Kopf zu sich hoch. »Es gibt für dich nur eine Chance«, seine Stimme wurde jetzt leise, fast komplizenhaft redete er auf ihn ein, »du schließt dich uns an. Wir sind ein kleiner Kreis, der weiß, dass unser Feind nicht Hitler ist, sondern Stalin. Wir wissen, dass Hitler geopfert werden muss, darauf wartet die Weltöffentlichkeit. Aber halte unsere Regierung nicht für blöd. Der Präsident weiß, wer langfristig unsere Verbündeten sind. Deshalb wollen wir mit dir einig werden. Wir werden dein Geld freigeben, ohne dass sich in Zukunft irgendwelche Spuren mehr verfolgen lassen, woher das Geld überhaupt kam. Aber den Großteil des Geldes, das ohnehin nicht dir gehört, benötigen wir für den Aufbau unserer Organisation nach dem Krieg hier in Europa.«

In Stehles Kopf pochte es. Er drehte das Gesicht zur Seite und spuckte Blut. Seine Lippen waren aufgeplatzt, jetzt schwollen sie an. Er bekam kein Wort heraus.

John Carrington legte Stehles Kopf sachte auf den Schotter zurück. »Ich sage dir, wie es weitergeht«, fuhr er fort, »du wirst deinen Bankdirektor überzeugen, dass er nur mit uns einen Teil seines und deines Kapitals in den Vereinigten Staaten retten kann. Mach ihm klar, dass wir seine Bank in Schutt und Asche legen, wenn er unsere Anweisungen nicht befolgt. Wir haben alle Mittel und Wege, euch beide zu vernichten oder euch am Leben zu lassen. Ihr werdet von uns hören.«

Joseph Stehle kam nicht dazu, auch nur ein Wort zu erwidern. Es schien Carrington keinen Deut zu interessieren, was er noch vorzubringen gehabt hätte. Carrington stellte ihn vor die Entscheidung, vor die jeder Straßenräuber sein Opfer stellt: Geld oder Leben?

Dann verschwand er in der Dunkelheit.

*

Joseph Stehle kam nur langsam wieder zu sich. Er tastete sein rechtes Bein ab und versuchte, vorsichtig aufzustehen. Dann humpelte er zu seinem Fahrrad, suchte seine beiden Eimer, tastete den dunklen Boden nach seinen vier Würsten ab und fluchte leise vor sich hin.

Im Vorderrad waren vier Speichen gebrochen. Carrington hatte ihm offensichtlich einfach einen Stock ins Rad gesteckt. Das erklärte auch seinen Abwurf über den Fahrradlenker. Die Wurstsuppen waren aus den Eimern gelaufen und im Erdreich versickert. Wenigstens lagen die vier Würste aber noch auf dem Boden.

Töchterchen Mechthilde weinte, als sie ihren Vater im Flur stehen sah.

Dafür lachte sie schon am nächsten Tag wieder, als auf dem Sauerkraut mit Salzkartoffeln zwei Leber- und zwei Blutwürste vor sich hin dampften: »Papa, du bist der Beste«, küsste sie ihn auf seine verwundeten Lippen.

Joseph Stehle drückte sein Kreuz durch und strahlte. Wenn seine kleine Tochter zu ihm aufsah, dann war die Welt für ihn in Ordnung.

*

Wenige Wochen später begannen die Alliierten, gezielt das deutsche Verkehrsnetz zu bombardieren. Trotzdem fuhren noch immer die Züge über die Grenze von Singen nach

Schaffhausen. Joseph Stehle wollte die Gelegenheit bei einer seiner nächsten Fahrten nach Schaffhausen nutzen, um nach seinem Komplizen Oswald Wohl zu sehen und zu bilanzieren, wie viel seines Kapitals noch beweglich war.

Sein Zug lief in Schaffhausen um 8.10 Uhr ein und musste planmäßig um 11.30 Uhr zur Rückfahrt bereitstehen. Die Lok mit ihren drei Waggons sollte auf Gleis drei einfach stehen bleiben, denn der größte Teil des normalen Zugverkehrs stand kurz vor dem Erliegen. Nur noch einzelne Verbindungen gab es von Schaffhausen nach Singen, und nur noch wenige Verbindungen weiter bis nach Zürich. Die Verbindungen nach Basel, über die deutschen Städte Tiengen und Waldshut, waren eingeschränkt worden.

Joseph Stehle eilte gleich nach der Einfahrt in den Bahnhof Schaffhausen in sein Dienstabteil und zog seine Uniform aus. Es war nicht mehr die Zeit, in der man sich auf Schweizer Straßen gerne als Deutscher zu erkennen gab. Leger, in Zivil gekleidet, schlenderte er Richtung Bankhaus Wohl & Brüder.

Das Bankhaus hatte den Angriff der US-Bomber heil überstanden. Trotzdem beschlich Stehle ein flaues Gefühl, als er das schmale Haus in der Schaffhauser Innenstadt betrachtete. Er roch den Stiefel Carringtons in seiner Nase und griff unwillkürlich nach seinen gerade verheilten Wunden im Gesicht. Kurz verharrte sein Schritt, unsicher schaute er sich um.

»Mach doch keis Büro uuf«, drohte plötzlich eine Stimme hinter ihm, und Stehle spürte einen stumpfen Gegenstand in seinem Kreuz. »Chum, gang wiiter«, forderte ihn die Stimme auf und schob ihn über die Straße in das Bankhaus.

Der Schalterraum wirkte auf Stehle noch düsterer als sonst. Dann sah er, dass das einzige Fenster des Raumes mit Zeitungspapier zugeklebt war. Der Mann hinter ihm verschloss die Ladentür. »Chunnsch druus?«, fragte er ihn und forderte ihn auf: »Hei gang wiiter, du kennscht doch de Wäg.«

Der Kassenraum war verwaist. Stehle sah, dass die Nebentür in das Besprechungszimmer offen stand. Aus dem Zimmer hörte er Stimmen und sah im Gegenlicht in der Luft Rauchschwaden stehen. Er roch Zigarettenqualm und erinnerte sich an den amerikanischen Agenten. Der Mann, der ganz offensichtlich vor der Bank auf ihn gewartet hatte, schob ihn in den Raum.

»Grüezi«, lachte ihn in einem schrecklichen, nachgeäfften Schweizerenglischdeutsch John Carrington an, »welcome in our Club!«

Stehle fluchte innerlich. Wie konnte er so blauäugig schon wieder diesem Mann in die Fänge laufen.

»Es war eine Frage der Zeit, des korrekten Fahrplanes der Deutschen Reichsbahn und eures Dienstplans«, beantwortete Carrington Stehles unausgesprochene Frage, »wir mussten uns wiederbegegnen.«

Stehle blieb wie angewurzelt unter dem Türrahmen stehen. In dem Besprechungsraum saßen neben Carrington noch drei weitere, ihm unbekannte Männer, und Oswald Wohl. Über dem Besprechungstisch strahlte eine Leuchtröhre, da auch in diesem Raum die Fenster verhängt waren. Auf dem Tisch lag eine Unzahl von Papieren. Stehle erkannte, dass es sich um Kontoauszüge handeln musste, die Runde hatte ihn offensichtlich erwartet.

»Ja«, lachte Carrington, »alles Ihre Konten, gratuliere, was für ein erfolgreicher Schaffner Sie doch sind.«

Stehle wurde blass. Wie viele Ängste und bange Minuten hatte er durchgestanden, um dieses Kapital anzuhäufen. Selbst zum Mörder war er geworden und zum Verräter. Er dachte an Luise Levy und vor allem an Katharina. Und nun sollte alles umsonst gewesen sein? Er blickte Hilfe suchend zu Wohl.

»Mir sind die Hände gebunden, Joseph. Lass uns in Ruhe darüber reden«, flüsterte der.

»Woher wissen Sie, welches meine Konten sind«, fragte Stehle barsch, »und mit welchem Recht sitzen Sie hier?«

»Stalin«, begann Carrington einen längeren Monolog, »Sie haben die Chance, die Machtverhältnisse von morgen schon heute zu akzeptieren. Sie können mit uns zusammenarbeiten und uns nach dem Ende des Krieges mit Ihrem Geld helfen, eine sinnvolle Verteidigung gegen das kommunistische Bollwerk und die Rote Armee aufzubauen. Ihr Geld ist verloren, wenn Sie sich gegen uns stellen. Sie können unser Freund werden, wenn Sie mit uns nach vorne schauen. Wir, das sind die neuen Machthaber in Europa. Vergessen Sie Ihren Traum von einem Vierten Reich. Wir alle müssen gemeinsam gegen nur eine Gefahr kämpfen, gegen die Rote Armee. Stalin wird sich nicht mit Berlin zufriedengeben, er will bis zum Rhein, oder vielleicht sogar bis zum Atlantik. Deshalb sitzen hier am Tisch auch Freunde des britischen Geheimdienstes MI 5 und ein offizieller Vertreter der Schweizer Bankenaufsicht, der aber auch ein Mitglied des Schweizer Geheimdienstes P 26 ist. Glauben Sie mir, ohne uns ist Ihr Geld futsch. Mit uns können Sie nach dem Ende des Krieges noch gewinnen.«

Oswald Wohl nickte. Stehle war klar, dass er ohne seinen jungen Bankchef nie mehr an sein Geld gelangen konnte. Sollte es stimmen, dass der dünne, schmallippige Herr neben Wohl von der Bankenaufsicht war, dann verstand er, dass sie auch seinen Komplizen in der Zange hatten. Schließlich hatte dessen Bank in den vergangenen Jahren sehr viel namenloses ausländisches Kapital zunächst ein- und dann ausgeführt.

Millionen Reichsmark und auch Gold und Silber ohne Nachweis einer Quelle. Daraus konnte man ihm jederzeit einen Strick drehen. Und auch ihm selbst, einem Schmuggler aus Deutschland, drohten in der Schweiz empfindliche Strafen, gleichgültig, woher das Geld stammte.

Joseph Stehle erkannte seine verfahrene Situation, es blieb ihm kein anderer Ausweg, als sich vorerst auf das Vorhaben der Herren einzulassen. »Sie diktieren die Bedingungen«, kapitulierte er, »sagen Sie mir aber, was mir bleibt.«

*

Wenige Wochen später hatten die Angriffe der Alliierten auf Singen zugenommen. Im Oktober 1944 kam es zu einem Tagesangriff mit zwölf Bombern der amerikanischen Luftwaffe. Am Weihnachtstag, im Jahre 1944, überflogen 18 Bomber Singen und warfen 90 Sprengbomben auf die Hohentwielstadt, mit Gewichten bis zu 500 Kilogramm. Dabei wurden auch Brücken und Gleisanlagen schwer beschädigt. Die Zugverbindung in die Schweiz war jetzt vollständig abgebrochen. Für Joseph Stehle gab es keine Möglichkeit mehr, sich um sein Kapital in der Schweiz zu kümmern. Er verfluchte jeden Tag John Carrington und hoffte auf das Schweizer Bankengesetz.

*

In den letzten Kriegstagen bekam Joseph Stehle noch einmal Besuch. In der Hohentwielstadt herrschte das reinste Chaos. Die Bevölkerung flüchtete tagsüber aus der Stadt in die Wälder, aus Angst vor neuen Bombardierungen. Der stellvertretende Bürgermeister wollte die Stadt den heranrückenden Franzosen kampflos übergeben. Doch

SS-Offiziere aus der nahe gelegenen Radolfzeller Kaserne zwangen den Volkssturm, die Stellung zu halten.

Joseph Stehle hatte den ganzen Tag über bei Räumungsarbeiten in der Innenstadt geholfen. Er war übermüdet und wollte sich ins Bett legen. Da hörte er ein leises Klopfen an der Haustür. In Socken, um seine Frau und Tochter nicht zu wecken, schlich er in den Flur. Er wollte gerade die Tür öffnen, da griff eine starke Hand von hinten um seinen Kopf und verschloss ihm den Mund. Der Griff war sehr stark, Widerstand erschien ihm zwecklos.

»Keine Angst«, flüsterte eine männliche Stimme, »ich muss mit Ihnen sprechen.«

Der Mann hatte seinen Griff gelöst und stand nun vor ihm. Er war groß, schlank und wirkte durchtrainiert. Trotz der Kälte hatte er nur einen Pullover übergestreift, der war allerdings aus einem warmen, feinen Gewebe. Seine Militärhose steckte in leichten, weichen Stiefeln, wie sie Stehle schon bei Carrington gesehen hatte. Unter dem Pullover, am Gürtel der Hose, ragte ein Messer hervor, das der Mann aber offensichtlich nicht ziehen wollte.

Dies beruhigte Stehle etwas, trotzdem war er verunsichert. Er schlurfte irritiert an dem Mann vorbei in die Küche. Der Fremde folgte ihm.

Leise, in einem süddeutsch-schweizerischen Dialekt, redete er auf Stehle ein: »Ich soll Sie grüßen von Freunden, wir machen uns große Sorgen um Ihre Stadt.«

Stehle wusste nicht, was er dazu sagen sollte. Er hatte den ganzen Tag mit dem Volkssturm und Bürgern versucht, die ärgsten Bomberschäden zu räumen. Er hatte Tote und Verwundete geborgen und in ausgebombten Häusern für Schlafplätze gesorgt. Noch immer hatte er den Gestank des Feuers der Brandbomben in seiner Nase.

»Wir wissen, dass Ihr Bürgermeisterstellvertreter ein einsichtiger Mann ist. Sprechen Sie ihn morgen an. Achten Sie darauf, dass Sie niemand hören kann, und dann kommen Sie morgen Abend mit ihm um 23 Uhr in das Gasthaus Frohsinn.«

Stehle sah den Mann fassungslos an.

»Meine Organisation und Sie haben die gleichen Interessen. Ich soll Sie grüßen von John Carrington. Sie müssen ein reicher Mann sein, und Sie wollen doch sicher Ihr Geld wiederhaben?«

Stehle nickte, er verstand nun gar nichts mehr, war aber plötzlich hellwach, schließlich ging es hier um sein Geld, und das schien nun mal Carrington in der Hand zu halten.

»Passen Sie auf, dass Sie niemand belauscht, wenn Sie mit dem Bürgermeisterstellvertreter reden, und seien Sie pünktlich.«

Stehle nickte erneut, wollte etwas sagen, nach seinem Geld fragen, aber der Mann stand auf, sagte leise: »Uf wiederluege, bis Morgäobid«, und verschwand.

Joseph Stehle und der stellvertretende Bürgermeister waren keine Freunde. Doch in den vergangen Tagen, unter dem Druck der Fliegerbeschüsse, waren die Bürger Singens zusammengerückt. Die 4.000 Einwohner befürchteten wegen der Industrie inmitten ihrer Stadt die totale Verwüstung. Selbst Stehle verfluchte jetzt langsam das überdimensionale Hakenkreuz am Hohentwiel. Aber noch hatte niemand gewagt, es zu entfernen. Noch glaubten unbelehrbare Nazis an den Endsieg.

Joseph Stehle war klug. Er hatte die Gespräche mit Carrington nicht vergessen, und fast täglich hörte er heimlich einen Schweizer Sender. Er hatte die Frontlinien verfolgt. Colmar war wieder in der Hand der Franzosen, die

Amis standen in der Pfalz und die Rote Armee bald vor Berlin.

Gleich nachdem der fremde Mann seine Wohnung verlassen hatte, befiel Joseph Stehle eine innere Unruhe. Langsam stand er auf. Er ging zum Küchenschrank, öffnete eine Schublade und zog sein rotes Parteibuch hervor. Er blätterte das Büchlein langsam durch. Er war 1932 Mitglied der NSDAP geworden. Fast wäre er der Fünfhunderttausendste gewesen. Wie war er stolz gewesen, als Schweizer jetzt ein Deutscher zu sein. Die NSDAP-Mitgliedschaft hatte für ihn mehr bedeutet als eine zufällige Geburt in den Grenzen des damaligen Deutschen Reiches. Vor allem hatte er damals noch geglaubt, dass selbst die Schweiz bald zum Großdeutschen Reich zählen würde.

Jetzt, wo er sich anschickte, sich aus der Partei zu verabschieden, hatte die NSDAP fast acht Millionen Mitglieder. Er starrte auf den goldenen Parteiadler mit dem Lorbeerkranz in den Fängen, darunter prangte das Hakenkreuz.

Stehle drehte sich vom Küchenschrank zum Tisch, legte das Parteibuch ab, kontrollierte die Vorhänge vor den Fenstern, schlurfte zum Küchenherd und stocherte in der Glut. Er holte noch zwei Holzscheite, wartete, bis sie Feuer fingen, dann legte er sein Parteibuch obenauf.

Stehles Augen wurden feucht. Er wartete, bis die Flammen nicht mehr züngelten, dann schürte er nach.

*

Am nächsten Abend fuhren zwei dunkle Gestalten auf ihren Fahrrädern aus der Südstadt Singens in Richtung Gottmadingen. Sie benutzten Feldwege und achteten darauf, dass sie nicht gesehen wurden.

»Ein Auto!«, schrie Joseph Stehle und sprang vom Rad, der stellvertretende Bürgermeister hinter ihm fluchte und fuhr direkt in den Acker. Die Erdschollen waren umgepflügt und tief gefroren. Die beiden Männer beeilten sich, ein gutes Stück von dem Weg, auf dem das Auto fuhr, wegzukommen, dann verschanzten sie sich, flach liegend, neben ihren Rädern, in den Furchen.

Eine kleine Militärkolonne fuhr Patrouille. Nur der erste Wagen hatte spärliches Licht. »Vermutlich SS«, flüsterte Stehle. Es waren die letzten, unverbesserlichen Kämpfer, die die Grenze zur Schweiz vor Flüchtlingen sichern wollten. In unregelmäßigen Abständen bewegten sie sich entlang der Grenzstraße. Kaum war die Kolonne vorbei, sprangen Stehle und sein Bürgermeisterstellvertreter wieder auf ihre Räder und traten in die Pedale. »Jetzt dürfte die Luft rein sein«, spornte Stehle den Bürgermeister an und fuhr über die Hauptstraße von Singen Richtung Gottmadingen weiter.

Das Gasthaus Frohsinn lag auf halber Strecke, zwischen den beiden Orten. Das Wirtshaus war an die Grenzstraße gebaut. Direkt hinter dem Gasthaus verlief die Staatsgrenze.

Die beiden Radler fuhren im Dunkeln sogleich in den Hof, schlichen vorsichtig hinter das Gasthaus, um ihre Räder dort abzustellen. Stehle war vorausgegangen, er wollte gerade um die Hausecke biegen, da bekam er einen solchen Schlag ins Gesicht, dass er fast zu Boden fiel. Bevor er sich wehren konnte, drehte eine dunkle Gestalt ihm beide Arme auf den Rücken und eine weitere hatte ihm einen Knebel in den Mund geschoben.

»Joseph?«, rief der zweite Radfahrer, eine dritte Stimme sagte: »Godfridstutz, des sind si.«

»Läck mi«, sagte der Mann hinter Stehle, ließ dessen Arme los und schob bedauernd ein »Äxgüssi!« nach.

Joseph Stehle würgte sich den Knebel aus dem Mund, während die beiden dunklen Gestalten schnell vor dem stellvertretenden Bürgermeister salutierten: »Herr Bürgermeister, Hauptmann Keller erwartet Sie!«

Die beiden Singener wurden auf deutschem Boden von den beiden Schweizer Soldaten in das deutsche Gasthaus Frohsinn geführt. Eine kleine Schweizer Abordnung saß um den verwaisten Stammtisch.

»Oberlüfzgi, die Abordnung aus Singen«, meldete einer der Soldaten.

Stehle tat noch immer der Unterkiefer weh, der Schweizer Soldat hatte ihm den Mund mit Gewalt aufgerissen. Auch die Wange schmerzte von dem Schlag ins Gesicht. Trotzdem spürte er davon nur wenig. Sein Gehirn arbeitete auf Hochtouren. In der Runde im Gasthaus Frohsinn saßen mit den Militärs zwei alte Bekannte: John Carrington und der Mann, der sich bei dem letzten Treffen in Schaffhausen, im Bankhaus Wohl & Brüder, als ein Vertreter der Bankenaufsicht ausgegeben hatte. Stehle stand vor Staunen der Mund offen.

»Welcome, Mr. Stehle, ich sehe, wir haben uns in Ihnen nicht geirrt.« John Carrington schien gut gelaunt. »Sie haben schnell begriffen«, schmunzelte er.

Der ranghöchste Schweizer Militär der Runde, vorgestellt hatte er sich als Hauptmann Keller, legte seine Hand auf Carringtons Unterarm. »Nöd jetzt«, unterbrach er ihn besänftigend. Er sah besorgt aus. Dann begrüßte er förmlich den Bürgermeister, aber auch Joseph Stehle.

Danach wurde den beiden Deutschen ein Platz in der Runde angeboten. Einer der Soldaten, die abseits standen, stellte einen Picknickkorb auf den Tisch. Schweizer Schüblinge, Schaffhauser Falken-Bier und Bierli, Schweizer

Brötchen, bot der Hauptmann der Runde an. »Schämpis hämmer nöt, aber nömmäd«, lud er die Singener Abordnung ein zuzugreifen.

Der Bürgermeisterstellvertreter ließ sich nicht zweimal bitten, er hatte Hunger und langte zu. Stehle dagegen griff an seinen Unterkiefer und schob ihn mit seiner Hand sanft hin und her.

Währenddessen kam der Hauptmann ohne Umschweife zu seinem Anliegen. In erster Linie wandte er sich an den Bürgermeisterstellvertreter: »Wir sind eine kleine Abordnung und sprechen hier mit Ihnen im Auftrag höhergestellter Herren. Sie, in Ihrer Position, und wir, die Schweiz, haben die gleichen Interessen. Wir haben gehört, dass Sie sich über den Ausgang des Krieges keine Illusionen mehr machen. Im Interesse Ihrer Stadt sollten Sie deshalb für ein möglichst baldiges Ende der Kampfhandlungen einstehen. Wir wissen von neuen geplanten Bombardements vonseiten der Alliierten auf Ihre Stadt. Geben Sie auf! Verzichten Sie auf eine weitere Verteidigung Ihrer Stadt. Nur so können Sie den Verlust weiterer Menschenleben und Leid verhindern.«

Der stellvertretende Bürgermeister schluckte das Stück Wurst, das er gerade abgebissen hatte, Stehle dagegen schluckte trocken. Ihm war klar, dass die höhergestellten Herren in der Schweiz Angst um ihr Kapital in Singen hatten, so wie er Angst hatte um sein Kapital in der Schweiz. Die großen Betriebe, wie die Aluminiumwerke, die Georg-Fischer AG oder auch Maggi gehörten noch immer Schweizer Familien. Gerade die Maggiwerke hatten schon empfindlich unter dem Bombenhagel gelitten. Dabei produzierte Maggi schon seit 1887 unbehelligt im deutschen Singen. Der Frauenfelder Michael Johannes

Julius Maggi hatte sein Werk in Singen gegründet, da die Stadt an das Eisenbahnnetz angeschlossen war. Allein dieser Verkehrsanschluss hatte auch weitere Schweizer Unternehmen lange vor dem Krieg in die Hohentwielstadt gelockt.

Joseph Stehle schielte zu seinem Bürgermeisterstellvertreter. Er war gespannt, wie sich dieser verhalten würde. Die Schweizer hatten gut reden. In Deutschland galt noch immer der unbedingte Glauben an den Endsieg. Wer sich dagegen aussprach, lebte gefährlich. Jedes Gericht verurteilte Zweifler wegen Wehrkraftzersetzung.

Der Bürgermeisterstellvertreter räusperte sich. Er wirkte auf Stehle äußerst unsicher und sprach entgegen seiner sonstigen Gewohnheit sehr langsam. »Wir sind nicht alle verblendet, meine Herren. Ich weiß um meine besondere Verantwortung. Ich werde morgen den Volkssturm auflösen. In der Stadt gibt es auch schon die ersten Bemühungen von KPD-Mitgliedern, die auf ein Ende des Widerstands hinarbeiten. Ich habe mich auch mit den Betriebsleitern bei Maggi und der Alu unterhalten. Wir werden bereit sein, sodass ein Einmarsch der Franzosen ohne Gegenwehr so schnell wie möglich erfolgen kann.« Gegen Ende seiner Ausführungen versagte dem Bürgermeisterstellvertreter die Stimme. Niedergeschlagen griff er zu der Flasche Bier vor sich.

»Wir wissen, dass wir auf Sie zählen können«, antwortete der Hauptmann laut, »veranlassen Sie alles Notwendige und achten Sie auf sich selbst.« Die Stimme des Hauptmanns senkte sich bedrohlich. »Wir haben Informationen, dass SS-Offiziere Sie auf einer Liste stehen haben.«

*

Der Bürgermeisterstellvertreter löste am nächsten Tag den Singener Volkssturm auf.

Ferdinand Alber hisste mit einigen Genossen der KPD in der Nacht eine große weiße Fahne auf dem Hohentwiel.

Am nächsten Morgen fanden Arbeiter den toten Bürgermeisterstellvertreter, aufgehängt an einem Baum neben der Alu. ›So geht es Verrätern‹, hatten die SS-Mörder auf einen Zettel geschrieben und an den Leichnam geheftet.

Joseph Stehle verbrannte am selben Abend alle weiteren Hinweise, die ihn als NSDAP-Mitglied ausgewiesen hätten. Er schaute in die Flammen, diesmal mit Trotz und ohne Tränen, aber mit einer ungefähren Ahnung davon, wie mächtig seine neuen Freunde waren. Sie hatten von den weiteren Bombardements der Alliierten gewusst und auch von den Todeslisten der SS und sogar, dass der Bürgermeisterstellvertreter darauf stand.

Sie hatten auch die Macht, ihm sein Geld wegzunehmen, davor fürchtete er sich am meisten.

KAPITEL 5

»Wo haben Sie den Mercedes her?«

»Woher stammt das Geld, das Sie in der Schweizer Bankgenossenschaft abgehoben haben?«

»Wer hat Sie als Kurier eingesetzt?«

»Wollen Sie uns weismachen, das alles sei Ihr Geld?«

»Wollen Sie für Hintermänner einsitzen, die sich auf Ihre Kosten bereichern?«

Horst Sibold war nach dem versuchten Mord an seinem Zollkollegen in die sofort gegründete Soko ›Goldmillionen‹ beordert worden. Die ganze Nacht hatten sie Sven und Bernd Vierneisel vernommen. Der silbergraue Mercedes, mit dem die beiden Brüder ihre Schmuggelaktion hatten durchführen wollen, war in keinem amtlichen Kfz-Register gemeldet. Die amtlichen Kennzeichen waren alle gefälscht, wie auch sämtliche Papiere. Am nächsten Tag aber hatte sich herausgestellt, dass die Seriennummer des Wagens echt war. Er war in Sindelfingen produziert, jedoch nach den Unterlagen des Daimlerwerkes mit einer bestellten Sammelflotte direkt nach Kroatien ausgeliefert worden. Nur die beiden Personalausweise der zwei Burschen schienen echt zu sein.

Horst Sibold passte die rasche Vorgehensweise während den Ermittlungen der Kollegen nicht. Es herrschte ein für ihn unnötiger Zeitdruck. »Wir brauchen schnell ein Geständnis«, war jedoch der unmissverständliche Auftrag des Chefs. Ein Staatssekretär des Innenministeriums aus Stuttgart war schon am Morgen nach der Festnahme im Haus. Er hatte sofort am Vormittag dem angeschossenen Zollkollegen in der Hegau-Klinik einen Blumenstrauß überreicht. Natürlich waren die lokalen Pressefotografen alle geladen worden. Es gab Sekt und Butterbrezeln und die Mitteilung des Staatssekretärs: ›Der Beamte wird den Durchschuss überleben.‹ Die Kugel der beschlagnahmten Walther 6,5 hatte sich glatt durch seinen Bauch gebohrt. Glücklicherweise waren keine Organe und auch nicht die Wirbelsäule verletzt worden. Die Pistole trug nur die Fingerabdrücke von Sven Vierneisel, dem jüngeren Bruder der festgenommenen Schmuggler.

Die beiden Burschen saßen in Haft, die Schmuggelware war sichergestellt, also bilanzierte der Staatssekretär, mit einem Glas Sekt in der Hand, vor der Presse: »Ein voller Erfolg der Sicherheitsorgane im Land.«

Horst Sibold musste mit einigen Kollegen bei der Pressekonferenz im Krankenhaus anwesend sein. »Staffage für den Herrn Staatssekretär«, hatte er unlustig gemurmelt. Zu der Rede des Politikers verbiss er sich jeglichen Kommentar. Ein Kollege neben ihm sah ihm ins Gesicht. Auch er guckte sauertöpfisch. Sibold lächelte aufmunternd. »Du musst bei der Polizei schlucken lernen«, riet er ihm und griff statt zu einem Sektglas zu einem Glas Randegger Ottilienquelle. »Kein Alkohol, sondern Mineralwasser und deine Meinung, Prost.«

»Der Innenminister will morgen persönlich kommen und während einer Pressekonferenz dem Chef zu seinem schnellen Erfolg gratulieren«, klärte ihn der Kollege auf.

»Dann haben wir ja bis morgen noch etwas zu tun.« Horst Sibold stellte sein Wasserglas neben leere Sektgläser, legte dem Kollegen eine Hand auf die Schulter und schob ihn aus dem Raum. »Ich habe eine Idee«, drängte er ihn zum Gehen.

Sibold fuhr mit seinem Kollegen von der Hegau-Klinik, am Rande der Singener Weststadt, direkt in die Erzbergstraße in der Innenstadt. Dort saßen die beiden Untersuchungshäftlinge in der Justizvollzugsanstalt jeweils in einer Einzelzelle.

*

Sven und Bernd waren bis zu jenem Morgen abwechselnd verhört worden. Immer wieder wurden sie gebetsmühlenartig das Gleiche gefragt. Dann wurden die Aussagen abgeglichen und immer wieder mit neuen möglichen Variationen der vermeintliche Tathergang im Einzelnen durchexerziert. Schließlich waren sie alle erschöpft. An Dienstzeiten und vor allem Vorschriften zur Länge der Verhörzeiten hatten sie sich nicht gehalten.

Dass Sven abgebrühter war, stellte sich bald heraus. Ihn konnten sie nur dann aus der Reserve locken, wenn sie ihn mit neuen Teilgeständnissen seines Bruders Bernd konfrontierten.

Horst Sibold fuhr nach den Verhören in den frühen Morgenstunden gegen 4 Uhr nach Hause. In der Küche seiner Junggesellenwohnung dachte er noch einmal kurz an seinen verpassten Saibling, der nun noch immer in der Biber schwamm. Früher hätte er jetzt ein Bier oder gar eine Flasche Wein geköpft. Jetzt aber legte er sich mit einem flauen Gefühl im Magen ins Bett.

Um 8 Uhr klingelte das Telefon. Sein Abteilungsleiter bestätigte ihm die Berufung in die Soko. Er solle sofort seinen Dienst antreten. Hätte Sibold gewusst, dass zum Dienst antreten strammstehen vor dem Staatssekretär hieß, hätte er sich Zeit gelassen. So aber hatte er sich schnell einen Kaffee aufgebrüht, ein Käsebrot verschlungen und war losgefahren.

Dafür hatte er während der Rede des Landespolitikers im Krankenhaus fieberhaft überlegt, wie sie der Aussagebereitschaft der beiden Jungs nachhelfen konnten. Sven gegen Bernd, Bernd gegen Sven – das schien ihm der einzige Erfolg versprechende Weg zu sein.

Von der Burgstraße bog Sibold direkt über die Widerholdstraße in die Erzbergstraße. Hier stand das einzige, während des Zweiten Weltkriegs in den Jahren 1939 bis 1942 erbaute deutsche Gefängnis. Es hatte seine abschreckende äußere Fassade verloren und stand heute leicht zu übersehen hell und freundlich hergerichtet inmitten einer Wohnsiedlung. Es diente nun in erster Linie Männern über 62 Jahren als Haftanstalt. ›Seniorenresidenz‹ nannten die Singener das Gefängnis liebevoll – ein einmaliges Versuchsmodell, bei dem die Insassen ihren Vollzugsalltag weitgehend selbstständig gestalten sollten.

Der Vollzugsbeamte erkannte den neutralen Dienstwagen der Kripo mit Freiburger Kennzeichen und öffnete das schwere Metalltor. Sibold fuhr in die Schleuse, nachdem sich das Tor hinter ihm geschlossen hatte, durch ein zweites Tor, direkt in den Innenhof.

Ein paar ältere Männer standen zwanglos im Hof zusammen und hielten sich an hölzernen Besenstielen fest. Sie hatten wohl die Aufgabe, einzelnen, wenigen Herbstblättern nachzustellen, die der Wind über die Mauer geweht hatte. Doch jetzt war eine heftige Diskussion zur Trainerfrage des SC Freiburg unter ihnen ausgebrochen. Einer von ihnen forderte energisch die Reaktivierung von Volker Finke, alle anderen aber bekundeten Solidarität mit dem neuen Trainer Robin Dutt, der zurzeit nicht so glücklich agierte. Finke dagegen war der alleinige Rekordhalter im deutschen Profifußball, der über 15 Jahre den badischen Klub trainierte und mit dem Verein in dieser Zeit dreimal in die Bundesliga auf- und wieder abgestiegen war. »Der Dutt packt des scho no«, verteidigte ein Senior der Haftanstalt den neuen Trainer, »die stiege uf.«

Auch die beiden Polizisten bewegten sich völlig frei auf dem Gefängnisgelände. Sie gingen an der diskutierenden Häftlingsgruppe vorbei. Sibold grüßte sie mit einem freundlichen: »Guten Morgen, meine Herren«, und konnte sich als Schwabe einen kleinen Seitenhieb nicht verkneifen, »der Finke ist in Rente, der Trainer des Landes heißt Armin Veh!«

»Wenn schon Ralf Rangnick,« konterte der Wortführer der Gruppe, »iser badisches Hoffenheim ist noch immer weit vor eurem Schwoben-VfB.«

Hinter der Eingangstür des Gefängnistrakts erwartete die Polizisten ein Vollzugsbeamter. »Sie wollen zu unsern beiden Youngsters?«

Sibold bejahte. »Zuerst zu Bernd Vierneisel, dann zu Sven.«

Das Altherrengefängnis in Singen diente auch zur Unterbringung der Untersuchungshäftlinge der Polizeibezirke Singen und Radolfzell. Auch die beiden Brüder wurden hier eingewiesen. Sie wurden jeweils in einem anderen Auto gefahren und mussten auch in verschiedenen Zellen, auf unterschiedlichen Ebenen, verwahrt werden; so lautete die Anordnung. Dass dies auch ausgeführt wurde, war nicht selbstverständlich, doch für Sibolds Plan wichtig. Deshalb ließ er sich zuerst zu Bernd führen.

Der Vollzugsbeamte spähte durch den Spion der Zellentür. Dann lächelte er milde, öffnete das Schloss und zog die dicke, schwere Tür zu sich hin auf. Bernd Vierneisel lag zusammengekauert auf seinem Bett. Neben dem Bett stand ein Eimer, in den er sich erbrochen hatte.

Die Zelle war karg eingerichtet. In der Ecke zum Fenster stand ein Bett. Am Fußende des Bettes war ein Waschbecken angebracht, daneben war die Toilettenschüssel montiert. Der Deckel stand offen, Erbrochenes befand sich auch hier. An der Wand gegenüber standen ein Tischchen und zwei Stühle. Mehr gab es nicht. Das Licht fiel durch ein kleines, vergittertes Fenster. Es roch streng, doch das Fenster war nicht zu öffnen. Der Fenstergriff war abmontiert.

Der Justizvollzugsbeamte griff zu seinem Schlüsselbund, nahm einen Stuhl, ging zu dem Fenster, stellte sich auf den Stuhl und öffnete mit einem Vierkantschlüssel die Luke.

Bernd sah zu ihm auf, seine Augen waren verquollen.

Sibold sah, dass der Junge geweint hatte. Er schaute zu seinem Kollegen, gab ihm mit seinem Ellenbogen einen leichten Schubs, und die beiden begannen mit ihrem Verhörspiel.

»Bernd«, sagte Sibold sanft, »wir müssen jetzt nach vorne schauen. Ihr habt euch die Scheiße eingebrockt, jetzt müssen wir darauf achten, dass wir zusammen ohne großen Schaden für euch die Suppe wieder auslöffeln. Du bist noch jung, versau dir dein Leben nicht wegen einiger Typen, die euch nur ausnutzen. Mach reinen Tisch, und ich helfe dir aus der Scheiße.«

Bernd schluchzte.

Sibold schob nach: »Warum willst du uns nicht sagen, von wem das Gold und Geld ist? Was hast du zu verlieren? Du sitzt hier im Knast, und die schicken die nächsten Kuriere los. Du könntest mit der Wahrheit auch deinem Bruder helfen. Dumm, dass er durchgedreht ist. Er baut einen Mist nach dem anderen. Hilf ihm. Du kannst ihn vor weiterem Unsinn bewahren.«

Bernd schaute den Kommissar unsicher aus seinen verweinten Augen an.

Sibold schnappte sich einen Stuhl, schob den übel riechenden Eimer mit einem Fuß von sich und setzte sich neben Bernd. »Schau mal, du warst in dem Wagen, mit dem ihr versucht habt, Geld und Wertsachen zu schmuggeln. Ein Vergehen gegen das Zollverwaltungsgesetz; Punkt, das ist das eine. Mein Gott, dafür gibt es Geldstrafen. Das andere ist die Frage: Woher stammen das Geld und das Gold? Dahinter verbergen sich die Fragen, die wir aufklären werden. Und dahinter stecken vermutlich Verbrechen, für die du deinen Kopf nicht hinhalten solltest. Da würde ich an deiner Stelle lieber aussagen.«

Der junge Mann schwieg. Er schaute von Sibold zu dessen Kollegen, dann zu dem Justizvollzugsbeamten.

Sibold gab dem Schließer ein Zeichen, daraufhin verließ dieser die Zelle. Sein Kollege übernahm jetzt in einem strengeren Ton den weiteren Part des Verhörs: »Der Mordversuch an einem Zollbeamten wiegt schwer. Es kann sein, dass Sie die Waffe nicht in den Händen hatten. Gut, wir haben keine Fingerabdrücke von Ihnen auf der Pistole gefunden. Aber es gibt ja auch Handschuhe.«

Bernd drehte sich auf seinem Bett um. An die Wand nuschelte er: »Ich will meinen Anwalt sprechen, das ist mein Recht.«

»Das ist dein Recht, aber nicht immer der beste Rat. Denk daran, du kannst mich immer sprechen, und ich meine es gut mit dir«, versicherte Sibold, stand auf und verließ die Zelle.

Sein Kollege folgte ihm. In dem kahlen Gang warteten sie, bis der Schließer das Fenster wieder verriegelt hatte, dann folgte auch er ihnen, drehte den Schlüssel dreimal um, und sie gingen gemeinsam ein Stockwerk höher vor die Zelle von Sven.

Sibold spähte durch den Spion.

Sven saß auf einem Stuhl. Er stierte stur vor sich hin.

Sibold beobachtete ihn eine kurze Zeit. Dann ließ er die Zelle öffnen und trat mit seinem Kollegen ein.

Sven Vierneisel war aufgestanden, stellte sich vor die beiden Beamten und starrte ihnen herausfordernd ins Gesicht.

Eine knappe, unfreundliche Begrüßung von beiden Seiten eröffnete das Verhör. Sibold gab seinem Kollegen ein Zeichen, das heißen sollte, dieser habe mit seiner Art der Befragung zu beginnen.

»Mordversuch an einem Kollegen! Da würde ich mir das gestohlene Gold und Geld nicht auch noch in die Schuhe schieben lassen, Herr Vierneisel. Wir haben die Pistole untersucht. Die Fingerabdrücke auf der Pistole sind mit den Ihren identisch. Dazu ein Kollege, der bezeugt, dass Sie geschossen haben. Da würde ich jetzt doch mal versuchen, einige Dinge zu klären, oder?«

»Herr Kommissar«, lachte Sven frech, »das ist doch Ihr Job. Klären Sie mal auf, was Sie meinen klären zu können. Mein Anwalt wird Ihnen dann schon sagen, was wir davon halten.«

»Interessanter ist für uns, was Ihr Bruder sagt.« Horst Sibold hatte keine Lust auf diesen coolen Typen und mischte sich voreilig ein. Er hatte sich am Morgen schon vorgenommen, die beiden Brüder gegeneinander auszuspielen. Das Gespräch mit diesem hartgesottenen Sven konnten sie sich sparen, da war er sich sicher. Also log er: »Ihr Bruder hält Ihr Spiel nicht aus. Er will aussagen. Er hat uns gebeten, zuvor nochmals mit Ihnen zu sprechen. Ihm wäre es lieber, wenn Sie mit Ihrer Aussage Ihre eigene Situation verbessern würden. Wenn Sie uns helfen, Ihre Hintermänner zu überführen, dann, das wissen Sie genau, können Sie mit Strafmilderung rechnen. Und das haben Sie verdammt nötig.«

Sven winkte gelassen ab, drehte sich um und setzte sich auf sein Bett. Gelangweilt streckte er sich darauf aus.

»Bernd wird morgen aussagen, das hat er uns versprochen«, drohte Sibold, »Sie haben jetzt noch bis morgen früh Zeit, Ihre Situation zu verbessern. Sie können uns jederzeit rufen lassen. Nützen Sie Ihre Chance, Herr Vierneisel, guten Tag.«

KAPITEL 6

Leon Dold hatte schlecht geschlafen, er hatte ein flaues Gefühl im Magen. Nachdem er gestern Abend nach der Pressekonferenz in Singen Lena belogen hatte, wollte er heute Morgen sofort zu ihr nach Taisersdorf fahren. Sie wohnte noch immer in dem alten Bauernhaus, inmitten des kleinen Ortes, auf den Höhen des Salemer Tals, wo er sie vor einem Jahr zum ersten Mal getroffen hatte.

Leon schaute mürrisch aus seinem Fenster in Überlingen. Über dem See standen undurchdringliche Nebelschwaden. Er sah nicht einmal von seiner Wohnung aus, über den Finger des Überlinger Sees, bis zur anderen Uferseite. Im Sommer gab es über diese knappe Distanz von weniger als drei Kilometern öfter Schwimmveranstaltungen. Heute schien es, als würde das ›schwäbische Meer‹ am Horizont kein badisches Ufer haben; vielleicht drüben in Amerika, irgendwo weit weg.

Leon fuhr gemächlich aus seinem Wohngebiet im Westen der Stadt über Owingen in die Höhen des Linzgaus. Er hatte es nicht eilig. ›Modern Times‹ von Bob Dylan lief von der CD. ›Thunder on the Mountain‹ stimmte ihn auf Lena in ihrem Bergdorf ein. Jeden Höhenmeter, den er sich mit seinem alten Porsche höher schraubte, klarte die Sicht auf. Der See liegt auf 390 Meter Meereshöhe, Taisersdorf auf 600. Mit ›Someday Baby‹ stand er vor ihrer Haustür. Hier lachte die Sonne von einem wolkenlosen Himmel, und die Rosen an der Hauswand blühten kräftig rot, als gäbe es unten am See keinen Herbstnebel und als hätte Petrus dieses Jahr den Novemberbeginn verschlafen. Es schien, als wollte es gar keinen Winter geben. Ein gutes Zeichen, hoffte Leon, blinzelte der Sonne zu und klingelte zögernd.

Es dauerte, bis Lena öffnete. Dann sah er ihr blasses Gesicht, ihre farblosen Augen und ein Desinteresse in ihrem Gesichtsausdruck, wie er es noch nie zuvor an ihr gesehen hatte.

Sie hatte sich ein Tuch um ihren kahlen Schädel gewunden, den sie sich selbst, als der Haarausfall vor vier Wochen begann, rasiert hatte. Sie lächelte gequält, ließ ihn in der offenen Haustür stehen und ging einfach zurück in ihr Schlafzimmer.

Ihm hatte ihr Anblick einen tiefen Stich in sein Herz gegeben. Er war ihr in das Schlafzimmer gefolgt, öffnete die verschlossenen Fensterläden und erinnerte sich an die erste Nacht bei ihr.

Lena hatte sich in ihr aufgewühltes Bett gelegt und schaute erwartungslos zu ihm. Sie war schon immer schlank gewesen, jetzt wurde sie mager. Ihre Augen waren tiefer in die Höhlen gekrochen, der Rand war schneeweiß, ihre Wangen glühten feuerrot. Er legte seine Hand auf ihre Stirn und sagte. »Eigentlich ganz normale Temperatur.«

»Ja, Herr Doktor«, sie versuchte zu lächeln, »eigentlich. Wenn eine Chemo eigentlich ganz normal ist.«

Leon biss sich auf die Zunge. Er wusste nicht, was er sagen sollte. Er musste jedes Wort auf die Goldwaage legen. Wenn er ihr positiv begegnen wollte, pochte sie auf ihr Leid, wenn er an ihrem Leid teilhaben wollte, wollte sie, dass er sie positiv aufmunterte.

Er selbst war hin- und hergerissen, meist schmerzte es einfach nur, ihren Zustand auszuhalten, dann war er froh, wenn das Handy klingelte und er irgendwohin gerufen wurde.

Er versuchte, ein bisschen Licht in den dunklen, trostlosen Schlafraum zu bringen, der ihn an schöne und liebestrunkene Stunden erinnerte: »Ich habe frische Brötchen dabei und mache uns einen Kaffee«, versuchte er das Thema zu wechseln.

Lena nickte gleichgültig. Es war ihr weder nach Brötchen noch nach Kaffee zumute.

»Einen Tee?«, versuchte er. »Du musst etwas essen«, bat er sie.

Zum zweiten Mal lächelte sie ihm zu, aß aber keinen Bissen.

Leon blieb noch eine Zeit lang, aber es kam ihm vor wie ein Absitzen. Jedes Gesprächsthema, das er anschnitt, wirkte irgendwie deplatziert. Er wollte aber über alles reden, nur nicht schon wieder über diesen Scheißkrebs. Trotzdem stand dieser immer zwischen ihnen.

Früher war für ihn jeder Kurzbesuch bei Lena in Taisersdorf wie ein unbeschwerter Urlaubstag im Ferienparadies. Hier war er weit weg von all den Alltagsproblemen. Und an Krebs hätte er eh nie gedacht. Krebs? Das war eine Krankheit, mit der sich alte Leute herumschlagen. Aber er? Und dann noch Lena Rößler? Diese unbeschwerte Powerfrau mit ihrem ansteckenden unendlichen Optimismus.

Lena Rößler war in sein Leben getreten, und sein Leben war von heute auf morgen anders. Manchmal war es ihm schon zu viel der Geigen am Liebeshimmel. Er war süchtig nach dieser Frau. Doch heute?

Er versuchte, sie aufzumuntern, und versprach, sofort nach ihrer Chemotherapie mit ihr zu verreisen. »Wenn die Steuererklärung bis dahin geschafft ist«, scherzte er und versuchte damit den Absprung einzuläuten. Noch drei unverfängliche Sätze, dann floh er mit dem unverändert flauen Gefühl in seinem Magen und ihrem traurigen Gesichtsausdruck vor seinen Augen in sein Überlinger Büro.

Zu Hause stellte er seinen alten Porsche vor der noch viel älteren Villa ab und sah Helma, seine noch ältere Vermieterin. Ihr Alter lag über dem des Porsches und der Villa zusammen. Der Porsche war jetzt 15 Jahre alt, die Villa war vor rund 80 Jahren gebaut worden, aber Helma topte alles, sie war schon 96 Jahre alt. Gemessen an seinem Porsche schien sie topfit. Nur ihr Gedächtnis zeigte Ausfallerscheinungen, und dies war noch geschmeichelt.

Senta, ihr Berner Sennenhund, kam sofort auf ihn zugelaufen, das jüngste Wesen im Haus. Ihr Schwanz wedelte, und Leon wusste, dass das Tier ihn sofort bespringen würde, auch wenn er dies hasste. Aber er musste auf dem Weg in das Haus an diesem Hund vorbei. Erst vor einem halben Jahr war er in die Anliegerwohnung eingezogen, seither war er auch schon unfreiwillig Sentas bester Freund.

Leon selbst war sofort in den morbiden Charme der schnörkellosen Villa verliebt gewesen. Vor allem hatte es ihm der Blick von seinem Arbeitszimmer direkt auf den See angetan. Ohne Lena wäre er an solch eine Wohnung nie gekommen, und Helma hätte ihn nicht einmal einen Fuß über die Schwelle setzen lassen. Der Vorteil, außer der Seesicht, war: Die Miete war günstig. Der Nachteil: Er musste den großen Garten pflegen und diesen Hund hin und wieder ausführen.

»Hallo, Leon«, lächelte Helma ihm schon von Weitem zu, »du solltest noch vor dem ersten Schnee die Rosen schneiden.«

Nicht schon wieder dieses Thema, ärgerte sich Leon, er hatte ihr nun schon zig Mal erklärt, dass es reichte, die Rosen einmal im Frühjahr, nach den stärksten Frösten, zu schneiden. Aber als er näher gekommen war und schließlich neben ihr stand, hatte sie ihre eigene Aufforderung schon wieder vergessen und fragte: »Wie geht es meiner Lena?«

Leon schaute die alte Frau lächelnd an. Sie stand ein bisschen gebeugt vor ihm, hatte schlohweiße Haare, eine gesunde rote Gesichtsfarbe, eine zierliche Goldrandbrille und freundliche, glasklare, blaue Augen. Er wusste nun nicht, woran sich Helma im Augenblick erinnerte. Als er ihr das erste Mal von Lenas Krebs erzählt hatte, war sie schockiert gewesen, hatte bitterlich geweint und gejammert: »Warum Lena, warum nicht ich? Ich bin doch langsam, weiß Gott, alt genug.«

Doch am nächsten Tag war Helma schon wieder lachend vor ihm gestanden und hatte nach dem Wohlergehen ihrer Nichte gefragt. Vorsichtig hatte er sich dann in ihr Gedächtnis getastet. Er hatte sie nach Kinderkrankheiten von Lena gefragt. Sie hatte gelacht und gesagt: »Lena, die war noch nie krank, die hat eine gesunde Robustheit, wie ich!«

Daraufhin hatte er beschlossen, diese Frau nicht immer wieder aufs Neue mit der Wahrheit zu schockieren, die sie doch immer wieder vergaß und dadurch immer wieder aufs Neue gequält wurde.

»Lena geht es gut«, lachte Leon arglos, »sie hat doch den besten Mann auf Gottes Erden erwischt.«

»Das wird sich weisen«, quittierte Helma seine Selbsteinschätzung gelassen. Leon schluckte verunsichert, beruhigte sich aber wieder.

Schnell lächelnd ging er weiter in den Hausflur, da stand Eberhardt, der Hauskater, vor seiner Wohnungstür. Doch Leon mochte weder Senta, den Hund, noch Eberhardt, den Kater, in seiner Wohnung haben, also lockte er den ebenso fetten wie verschmusten Kater mit einem »Bsssbsssbsss« und angedeuteten Streicheleinheiten von der Wohnungstür weg.

Kaum bewegte sich der Kater in seine Richtung, stieg er schnell über das Tier und verschwand allein in seinem Büro.

Er hatte mit seiner Steuererklärung noch bis zum späten Abend zu tun. Nebenbei schaute er hin und wieder in seinem Posteingang am PC nach neuen Pressemeldungen zum Fall der Goldschmuggler.

Am Abend legte er sich mit einer Flasche Montepulciano aus den Abruzzen, einem kräftigen, dunkelroten Italiener, und einem Krimi von Edi Graf, der am Bodensee spielte, ins Bett.

Der nächste Tag sollte ein besserer werden, nahm sich Leon vor.

*

Er war schnell aus dem Bett gesprungen, hatte 50 Liegestützen hingelegt und sofort, bevor er ins Bad ging, seinen PC gestartet. Danach rief er Zähne putzend seine E-Mails ab. Zeitgleich, wie seine Privatmails gespeichert wurden, meldete der Posteingang eine Eilmeldung der Pressestelle der Singener Staatsanwaltschaft. Leon öffnete sie und las die Headline: ›In Untersuchungshaft erhängt – 24-jähriger Schmuggler in der Singener Justizvollzugsanstalt heute Morgen tot aufgefunden‹. Leon schluckte, dann schmeckte er, wie die Zahncreme über seinen Gaumen in die Speiseröhre rann. Er lief in das Bad, spuckte den weißen Schaum in das Waschbecken, eilte ungekleidet zurück in sein Büro vor seinen Bildschirm und setzte sich mit seinem nackten Po auf das kalte Leder des Schreibtischstuhls.

Der Name des Toten stand nicht in der Meldung. Aber für ihn stand sofort fest, dass es einer der beiden Goldschmuggler sein musste, die erst vor zwei Tagen geschnappt worden waren. In Ruhe las er den Text noch einmal durch. Dann nochmals die erste Pressemitteilung vom Tag der Verhaftung, die er gespeichert hatte. Festgenommen worden waren zwei Brüder, der eine 24 Jahre, der andere 22 Jahre alt. Der jüngere wurde verdächtigt, der Schütze gewesen zu sein, der den Zollbeamten lebensgefährlich verletzt hatte. Seltsam, dachte Leon und sortierte: Der ältere hatte sich umgebracht, nicht der jüngere, der doch wegen des lebensgefährlichen Schusses einsaß. Nach einer Zeitung vom Vortag hieß der ältere Bernd, der jüngere Sven. Demnach hatte sich Bernd, der ältere der beiden Vierneisel-Brüder, erhängt!

Leon blickte aus dem Fenster. Ein über die Nacht aufgefrischter Westwind hatte den Nebel der vergangenen Tage weggeblasen. Jetzt war die Sicht auf seinen geliebten Bodensee klar. Er schaute von seinem Schreibtischstuhl aus bis über den Bodanrück zum Säntis und den Sieben Churfirsten über das Schweizer Alpenpanorama. Leon sah, dass auf den Bergspitzen heute, Ende November, der erste Schnee lag.

Doch seine Gedanken waren weniger von der freien Sicht bestimmt, sondern von der für ihn unverständlichen Meldung, die er gerade gelesen hatte. Leon überlegte: Warum bringt ein Mann sich um, der lediglich beim Schmuggeln ertappt wurde? Diese Frage galt es zu klären, dachte er.

Hätte Bernds Bruder, Sven, sich umgebracht, der den Beamten niedergestreckt hatte, ja, dann hätte er den Selbstmord widerspruchslos hingenommen. Sven hätte hundert Mal eher einen Grund gehabt, sich umzubringen; aber Bernd? Auch bei der gewiss außergewöhnlich hohen Summe war eine nicht viel höhere Strafe zu erwarten als bei kleineren Zollvergehen. Leon konnte es drehen und wenden, wie er wollte, der Selbstmord leuchtete ihm nicht ein. Drei Jahre Haft, eine Lappalie gegen ein Leben lang tot.

Am gegenüberliegenden Ufer, nahe Dingelsdorf, warnte mit blinkendem, orangefarbenem Licht der Wetterdienst vor weiteren heraufziehenden Stürmen. Das Wasser des Sees schimmerte dunkelgrau. Auf der Wasseroberfläche brachen hin und wieder helle Wellen zu kleinen Schaumkronen. Längst waren alle Freizeitboote aus den Häfen gehievt worden, nur die Seeperle, das kleine Fährschiff zwischen Überlingen und Wallhausen, pendelte hin und her über den See.

Bernd Vierneisel wird dies Schauspiel nie mehr sehen, dachte Leon. Er würde ihm auch nicht mehr sagen können, warum er sich tatsächlich erhängt hatte. Leon war auf einmal klar, dass er sich dieser Geschichte nicht mehr entziehen konnte. Er würde sich ihrer nur zu gerne annehmen. Zu viele Fragen lagen unbeantwortet auf der Hand, Fragen, die die Staatsanwaltschaft noch gar nicht gestellt hatte. Zumindest hatte er noch immer keine Antwort gelesen, warum die Burschen das Gold überhaupt nach Deutschland geschmuggelt hatten. Und nun fehlte ihm eine logische Erklärung für den Selbstmord eines jungen Mannes, der außer drei Jahren Gefängnis nichts weiter zu befürchten gehabt hätte.

Leon ging ins Bad und duschte. Danach stellte er eine Pfanne auf den Herd, schnippelte Speck, Schalotten, eine kleine Karotte und ein bisschen Grün von dem Ende einer Lauchstange in eine Pfanne mit Butter und Olivenöl und briet sich ein Rührei nach seinem Geschmack.

Zum Frühstück schnappte er sich den Südkurier. Der Aufmacher widmete sich erneut dem spektakulären Schmuggelversuch und dem heimtückischen Mordanschlag von Singen. Auf der Seite eins, direkt unter dem Titelkopf, war in Farbe der Staatssekretär des Innenministeriums abgebildet, wie er dem verletzten Zollbeamten an dessen Krankenbett versuchte, einen Blumenstrauß in die Hand zu drücken. Der Staatssekretär strahlte, der verletzte Beamte schaute gequält auf den viel zu großen Strauß. Er konnte ihn mit seinen Verletzungen und Armschienen gar nicht annehmen.

Leon überlegte, wie er sich der Geschichte nähern könnte, da klingelte sein Telefon. Der Redaktionsleiter seines Fernsehsenders war am Apparat. »Kaum bist du am See, da schlägst du auch schon Wellen«, lachte er.

Leon verstand den Scherz nicht wirklich, lachte aber mit.

»Du wolltest doch mal eine Geschichte über den Konstanzer Grenzzaun drehen«, kam der Redaktionsleiter direkt zu seinem Anliegen, »du kannst die Geschichte jetzt ausdehnen und eine Reportage entlang der Schweizer Grenze von Konstanz bis Basel produzieren. Am besten für die Abendschau auf Achse, da hast du 30 Minuten Zeit.«

»Wie kommt ihr jetzt plötzlich darauf?«, hakte Leon unbekümmert nach.

»Zugegeben, auch durch den aktuellen Fall, der sich gerade bei euch da unten am See abspielt.«

Geschenkt, dachte Leon und ließ jede bösartige Bemerkung zur Frage der Themenauswahl fallen. Ein Auftrag vor der Haustür und dazu noch eine halbe Stunde, da war seine Kasse erst mal für die nächsten drei Monate saniert. »Gebongt«, antwortete er schnell, »wann wollt ihr den Streifen haben?«

»Möglichst bald, lege aber die Geschichte am besten als eine Reisereportage entlang der Grenze an. Damit wir uns verstehen: Euer aktueller Fall hat mit unserer Geschichte der Grenze nichts, aber auch gar nichts zu tun. Ich will keine Räuberpistole von dir, sondern ein Reisefeature«, legte der Redaktionsleiter die Route fest.

Leon war in diesem Augenblick bereit, jeder Anordnung zuzustimmen. »Klar doch«, stellte er routiniert fest, »ein zeitloser, feuilletonistischer Reisebericht, über Menschen und Landschaft entlang der Grenze.«

»Genau, ohne deine Gauner und Verbrecher, denen du sonst gerne immer nachstellst«, warnte ihn der Redaktionsleiter sicherheitshalber nochmals.

Während des Telefonats mit Stuttgart hatte das Wasser des Bodensees die dunkle Farbe verloren. Die Wellen schienen jetzt freundlicher und flacher, und sie schimmerten in den Höhen silbern. Einige Wolkenfetzen waren so auseinandergestürmt, dass die Sonnenstrahlen auf den Wellenspitzen tanzten. Es schien Leon Dold, als wäre es plötzlich Frühling geworden.

Er rieb sich die Hände. Er lachte innerlich. Gerade hatte er noch einen Zugang zu der mysteriösen Singener Grenzstory gesucht, da hatte er auch schon den Auftrag. Natürlich hatte er den Redaktionsleiter richtig verstanden. Dieser wollte einen Reisebericht, eine leichte Reportage durch die Hintergärten der Grenzanlieger. Bitte, das war ihm klar, den würde er auch liefern, aber eben auch einen Bericht über die Menschen, die mit der Grenze lebten. Dazu gehörte doch auch der Zöllner, der gerade an der Grenze nach einer Schießerei fast sein Leben verloren hatte, und die Angehörigen eines Schmugglers, von denen einer sich, nach der Verhaftung, im Knast selbst umgebracht hatte, entschied Leon für sich.

KAPITEL 7

Auch Joseph Stehle sah die Sturmwarnleuchten rund um den Bodensee blinken. Es fegten Windböen mit über 30 Knoten über den See. Noch blitzten die Warnungen nur 40 Mal in der Minute vom Konstanzer Hörnle über die aufgepeitschte Wasseroberfläche bis ans Nordufer bei Meersburg hinüber. 40 Blitze bedeuteten Vorsichtsmeldung. Sie kündigten an, dass starke Sturmwinde aufkommen konnten.

Joseph Stehle blickte nach Westen, in Richtung der Hegau-Berge. Wenn es heute noch regnen sollte, dann waren die Wolken von dort zu erwarten. Aber gerade in dem Moment, als er zum Himmel hoch schaute, rissen die Wolken auf. Einige Sonnenstrahlen überzogen den See mit einer silbernen Patina. Trotzdem fetzten einige Flocken Schnee vom Himmel.

Aber Joseph Stehle hatte heute keinen Blick für die Schönheiten des Bodensees und schon gar nicht für die Wetterkapriolen des diesjährigen Winters. Sein Bein schmerzte, und in der Schulter zwickte es grässlich. Er hasste dieses wechselhafte Wetter. Zuerst kalte Ostwinde von der Alb, dann tagelang dichter Nebel und jetzt ein Tief aus dem Westen. Da spürte er seinen alten Körper an allen Ecken und Enden. Längst hätte er bei Jörg Kachelmann, dem ARD-Wetterexperten, auf der anderen Seite des Sees, in dessen Wetterstudio bei St. Gallen, anheuern können. Dank seiner Wetterfühligkeit war er zu einem wandelnden Barometer geworden.

»Noch ist nichts entschieden«, hörte Joseph Stehle seinen Besucher aus dem Wohnzimmer rufen.

Doch Stehle winkte ärgerlich ab. Er blickte auf den See und zurück auf sein Leben, das nun dem Ende entgegenging. Er hatte es ordnen wollen, nun war aber Chaos ausgebrochen. Dabei war er sein Leben lang ein Meister der nüchternen, rationalen Planungen gewesen. Er hatte sich hochgearbeitet. Er hatte heute mehr Titel als Finger an den Händen, und er war reich geworden, steinreich.

»Manchmal muss man selbst seine Dame opfern, sein Liebstes, was man hat«, lachte der Besucher im Wohnzimmer und schlug mit seinem weißen Pferdchen die schwarze Dame auf dem Schachbrett, das vor ihm stand.

Stehle war von der Terrasse der herrschaftlichen Seevilla, zwischen Unteruhldingen und Meersburg, in das Wohnzimmer zurückgekehrt. »Wenns dem Endziel dient, dann ja«, erwiderte er entschlossen, »es steht mehr auf dem Spiel als mein Lebenswerk.« Mit einem Läufer schlug er das Pferd seines Besuchers und stellte dessen König vor seine Dame in ein Abzugsschach.

»Nun werde nicht sentimental, Stalin«, antwortete der Besucher ernst und schaute eindringlich zu Stehle, »wir haben schon ganz andere Dinger zusammen durchgezogen, jetzt werden wir auf unseren letzten 100 Metern nicht nachlassen!«

Stehles finstere Miene versteinerte. »Ich nicht«, presste er zwischen seinen dritten Zähnen hervor. »Ich habe seinem Tod selbst zugestimmt.«

Der Besucher wollte seine Dame aus dem Läuferangriff abziehen, sah jetzt erst das Abzugsschach, lachte bedauernd und legte seinen König flach. »Matt«, gestand er und stand auf, um sich vor Stehle aufzubauen. »Damenopfer scheinen sich zu lohnen, mein Freund.« Er versuchte, aufrecht zu stehen, so gut es in dem Alter der beiden Männer eben noch ging. Dabei machte Stehle für seine 87 Jahre noch eine gute Figur. Sein Besucher dagegen verharrte, trotz des Versuchs einer strammen Haltung, in gebeugter Stellung vor ihm.

»Stalin, du warst immer mein Führungsoffizier und Vorbild, und du wirst es immer bleiben.« Dabei versuchte er, seine Hacken zusammenzuschlagen und zu salutieren. Doch er verhedderte sich mit seinen Absätzen in dem Teppich, da er die Fersen nicht mehr hochhieven konnte. Auch seine rechte Hand schaffte den soldatischen Gruß kaum noch über die eigene Schulterhöhe, da seine Armmuskulatur von Fett überschwemmt und schlapp war. Alle seine militärischen Ehrbezeugungen blieben in grotesken Ansätzen stecken.

Stehle dagegen, der ehemalige Schaffner der Reichsbahn, nahm den missglückten militärischen Gruß wie ein gestandener Offizier ab. Seine Hacken knallten lautstark zusammen, seine Handspitzen reichten korrekt bis zum Haaransatz. »Brunner, du warst mir immer der treueste Kamerad«, antwortete er kurzatmig, »aber diesen Weg muss ich allein gehen. Ich habe immer an einen Endsieg geglaubt. Aber der Kampf findet kein Ende.«

Georg Brunner, der sich in Stehles Villa auskannte, schlurfte zur Hausbar und schenkte zwei Bodensee-Obstler ein. »Du darfst das große Ganze nicht außer Acht lassen, nur das zählt, und da haben wir unserem Volk vorbildlich und erfolgreich gedient, Stalin!«

»Ja, diese Schlacht haben wir gewonnen«, schien sich nun auch Stehle wieder zu fangen. Seine versteinerte Miene löste sich. In seine Augen kam wieder Leben.

»Es hat der wahre Stalin überlebt«, lachte Brunner, und die beiden Männer stürzten ihr Obstwasser mit einem Schluck hinunter.

Georg Brunner war schon kurz nach dem Krieg auf Joseph Stehle gestoßen. John Carrington hatte die beiden bekannt gemacht.

»Well, das ist unser Stalin«, hatte Carrington Stehle vorgestellt und dann gelacht und Brunner auf den Rücken geklopft: »Und das ist einer der Männer, die Ihren Bürgermeister erhängt haben.«

Stehle war wie vom Schlag getroffen gewesen. Er hatte auf den kleinen Mann vor sich geschaut und nicht gewusst, wie er reagieren sollte.

Carrington hatte noch lauter gelacht.

Brunner hatte verunsichert in die Runde geblickt. Seine kleinen Äuglein, zwischen dicken Wangen eingebettet, waren aufgeregt hin und her geflattert. Sein dicklicher Kopf hatte sich gerötet, mit einem weißen Stofftaschentuch hatte er sich Schweißperlen von der fliehenden Stirn gewischt. Unsicher hatte er sich umgeschaut.

»Wir sind unter uns«, hatte ihn Carrington beruhigt.

Stehle hatte sein Gesicht verzogen. »War das noch nötig?«

»Alles zu seiner Zeit«, hatte Carrington geschmacklos weiter gelacht. »Alles mit Maß und Ziel, nur Auschwitz war ein bisschen zu viel!«

Jetzt hatte auch Brunner mitgelacht.

Dann hatte Stehle sich ergeben, und sie hatten gemeinsam auf eine neue Zukunft angestoßen, die gerade begonnen hatte.

Dies war im Oktober 1946. Der Grenzverkehr zwischen Deutschland und der Schweiz hatte sich wieder etwas normalisiert. Das südliche Baden unterstand dem Kommando der französischen Armee. Joseph Stehle gab an, zwar NSDAP-Mitglied gewesen zu sein, bekam aber trotzdem schnell ein Entlastungszeugnis, den sogenannten Persilschein, weil er glaubhaft versichern konnte, nur in der Partei gewesen zu sein, weil er eine Stelle bei der Reichsbahn hatte haben wollen. Diese Stelle hatte er auch seither inne.

Gleich während seiner ersten Fahrt, nach dem offiziellen Kriegsende, nach Schaffhausen, ging Stehle ins Bankhaus Wohl & Brüder. Das Bild hatte sich nicht verändert. Der unterwürfige Kassierer stand, wie in all den Kriegsjahren, hinter seinem Panzerglas und wartete geduldig auf Kundschaft. Als Stehle in den Schalterraum trat, blickte er nur kurz auf, um dann sofort die Klingel unter seinem Tresen zu betätigen. Er erwartete offensichtlich von Stehle keine weiteren Einzahlungen mehr, also rief er sofort den Direktor.

Stehle hatte die Bewegung des Kassierers zur Klingel gesehen, lächelte zustimmend und ging Richtung Besprechungszimmer. Oswald Wohl erschien sofort, wollte Stehle kameradschaftlich umarmen und sagte: »Das Schlimmste liegt hinter uns.«

»Das heißt, Carrington ist weg?«, fragte Stehle hoffnungsvoll und wehrte dabei die ihm offensichtlich lästige Umarmung ab.

»Das nicht, aber wir leben noch. Und was man alles von euch so hört, da hattest du doch Glück, dass dich die SS nicht erwischt hat, mein lieber Mann!«

»Dafür sind wir jetzt in den Fängen der Amis und Franzosen, und das ist nicht lustiger«, raunzte Stehle.

Oswald Wohl schaute Stehle irritiert an.

»Was ist jetzt? Wo steckt unser Geld? Ich warne dich, ich weiß genügend über deine Geschäftspraktiken, dass ich dir nicht raten würde, mich zu bescheißen. Du steckst doch mit diesem Carrington und eurem fragwürdigen Bankaufseher –

oder ist der Mann doch von eurem Geheimdienst –, oder wer er auch immer sein mag, unter einer Decke?«

»Rede keinen Quatsch, ich will genauso wie du unser Geld für uns. Unsere Abmachung gilt. Du hast geschmuggelt, ich habe die Gelder verschoben. Du hattest mir nicht getraut und wolltest, dass dein Name auf den amerikanischen Konten geführt wird. Jetzt müssen wir beide mit Carrington leben.«

»Mit Carrington und eurem Bankenmensch«, knurrte Stehle, »dem traue ich noch weniger. Carrington gehört zur CIA, da bin ich mir sicher. Aber dieser Bankaufseher, der jüngst neben dir saß, den habe ich auch in einem Kreis fragwürdiger Militärs getroffen.«

Dann erzählte Stehle von der nächtlichen Zusammenkunft mit dem Bürgermeisterstellvertreter von Singen an der Grenze zur Schweiz, vor dem Ende des Krieges.

Oswald Wohl nickte bedächtig. »Ich denke, du hast recht, er gehört wohl zu unserem Nachrichtendienst.« Der junge Bankdirektor sprach sehr langsam und überlegt. »Ich glaube, die beiden arbeiten sehr eng zusammen und haben beste Kanäle zu den jeweiligen Bankenaufsichtsbehörden sowie Finanzministerien. Was ich nicht verstehe: Die sind als Geheimdienstagenten weniger an militärischen Informationen interessiert, sondern viel mehr an Geld. Er hat mir mit einem Bericht der Direktion des Zollkreises gedroht. Er hat deine letzte Transaktion sehr detailgetreu angesprochen, als wenn er über den Koffer dieser Katharina Bescheid wüsste. Zumindest sprach er von einem Koffer mit doppeltem Boden, erwähnte deinen Namen und die Verhaftung dieser Frau bei euch.«

»Katharina ist tot, der Stadtpfarrer auch, von der deutschen Seite kann uns niemand Ärger machen, da haben wir unsere Ruhe.«

»Solange wir bezahlen«, wog Wohl bedenklich ab, »ich denke, die wollen uns erpressen.«

»Die wollen unser Geld!«, empörte sich Stehle laut und fügte leise und drohend hinzu: »Ich warne dich. Ich habe alle meine Konten und Summen, die ich hier einbezahlt habe, im Kopf. Du kannst mich um kein Räppli bescheißen.«

Oswald sah Stehle in die Augen. Er sah, dass auch dieser große, bisher trotz aller Gefahren und Widrigkeiten selbstbewusste Mann unsicher geworden war. »Wir sollten uns nicht bekriegen«, versuchte er, ihn zu beruhigen. »Ich will dir dein Geld nicht nehmen. Die Gefahr geht allein von Carrington aus.«

Stehle zog Wohl an dessen Revers zu sich her: »Ich warne dich!«, knurrte er.

Oswald Wohl versuchte, ihn zu besänftigen: »Lass den Quatsch. Du weißt, dass du mich brauchst. Ich habe dir die ganze Zeit den Rücken frei gehalten. Mein Vater hat uns walten lassen, unser Plan ging bis hierher auf, jetzt werden wir auch nach dem Ende des Krieges die letzten paar Meter noch gemeinsam schaffen.«

Joseph Stehle ließ von Wohl ab, klopfte ihm kameradschaftlich auf die Schulter und grollte: »Der Ami ist das Schwein!«

*

Wenige Tage später fuhr ein französischer Soldat mit einem BMW-Motorrad der ehemaligen Wehrmacht in der Gartenstadt bei Stehle in Singen vor. Der Mann salutierte vor Stehle, griff wortlos in die Innentasche seiner Lederjacke und überreichte ihm einen Brief.

Der Umschlag war grau. Stehles Name stand darauf sowie

die Straße, mehr nicht. Stehle faltete den Feldbrief auf und las: »Dear Stalin, times are changing. Treff Montagabend 9 Uhr p.m. Bank Wohl, Schaffhausen.« Unterzeichnet waren die wenigen Worte mit einem kaum lesbaren Carrington sowie mit einer Skizze, die aussah wie ein Fallschirm.

In das Kuvert eingesteckt war ein Grenzpassierschein, von einer französischen Militärstelle ausgestellt.

Stehles Ehefrau sah ihren Mann mit dem Brief vor dem Haus stehen. Sie hatte das schwere Motorrad gehört und dem Soldaten zugeschaut, wie er ihrem Mann das Schreiben ausgehändigt hatte. Jetzt ging sie zu ihm und fragte, was für eine Post er von der französischen Armee bekommen habe.

Stehle zerknüllte den Brief und antwortete: »Ich muss am Montagabend einen Sonderzug nach Schaffhausen begleiten, warum auch immer.«

*

Am folgenden Montagabend fuhr Joseph Stehle mit dem Fahrrad von zu Hause aus los. Er hatte für seine Frau zur Tarnung die Schaffneruniform angezogen: die schwarze Hose und den dunklen Pullover. Eine Jacke habe er noch im Spind, behauptete er und trat in die Pedale, in Richtung des 20 Kilometer entfernten Schaffhausen.

Bei Thayngen, seinem Geburtsort, fuhr er über die Grenze. Französische Soldaten schoben Dienst, wo bis vor Kurzem noch deutsche Grenztruppen gestanden hatten. Stehle zeigte ihnen seinen Passierschein und konnte ungehindert weiterradeln. Er nahm trotz Dunkelheit den Dynamo vom Vorderreifen, damit er leichter zu treten hatte, und war so viel zu früh an Ort und Stelle.

Trotz Dunkelheit sah Stehle in der Munotstadt, dass die

Aufräum- und Renovierungsarbeiten in der Innenstadt schon in vollem Gang waren. Die Spuren des Bombenangriffs der Amerikaner sollten in der Schweiz schnell wieder beseitigt werden.

»Keine Sorge, Stalin, auch dein Singen wird bald wieder aufgebaut werden«, lachte Carrington und klopfte ihm, von hinten kommend, auf die Schultern.

Joseph Stehle drehte sich um und sah den amerikanischen Agenten in einer schmucken Uniform. Auf dem Kopf trug er ein Barett, das am unteren Rand zwei goldene Buchstaben zierten: ›US‹. An seine linke Brusttasche war das Emblem der ›United States Marine Corps‹ mit einem offenen Fallschirm geheftet, das in etwa so aussah wie die Zeichnung, die ihm Carrington auf seinen Brief gemalt hatte. Darunter prangten einige Auszeichnungen, die ihm aber nichts sagten.

»Mein Name ist Stehle, Joseph Stehle«, stellte Stehle klar.

Aber Carrington lachte. »Ab heute Abend heißen Sie für uns alle Stalin. Einen besseren Namen haben wir noch für keinen Undercoveragenten gefunden.«

»Ich bin kein Agent, schon gar nicht von der US-Armee.«

»Ich habe gesagt, ab heute Abend!«, beharrte Carrington lässig. »Kommen Sie, gehen wir ein Stück zusammen.«

Carrington führte Stehle durch die Altstadt zum Rhein. Gemeinsam schlenderten der US-Offizier und der deutsche Reichsbahn-Schaffner durch das Herrenackerviertel die Schaffhauser Altstadt hinunter. Carrington redete dabei ununterbrochen. Er erzählte Stehle von einer Organisation, die in Zukunft staatenübergreifend arbeiten werde. Er bezog sich dabei auf das erste Treffen mit ihm, bei dem er, Carrington, doch schon darauf hingewiesen habe, dass nicht die Nazis, sondern Stalin der wahre Feind aller westlichen Länder sei. »Wir müssen zusammen gegen Russland kämpfen, sonst ist Europa verloren.«

Carrington analysierte den gerade erst beendeten Verlauf des Zweiten Weltkrieges: »Die Bilanz ist schrecklich. Auch die US-Armee hat teuer bezahlt, mit viel zu vielen Menschenleben unserer Jungs. Unser Defensivministerium ist auf der Suche nach neuen Operationsmöglichkeiten. Den erfolgreichsten Kampf führte Tito. Er hat sich nicht mit einer großen Armee gegen andere Armeen geschlagen, sondern einen gezielten Guerillakampf geführt. Er ist der Sieger des Balkans, nicht eure Wehrmacht, nicht die Rote Armee, sondern seine kleinen Partisaneneinheiten. Beyond the line – stay behind! Das lernen wir daraus.«

Stehle blieb stehen. Er verstand nicht, was Carrington erzählte. Was ging ihn das alles an? Verdattert frage er: »Warum erzählen Sie mir das, ich habe mit dem Militär nichts am Hut. Ich bin Schaffner, ich kontrolliere Fahrkarten der Reisenden, mehr nicht.«

Carrington lachte sichtlich amüsiert. »Sehr gut, das sollen Sie auch weiterhin tun. Alle Partisanen waren nur Bauern, oder vielleicht waren auch Schaffner darunter, gerade deshalb haben wir Sie ausgesucht. Sie haben uns gezeigt, wie leicht man gerade als Schaffner Grenzen überwinden kann. Es war ein glücklicher Zufall, dass wir auf Sie gestoßen sind. Wir waren auf der Suche nach Nazigeld in unseren Banken. Dabei gingen Sie uns ins Netz. Aber heute stellen sich neue Fakten. Wir rechnen mit einem Überfall der Russen auf unsere alliierten Freunde. Frankreich ist nicht stark genug, die Rote Armee aufzuhalten. Auch England ist durch den Krieg sehr geschwächt. Well, und wir haben außer in Europa noch andere Aufgaben. Unsere Jungs sind in Japan, im Pazifik, wir stehen vor China, und in Korea sieht die Lage sehr ernst aus. Wir benötigen hier in Europa jeden Mann.«

Stehle stand in seiner vollen Größe sehr aufrecht vor dem Amerikaner, der ihm nur bis zur Nase reichte. Der Typ war ihm von Anfang an als gefährlicher Feind begegnet. Nun hatten die Amis diesen Krieg gewonnen, doch er verstand noch immer nicht, was Carrington weiter von ihm wollte. Und eigentlich interessierte ihn auch nur sein eigenes Geld.

Carrington legte kameradschaftlich seine Hand auf Stehles Rücken und schob ihn weiter den Fußweg am Rhein entlang. »Gehen wir mal davon aus, dass die Russen auch die drei Sektoren noch gerne okkupieren würden, in denen heute wir, die Franzosen und die Engländer mit ihren Armeen stehen. Die Franzosen lassen sich leicht überrollen.« Carringtons Stimme klang verächtlich. »Die Engländer sitzen auf ihrer Insel, und wir werden schon bald weitere Einheiten nach Korea verlegen müssen. Was dann?«

Stehle stoppte erneut seine Schritte. Instinktiv wusste er, dass er diesen Weg mit Carrington nicht weitergehen wollte.

Doch der blieb gut gelaunt. Er zwinkerte Stehle belustigt zu. »Ja glauben Sie, Stalin, dass Sie dann noch immer in Ihrem Zug Fahrkarten kontrollieren?«

»Ja.«

»Sehr gut«, antwortete Carrington. »Dann werden Sie aber nicht mehr Ihr jüdisches Geld schmuggeln, sondern unsere Waffen.«

Jetzt ging Stehle weiter. Er wollte nichts wie weg von diesem Mann. Seine Schritte wurden immer schneller.

Carrington aber blieb an seiner Seite und zog seine Essenz. »Plan B«, sagte er, »stay behind.«

Stehle starrte nur geradeaus und setzte Schritt für Schritt

seinen Weg am Ufer des Rheins entlang aus der Stadt heraus fort.

»Wir werden wie die Partisanen auf dem Balkan operieren.« Carrington war endlich zu dem Punkt gelangt, wo er Stehle klarmachte, was dieser zu tun habe. »Und Sie werden einer unserer Kuriere sein.« Jetzt blieb Carrington stehen.

Stehle nicht, er ging weiter in die Dunkelheit.

Carrington rief ihm nach. »Denken Sie an Ihr Geld, wir sehen uns in einer halben Stunde!«

*

Stehle war pünktlich. Er war nun mal durch und durch Schaffner. Eisenbahner sind immer pünktlich, hatte ihm sein Schwiegervater, der ebenfalls ein Bahnbediensteter war, eingebläut: ›Fünf Minuten vor der Zeit ist des Eisenbahners Pünktlichkeit!‹

Jetzt stand er fünf Minuten vor neun vor der Eingangstür zu dem kleinen Bankgeschäft. Nur kurz zögerte er, dann entschloss er sich, um sein Geld zu kämpfen. Immerhin hatte er es auf die stattliche Summe von rund fünf Millionen Schweizer Franken gebracht. Das war ein riesiges Vermögen – verglichen mit seinem Verdienst von 275 Reichsmark, für die man zu jener Zeit in Deutschland sowieso nichts kaufen konnte.

Stehle drückte die Türklinke, die Tür war verschlossen. Er klopfte vorsichtig, daraufhin wurde sie von innen geöffnet. Stehle trat ein.

Er erkannte den Bankschalterraum kaum mehr. In der Mitte standen mehrere Tische zu einem U geformt. Wo das Rund geöffnet war, hing eine Karte, auf der alle Alliierten-Sektorengrenzen im ehemaligen Großdeutschen Reich, inklusive Österreich, eingezeichnet waren. Die jeweiligen Grenzländer im Westen, wie Italien, die Schweiz, Frankreich, Luxemburg, Belgien, Niederlande und Dänemark, waren schwarz schraffiert.

Im Osten waren alle Länder, darunter Jugoslawien, Ungarn, Tschechoslowakei und Polen, rot schraffiert.

Stehle fühlte sich fehl am Platz. Er zählte zwölf Männer, die in kleinen Gruppen in Gespräche vertieft waren. Am Eingang war er gefilzt worden, ein junger Mann hatte seinen Körper nach Waffen abgetastet. Als er sich mit Stehle vorstellte, wurde der Name Stalin auf einer Liste gestrichen. Nun stand er ziemlich verloren in dem Schalterraum. Er dachte an sein Geld, hörte in jeder Gesprächsgruppe den Namen Stalin fallen und war unsicher, ob sie alle über ihn und sein Geld redeten oder über diesen grässlichen Kommunisten in Moskau, den er abgrundtief hasste.

Dann sah er Oswald Wohl, ging erleichtert auf ihn zu, wollte ihm die Hand reichen, doch der salutierte vor ihm und hieß ihn »willkommen in unserer Runde«.

Stehle zischte ihm zu: »Willst du mit denen allen unser Geld teilen?«

»Es geht um viel mehr, willst du das nicht kapieren?«, fragte Wohl aufgebracht.

Carrington kam dazu, stellte sich neben die beiden und klatschte in seine Hände. »Äxgüsi«, fing jetzt auch der Amerikaner in einem Schweizer Tonfall an und stellte den Männern im Raum ›unseren‹ Stalin vor. »Ein Mann, der seinen Mut bewiesen und die Grenztruppen Hitlers jahrelang an der Nase herumgeführt hat«, lachte er. »Willkommen im Klub!«

Dann führte Carrington ihn durch die Reihen. Er wurde zwei Schweizer Offizieren vorgestellt, die sich beide als

Mitglieder der UNA, der Untergruppe Nachrichten und Abwehr, des Schweizer Verteidigungsministeriums zu erkennen gaben. Zwei Italiener stellten sich ihm in Zivil vor, sie sprachen leidlich Deutsch, Stehle verstand etwas, es klang wie Gladiatoren. Zwei Franzosen standen plötzlich vor ihm, doch beide beäugten ihn nur und verweigerten ihm demonstrativ einen Handschlag.

»Service de Documentation Extérieur et de Contre-Espionage, kurz SDECE«, erklärte ein ziemlich junger, klein gewachsener Mann, der plötzlich neben Stehle stand. »Die haben ihre Niederlage gegen uns noch nicht verkraftet«, zwinkerte der für die damalige Zeit auffällig dicke Deutsche, »ohne die Amis hätten wir die heute noch im Griff.«

Carrington stellte ihm den kleinwüchsigen Deutschen mit dem Namen Georg Brunner vor. Georg Brunner wollte es genauer und führte stolz aus, dass er SS-Untersturmführer gewesen war. Stehle schaute Carrington in dessen US-Armeeuniform ratlos an. Er verstand diese bunt gewürfelte Zusammensetzung der verschiedenstaatlichen Geheimdienstgruppierungen nicht, und dann war noch zusätzlich ein SS-Mitglied darunter? Noch herrschten in seinem Kopf klare Fronten. Amerikaner, Engländer, Franzosen und Russen hielten Deutschland besetzt und herrschten für ihn willkürlich und mit böser, militärischer Macht über sein einstiges geliebtes Großdeutsches Reich. Und nun in diesen Reihen dieser revanchistischen Sieger auch noch ein ehemaliges SS-Mitglied?

Georg Brunner sah seine Zweifel. Er befeuchtete mit seiner Zunge seine trockenen Lippen, räusperte sich verunsichert und rang sich zu einem Lächeln durch. »Du weißt wohl nicht, wer wir sind und warum wir hier sind?«, begann er vorsichtig, Stehle aufzuklären. »Nur weil ich in der SS war und Carrington bei der CIA arbeitet, sind wir doch längst keine Erbfeinde.«

Stehle blickte bei dem Wort Erbfeinde zu den beiden Franzosen hinüber.

»Quatsch, auch die wissen, wer unser wirklicher Feind ist. Wir müssen jetzt zusammenhalten, gegen die Russen, sonst sind wir alle verloren.«

»Wir? Wir Deutschen und diese Franzosen, die Baguette-Ärsche, die uns jeden Tag triezen, die unsere Frauen vergewaltigen und unser Land plündern?«

»Mensch, sei nicht so engstirnig«, warnte ihn Brunner. »Wir, das sind in unserer Gruppe heute schon über 100 Mitglieder, die zuvor alle in der Waffen-SS gedient haben. Die Amis und Franzosen wissen, wer ich bin, die könnten mich auch verpfeifen, stattdessen finanzieren uns die Amis, und wir stehen wieder auf den Posten, wenn die Russen kommen. Und um nichts anderes geht es hier, verstanden?«

»Und was habe ich damit zu tun?«

»Du musst Moos haben, haben die uns gesagt, und du musst ein Meister der Spionage und Grenzüberwindung sein. Wir haben heute mehr Grenzen in unserem Land als jemals zuvor. Hinter Tübingen beginnt die US-Zone, hinter Nürnberg die russische Zone, vor Hannover die englische. Wir müssen für den Aufbau unserer Geheimarmee alle diese Grenzen täglich überwinden. Wir müssen heute alle zusammenstehen, um gerüstet zu sein, wenn der Russe morgen zum Generalangriff bläst.«

Langsam dämmerte Stehle, warum Carrington nicht von ihm abließ. Es war nicht nur sein Geld. Er sollte auch für ihn schmuggeln.

»Wir brauchen in allen Sektoren Waffen und vor allem Sprengstoff. Wir müssen, im Falle eines russischen Vormarsches, Brücken sprengen und Sabotageaktionen durchführen. Wenn der Russe kommt, fragt dich keiner mehr, ob du Männchen oder Weibchen bist. Junge, die werden dir dein Geld aus dem Arsch ziehen! Das wissen auch die Schweizer, deshalb sind die jetzt auch mit von der Partie, scheiß auf das Neutralitätsgefasel.«

»Ich denke, Sie haben keine Wahl«, Carrington hatte sich wieder zu ihnen gesellt. »Aber sehen Sie es positiv. Sie unterstützen eine Organisation, die Ihnen die Freiheit garantiert. Auch die Freiheit, bald wieder mit Ihrem Geld Geschäfte zu machen. Was haben Sie denn sonst von Ihrem Geld?«

»Werden denn meine Konten in den Staaten wieder freigegeben?«, fragte Stehle, es war sowieso das Einzige, das ihn interessierte.

»Sehen Sie es so: Sie helfen uns bei einer Zwischenfinanzierung. Wir fühlen uns in der Pflicht, eine wie auch immer geartete Übernahme durch den Kommunismus in Europa zu verhindern. Die Mittel der CIA sind aber begrenzt. Es gibt einen Haushalt in Washington, der durch diesen Krieg schon sehr strapaziert wurde. Wir hier benötigen aber einen Etat, um uns für einen erforderlichen Gegenschlag zu bewaffnen. Sie werden uns helfen, Stalin. Und ich bin sicher, mit den Jahren wird sich Ihr Engagement auszahlen.«

Brunner zwinkerte Stehle zu. »Freilich«, grinste er, »ein Gauner wie Stalin wird immer Mittel und Wege finden.«

*

Der Eisenbahner Joseph Stehle und der ehemalige Waffen-SS-Untersturmführer Georg Brunner wurden bald ein erfolgreiches Team. Ihre Spezialität war der Waffenhandel im Nachkriegsdeutschland. Sie begannen, zunächst gemeinsam mit Carrington, ein unsichtbares, geheimes Sicherheitsnetz zu koordinieren. Carrington deckte alle ihre Geschäfte über das Pentagon als CIA-Agent ab. Die Regierungen Großbritanniens und Frankreichs gaben im März 1948 grünes Licht, geheime Waffenlager in den eigenen westdeutschen Sektoren einzurichten.

Brunner gründete mit seinen alten SS-Kameraden die ›Division Großdeutschland‹. Seine Mannen sollten sich im Falle eines Angriffs der Roten Armee von der Front überrollen lassen und danach Sabotageaktionen durchführen und Informationen von ›behind the line‹ senden.

Stehle und Brunner schmuggelten aber auch bald Waffen und Sprengstoff in die von den sowjetischen Truppen besetzten Sektoren im Osten Deutschlands und in Österreich. Dazu nutzte Stehle die zivilen Zugverbindungen, Brunner die Beziehungen zu seinen alten Kameraden der Waffen-SS. Mit von der CIA gefälschten Papieren reisten Stehle und der ehemalige SS-Untersturmführer Brunner schon bald von Singen nach Eisenach, Magdeburg oder Ludwigslust, im Gepäck in den Hohlwänden der Waggons Einzelteile für die ersten geheimen Sprengstofflager.

Der Schweizer Geheimdienst hatte die Untergruppe P 26 des eigenen Geheimdienstes gegründet. Die rund 50 Mitglieder dieser Gruppe hatten eigens über Schaffhausen Stehle mit Nachschublieferungen zu versorgen. Er bezahlte die Waffen zum Teil aus der eigenen Schatulle, dafür hatte ihm Carrington sämtliche Konten auf den US-Banken freigegeben. Über Stehle waren zu beziehen: Handfeuerwaffen, Granatwerfer, Sprengstoff, Zündvorrichtungen und Sendegeräte.

Und bald schon lieferte Stehle mit Duldung der Alliierten auch nach Italien. Die beiden ›Gladiatoren‹, die ihm Carrington bereits 1945 vorgestellt hatte, hatten sich bei ihm gemeldet. Im Bankhaus Wohl & Brüder hatte Stehle, der noch immer Schaffner der Deutschen Reichsbahn war, inoffiziell den Sitz seiner kleinen Waffenschieberfirma eingerichtet. Oswald Wohl ließ ihn gewähren, spielte sogar seinen Sekretär, denn er witterte schnell das neue Geschäft. Er verwaltete Stehles Finanzen und sorgte dafür, dass ihr gemeinsames Kapital aus den Staaten wieder zurück in den gesicherten Schoß der Schweizer Banken floss.

Das erste Treffen des italienischen Geheimdienstes mit Joseph Stehle war am 5. April 1949, nur einen Tag nach der offiziellen Gründung der NATO, in Schaffhausen. Die Italiener waren mit dem Zug durch den Gotthard und Stehle war fahrplanmäßig als Schaffner aus Singen gekommen. Die italienische Abordnung wollte Waffen, das wusste er. Auch der US-Geheimdienst befürwortete die Lieferung.

In Italien hatte sich die Lage zugespitzt. Die italienischen Kommunisten drängten an die Macht. Mussolinis ehemalige Geheimpolizei sollte für Unruhe sorgen, Anschläge ausführen und diese den Kommunisten nachweisen.

»Buongiorno, Stalin«, hatte der Chef der kleinen Abordnung Stehle begrüßt und seine rechte Hand mit ausgestreckten Fingern leicht nach oben gehoben.

Joseph Stehle lächelte gelassen, nahm die Hand des Italieners und drückte sie kräftig. »Grüezi«, antwortete er. »Mir sind do in de neutrale Schwiez.«

»Namen tun nichts zur Sache«, übernahm dann ein Südtiroler der italienischen Faschistengruppe die Verhandlungen. Er öffnete einen Koffer, dessen Inhalt mit einer grünen Decke abgedeckt war. In die Decke gestickt war ein Kurzschwert, das Symbol des faschistischen Staates Italien unter Benito Mussolini.

Der Südtiroler nahm die Decke beiseite, darunter war der kleine Koffer mit den verschiedensten Lirescheinen bis an den Rand gefüllt. »Wir benötigen in erster Linie Sprengstoff und Zündvorrichtungen«, informierte er ernst. »Wir brauchen viel, und wir brauchen es schnell, Geld spielt keine Rolle.«

Stehle fragte nicht lange, sondern ließ von Oswald Wohl die Scheine zählen. Er selbst grinste innerlich. Die Italiener hatten ihnen gezeigt, wie sie ihr jüdisches Geld leicht waschen konnten. Ihre Bestellungen bei amerikanischen Rüstungsfirmen bezahlten sie dort mit dem Geld, das sie auf den US-Banken liegen hatten. Die Scheine, die ihnen die Aufkäufer in Schaffhausen überreichten, waren in unverdächtigen Währungen, Stehle und Wohl konnten sie ganz stubenrein bei der Schweizer Bankengenossenschaft einzahlen.

KAPITEL 8

»Herr Sibold, es reicht!« Der Chef der Singener Polizei, Regierungsdirektor Fridolin Möhrle, war laut geworden. »Es könnte mir gleichgültig sein, wie Sie im Dienst herumlaufen, aber ich habe keine Lust, Ihretwegen unsere ganze Abteilung als Trachtengruppe in den Medien verhöhnen zu lassen.«

»Hätte ich ...«

»Ja, Sie hätten sich umziehen sollen«, wurde Möhrle nach jedem Einwand Sibolds noch lauter, »Sie standen während der Pressekonferenz provokativ für alle Journalisten auf dem Präsentierteller.«

Horst Sibold verschloss seine Ohren. Wie andere Menschen ihre Augen verschließen, so konnte er seine Ohren zuklappen. Er war schnell mit seinen Gedanken woanders. Er sah auch nicht, dass seine Schuhe ungeputzt waren und sein altes Sakko befleckt oder dass ihm seine wenigen Haare vom Kopf abstanden, als wolle er mit Struwwelpeter in Konkurrenz treten.

Regierungsdirektor Möhrle aber sah alles. Er nahm das Aussehen seines Untergebenen zum Anlass, über das allgemeine Erscheinungsbild seiner Beamten zu referieren, und ließ seine schlechte Laune an Sibold mit der Bemerkung aus: »Wenn wir uns den Herrn Sibold als Visitenkarte unserer Abteilung ansehen, dann können wir gleich Poppelezunft statt Polizeidirektion an die Tür schreiben«, womit er auf den Singener Narrenverein anspielte, der jedoch seiner Meinung nach ein Vorbild an innerer Organisation aufwies, von der jede Behörde noch viel hätte lernen können. Fridolin Möhrle war Zunftmeister und Berufsnarr.

Horst Sibold dagegen konnte als schwäbischer Protestant mit der alemannischen Fasnacht nicht viel anfangen, obwohl er, hätte er noch mehr Haare auf dem Kopf gehabt, als die Singener Fasnetfigur ›Hooriger Bär‹ durchgegangen wäre. »Auch ohne Verkleidung!«, spotteten seine Kollegen. Denn dank seines spärlichen Haarwuchses auf dem Kopf ging er immer seltener zum Friseur. Dadurch trug er oft eine lange Mähne auf seinem Haupt, und auch sein sonst gepflegter Henriquatre-Bart wuchs aus jeder Form. Sein Schnauzbart verdeckte seine Lippen, sein Kinnbart hatte keine Fasson und verzottelte.

Aber Sibold interessierte sich nun mal nicht für Äußerlichkeiten und ging – während sein Chef gerade zum Thema Außenauftritt referierte – vor seinem inneren Auge zum hundertsten Mal die Zelle Bernd Vierneisels ab. Er hatte das Gefühl, etwas Wesentliches übersehen zu haben. Der Vollzugsbeamte hatte, am Tag zuvor, das Fenster vor seinen eigenen Augen wieder verschlossen. Er sah die Handbewegung, wie dieser mit dem Vierkantschlüssel in die Öffnung gefahren war und nach links zugesperrt hatte, vor sich. Definitiv!

Trotzdem war am nächsten Morgen genau dieses Fenster geöffnet, sodass sich Bernd an dem äußeren Gitterkreuz hatte erhängen können. Er hatte sein Bettlaken auseinandergerissen, es sorgfältig in Bahnen zusammengeknüpft und dann an den oberen Eisenstangen festgezurrt. Der Stuhl, auf den am Tag zuvor der Schließer gestiegen war, lag umgestoßen unter ihm. Die Beine Vierneisels baumelten darüber in der Luft.

Die Leiche wurde zurzeit noch obduziert. Doch auf den ersten Blick konnte man keine Fremdeinwirkungen feststellen, hatte der Arzt Sibold versichert.

»Und wer da von Fremdeinwirkung faselt, meine Herren«, hörte Sibold plötzlich Regierungsdirektor Möhrle wieder in sein Ohr dringen, »dem empfehle ich einfach mal ein paar Tage in der Vollzugsanstalt einzusitzen, aber ohne Dienstausweis. Mal sehen, wie frei Sie sich da bewegen können.«

Der durchdringende Blick Möhrles, der auf ihn gerichtet war, hatte Sibold wieder in die Besprechung der Soko ›Goldmillionen‹ zurückgeholt.

»Nein, nein, meine Herren«, referierte der Regierungsdirektor selbstgefällig in der Runde weiter, »diese Akte machen wir erst gar nicht auf, da werden wir nur noch das Ergebnis der Mediziner dazulegen und dem Herrn Vierneisel Bernd eine schöne Bestattung wünschen.«

Sibold lächelte kaum merklich vor sich hin. Er war in Gedanken schon wieder bei der Akte, die sein Chef gerade geschlossen haben wollte. Er musste, bevor das Gerichtsmedizinische Institut sein Ergebnis vorlegte, mit den Medizinern reden. Sie mussten ihm eine kleine Brücke bauen.

Sibold sah die Beine Bernd Vierneisels vor sich baumeln. Sie hingen nicht Gradlinig durch. Sie schienen sich eher noch zu bewegen. Sie hingen nicht parallel, einträchtig nebeneinander, sondern wirkten wie im Lauf. Es sah für Sibold so aus, als hätte Bernd Vierneisel mit seinen Füßen nach einem Halt gesucht.

Auch der Stuhl lag nicht weit genug von seinen Beinen entfernt, als dass er ihn hätte wegstoßen können. Er lag fast direkt unter den Beinen, und vor allem lag er auf der Seite. Dabei war er auffallend breitbeinig gebaut. ›Ameise‹ hieß der Stuhl im Protokoll, und seine Beine standen tatsächlich wie Ameisenbeine auseinander. Der Stuhl hatte die Form der edlen Arne-Jacobsen-Stühle, mit stabilen Stahlrohren auf beiden Seiten. Die fallen nicht so leicht um, dachte Sibold. Ihm schien es eher, als hätte jemand den Stuhl umgelegt.

»Um es kurz zu machen«, resümierte Möhrle nach einem halbstündigen Monolog, »wir schließen den Fall Bernd Vierneisel ab und erledigen unsere schriftlichen Arbeiten im Falle Sven Vierneisel ordentlich. Dann kann die Staatsanwaltschaft sich auf ihre Anklage vorbereiten, und wir lösen, denke ich, unsere Sonderkommission auf.«

»Ja, wenn der Minister nicht kommt, lösen wir uns alle auf«, murmelte ein Kollege zu Sibold. »Der ist doch nur sauer, dass er nun mit uns nicht politisch punkten konnte.«

»Ich halte es auch ohne Minister aus«, lachte Sibold. Der Innenminister hatte seinen angekündigten Besuch in Singen nach Bekanntwerden des Selbstmordes in der Justizvollzugsanstalt schnell abgesagt. Zuerst wollte er sich offensichtlich auch einen Teil des Lorbeerkranzes für die schnelle Festnahme an seine Fahnen heften. Nach der Panne in der U-Haft aber war ihm wohl klar geworden, dass es nun in der Hohentwielstadt für ihn doch keinen Blumenstrauß zu gewinnen gab.

*

Die Nachricht am Nachmittag haute ihn um. Horst Sibold saß in seiner Amtsstube und tippte mühevoll die Berichte der vergangenen Tage. Er tat sich mit dem Verhör Bernd Vierneisels schwer. Er hatte Gewissensbisse. Was hatte er falsch gemacht? Hatte er den jungen Mann in den Selbstmord getrieben? Unwillig schüttelte er seinen dicken Kopf. Wenn, dann hätte doch eher Sven sich Sorgen machen müssen, aber Bernd? Zu ihm waren sie äußerst zuvorkommend gewesen.

Er erinnerte sich an seine fast väterliche Rolle während des Verhörs. Er stand auf und lief ein paar Schritte in seinem Büro auf und ab. Dann öffnete er die Tür, um zur Toilette zu gehen.

Er stand am Pissoir und pinkelte. Ein Kollege trat hinzu. »Hast du das gehört?« Sibold wollte nichts hören. Er seufzte, blickte geradeaus an die weiß getünchte Wand und pinkelte unbeirrt weiter. »Jetzt wollen Sie diesen Vierneisel freilassen!«

»Wen?«

»Sven Vierneisel.«

Horst Sibold fuhr herum. Er schaute den Kollegen neben sich fassungslos an. Schlagartig hatte er aufgehört, Wasser zu lassen. Er verschloss schnell seinen Hosenladen, wusch sich die Hände und rannte mit nassen Fingern in das Sekretariat zurück.

»Stimmt das? Geht das?«, rief er, bevor er in den Raum trat.

Im Sekretariat stand der Chef, Fridolin Möhrle, mit einigen Kollegen. Er redete auf sie ein, beschwichtigte sie. »Noch ist nichts entschieden, aber es liegt eine Anfrage vor. Die Kaution ist außerordentlich hoch, und man muss sich vor dem Hintergrund des Suizids seines Bruders die Sachlage genau überlegen.«

»Suizid«, knurrte Sibold, »ich habe von den Gerichtsmedizinern anderes gehört.«

»Es liegt noch kein Bericht vor«, antwortete Möhrle gelassen, »und es gibt auch noch keine Entscheidung zu dem Kautionsgesuch. Also, meine Herren, keine Aufregung, Hausarbeiten machen, Berichte schreiben.« Dabei klatschte er in die Hände, als wäre er der Leiter eines Kindergartens.

Sibold schaute Möhrle fassungslos an.

»Was wollen Sie?«, herrschte dieser seinen Untergebenen an, »ich bin auf Ihren Bericht über Ihr eigenständig geführtes Verhör in der Untersuchungshaft gespannt. Hoffen wir, dass niemand auf die Idee kommt, Ihre Methoden zu überprüfen.«

Sibold schluckte. Er machte sich selbst Vorwürfe. Er hatte Sven in die Enge getrieben. Er hatte gelogen. Aber nicht Sven war tot, sondern Bernd. Was wusste Möhrle davon?, fragte er sich.

»Mensch, Sibold«, die Stimme Möhrles hatte sich plötzlich kameradschaftlich gesenkt, »Sie wissen, ich schätze Ihre Arbeit. Zumindest Ihren Erfolg, nicht immer Ihre Methoden. Und glauben Sie mir, wir sitzen öfter in einem Boot, als Sie denken. Ich leide doch auch wie ein Hund unter unseren immer neuen und immer zahlreicheren Verwaltungsvorschriften. Aber wir sind Beamte. Wir haben nicht alles zu verantworten. Sie haben diese Brüder gefasst, ja! Aber diese Kaution wird auf einer anderen Ebene entschieden. Da fragt man weder Sie noch mich. Und vor dem Hintergrund des Todes des Jungen, Herrgott noch mal, die Familie …«

»Und die Familie unseres Kollegen? Ist Mord, und wenn auch nur der Versuch, heute ein Kavaliersdelikt?« Sibold stapfte missmutig aus dem Sekretariat.

KAPITEL 9

Leon wühlte sich durch Bücher und Landkarten. Er recherchierte entlang der deutsch-schweizerischen Staatsgrenze, blieb aber immer wieder zwischen Singen und Schaffhausen hängen.

Der Grenzzaun in Konstanz, zwischen dem Gottlieber Zoll und dem Tägerwiler Zoll, war sicherlich ein interessanter Abstecher in seiner Reportage. Über diese Grenze wurde schon zu allen Zeiten geschmuggelt. Früher trieben die Konstanzer Bauern hier ihr Vieh illegal über die Grenze, um es in der Schweiz zu verkaufen. Während der Wirtschaftskrise in den 20er-Jahren schmuggelten die Schweizer Bauern Luxuswaren nach Konstanz. Im Dritten Reich wurde dann der ›Judenzaun‹ errichtet. Das nationalsozialistische Deutschland wollte den Juden jede Möglichkeit zur Flucht verbauen. Dabei ging der Gestapo hier auch der schwäbische Widerstandskämpfer Georg Elser in Konstanz ins Netz. Zuvor hatte der Königsbronner Tischler ein Bombenattentat im Münchner Bürgerbräukeller auf Hitler versucht.

Heute steht der Zaun noch immer, und das Kuriosum für Leon war und ist: Die Bürger beider Seiten verteidigen ihn. Die Schweizer fürchten in erster Linie böse Asylsuchende aus Deutschland und die Konstanzer böse Asylsuchende aus der Schweiz. Die einen wissen, die Fremden kommen aus dem Norden, über die ehemaligen Ostblockländer und Deutschland zu ihnen, für die anderen kommen die Bösen aus dem Süden, dem ehemaligen Jugoslawien oder Afrika, über Italien und die Schweiz.

Leon schob die Unterlagen beiseite. Mit seinem Finger war er auf der Landkarte entlang der Grenze zwischen den beiden

Staaten weitergefahren. Er suchte die neuralgischen Punkte, unsichere, fragliche Grenzberührungen. Aber von Konstanz aus gab es zunächst keine direkte Grenzberührung an Land mehr. Stattdessen trennte ab dem Seerhein der Zellersee die beiden Staaten nach Westen hin, und im Osten war der Obersee. Erst bei Stein am Rhein trafen die Staatsgrenzen zwischen Deutschland und der Schweiz wieder an Land aufeinander. Dort waren die Grenzübergänge Randegg, Thayngen und Wiechs in der Karte eingetragen. Seine Gedanken schwirrten bei diesen Ortsnamen sofort wieder zu Bernd und Sven Vierneisel.

Leon überlegte. Die Grenze barg die Geschichte vieler Toter. Georg Elser wurde nach seiner Verhaftung zum Tode verurteilt und in Dachau hinterhältig in den letzten Kriegstagen erschossen. Während des Dritten Reichs wurden an dieser Grenze unzählige Flüchtlinge in die Höllen der KZs zurückgeschickt. Und auch Bernd Vierneisel war ein Opfer dieser Grenze, wenn sich auch für Leon der Grund noch nicht ganz erschloss. Eigentlich wollten die beiden Burschen nur Gold und Geld von A nach B transportieren. Hätte sich dazwischen nicht zufällig diese Grenze befunden, kein Mensch hätte sich für die beiden interessiert.

Was sagte die Mutter zu dem angeblichen Selbstmord, fragte sich Leon. Er gehörte nicht zu den Rambo-Journalisten, die skrupellos in Familien eindringen, nur um herzzerreißende O-Töne zu zapfen, nach dem Motto: ›Entschuldigung, aber bitte, hier ist die Kamera, nun schluchzen Sie mal schön für unsere Zuschauer.‹

Aber Leon wusste auch, dass Leid Herz und Mund öffnen konnten. Er schnappte sich das Telefonbuch und suchte unter Singen den Namen Vierneisel.

Er fand nur eine Vierneisel, Mechthilde und dann auch noch mit den beiden Vornamen Bernd und Sven dabei. Ein

Glückstreffer. Eine Straße wurde nicht genannt, deshalb klickte er sich ins Internet und recherchierte auch in dem elektronischen Telefonbuch. Dort gab er die Nummer aus dem Telefonbuch ein und klickte auf ›Straße suchen‹: Kornblumenweg war das Ergebnis.

Leon suchte auch nach der Telefonnummer der Friedhofsverwaltung. Er meldete sich als ein Freund von Bernd Vierneisel. »Bitte haben Sie Verständnis, aber ich möchte nicht zu Hause bei seiner Mutter anrufen, Sie verstehen. Aber können Sie mir sagen, wann seine Beerdigung angesetzt ist?« – Bingo! Leon hatte Glück. »Morgen, um 14 Uhr, im engsten Familienkreis«, gab die Dame freundlich Auskunft.

Leon entschied sich, zur Beerdigung zu gehen. So konnte er sich die Familie in Ruhe aus der Nähe betrachten und sich auf Mama Mechthilde Vierneisel einstellen, denn dann erst wollte er sie besuchen.

*

Für den Abend hatte Leon ein Daube provençale vorbereitet. Er hatte eine Rinderkeule gekauft, sie in kleine Happen geschnitten und mit Schalotten, Knoblauch, Wurzelgemüse, schwarzen Oliven und einem guten Rotwein eingelegt. Immer wieder rührte er in der Marinade und roch den Wein, den Rosmarin und Thymian. Es war der fünfte Tage nach der Chemogabe für Lena, und sie hatte versprochen, ihn heute zu besuchen.

Leon stand ab dem Nachmittag in seiner Küche und schmorte das Fleisch im Niedrigtemperaturbereich. Das hieß, nicht mehr als 80 Grad.

Pünktlich stand Lena mit einem Turban auf dem Kopf, eine Perücke lehnte sie ab, vor der Tür. Es ging ihr im Moment sichtlich besser, und Leon öffnete vor Freude sofort einen

Bordeaux, Marquis de Chasse, Jahrgang 1997. Lena nippte, wollte dann ein stilles Wasser, und als er nach fünf Stunden Schmorzeit den schweren Steinguttopf aus dem Backofen nahm und auf den Tisch stellte, ging sie aufs Klo.

Leon wollte es erst nicht wahrhaben, vernahm dann aber bekannte Geräusche aus der Toilette und ließ den für ihn verführerisch duftenden Topf schnell wieder im Backofen verschwinden.

Bleich kam Lena aus der Toilette zurück, versuchte zaghaft zu lächeln und flüchtete in das Wohnzimmer. »Sorry, aber ich kann kein Essen riechen«, entschuldigte sie sich.

Leon schaute sie an, sah ihre eingefallenen Wangen, ihr bleiches Gesicht und ihre matten Augen. 30 Prozent weniger Rückfälle, hatte der Arzt versichert, an der Chemo führte kein Weg vorbei, sie musste da durch. Aber sie musste auch etwas essen. Essen hält Leib und Seele zusammen, das war die Weisheit von Leons Mutter, der er sich uneingeschränkt anschloss.

Er legte Jamie Oliver zur Seite und klickte in ›Frag-Mutti. de‹. Grießbrei. Einen halben Liter Milch warm machen, vier Esslöffel Grieß, zwei Esslöffel Zucker zugeben, fünf Minuten aufkochen. In einen anderen Topf schnippelte er zwei Äpfel, gab ebenfalls Zucker zu und einen Schuss Wasser hinein.

Mit zwei Tellern kam er ins Wohnzimmer zurück. Einer für ihn, mit dem Daube, duftend nach allen Kräutern der Provence, einer für Lena, Grießbrei mit Apfelmus.

Er trank den Bordeaux, sie Wasser. »Ein Bild, das wir noch bis März aushalten, aber dann geht's ab in den Urlaub, und dann wird wieder geschlemmt«, drohte er ihr lachend an. »Beide!«, versprach er dazu, »ich habe die Steuer vom Tisch.«

Lena hatte die Nacht bei ihm verbracht, sie hätte gar nicht mehr nach Hause fahren können. Nicht, weil sie wie früher zu tief ins Glas geschaut hatte, sondern weil sie einfach erschöpft im Sessel eingeschlafen war. Er hatte sie dann ins Bett gebracht. Sie hatte die ganze Nacht geschwitzt, sodass er am nächsten Morgen die Bettwäsche in die Waschmaschine stopfen musste. Sie hatte zum Frühstück nur einen Tee getrunken und musste dann sofort nach Hause, ihre Tabletten schlucken, die alle die Nebenwirkungen der chemischen Keule lindern sollten.

Noch sechs Wochen, dachte Leon.

Er selbst setzte sich in sein Büro und wollte an seiner Reiseroute entlang der Grenze weiter recherchieren. Wie immer klickte er zuvor in seine Mails. Er sah eine Pressemitteilung des Landgerichts Konstanz. Sie galt dem Goldschmuggel von Singen: Sven Vierneisel war für zwei Millionen Euro Kaution aus der U-Haft entlassen worden, juristisch korrekt hieß dies: Der Haftbefehl wurde außer Vollzug gesetzt, gegen Auflagen versteht sich. Es bestehe bei der ausgehandelten Summe keine Fluchtgefahr, wurde ein Pressesprecher zitiert. Auch gab dieser zu, dass man die Entscheidung vor dem Hintergrund des anstehenden Freigangs zur Beerdigung seines Bruders, die in diesen Tagen im kleinen Familienkreis stattfinden sollte, sehen müsse.

Leon war baff. Der Junge war nach Darstellungen der Polizei als Schütze identifiziert. Die Fingerabdrücke auf der Waffe, die Zöllner als Zeugen. Es gab keinen Zweifel, Sven hatte auf einen Beamten im Dienst geschossen. Er hatte fünf Millionen Euro im Kofferraum deponiert gehabt, zusätzlich einige Barren Gold. Niemand wusste, wem dieses Geld gehörte. Zwei Millionen Kaution, was war diese Summe schon gegen den Schmuggelwert?

Er griff nach der Visitenkarte des Kommissars, den er in

Singen kennengelernt hatte. Er wählte dessen Handynummer. Er wollte mit ihm privat reden. Dienstlich, war ihm klar, konnte der Polizist diesen Vorgang nicht kommentieren.

»Ja«, sagte eine Stimme.

Leon Dold meldete sich brav und brachte sich als der Journalist in Erinnerung, der noch immer der Frage nachging, warum jemand Gold aus der Schweiz nach Deutschland transferierte, wo es doch in der Schweiz höher notiert sei.

Sibold lachte bitter. »Sie wollen wissen, was ich von der Kaution halte, die für Sven bezahlt wurde.«

»Auch«, gab Leon zu. »Vor allem aber im Zusammenhang mit der ursprünglichen Frage: Woher stammte das viele Geld? Und jetzt noch ein nicht unerheblicher Batzen für die Kaution?«

»Gute Frage«, knurrte Sibold. »Soll ich Sie mit der Pressestelle verbinden?«

»Nur ein Tipp«, bettelte Leon, »bitte.«

»Ein Anwalt aus Stuttgart hat den Deal mit dem Richter des Landgerichts eingefädelt, wir sind da außen vor.«

»Wissen Sie seinen Namen?«

»Nein.«

»Ich rufe Sie wieder an!«

»Wenn Sie meinen«, antwortete Horst Sibold. Ihm hatte die Entscheidung des Gerichts im Moment jede Lust auf seinen Job verdorben. Sven musste sich in der Stadt aufhalten, durfte das Kreisgebiet nicht verlassen, musste sich jeden Morgen im Polizeirevier Singen melden, aber was sollten derartige Auflagen bringen?, fragte sich der Kommissar. Warum nahmen sie solche Burschen unter Lebensgefahr für alle Beteiligten fest, wenn man sie danach, für vermutlich sowieso gestohlenes Geld, wieder freiließ? Zwei Millionen aus einer unbekannten Kasse, was hatte das schon für einen Gegenwert?

Auf der anderen Seite war ihm somit klar geworden: Sven Vierneisel war den Hintermännern wichtig. Er musste also mehr wissen, als er bisher zugegeben hatte, viel mehr. Deshalb hatte Sibold auch Möhrle davon überzeugt, dass man Sven Tag und Nacht beschatten musste.

Wenigstens hatte er dies bei seinem Chef erreicht.

Leon knabberte an den gleichen Gedanken wie der Kommissar. Er richtete sich für die Beerdigung. Er wollte das Umfeld der beiden Brüder kennenlernen: ihre Familie, ihre Freunde. Sicher gab es da jemanden, der mehr wusste.

Er stand vor seinem Schrank und suchte nach passenden Kleidungsstücken. Eine schwarze Jeans, ein schwarzes Hemd und dazu die dunkelbraune Lederjacke. So ging man in der Provinz zu Bestattungen. Krawatte nicht vergessen! Er hatte längst gelernt, dass Kleider tatsächlich Leute machten. In ordentlichem Schwarz würde er so weniger bei der Beerdigung auffallen und der Mutter der Brüder eher imponieren.

Herausgeputzt wie ein freier Beerdigungsredner stieg er in seinen metallblauen Porsche. Er fuhr gemütlich aus Überlingen Richtung Sipplingen, am See entlang. Der Winter schien nach drei Schneeflocken schon wieder am Ende seiner Kräfte zu sein. Die Sonnenstrahlen brachen sich durch einen flüchtigen Dunst über dem Wasser. Er sah am gegenüberliegenden Ufer die alte Burg Bodman im Wald, hoch oben über dem See. Der Himmel war wolkenlos, die Temperaturen lagen bei knapp unter zehn Grad.

Ein viel zu schöner Tag, um in die kalte Erde gelegt zu werden, dachte Leon und freute sich seines Lebens. Das Thema Winterreifen konnte er erst mal zu den Akten legen. Wieder rund zwei Riesen gespart, dachte er und gab freudig Gas. Der Porschemotor heulte auf, Leon war auf die Autobahn von

Stockach nach Singen gefahren, er genoss die Geschwindigkeit des Anzuges seiner alten Karre. Wenn er sich schon dieses viel zu teure Auto leistete, dann wollte er auch hin und wieder dieses unverkennbare Aufheulen der 260 Porsche-Pferde hören. Und nirgends bot die Autobahn den Spaß wie gerade auf dieser Strecke. Keine Geschwindigkeitsbeschränkung und kein Verkehr. Die Tachonadel kletterte schnell auf 240 Stundenkilometer, nach wenigen Minuten aber musste er leider auch schon wieder stark abbremsen. Die Ausfahrt Singen war keine zehn Kilometer nach der Auffahrt Stockach schon erreicht. Umweltpolitisch war dies nicht korrekt, das war ihm klar. Aber wenn er den Porsche jetzt verkaufen und sich einen Hybridwagen leasen würde, hätte er sicherlich auch keine bessere Ökobilanz, beruhigte er sich. Und schließlich lebte er noch mit ganz anderen Widersprüchen. Wenn er da nur an seine Weine im Keller dachte und an sein Konto bei der Bank.

Auf dem Singener Friedhof hatte die Beerdigungszeremonie schon begonnen. Leon war auf dem Stadtfriedhof umhergeirrt, bis ein Gärtner ihm den Weg gewiesen hatte. Er sah eine, für eine kleine Beisetzung im engsten Familienkreis doch größere Trauergemeinde, in einer Ecke des Gottesackers versammelt. Zielstrebig ging er darauf zu. Er wollte sich an den Rand der Trauergemeinde drängen, da hielt er irritiert inne. Es schien ihm, als stünden da zwei Gruppen vor nur einem aufgebahrten Sarg.

Langsam trat er näher. Er setzte eine Trauermiene auf, blickte ernst und zielgerichtet mitten durch die beiden Gruppierungen. Sie ließen ihm eine Gasse mit Blickrichtung zu dem Pfarrer, der vor dem Grab predigte.

Leon schielte nach beiden Seiten und überlegte, auf welche Seite er Kurs nehmen sollte. Rechts stand eine kleine

Gruppierung älterer Menschen, links standen jüngere. Der Pfarrer predigte aus der Mitte direkt zu ihm hin. Unsicher, mit einem kleinen Seitenschritt, entschied er sich aus dem Bauch heraus für die rechts von ihm stehende Fraktion.

Der Pfarrer nickte ihm zu und sprach unbeirrt weiter.

Leon versuchte, die beiden Gruppierungen aus den Augenwinkeln heraus zu analysieren.

Der Pfarrer sprach von dem Leid der Angehörigen. Dann ging er einen Schritt auf die Gruppe, für die sich Leon entschieden hatte, zu und sagte in Richtung der älteren Frau in deren Mitte: »Auch der Sohn Marias verließ diese Welt nur für die Ungläubigen. Doch wer glaubt, der findet Trost in der Gewissheit der Auferstehung.«

Leon schaute auf und sah in die Blickrichtung des Pfarrers. Diese Frau musste die Mutter, also Mechthilde Vierneisel, sein. Sie sah aus wie mindestens 60, hatte graue Haare, war klein von Wuchs und stand gebeugt vor dem Grab. Ihre Haut war blass, tiefe Furchen durchzogen ihr Gesicht. Trotzdem strahlte sie eine innige Herzlichkeit aus. Tränen standen in ihren Augen.

Die Menschen um sie herum schienen zum engsten Familienkreis zu gehören. Ein älterer Herr, der sie stützte, und drei, vier weitere Damen und Herren im gleichen Alter.

Leon konnte die Gesichter nicht genau erforschen, die Personen standen zu direkt neben ihm. Er spürte aber, dass in ihren Mienen Teilnahme zu lesen war. Die tiefen Furchen im Gesicht von Mechthilde Vierneisel zeugten von Gram, wie er ihn auch in den Gesichtern der anderen Angehörigen erblickte, die um ihn herum, in dunkle Mäntel gekleidet, verharrten.

Direkt neben ihm und der Mutter stand der einzige junge Mann der Familie. Er gehörte offensichtlich ebenfalls zum engen Familienkreis. Trotzdem signalisierte er dem genauen

Beobachter, dass er eher zu der Gruppe links der Mutter gehörte.

Die Distanz zwischen den Gruppen war für Leon deutlich spürbar. Optisch hatte er den Riss, der durch die Trauergemeinde lief, schnell erkannt. Aber jetzt spürte er auch die unterschiedliche Trauer der beiden Fraktionen. Kummer und Seelennot bei der Gruppierung um die Mutter; Unerbittlichkeit und Feindseligkeit in den Gesichtern der Männer neben dem Familienkreis.

Leon wollte sich diese Gesichter genau einprägen. Sie wirkten abschreckend. Zuerst wusste er nicht, warum, dann wurde es ihm klar. Es waren nur Männer, tiefschwarz gekleidete Männer. Schwarze Lederjacken herrschten vor und auch Ledermäntel, ebenfalls in Schwarz. Die Burschen waren alle glatt rasiert, hatten bleiche Gesichter und alle sauber ausrasierte Kurzhaarschnitte. Oberlippenbärtchen schienen erlaubt, eine Pomadentolle durfte in die Stirn fallen. Mehr zurechtgestutzte Lässigkeit boten sie nicht.

Doch, noch eine: Coole Sonnenbrillen verdeckten ihre Augen. Die Sonnenstrahlen Anfang Dezember waren schwach, die Gläser aber pechschwarz und undurchdringlich.

Die jungen, bebrillten Milchgesichter umrahmten zwei alte Männer in ihrer Mitte, die Leon erst jetzt auffielen. Dabei war der eine groß, trug dazu noch auf seinen grauen Haaren einen schwarzen Hut und stand aufrecht wie ein Soldat. Seine Nase war auffallend lang. Der andere alte Herr war klein, dick und hatte eine Glatze, er trug eine barettähnliche Kopfbedeckung, dazu einen kurz rasierten Oberlippenbart. Die Burschen um die beiden, etwa ein halbes Dutzend, wirkten wie Bodyguards um viel zu alt gewordene Politiker.

Leon schielte unaufhörlich nur noch nach links. Er musterte den Gesichtsausdruck der beiden Alten. Er sah die Unerbittlichkeit in ihren Gesichtern, die er zuerst nur gespürt hatte. Feindselig musste diese kleine Partei auf jemanden wie ihn wirken, der genügend rechtsradikale Aufmärsche in seinem journalistischen Leben erlebt hatte.

Leon griff in seine Jackentasche. Er angelte sich mit seinen Fingerspitzen sein Handy und zog es in der fast verschlossenen Hand heraus. Zwischen zwei Fingern ließ er Platz für das kleine, eingebaute Objektiv. Dann krümmte er den Zeigefinger umständlich und drückte unablässig auf den Auslöser der Kamera. Er fotografierte wahllos in die Gruppe. Um die Gesichter besser aufnehmen zu können, wechselte er seinen Platz. Er ging etwas auf Distanz zu der gespaltenen Trauergemeinde und näherte sich dem Grab von der anderen Seite.

Die Trauernden um die Mutter nahmen ihn nicht wahr. Die Männergruppe schon. Er spürte, wie sie ihre Augen auf ihn richteten. Er schaute zu ihnen. Sie blickten ihn geringschätzig an.

Hinter den Männern sah Leon den Kommissar, mit vermutlich einem Kollegen. Er hielt sich hinter anderen Gräbern zurück. Doch Leon erkannte ihn sofort. Seine wenigen Haare standen hoch gegen den Wind, sein Mantel war geöffnet, sein Bauch stand hervor. Eine Figur wie einst Kommissar Max Palu in dem saarländischen Tatort, nur eben ein bisschen verkommener.

»Wir alle kennen weder den Ort noch die Stunde«, setzte der Pfarrer zur Verabschiedung der Trauergemeinde an, »wir wissen nicht, wer der Nächste aus unseren Reihen sein wird.« Dann nickte er in Richtung der jungen Männer. Einer von ihnen setzte eine Trompete an seine Lippen und blies laut ›Wir hatten einen Kameraden‹.

Danach traten sie alle gemeinsam ab.

Die Mutter und ihre wenigen Getreuen blieben am Grab zurück.

Leon nahm eine Blume aus einem dafür vorgesehenen Strauß und warf sie in das Grab, in das Friedhofsmitarbeiter den Sarg hinabgelassen hatten. Dann ging er zu der Mutter und reichte ihr die Hand. Er stammelte eine Beileidsbekundung. Er wollte, dass sie ihn wahrnahm, er wollte, dass sie sich an ihn erinnerte, wenn er am nächsten Tag vor ihrer Tür stand.

Kurz entschlossen ergriff er auch die Hand des jungen Mannes neben ihr. Es musste ihr Sohn, Sven Vierneisel, sein, wer sonst? Es musste der Täter sein, der dem Zöllner rücksichtslos in den Bauch geschossen hatte. Der Mann, der irgendjemandem zwei Millionen wert war.

Leon starrte ihm ins Gesicht. Er konnte aber nicht in seine Augen sehen. Er sah sich nur im Spiegel der Designer-Sonnenbrille, die Sven trug. Leon spürte, wie auch Sven ihn durch die dunklen Gläser genau musterte.

Leon wollte etwas sagen, brachte aber kein Wort hervor. Er drückte die fremde Hand fester. Sven war so groß wie er. Außer der Sonnenbrille sah Leon nur Sommersprossen und eine lockige, blonde Haarsträhne, die ihm tollkühn ins Gesicht hing. Sein Gesichtsausdruck wirkte versteinert.

›Halt ein, Büble‹, dachte Leon, doch es war ihm nicht wohl in seiner Haut. Da er kein Wort herausbekam, ließ er die weiche Hand des Jungen aus seinem festen Griff gleiten und ging.

Jetzt beeilte sich Leon. Fast rannte er zum Friedhofsausgang, nahm allerdings einen Seitenweg und lief dann um die Friedhofsmauer herum zum Haupteingang. Gerne hätte er mit dem Kommissar gesprochen, aber dazu war jetzt keine Zeit. Er beobachtete, wie die jungen Männer sich von den beiden alten Herren verabschiedeten: Handschläge, Schulterklopfen, Armboxer.

Die beiden Alten stiegen danach in einen dunkelgrünen Landrover. Wer ihn vorgefahren hatte, konnte Leon nicht sehen, die Fenster waren dunkel getönt.

Leon wartete, bis der Landrover weggefahren war, und sah, dass auch die jungen Männer sich alle entfernten. Schnell rannte er zu seinem Porsche und startete ebenfalls. Fast hätte er den Kommissar überfahren, der sich wohl ebenfalls diese Truppe hatte genauer anschauen wollen. Aber Leon musste Gas geben, er wollte sich an die Fersen der alten Männer heften.

Er musste wissen, wer sie waren.

In drei Autos waren die Jungs auseinandergestoben. Jeder fuhr in eine andere Richtung. Doch diese Sorte spät pubertierender Politchaoten, dachte Leon, hatte er sicherlich schnell wieder am Wickel. Ihre Stammlokale waren in der Stadt leicht ausfindig zu machen. Er musste sich jetzt zunächst an den Landrover hängen, denn wenn der weg war, wo sollte er dann dessen Insassen wiederfinden?

Leon gab Gas und fuhr vom Friedhof aus die Schaffhauser Straße in Richtung Stadt. Auf der Rielasinger Straße musste er sich blind entscheiden: In welche Richtung sollte er fahren?

Leon fuhr rechts, Richtung Südtangente. Dann gab er einfach Gas, überholte, wo es nicht erlaubt war, fuhr bei Dunkelrot über die nächste Ampel und hetzte Richtung Autobahnauffahrt. Die Wahrscheinlichkeit, dass die Senioren nicht hier lebten, war groß. Sollten sie aber doch in Singen wohnen, würde er sie wiederfinden. Falls nicht, fuhren sie sicherlich über die Autobahn aus der Stadt, wohin auch immer, das Nummernschild hatte er nicht erkennen können. Er war sich sicher, dass die beiden Männer mit dem geschmuggelten

Geld der Brüder und vielleicht auch mit der Kaution in Verbindung standen.

Leon fuhr wie ein Verkehrsrowdy. Dabei hatte er längst ein gefährlich dickes Konto in der Flensburger Verkehrsdatei. Viel konnte er sich nicht mehr erlauben. Der Landrat des Bodenseekreises hatte ihn schon zu einer Nachschulung aufgefordert. Nur so könnte er einige Punkte auf seinem Konto tilgen, hatte er ihm gedroht. Bei weiteren fünf Punkten war er den Führerschein los.

Die fast 1.000 Euro für die vorgeschlagene Nachschulung hatten ihn schon umgehauen. Dazu noch die vermutlich geballte Klugscheißerei des Fahrlehrers, das wollte er sich nicht antun. Auch ihm war klar, dass er innerhalb geschlossener Ortschaften 50 Stundenkilometer zu fahren hatte, das musste ihm weiß Gott keiner mehr erzählen. Aber was wusste der Fahrlehrer über den Fahrer des dunkelgrünen Landrovers vor ihm? Und überhaupt, was wussten die Flensburger über seine Einsätze als Journalist im Dienste der vierten Gewalt?

Leon überfuhr eine weiß gestrichelte Fläche auf der Fahrbahn, die zur Linksabbiegespur auf den Autobahnzubringer Richtung Radolfzell führte. Ein Auto, das er gerade überholte, hupte aufgeregt. Leon nahm keine Kenntnis davon, sondern gab Gas, überfuhr die nächste gestrichelte Fläche und zog nach drei weiteren Autos seinen Porsche rücksichtslos in eine Lücke. Nur kurz verharrte er darin, dann setzte er den Blinker rechts und schoss in die Auffahrt zur Autobahn Richtung Stuttgart. Aus der Landeshauptstadt sollte die Kaution geflossen sein, dachte er, also folgte er auf Verdacht dieser Richtung.

Auf dem Autobahnzubringer konnte er endlich die Leistungsstärke seines Autos nutzen. Er beschleunigte schnell auf 200 Sachen, unbeeindruckt vom vorgeschriebenen Tempo.

Genauso schnell, wie er beschleunigt hatte, bremste er wieder ab. Er hatte den Landrover entdeckt. Gemächlich fuhr dieser einige Autos vor ihm, auf der rechten Spur. Richtung Stuttgart, jubilierte Leon, genau so, wie er es sich gedacht hatte. Doch als er sich zufrieden in seinen Sitz zurücklehnte, sah er plötzlich den Blinker des Landrovers aufleuchten. Er bog rechts ab und nahm die Auffahrt auf die A 98 Richtung Friedrichshafen.

Leon ließ seinen Porsche abfallen. Zur unauffälligen Verfolgung war das Auto nun mal nicht geeignet. Er benötigte zur Sichtbehinderung ein paar Autos vor sich. Ein Porsche im Rückspiegel, der bei niedrigen Geschwindigkeiten und freier Fahrbahn auf der Autobahn nicht überholte, machte sich verdächtig, befürchtete Leon.

Zwei Autos, die er gerade noch mit überhöhter Geschwindigkeit überholt hatte, fuhren jetzt an ihm vorbei. Die Fahrer schauten zu ihm herüber. Er verkroch sich in seinen Ledersitz. Peinlich, dachte er, aber er musste nun mal hinter dem Landrover bleiben. Die beiden alten Herren schienen es nicht eilig zu haben. Gemächlich fuhren sie an Stockach vorbei auf die dreispurig neu ausgebaute Bundesstraße 31.

Hier war es für Leon einfacher, sich im Hintergrund zu halten. Hier musste jeder 120 fahren. Mehrere schnellere Autos füllten jetzt die Lücke zwischen ihm und dem Landrover. So war ihm wohler.

Bei Überlingen war die Glanzleistung der deutschen Verkehrsplaner zu Ende. Die Straße, eine erst bis Stockach gut ausgebaute Autobahn, dann eine dreispurige Schnellstraße, wurde hier zu einer engen zweispurigen Landstraße. Lastwagen wurden deshalb mithilfe von Straßensperren zum Abbiegen gezwungen, Autos durften durch diese Absperrungen brechen und, sofern sie es schafften, geradeaus fahren.

Der Landrover nahm leicht die Hürde durch die versteckte Öffnung der Absperrung und fuhr zielstrebig, am nördlichen Bodenseeufer entlang, an Überlingen vorbei.

Leon richtete sich jetzt auf eine längere Fahrt ein. Der Landrover passierte die barocke Klosterkirche Birnau. Leon genoss den Blick von der Bundesstraße über die Reben des Markgrafen bis in den Unteruhldinger Hafen. Die Pappeln ragten auf der Mole bis weit in den See. Der Dunst war nur noch spärlich. Die Abendsonnenstrahlen übertünchten das romantische Bild mit einem zarten Rosa. Darüber ruhte majestätisch der Säntis als höchster Punkt des frei daliegenden Alpenpanoramas. Die Sonne ließ die Schneespitzen der Berge rötlich glänzen. Alpenglühen im Winter. Auch da hatte der See seine Reize. Leon begann, die Fahrt zu genießen.

Nur eine kleine Wolkengruppe war um die Säntisspitze versammelt. ›Hat der Säntis einen Hut, wird das Wetter gut; hat er einen Degen, wird's regnen!‹ Diese Wetterweisheit hatte Helma ihm schon oft vorgesagt, seit er bei ihr eingezogen war. Jetzt war der Zweizeiler so tief auf der Festplatte seines Gehirns eingebrannt, dass er sich von allein abspulte. Wie ein Erstklässler sprach er den Zweizeiler vor sich hin. Er hörte den Spruch und erschrak. Helma saß doch gar nicht neben ihm. Er hatte selbst gesprochen. Leon kam sich vor wie Helma. Dabei war sie 96 und er gerade mal Anfang 40.

Der dunkelgrüne Landrover hatte erneut sein Blinklicht gesetzt. Er bog Richtung Unteruhldingen ab und fuhr weiter Richtung Meersburg.

Leon ging vom Gas, tuckerte sehr langsam hinter dem Wagen her, wartete, bis er wieder etwas Abstand gewonnen hatte, und fuhr dann vorsichtig ebenfalls Richtung Meersburg.

Nach Unteruhldingen setzte der Landrover plötzlich auf freier Strecke erneut den Blinker. Bis Meersburg fehlten noch zwei Kilometer. Unteruhldingen lag zwei Kilometer hinter ihnen.

Das Auto war verschwunden.

Leon gab Gas, sein Porsche machte einen Satz, nach wenigen Sekunden stand er in Höhe der Ortseinfahrt Meersburg bei den Fähren nach Konstanz. Er drehte schnell um, schoss zurück: nichts. Leon drehte vor Unteruhldingen erneut um und fuhr nochmals langsam zurück. Jetzt erst sah er die Verkehrszeichen. 50 Stundenkilometer waren hier vorgeschrieben. Neben der Straße verlief ein Radweg und hinter dem Radweg gab es einzelne, ziemlich zugewachsene, aneinandergereihte Einfahrten zu einigen Seegrundstücken.

Eine Einsicht in die Grundstücke war offensichtlich nicht erwünscht. Zur Straße hin war jedes mit einer hohen Mauer abgeschirmt. Nur vereinzelt erkannte Leon Einfahrten. Aber selbst die waren gut getarnt. Hinter welcher der Landrover verschwunden war, konnte Leon aus seiner tief liegenden Perspektive unmöglich sehen.

Er stellte den Wagen an den Straßenrand. Er stand genau zwischen Unteruhldingen und Meersburg. Er ging an einer zugewachsenen, hohen Mauer entlang einige Meter zurück und sah dann ein mit Efeu bewachsenes, grünfarbenes Einfahrtstor. Es war aus Eisen, deutlich über zwei Meter hoch. Ein Blick dahinter war nicht möglich. Selbst zwischen Torangel und Mauerende war kein Hohlraum sichtbar.

Jetzt schlich er an der Mauer entlang Richtung Meersburg. Er zählte die Schritte bis zu seinem Wagen. Es waren genau 250. Von seinem Wagen bis zum Osttor waren es wieder 250. Beeindruckt pfiff Leon durch seine Zähne. Der Quadratmeterpreis des Grundstücks, direkt am See, mal einen halben Kilometer Länge und wer weiß wie vielen Metern Breite?

Da waren zwei Millionen Kaution, oder auch fünf Millionen Goldbarren, immer mal drin.

Leon setzte sich wieder in sein Auto. Er war sich sicher, dass der Landrover in einer der beiden Einfahrten verschwunden war. Er fuhr die Straße langsam noch einmal auf und ab. Es wurde dunkel. An den Einfahrten hatte er weder ein Namensschild gesehen noch einen Briefkasten oder gar eine Klingel.

Leon fuhr an die jeweiligen Enden der großen Mauer, um vielleicht über ein Nachbargrundstück Einblick zu bekommen. Doch an beiden Enden sah er die Mauer weiter um die Ecken verlaufen, wobei sich in Richtung Uhldingen eine kleinere Mauer auf dem Nachbargrundstück anschloss und in Richtung Meersburg ein Zaun aus Buschwerk.

Leon hielt wieder an, stellte sein Auto jetzt auf die andere Straßenseite, hier konnte er es besser in einem Feldweg verstecken. Dann ging er zu dem Grundstück, das mit Buschwerk und einer Mauer abgegrenzt war. Hier rechnete er sich bessere Chancen aus.

Möglichst unauffällig schlenderte er an dem Grundstück vorbei. Es hatte ebenfalls ein großes Einfahrtstor. Allerdings konnte er darüber hinwegsehen. Von der Straße bis zum Seeufer waren es etwa 100 Meter. In der Mitte des Grundstückes stand eine alte Villa, typischer Bauhausstil. Es war dunkel geworden, in dem Haus brannte kein Licht.

Leon schaute sich um. Sein Blick richtete sich nach oben, keine Kamera war zu sehen. Mit einem weiteren Blick suchte er nach Hundespuren auf dem Grundstück, ebenfalls Fehlanzeige. Leon ging drei Meter zurück, nahm mit zwei Schritten einen kurzen Anlauf, hechtete bis zur oberen Torkante und zog sich bis in die Stütze hoch. Schnell zog er das rechte Bein nach, dann das linke, und schon sprang er auf das Grundstück hinter der Abzäunung.

Nur kurz blieb er stehen, verharrte gedämpft, dann wurde er ruhig. Es schien, als wäre dieses Grundstück unbewacht. Vermutlich das Wochenendhaus eines Industriellen aus Tuttlingen oder aus Sindelfingen, dachte er und spähte zu dem anschließenden Grundstück. Aber auch von hier aus war nichts zu erkennen.

Leon lief zu der Mauer und tastete sich an ihr entlang Richtung See. Er hatte Glück. Es war schon Anfang Dezember, es hatte lange nicht geregnet, sodass der Wasserstand des Bodensees äußerst niedrig war. Die Mauer stand im Sommer sicherlich tief im Wasser, durch den niedrigen Wasserstand im Winter war sie jetzt fast vollständig freigelegt. Nur der Sockel wurde noch vom Wellenschlag erreicht.

Leon spähte vorsichtig um die Ecke. Er blickte in einen dunklen Park. Seine Angst vor Hunden hielt ihn kurz zurück. Dann wurde ihm klar, dass eventuelle Hunde ebenso leicht das Grundstück wechseln konnten wie nun er. Sie hätten ihn also längst stellen können. Trotzdem wartete er noch einige Augenblicke. Er ließ seinen Augen Zeit, sich an die Dunkelheit, und seinen Ohren, sich an die Stille um ihn herum zu gewöhnen.

Vorsichtig, damit seine Füße nicht nass wurden, hangelte er sich dann um die Mauer und stand mucksmäuschenstill auf dem Grundstück. Langsam, Schritt für Schritt, tastete er sich durch ein Gehölz. Es war in der Zwischenzeit stockdunkel geworden. Die Bäume hielten das Mondlicht zurück, er sah kaum, wohin er trat. Jedes kleine Knacken unter seinen eigenen Füßen ließ ihn aufschrecken.

Mutig ging er zum Ufer. Hier konnte er besser sehen. Er lief in gebückter Haltung über die Ufersteine. Hin und wieder hielt er an, spähte angestrengt über das Grundstück, bis er endlich einen Lichtschein sah.

Vorsichtig bewegte er sich nun dem Licht entgegen. Dabei

ging er vom Ufer weg, in Richtung der Gartenanlagen. Geschützt von Bäumen und Hecken, schlich er sich an das Haus heran.

Das Licht, das er zuerst gesehen hatte, brannte hell hinter einer lang gezogenen Glasfront. Leon erkannte, dass die ganze Hausseite zum See aus einer auf Stelzen gebauten Terrasse bestand. So breit, wie das Haus war, so breit war auch die Glasfront. Die restlichen Außenflächen des rechteckigen Hauses hatten fast keine Fenster. Es wirkte wie ein dunkler Kubus. Alles Licht aus ihm strömte nur zum See hin.

Leon huschte an die Schattenseite des Hauses. Er bewegte sich vorsichtig Richtung Straßenseite. Er wollte im Schutz der Dunkelheit näher an das Haus gelangen, um dann von hinten wieder nach vorne in Richtung Terrasse zu robben. Er hatte es geschafft und stand nun fast an der Straßeneinfahrt vor dem Hauseingang.

Plötzlich zuckte ein orangefarbenes Licht durch seinen dunklen Schutz.

Flutlichter erhellten gleißend Teile des Gartens.

Leon warf sich auf den Boden. Er presste seinen Körper in irgendein Blumenbeet. Flach blieb er darin liegen. Nur seinen Kopf hob er ängstlich hoch. Er hatte Glück. Rund um ihn strahlten die Scheinwerfer, er hatte ein kleines Schattenloch erwischt. Doch wenn sie ihn schon gesehen hatten, war trotzdem alles zu spät.

Nur bitte keine Hunde, flehte er.

Erst jetzt sah er im Scheinwerferlicht das Haus deutlich. Es war ein typischer Betonklotz der Neuzeit. Rechteckig, klassisch, spartanisch. Kahle Betonwände nur mit wenigen länglichen, schmalen Luken statt Fenstern. Rundum, an den nackten Hauswänden, waren Strahler montiert, die jetzt Haus und Garten hell fluteten. Ausgezirkelt, exakt in der

Mitte der Hauswand, war eine breite Haustür eingelassen. Aber auch sie wirkte kalt und abweisend. Sie war schwer und aus Stahl. Sie wirkte wie eine Tresortür.

Ängstlich behielt Leon diese Tür und den Aufgang zur Veranda im Blick. Wenn jemand aus dem Haus kam, dann musste er von dort kommen.

Plötzlich hörte er hinter sich ein Geräusch. Es klang wie ein anlaufender Motor. Er drehte seinen Kopf ruckartig nach hinten, sah aber nichts.

Dann durchzuckte ein weiteres blinkendes, rotes Warnlicht die Szenerie. Leon blickte auf und sah das Blinklicht, das sich drehte wie bei einem Schwertransporter. Er dachte, es sei ein Teil der Alarmanlage der Villa, die er ausgelöst hatte. Doch dann sah er, wie sich das Licht bewegte. Er hielt den Atem an, starrte auf das Warnsignal und erkannte, dass das Licht auf dem Einfahrtstor montiert war und dieses sich zur Seite bewegte.

Leon spürte einen spitzen Stein, der ihn in den Bauch drückte, traute sich aber nicht, sich zu bewegen. Angespannt hielt er sich flach auf dem Boden, schielte von der Haustür zur Hofeinfahrt.

Auf der Straße war es dunkel, ein Wagen fuhr heran, seine Scheinwerfer leuchteten um die Ecke. Kaum war das Tor weit genug geöffnet, bog der Wagen ein.

Leon drückte sich tief auf den Boden, damit die Scheinwerferkegel über ihn hinwegschuschten. Er roch die Erde. Der Wagen fuhr nur wenige Meter an ihm vorbei. Dann roch er die Abgase.

»Na endlich«, hörte er einen Mann sagen und hob wieder seinen Kopf. Er sah den kleinen, dicken der beiden älteren Herren unter dem Türrahmen stehen. Aus dem Wagen stieg ein Mann in Anzug und Krawatte, vornehm gekleidet, mit

Goldrandbrille und rundem Kopf. Der Mann ging um sein Auto herum, er bewegte seine Hände, als gehörten sie nicht zu ihm, als würde er sie wegwerfen wollen, doch dann legte er sie auf den Kofferraumdeckel und lachte: »Ich habe euch was mitgebracht«, verkündete er. Der Dicke antwortete: »Mach schon, wir warten darauf.«

Dann öffnete er den Deckel seines Kofferraumes.

Leon traute seinen Augen kaum. Ein fast zwei Meter langer, schlaksiger Kerl stieg aus, reckte sich und strich sich eine Haartolle aus dem Gesicht.

Lässig streckte sich der junge Mann und stellte fest: »Ich habe schon schlechter gesessen.«

Die drei Männer lachten laut auf.

»Ja, du hast gesessen, aber das biegen wir jetzt wieder hin«, antwortete der Mann in der Tür und versuchte, vor dem Fahrer des Wagens, als dieser eintrat, zu salutieren. Sein soldatischer Hackenschlag war diesmal laut zu hören, nur der Arm blieb wieder auf halber Höhe stecken.

Der junge Mann, der aus dem Kofferraum gestiegen war, lachte und piekste den dicklichen Mann in dessen Bauch.

»Onkel Georg, ich bin froh, wieder hier zu sein.«

Alle drei gingen in das Haus, der als Onkel Georg Betitelte schloss die Tür.

Leon hatte den jungen Mann nicht deutlich sehen können. Trotzdem hatte er ihn erkannt. Er war groß und schlaksig, er hatte seine Haartolle mit der Hand aus der Stirn geschoben. Es war Sven Vierneisel, da war er sich sicher.

Mehr irritierte ihn das Kennzeichen des Autos, das jetzt in der Auffahrt stand: B – 87693.

B – 87693, das musste ein Regierungsfahrzeug aus Berlin sein, oder die waren so dreist und fälschten die Kennzeichen mit den für Regierungswagen reservierten Autonummern. Aber welcher Sinn konnte dahinterstecken?

Leon roch noch immer die Erde vor seiner Nase. Der Geruch erinnerte ihn an seine Kindheit. Damals hatte er sich als Indianer öfter bei vermeintlichen Feinden angeschlichen und dabei auch mal Erde geschluckt. Aber jetzt hatte er keine Zeit für Kindheitserinnerungen.

Er wartete noch einen Augenblick. Das Einfahrtstor wurde automatisch geschlossen, die Warnleuchte ausgeschaltet, und auch die Flutlichter erloschen.

Vorsichtig und erleichtert richtete sich Leon auf. Er schlich zu dem Wagen aus Berlin und versuchte, etwas zu entdecken, was auf den Besitzer hinweisen könnte. Er erspähte einen kleinen Aufkleber und las: Fuhrpark des Verteidigungsministeriums.

Im Wagen selbst sah Leon keine weiteren Anhaltspunkte.

Tief gebeugt schlich er vorsichtig Richtung Haustür. Die Tür war tatsächlich aus Stahl. Eine Klingel gab es nicht, auch kein Namensschild. Dafür erkannte er auf der Stahltür eingearbeitet ein Kurzschwert, einen Fallschirm, einen Anker und eine Handgranate. Die vier Darstellungen waren ineinander verarbeitet und wirkten zusammen wie ein Abzeichen.

Leon hatte diese Abbildung noch nie gesehen. Vielleicht ein Kunstwerk, dachte er und ging vorsichtig weiter um das rechteckige Haus herum. Alle Fensterluken waren auf einer Höhe über zwei Metern angebracht. Entweder waren es nur Luftschächte, oder die Zimmer waren, wegen eines zu befürchtenden Hochwassers, innen auf einen erhöhten Grund gesetzt.

Leon musste, wollte er etwas sehen, versuchen, über die Terrasse einen Blick zu erhaschen. Dieser Raum war zwar auch höher gelegen, aber vor der Terrasse schien es einen erhöhten Wall zu geben.

Leon ging in einem großen Bogen um das Haus zur Seeseite, wo er durch die erleuchtete Fensterfront spähen wollte. Büsche und Bäume nutzte er zum Schutz. Dann legte er sich auf den Boden und robbte auf allen vieren.

Stück für Stück arbeitete er sich an das Fenster vor. Immer wieder hob er seinen Kopf. Eine Rosenreihe bremste ihn schließlich. Um sie zu überwinden, hätte er darübersteigen müssen, aber hier bot sie ihm einen guten Schutz.

Er hob seinen Kopf und sah vier Männer an einem Couchtisch zusammensitzen: die beiden Senioren von der Beerdigung, Sven und den Besucher. Ein fünfter, junger Mann stand etwas abseits in einer Ecke.

Der Raum war sehr groß und hell erleuchtet. Er blickte in ihn wie auf eine Theaterbühne. Die Wände rundum waren mit hohen, dunkelbraunen Eichenwandschränken zugestellt. In der hinteren Ecke, auf einer niedrigen Empore, stand ein schwerer, fast schwarzer Schreibtisch. Dahinter war eine Fahne an die Wand drapiert, wie beim US-Präsidenten im Oval Office im Weißen Haus. Der Stoff war tief marineblau, ein großer goldener, vierzackiger Stern teilte zentrisch das Banner. Leon kannte die Fahne. Doch er wollte nicht glauben, dass hier in dieser Villa am Bodensee offiziell eine NATO-Flagge drapiert war, die gewissermaßen einen amtlichen Status verbreiten sollte.

Dann blickte er zu den Männern, die in monströsen ledernen, dunkelbraunen Sesseln um einen großen Couchtisch saßen. Sie boten in dieser Kulisse einen verschworenen Eindruck. Sven saß neben dem großen, schlanken grauhaarigen Herrn. Seine verwegene Haartolle hatte er ordentlich aus dem Gesicht gekämmt, aufmerksam hörte er den drei anderen zu.

Der mutmaßliche Vertreter des Verteidigungsministeriums redete engagiert. Hätte Leon einen Kurs über Körpersprache besucht, hätte er ihn vielleicht durch die verschlossenen

Fenster verstanden. Seine Arme und Hände fanden keine Ruhe. Er warf mit ihnen seine Argumente durch den Raum und schien ziemlich aufgebracht zu sein. Dabei rauchte er eine Zigarette nach der anderen.

›Onkel Georg‹, wie ihn Sven begrüßt hatte, saß ruhig neben ihm. Hin und wieder griff er zu einem großen Bierglas vor sich und schluckte gierig. Dann nahm er ein großes, weißes Stofftaschentuch aus der Hosentasche und wischte sich Mund und Stirn ab.

Der grauhaarige Herr saß Leon gegenüber. Leon fielen seine große Nase und seine akkurate Sitzhaltung auf. Jeder Physiotherapeut hätte seine Freude an ihm gehabt. Das Kreuz aufrecht, die Wirbel durchgestreckt. Bei aller Aufgeregtheit des Gastes wirkte er gelassen. Hin und wieder schaute er zu Sven und lächelte ihn stolz an.

Leon lag schon eine Viertelstunde hinter den Rosen. Er überlegte, ob er nicht einfach aufstehen und an die Scheibe klopfen sollte. Diese Lage hinter den Rosen brachte ihn jedenfalls nicht weiter. Er musste mehr aus dieser Runde erfahren.

Dann sah er, wie der fünfte, junge Mann sich aus seiner Ecke löste und zum Fenster ging. Er öffnete es einen Spaltbreit.

Leon hatte seinen Kopf eingezogen, jetzt hob er ihn wieder und vernahm Bruchstücke von Wortfetzen. Noch immer redete der Besucher aus Berlin.

Leon blieb hinter den Rosen geschützt in Deckung, robbte aber aus dem Lichtschein des Fensters zur Seite des Hauses. Dann drückte er sich kurz hoch und warf sich auf der anderen Seite der Rosen wieder zu Boden. Erneut robbte er nun näher vor das hell erleuchtete Fenster.

»Stalin, Sie können es drehen und wenden, wie Sie wollen, das war gute Arbeit, wir werden Ihren Enkel jetzt nicht hängen lassen.« Die Hände des Besuchers aus Berlin senkten sich gerade in seinen Schoß zurück, als Leon wieder in das Wohnzimmer blicken konnte. Jetzt lag er in der ersten Reihe. Optimale Sicht, optimale Lautstärke.

»Die Justiz ist immer unser Problem«, hörte er Onkel Georg stöhnen. »Dass wir die Sicherheitsbehörden und selbst den Justizvollzug auf unserer Seite haben, wissen wir, nur diese schwulen Richter sind das Problem.«

»Warum?«, fuhr der Besuch aus Berlin unwirsch auf und warf seine Hände wieder in die Höhe. »Das Landgericht hat die Kaution angenommen und den Haftbefehl ausgesetzt, bei Mordversuch! Ist das nichts?«

»Der Reihe nach, Männer«, beschwichtigte der Mann, der von dem Berliner Besuch als Stalin angesprochen worden war. »Fakt ist, unsere Aktion Sicherheitsgesetze läuft sehr gut an. Wir haben alles vorbereitet. Sven hat den Sprengstoff abgeliefert, al-Qaida ist parat. Bedauerlicherweise haben wir fünf Millionen Euro verloren, aber das steht auf einem anderen Blatt. Ich war von Anfang an dagegen, solch eine Summe auf diesem Weg über die Grenze zu bringen. Aber Sie, Herr Nowack«, und dabei schaute er den Gast aus Berlin an, »Sie wollten ja das Geld unbedingt sofort und dann noch auf diesem Weg, als gäbe es keine Diplomatenpost. Trotzdem bin ich mir sicher, wir werden, wie die Kameraden in Italien, immer noch einen Weg finden, schnell mit den Kameraden der Telekom einig zu werden. Unsere Männer sitzen in den Startlöchern, technisch ist das alles kein Problem, und auf das Geld müssen sie halt noch eine kurze Zeit warten. Wir müssen jetzt zunächst unseren Palästinenser losschicken, der sitzt im Konstanzer Studentenwohnheim und will zu seinen 40 Jungfrauen. Danach können wir die Medienmaschinerie starten, und in der Zwischenzeit lösen wir das Problem Sven.«

»Alles okay, trotzdem war Sven im Gefängnis ganz gut aufgehoben. Wenn der Palästinenser, oder was für einen Typen auch immer ihr an der Angel habt, erwischt wird und aussagt, hätte Sven ein gutes Alibi gehabt«, antwortete der Berliner Besucher gereizt, »so gesehen sollten wir die Kaution zurückziehen und ihn wieder bei der Staatsanwaltschaft abliefern.«

»Jetzt reicht es!« Sven sprang auf. »Der Palästinenser hat mich nie gesehen. Der hat gar nichts gegen uns in der Hand. Wir haben ihm den Sprengstoff samt Zünder und Vorrichtungen in einem gestohlenen Auto zukommen lassen. Der weiß definitiv nichts von uns, der glaubt, al-Qaida habe ihm das Auto vor die Tür gestellt. Eure Leute selbst haben doch den Autodiebstahl und die Übergabe mit eingefädelt.«

»Ist ja gut, reg dich nicht auf!« Stalin legte die Hand auf Svens Knie. »Wir nehmen Plan B in Angriff. Du, Sven, verhältst dich erst mal ganz ruhig, genau so, wie es in deinen Auflagen steht. Das Verteidigungsministerium kümmert sich auf dem kleinen Dienstweg um unser Geld. Und das Innenministerium legt mit der Forderung nach weiterreichenden Sicherheitsgesetzen nach, sobald die Bombe hochgegangen ist. Und du, Brunner«, wandte sich Stalin an Onkel Georg, »du kümmerst dich um den Porschefahrer, der uns heute nach der Beerdigung gefolgt ist.«

Bisher hatte Leon nur Bahnhof verstanden. Er war der Überzeugung, hier ginge es um einen Kofferraum voller Geld und Gold, nun war plötzlich von Sprengstoff und einem Palästinenser die Rede und dazu noch von al-Qaida und verschiedenen Berliner Ministerien. Und schließlich deutlich: von einem Porschefahrer. Das hatte er sehr gut verstanden, das betraf ihn.

Leon hörte jetzt nur noch sein Herz schlagen. Gleichzeitig spürte er es. Nicht, wo es pocht, sondern in seiner vorderen

Schädelwand. Die Männer in dem Wohnzimmer sprachen durcheinander, er konnte ihnen kaum mehr folgen.

Plötzlich hörte er Sven von einem Typen erzählen, der ihm am Grab seines Bruders das Beileid ausgesprochen hatte, den er aber definitiv nicht kannte. Auch seine Mutter nicht, die er gefragt hatte.

Jetzt begannen auch noch Leons Hände zu zittern.

Der Berliner Ministeriumsvertreter notierte einige Angaben zu dem Porsche, der Brunner nach der Beerdigung aufgefallen war, dann beruhigte er die Männer, nicht aber Leon, mit seinem Zusatz: »Ich denke, die Kollegen aus Wiesbaden oder München haben ein Auge auf die Beerdigung Ihres Enkels geworfen, Stalin, vielleicht wissen die was über den Gast, den werden wir schnell identifiziert haben, kein Problem.«

Dann standen alle vier wie auf ein Zeichen hin auf und verließen den Raum. Gleichzeitig flammten die Strahler um das Anwesen wieder auf, und Leon fand sich plötzlich in einem gleißenden Lichtkegel. Er sah, wie in dem Raum der fünfte Mann vom Tisch die Gläser abräumte und ebenfalls aus dem Zimmer ging. Schnell nutzte er die Chance, sprang auf und rannte gebückt Richtung See. Am Ufer blieb er stehen, blickte zurück, sah, dass er unbemerkt geblieben war, und joggte vorsichtig und ängstlich zum Nachbargrundstück zurück.

Zwei Fähren der Stadtwerke Konstanz kreuzten sich auf einer Höhe. Die eine lief in den Meersburger Fährhafen ein, die andere lief aus. Majestätisch glitten sie an Leon vorüber. Ihre Lichter spiegelten sich zunächst auf der ruhigen Wasseroberfläche. Im Schlepptau zogen sie Wellen nach sich. Darauf begannen die Lichter zu tanzen. Leon musste um das schmale Uferstück der Mauer klettern, rutschte ab, stand mit einem Fuß im kalten Wasser und fluchte auf die nächtliche Idylle des winterlichen und saukalten Sees.

Er schlich zu seinem Porsche zurück und versuchte, sich unauffällig aus dem Staub zu machen. Nach Hause konnte er noch nicht, dazu war er viel zu aufgekratzt, sein Herz pochte noch immer, und langsam setzte eine Art Angst ein. Verdammt, was hieß, die Kollegen von München oder Wiesbaden wollten sich um ihn kümmern?

Leon fuhr in die Überlinger Altstadt direkt vor das Gasthaus Engel und parkte im Halteverbot auf der Hofstatt. Zielstrebig wollte er zur Theke, da sah er die großen Augen des Wirts, wie dieser, als er eintrat, ihn anstarrte. Sebastian schaute an Leon herunter, Leon folgte seinen Blicken und sah sich in einem ungewöhnlichen schicken, schwarzen Aufzug. Doch der dunkle Stoff war von oben bis unten verdreckt. Die Jacke und seine Hose waren mit brauner Erde verschmiert, und seine vornehmen, schwarzen Tanzschuhe sahen aus, als wäre er beim Moorstechen entwichen. Schnell verschwand er auf der Toilette. Dort sah er sich in ganzer Größe im Spiegel: Eine 1,90 Meter lange Drecksäule stand vor ihm. Seine schwarzen Locken hingen ihm verwegen ins Gesicht, seine Nase war mit Erde verschmiert, seine dunkle Jacke mit Grasflecken, seine schwarze Hose hatte an den Knien braune Erdkrumen, als wäre er den ganzen Tag damit über die Felder gerobbt. Leon sah aus wie ein Konfirmant in seinem dunklen Anzügle, der sich den ganzen Tag auf dem Spielplatz herumgeschlagen hatte. Doch am meisten störte ihn nicht sein verwahrloster Auftritt, sondern sein unter der Anzugjacke immer deutlicher werdender Bauchansatz. Die Knöpfe der Jacke wölbten sich im Spiegel, als sei er schwanger. Gerade mal 40 Jahre alt und schon einen Bierbauch! Dabei war er bisher immer stolz auf seine sportliche Figur gewesen, und das sollte auch so bleiben. Dafür rannte er durch den Wald und mühte sich jeden Morgen mit Liegestützen.

Mit feuchten Papierhandtüchern versuchte er, sich leidlich zu reinigen, bevor er sich an die Theke setzte. Auf seinen obligatorischen Lumpensalat, die badische Variante des Schweizer Wurstsalat mit Schwarzwurst, verzichtete er heute. Aber nicht nur wegen seines eben entdeckten Bauchansatzes, der ihm sonst auch den Appetit verderben hätte können, sondern in erster Linie wegen Bin Laden. Die Sätze, die er eben von dem unheimlichen Männerquartett in der Meersburger Villa gehört hatte, waren ihm auf den Magen geschlagen. Planten die alten Herren mit Sven einen Bombenanschlag? Und was hatte dieser ominöse Stalin von al-Qaida und Telekom gefaselt?

Leon trank ein ›Rothaus‹ nach dem anderen und überlegte. Er wollte Klarheit, deshalb hatte er sich an die Fersen der alten Herren geheftet, doch jetzt war er völlig verwirrt. Da war auf der einen Seite dieser unerklärliche Schmuggelversuch der beiden Vierneiselbrüder, dann der unglaubwürdige Selbstmord von Bernd, und nun plötzlich tauchte ein Herr des Verteidigungsministeriums auf? Verdammt, das alles zusammen gab für Leon keinen Sinn – überhaupt nicht.

Ziemlich benebelt fuhr er nach Hause.

*

B – 87693. B – 87693. B – 87693. Mitten in der Nacht wurde Leon wach. Er sah immer wieder das Kennzeichen des Berliner Autos vor seinen Augen und quälte sich schließlich, erschöpft von seinen vielen Einschlafversuchen, aus dem Bett. Er ging zu seinem Schreibtisch und notierte sich das Kennzeichen. Er durfte es nicht vergessen. Vielleicht konnte er jetzt wieder einschlafen, nachdem er gewissenhaft die Autonummer aufgeschrieben hatte.

*

Am nächsten Morgen rief er sofort beim Verteidigungsministerium in Berlin an. Er ließ sich mit der Pressestelle verbinden und fragte nach, ob es möglich sei, ihre Dienstwagen eventuellen Fahrern zuzuordnen.

Intern sicher, beschied ihm eine höfliche Dame, aber extern müsse sie das erst klären, da könne ja jeder kommen, »und überhaupt, was bezwecken Sie mit der Anfrage?«, wollte die Dame wissen.

Leon stammelte eine Geschichte, nach der ihm ein Fahrer auf einem Parkplatz, bei Meersburg am Bodensee, eine kleine Delle in seinen Wagen gefahren habe und ein Zeuge den Aufkleber ›Fuhrpark des Verteidigungsministeriums‹ an diesem Auto gelesen hätte. »Und auch das Kennzeichen spricht dafür, dass es ein Ministeriumswagen ist«, beharrte Leon, »und Sie wollen ja sicher auch nicht, dass das gleich die Polizei regeln muss?«

Eine Mail mit genauer Angabe des Vorfalls solle er schicken, dann werde der Fall bearbeitet, versprach ihm die Ministeriumssprecherin höflich.

Danach rief er im Justizministerium in Stuttgart an. Auch dort ließ er sich mit der Pressestelle verbinden.

»Mayer-Hoffahrt, Pressestelle des Justizministeriums Baden-Württemberg«, meldete sich ein Mitarbeiter des Ministeriums.

Den Mann kannte Leon noch aus seiner Stuttgarter Zeit. Gerade recht, dachte er, und spielte einen auf alten Bekannten: »Hallo, schön, dass ich Sie am Rohr habe.«

Dann plauderte Leon zunächst unbekümmert von seinem neuen Leben am See und warum er Stuttgart den Rücken gekehrt habe.

»Jo, i komm jo au von dert, us Ravenschburg«, gab sich Mayer-Hoffahrt als ein Kind der Bodenseelandschaft zu erkennen und stimmte mit Leon in das Hohelied der Fischerin vom Bodensee mit ein.

Schließlich schaffte Leon den Bogen zu seiner Recherche und dem Millionenschmuggel in Singen. »Ich weiß, das ist nicht euer Bier, aber der Selbstmord des Täters, der nur geschmuggelt hatte? Und dazu die Freilassung des Schützen auf Kaution? Da redet doch auch das Justizministerium mit, oder?«

»Das schon, aber wo gibt es da ein Problem?«

»Mich wundert, dass ein vermeintlicher Mörder gegen eine Kaution freigelassen wird«, begann Leon sich vorsichtig auf juristischem Terrain zu bewegen.

»Wo ist das Problem?«, blieb der Ministeriumssprecher stur, »wenn die Verteidigung glaubhaft versichern kann, dass der Verdächtige sich dem Strafverfahren nicht entzieht?«

»Bei Mord?«

»Entschuldigung«, fiel ihm der Justizsprecher ins Wort. »Von Mord weiß ich nichts. Und Mordversuch? Nun, da wird man sehen, was die Staatsanwaltschaft vorbringt. Im Übrigen kann ich Sie nur auf den Paragrafen 116 StPO verweisen, der klar regelt, wann ein Verdächtiger, und über nichts anderes reden wir hier, aus dem Gewahrsam entlassen werden muss«, wobei der Sprecher noch mal, mit deutlich höherer Stimme, das Wort ›muss‹ betonte.

»Was heißt Verdächtiger?«, hakte Leon nach. »Ich denke, der Fall ist sonnenklar, bei den übereinstimmenden Aussagen von zwei Polizisten bzw. Zöllnern?«

»Gerade Sie gehören doch sonst zu den Journalisten, die als Erste Zeter und Mordio schreien, wenn wir einen Bürger vorverurteilen würden. Es gibt einen Haftbefehl, der bestehen bleibt, er ist lediglich außer Vollzug gesetzt worden. Also immer der Reihe nach. Seien Sie da mal vorsichtig mit Ihren Äußerungen.«

»Soll das heißen, es gibt neue Hinweise?«

»Nein, das soll gar nichts heißen, ich rate Ihnen als Kollege nur, Vorverurteilungen zu unterlassen.«

»Das heißt, das Justizministerium sieht im Freigang des Herrn Sven Vierneisel einen völlig normalen Vorgang?«

»Wir haben Richtersprüche grundsätzlich nicht zu kommentieren. Aber verlassen Sie sich darauf, wenn das Landgericht die zunächst angeordnete Untersuchungshaft gegen einen Strafverdächtigen aufhebt, gibt es gute Gründe, dies zu tun. Im Übrigen kommt dieser Tatverdächtige, über den wir gerade reden, außerordentlich gewissenhaft seinen Auflagen nach. Er erscheint jeden Morgen um Punkt 9 Uhr auf der für ihn zuständigen Polizeiwache in Singen.«

»Zählt zu den guten Gründen, die Untersuchungshaft aufzuheben, auch der Suizid-Tod des Bruders in der Gefängniszelle?«

»Warum fragen Sie?«, wich der Pressesprecher einer Antwort aus.

»Schlechtes Gewissen der Justiz?«

»Blödsinn«, stritt Mayer-Hoffahrt energisch ab. »Jährlich bringen sich im Durchschnitt zehn Gefangene in ihren Zellen allein in unserem Bundesland um. Bei 20.000 Insassen übrigens liegt unser Land damit im Bundesdurchschnitt.«

»Warum sollte sich Bernd Vierneisel umgebracht haben?«, stellte Leon eine seiner entscheidenden, zweifelnden Fragen.

»Die häufigsten Gründe sind Perspektivlosigkeit. Bilanzmord nennen Psychologen das Phänomen.«

»Seltsam nur, dass sein Bruder Sven als verdächtigter Mörder eine Bilanz hat, die ihn zunächst aus dem Knast bringt, während Bernd, der doch offensichtlich nur Mitläufer ist, eine Bilanz hat, nach der er sich umgebracht haben soll?«

»So unterschiedlich reagieren Menschen«, lachte der Justizsprecher hämisch.

Leon gab auf. Aus diesem oberschwäbischen Dickschädel war nichts herauszuholen. Immerhin wurde ihm klar, dass das Justizministerium sich mit dem Fall Vierneisel intensiv beschäftigte. Mayer-Hoffahrt war überraschend gut informiert, selbst über die pünktlichen Meldungen Svens bei der Polizeiwache. Und eine weitere interessante Information hatte er ebenfalls bekommen, vermutlich unbeabsichtigt: Leon wusste nun, dass er jeden Morgen um 9 Uhr Sven Vierneisel vor der Polizeidienststelle in seinem Wohnbezirk stellen konnte. Zufrieden schrieb er den Termin für den nächsten Morgen in seinen Kalender.

Dann rief er den Kommissar in Singen an. Er wählte wieder dessen Handynummer.

»Ja«, murmelte Horst Sibold.

»Ja«, antwortete Leon laut und deutlich und lachte. »Sie sind wirklich nicht besonders gesprächig. Aber ich.« Dann erzählte er mit wenigen Worten, dass er gestern die beiden alten Herren nach der Beerdigung verfolgt hatte. »Das war außerordentlich aufschlussreich, was ich da erfahren habe«, lockte er den Kommissar.

»Nämlich?«, fragte dieser einsilbig.

»Könnte ich Ihnen heute Abend bei einem Bier erzählen!«

»Ich trinke kein Bier.«

»Wein?«

»Auch nicht.«

»Interesse oder nicht?«, verkürzte Leon leicht genervt.

»Bei Wasser um 8 Uhr, bei mir im Twielfeld.«

»Auch okay«, quittierte Leon, notierte die Adresse des Kommissars und legte auf.

Es war noch nicht mal 11 Uhr. Heute Abend musste er um 20 Uhr in Singen bei dem gesprächigen Kommissar sein. Genügend Zeit, zuvor die Mutter der Vierneisel-Brüder im Kornblumenweg zu besuchen. Sven würde er morgen früh abpassen. Zu den beiden alten Herren in ihrer luxuriösen Villa wollte er erst nach diesen Gesprächen. Erst dann, so hoffte er, hatte er genügend Material gesammelt, um dem ominösen Herrn Stalin und seinem Onkel Georg auch etwas vorzulegen.

Er schnappte sich den Telefonhörer und rief Lena an. Wieder hatte er sich zwei Tage lang nicht bei ihr gemeldet. Trotzdem nahm sie entspannt ab. Je länger der letzte Termin der Chemoeingabe zurücklag, desto besser ging es ihr.

»Nein, schon der zweite Tag ohne Übelkeit und auch keine Schmerzen«, jubilierte sie.

»Und Appetit?«, fragte Leon hoffnungsvoll.

»Wie ein Bär.«

»Ich hole dich um 12 Uhr ab, dann fahren wir Mittagessen«, entschied Leon.

Er selbst schlüpfte schnell in seine Sportsachen, zog die Laufschuhe an und wollte gerade lostraben, da stand Helma vor ihm: »Leon, denk an die Rosen!«

»Helma, Rosen werden im Frühjahr geschnitten!«

»Nein, im Herbst und im Frühjahr«, beharrte sie.

»Warum denn zweimal, Helma, wo soll denn da der Sinn

liegen?«, versuchte er, seine Vermieterin immer wieder erneut von seiner Frühlingsschnitt-Theorie zu überzeugen.

»Unser Gärtner hat dies immer so gemacht: im Herbst und im Frühjahr!«

Der hat ja auch Geld dafür bekommen, dachte Leon, hatte aber keine Lust, diese Diskussion erneut zu führen. Er wollte jetzt laufen, duschen und dann mit Lena essen gehen, basta. Es wurde ihm klar, er musste in einen anderen sauren Apfel beißen: »Ich wollte gerade mit Senta ein bisschen laufen«, log er.

Helmas Miene hellte sich auf: »Leon, du bist ein guter Junge, du denkst immer an meine Senta«, strahlte die alte Frau und hatte das Rosenthema auch schon wieder vergessen. »Ich kann halt nicht so viel mit ihr weg, aber das tut ihr gut, wenn du mit ihr stramm gehst.«

Das war das Problem für Leon. Dieser fette Köter konnte längst nicht mehr stramm gehen, geschweige denn laufen. Sportlich gesehen diente er Leon höchstens noch als mahnendes Beispiel, nicht aber als Laufbegleiter. Trotzdem nahm er die Leine, Senta wedelte freudig mit dem Schwanz, und gemeinsam liefen sie los Richtung Eglisbohl, oberhalb des Überlinger Thermalbads.

Schon nach wenigen Metern, bevor sie beide das Wohnviertel verlassen hatten, bog Leon in ein Grundstück ein. Im Garten werkelte ein alter Mann. Leon sah, dass er Rosen schnitt.

»Hallo, Herr Doll, immer wenn ich mit Senta an Ihrem Haus vorbeikomme, wedelt das Mädel ganz verrückt und will zu Ihnen. Ich will aber noch ein bisschen laufen, kann ich sie hier lassen?«

Bevor Leon ausgeredet hatte, war Senta schon an dem alten Mann hochgesprungen. Ihre Freude schien überwältigend. Leon war klar, dass der freundliche Herr Doll das Vieh zufütterte. Sicherlich bekam sie von ihm Hundekuchen mit Sahne oder was auch immer.

Freudig hätschelte der alte Mann den Kopf des Hundes. Leon wartete keine Antwort ab, sondern ließ das glückliche Paar allein, zog sich zurück und lief endlich los. Zehn Kilometer lang war seine Hausstrecke. Dabei rannte er an dem neu gebauten Salem-College vorbei, über den Schlosshof von Spetzgart bis nach Hödingen und dann über den Höhenweg von Hödingen über Aufkirch zurück. Mit Senta schaffte er diese Strecke nie. Dem Hund hing die Zunge schon nach einem Kilometer aus dem Maul. Helma hatte ihn einfach überfüttert. Das Fett wabbelte an ihm wie an einem gemästeten Schwein. Und wenn Leon doch mal eine größere Strecke mit Senta gehen wollte, blieb sie an jedem Abfalleimer stehen, und kaum hatte sie etwas Essbares gefunden, verschlang sie es auch. Mit dem Hund zu laufen, war unmöglich.

Trotzdem freute sich Senta immer, wenn Leon sie auf seinen Lauf mitnahm. Sie wusste, dass Leon sie meist bei Herrn Doll ablieferte. Und Helma freute sich, wenn sie sah, wie sich Senta auf den strammen Marsch freute. Und Herr Doll freute sich, dass er Gesellschaft hatte.

Zufrieden über so viel Freude und gute Taten, kehrte Leon mit Senta nach einer Stunde wieder zurück zu Helma.

»Ja, liebes Sentalein, bist du so schön mit Leon gelaufen, gibt's gleich Happi-Happi für dich, gell, ja, ja«, Helma wusste, wie man mit Hunden spricht, dachte Leon und verschwand, bevor Helma wieder mit dem leidigen Rosenthema beginnen konnte.

*

Lena war heute besonders gut drauf: »Sei froh, wenn du froh sein kannst«, lachte sie. »Mir geht es heute seit Tagen zum ersten Mal wieder richtig gut.«

Lena war ein durch und durch optimistischer Mensch. Sie war immer gut gelaunt, ausgesprochen fröhlich und lebte auch noch gesund. Leon war überzeugt, dass Lena diese Chemo schaffen würde, sie war einfach tough.

»Lammfiletspitzen in Portweinsößle, daran denke ich schon den ganzen Morgen.« Lena leckte sich die Lippen. Sie hatte ein Köche-Magazin der Linzgau-Köche in der Hand, der ultimative Feinschmeckerführer der Region. Sie hatte die Seite von Isolde Pfaff vor sich liegen, sie galt als Kräuterhexe des Salemer Tals. Ursprünglich hätte Klein-Isolde Bankkauffrau werden sollen. Doch nach der Lehre hatte sie sich anders entschieden und den Löwen in Altheim von ihren Eltern übernommen. Zum Glück für alle Feinschmecker in der Region. Denn wie sie ganz alltägliche Gerichte im wahrsten Sinne des Wortes verhexte, das blieb ihr Küchengeheimnis. Allein die Lammfiletspitzen, mit Kräutern aus dem eigenen Garten verfeinert, schmeckten himmlisch.

Leon gab sanft Gas und lenkte den Porsche durch das Salemer Tal. Er freute sich auf das leckere Essen bei einer der besten Köchinnen des Linzgaus. Gerade wenn er zuvor gelaufen war, waren seine Geschmacksrezeptoren besonders feinsinnig. Er hatte nach dem Laufen nur Wasser getrunken und freute sich jetzt auf ein Feuerwerk der Genüsse.

Am See waberte noch immer Nebel, aber in Altheim lachte die Wintersonne, als Leon vor dem alten Gasthaus auf den Parkplatz fuhr. Er hatte ebenfalls Hunger, er las neugierig die Speisekarte im Aushang vor dem Restaurant, dabei lief ihm das Wasser schon im Mund zusammen. Zwischen den Zeilen der Speisen zu jedem Produkt eine Liebeserklärung der Chefin.

Ihr Repertoire schien unerschöpflich, allem, was die Region zu bieten hatte, nahm sich Isolde gerne an und bereitete es zu mit einem besonderen Pfiff aus der Welt der Gourmetköche.

Leon genoss den heimeligen Raum des Restaurants, den Isoldes Mann, Franz, abenteuerlich eingerichtet hatte. Er war Schreiner und lange Zeit in Afrika gewesen. Die Wirtsstube war heute ein fröhlicher Mischmasch regionaler Kunstwerke mit afrikanischem Voodoo.

Der leichte Barolo sowie die Kombination des saftigen Lammfleisches mit dem sahnigen Kartoffelgratin ließen Leon die Mahnungen der alten Herren bei Meersburg vergessen. Was sollten sie ihm denn schon anhaben können? Von den angeblichen Kollegen aus Wiesbaden und München, die ihn im Visier haben sollten, von ihnen hatte er bisher noch nichts bemerkt. Unruhig machten ihn nur die vielen verschiedenen Ausführungen und Andeutungen des rätselhaften Quartetts. Was sollte der Hinweis des alten Mannes zu der ›Aktion Sicherheitsgesetze‹? Genauso unklar war Leon, was er mit dem Hinweis zu al-Qaida anfangen sollte? Klar war nur, dass dieser alte Mann namens Stalin von Anfang an gegen die Schmuggelei war, aber der Gast aus Berlin hatte wohl darauf gedrängt. Aber was hatte dies alles wiederum mit der Telekom zu tun? Und welche Aktion ist denn nun gut gelaufen, zu der dieser Herr Nowack gratulierte? Sven wirkte total cool auf Leon, von seinem gerade zu Grabe getragenen Bruder war keine Rede.

Leon hielt viele einzelne Puzzleteile in seiner Hand, ein Gesamtbild sah er nicht. Im Gegenteil. Je länger er die bisherigen Aussagen der ominösen Herrenrunde hin und her schob, umso ratloser wurde er. Und was hatte dies alles mit dem Fakt zu tun, dass nach wie vor das Gold in der Schweiz höher notiert war und dass Bernd sich umgebracht haben sollte, wegen drei Jahren Knast?

Er entschloss sich, Lena erst mal in dem Glauben zu lassen, dass er eine ganz alltägliche Reisereportage entlang der deutsch-schweizerischen Grenze recherchierte. Sie musste in wenigen Tagen schon wieder an den Tropf. Er wusste, dafür brauchte sie ihre ganze Kraft. Und er war in diesem Augenblick einfach nur glücklich, dass sie sich wieder aus ihrem Tief herausgezogen hatte.

Sie hatte alle ihre Gänge aufgegessen. Ihre Wangen schienen wieder etwas gestärkt zu sein, ihre braunen Augen strahlten wie an den ersten Tagen, als sie sich neu verliebt kennengelernt hatten.

Die Gewissheit, dass am nächsten Montag, nach einer erneuten Chemo, das Elend wieder von vorne beginnen würde, ließ Leon einen Marillenschnaps bestellen.

Damit wollte er alle bösen Gedanken wegspülen. Er blickte zu einer afrikanischen Maske im Herrgottswinkel der Gaststube und gelobte: ›Nach meiner Story und der Chemo kommen wir!‹ Afrika, das war sein nächstes Reiseziel, hatte er eben entschieden.

Zu Lena sagte er: »In der Chemozeit sollte man nur von Tag zu Tag leben und jeden Tag genießen, den man kann.«

Sie lachte und fügte hinzu: »Nicht nur zur Chemozeit, sondern ein Leben lang.«

*

Leon schlief unruhig. Eigentlich hätte er träumen können vom Piemont, Barbera, Barbaresco, Barolo und Co. Doch immer wieder störten ihn seine traumatischen Erinnerungen: Bilder der alten Herren und Sven aus der Villa bei Meersburg. Bevor er am Spätnachmittag nach Singen zu Mechthilde Vierneisel fahren wollte, hatte er sich hingelegt. Lena hatte tapfer gegessen, aber auf Alkohol verzichtet. Eine Flasche Barolo aber war zu teuer bzw. für Leon einfach viel zu schade, als dass er sie hätte zurückgehen lassen können. Er schnalzte noch während seines Mittagsschlafes mit der Zunge. Doch plötzlich schreckte er hoch. Das Telefon klingelte. Schlaftrunken nahm er ab und war sofort hellwach. »Sie sind zu neugierig. Sie kümmern sich um Dinge, die Sie nichts angehen. Nehmen Sie diesen Anruf als eine Warnung. Wir wissen, wer Sie sind und wo Sie wohnen, wir schrecken vor nichts zurück!«

»Wer sind Sie, was wollen Sie?« Die Fragen hatte der Mann am anderen Ende der Leitung nicht mehr gehört. Er hatte nach seinen drei Sätzen sofort wieder aufgelegt. Seine Stimme aber war Leon noch präsent. Sie klang entschlossen und überzeugend. Seine Rufnummer war auf dem Display unterdrückt gewesen.

Leon dachte an Onkel Georg, seine Stimme hatte er ähnlich im Ohr. Vor ihm fürchtete er sich jedoch am wenigsten. Anders verhielt es sich, wenn die jungen Burschen, die bei der Beerdigung dabei gewesen waren, ihn im Rudel abpassen würden. Er überlegte, ob er nicht seinen Plan ändern sollte, um jetzt zuerst die alten Herren in ihrer Villa zu besuchen? Lieber immer schön die Gefahr direkt angehen, anstatt zu warten, bis man eine übergebraten bekam, das hatte er schon zu oft schmerzlich erfahren müssen.

Auf der anderen Seite, wog er sich in Sicherheit, bis morgen werde nun auch nichts mehr passieren, sonst wäre diese Warnung schließlich ganz unnütz gewesen, beruhigte er sich selbst.

Wenn Leon etwas in der Schule gelernt hatte, dann Dinge zu verdrängen. Er hatte die Ängste vor jedem Zeugnis weggewischt, die Ängste, während einer Klassenarbeit vor einem leeren Blatt zu sitzen, und die Ängste, am Schuljahresende sitzen zu bleiben. Mit den Ängsten verfuhr er ebenso leichtfertig und startete in Richtung Singen.

Sein Navigationsgerät führte ihn direkt in den Kornblumenweg der Gartenstadt. Er fuhr die Häuserzeile langsam ab, suchte die Hausnummer und sah ein altes, geducktes Arbeiterhäuschen auf der linken Seite mit einem emaillierten, rostenden Hausnummernschild und einen dunklen Golf vor dem Häuschen stehen.

Leon tuckerte im zweiten Gang mit Standgas daran vorbei und bog in den Sonnenblumenweg ab. Von dort fuhr er noch etwas weiter, bis er einen Parkplatz in der Worblingerstraße fand. Dort parkte er und schlenderte gemütlich, wie ein gelangweilter Tourist, in den Kornblumenweg zurück.

Leon war zunächst fest entschlossen zu klingeln. Er musste mit der Mutter reden, wollte er endlich mehr über die beiden Brüder erfahren. Selbst wenn Sven zu Hause war, er musste jetzt mit der Story weiterkommen. Und, beruhigte er sich, was wollte der Bursche auf Bewährung ihm auch schon antun, jetzt, wo er gerade mal auf Kaution frei war? Er sprach sich selbst Mut zu.

Auf der anderen Seite überlegte er, war ein Gespräch mit der Mutter allein erfolgversprechender, sie würde vermutlich unbekümmerter ausplaudern, was er wissen wollte.

Unschlüssig ging er an dem Häuschen der Arbeitersiedlung vorbei. Jetzt drehte er wieder um, ging von der anderen Seite erneut entschlossen auf das Haus zu, lief aber erneut weiter bis zu dem Golf. Jetzt erst sah er auf der Heckscheibe den großen Schriftzug in Sütterlinschrift: ›Böhse Onkelz‹.

Leon las den Aufkleber, lief erneut unentschlossen weiter und überlegte, wie er nun vorgehen sollte.

100 Meter weiter verharrte er wieder und drehte erneut um. Würde er noch rauchen, dann könnte er sich nun eine

Zigarette anstecken, dachte er und erinnerte sich an die vielen Detektive in den alten amerikanischen Krimis, die immer unter einer Straßenlaterne warteten, Menschen beschatteten und qualmten. Die hatten Geduld!

Quatsch, entschied er, ich gehe jetzt. Ich klingle jetzt! Seine innere Ungeduld provozierte in ihm seine ungestüme Hauruckart.

Warte. Ruhe. Guck dich erst um!, riet ihm seine jahrelange Erfahrung.

Leon wartete. Stolz registrierte er die eigene Beherrschung. Besonnen ging er noch mal um den Häuserblock.

In der Zwischenzeit wurde es dunkel, Leon blinzelte auf seine Swatch-Uhr und stellte fest, dass es gerade erst 17 Uhr war.

Ein Lichtschein war in der Zwischenzeit hinter einem der Fenster des Häuschens aufgeflackert. Jetzt konnte er noch mal daran vorbeigehen und dabei hineinschielen.

Unauffällig machte er sich zu seinem x-ten Rundgang auf und schlenderte in Richtung des Arbeiterhäuschens, da bog der dunkelgrüne Landrover um die Ecke. Leon hatte ihn gerade noch gesehen und sich sofort hinter einem parkenden Auto gebückt, als würde er etwas, was ihm gerade heruntergefallen war, aufheben. Durch seine Reaktion war er kurzzeitig von vorbeifahrenden Autos aus nicht zu sehen. Der Landrover glitt an ihm vorbei, Leon richtete sich wieder auf und ging weiter. Hinter einem kleineren Lieferwagen blieb er stehen.

Er sah, wie sich die Haustür bei den Vierneisels öffnete und Sven heraustrat. Er ging direkt auf den Landrover zu, zog sich im Gehen die Jacke über und stieg in den Fond des Wagens. Geräuschvoll zog der Sechszylinder an und bog um die nächste Häuserecke.

Leon blickte zu dem Häuschen. Er sah, dass darin noch immer Licht brannte, und wusste: Das Warten hatte sich gelohnt.

Jetzt ging er schnurstracks zur Tür, klingelte und wartete, bis sich etwas rührte. Einen elektrischen Türöffner oder gar eine Sprechanlage hatte das alte Haus nicht. Er hörte jemanden im Flur hantieren, das Ganglicht ging an, dann hörte er einen Schlüssel, der sich im Schloss drehte, und schon öffnete sich auch die Tür.

Mechthilde Vierneisel stand vor ihm. Sie reichte ihm kaum bis zu den Schultern, dazu stand sie noch gebeugt vor ihm. Sie war ganz in Schwarz gekleidet und trug eine schwarze Schürze über ihrem Rock.

Leon sagte zunächst kein Wort.

Die Frau blickte unsicher zu ihm auf.

Leon versuchte, freundlich zu lächeln.

Die Hände der Frau zitterten, sie schaute wieder auf den Boden.

»Ich bin, bzw. war ein Freund von Bernd«, log Leon. Er log, aber nur ein bisschen, redete er sich ein, denn er fühlte sich als ein Freund des toten Jungen. Schließlich wollte er für ihn die Wahrheit herausfinden. Die Wahrheit, warum dieser sich aufgehängt hatte, wenn er es denn überhaupt getan hatte, woran Leon zweifelte.

Die Mutter schaute erneut kurz zu ihm auf, dann senkte sie wieder ihren Kopf und ließ ihn hängen.

Leon nutzte ihre kindliche Hilflosigkeit und ging einen Schritt nach vorn, an ihr vorbei, in den Flur. Leise sagte er: »Ich möchte mit Ihnen sprechen, Frau Vierneisel.«

Die alte Frau nahm die Hand von der Türklinke, nickte still vor sich hin, drehte sich um und ging in den Flur hinein.

Leon schloss die Haustür und folgte ihr. Er fühlte sich nicht ganz wohl bei dieser Aktion, er wusste, dass er den Schock und die Lähmung dieser alten Frau ausnützte, aber er tat es für Bernd und zugegeben auch für sich. Er steckte plötzlich tiefer in dem Fall, als er ursprünglich wollte. Doch er musste jetzt herausfinden, wer ihn bedrohte und was die Herren gestern in der Villa besprochen hatten. Das Gespräch ergab für ihn so keinen Sinn. Aber er ahnte, dass sich dahinter ein böses Geheimnis verbarg. Vor allem die Sache mit dem Palästinenser und der Bombe beschäftigte ihn sehr. Und zu allem hin wurde nun auch noch er selbst bedroht. Er musste wissen, warum.

Leon war Mechthilde Vierneisel durch den Flur in das Wohnzimmer gefolgt. Hier brannte eine einsame Hängelampe über einem Esstisch. Die ältere Frau stand hilflos da und wirkte schutzlos. »Man kann es gar nicht glauben, dass er nicht mehr lebt«, sagte Leon, um die Stille zu durchbrechen.

Sie nickte nur, drehte sich ab und ging zu dem Büfett hinter ihr im Wohnzimmer. Es war ein dunkler, hölzerner Geschirrschrank, aus der Zeit vor dem Krieg. Ein hoher, mächtiger Holzkasten reichte ihr bis über den Bauch. Auf dem Kasten stand eine Holzvitrine mit Glasfenstern.

Mechthilde Vierneisel wippte auf die Zehenspitzen und öffnete eines der Fenster. Wein- und Kognakgläser standen darin. An ihnen lehnten verschiedene Bilder. Eines nahm sie heraus, schaute es an, sagte aber noch immer kein Wort.

Leon kombinierte. Es musste Bernd sein, sein Freund, wer sonst. Er hatte ihn zu Lebzeiten nie gesehen, auch die Zeitungen hatten nie ein Bild von ihm veröffentlicht.

»Bernd?«, fragte er vorsichtig.

Mechthilde Vierneisel zitterte plötzlich noch heftiger. Ihr Kopf schusselte geradezu. Leon verstand, dass sie verneinte.

»Wer dann?«, fragte er verunsichert.

Sie sah zu ihm auf, hielt das Bild Leon vor die Augen und antwortete leise: »Mein Vater. Bernd sah ihm so ähnlich.«

Leon sah auf dem schwarz-weißen Bild einen jungen Mann. Er war groß gewachsen, hatte eine stattliche Figur, graue, kurze Haare mit einem angedeuteten Linksscheitel, ein schmales, strenges Gesicht und eine Nase, die ebenfalls schlank, aber etwas zu lang war.

Leon schaute sich das Bild genau an. Er kannte diesen Mann, wusste aber nicht, woher. Er hatte ihn schon einmal gesehen, da war er sich sicher. Auf der anderen Seite musste das Bild Jahrzehnte alt sein, er konnte ihn also gar nicht identifizieren. Oder er hatte zuvor schon einmal Bernd Vierneisel kennengelernt, und der sah tatsächlich so aus wie der Vater Mechthildes, also der Großvater Bernds?

»Ja«, sagte Leon sinnlos, nur um die Stille zu unterbrechen.

Dann schaute er sich in Ruhe in der kleinen Stube um. Durch das alte Büfett war eine Wand in dem kleinen Raum völlig zugestellt. Es drückte groß und klotzig in das Zimmerchen, dass es einem fast die Luft zum Atmen nahm. Trotzdem stand da in der Mitte noch ein großer Esstisch mit vier Stühlen. An der anderen Wandseite befand sich eine alte Kredenz, und vor den kleinen Fenstern an der dritten Wand hatten zwei Sessel mit einem niedrigen Tischchen ihren Platz. Die kleinen Fenster waren mit wuchernden Blumentöpfen zugestellt.

»Er hätte es verhindern müssen«, sagte Mechthilde Vierneisel unvermittelt und legte das Bild ihres Vaters auf den Tisch. »Er war doch auch sein Enkel«, schluchzte sie.

»Wie hätte er was verhindern können?«

»Wie schon? Fragen Sie ihn. Er hat mir die Buben

genommen, weil er immer nur Buben haben wollte. Ich war ihm nie genug.«

»Wieso genommen?«

»Sie waren noch nicht groß, da hat er sie schon mitgenommen zu seinen Vereinen. Ich war nie dabei.«

»Wo dabei?«

»Fragen Sie ihn oder Sven, aber die beiden sagen Ihnen nichts und mir nichts. Nur Bernd war anders. Von wegen schwul. Der hatte Verstand, was mein Vater nicht hat und Sven schon gar nicht.«

Leon schaute sich das Bild auf dem Tisch noch mal genauer an. »Lebt Ihr Vater noch?«, fragte er gedankenverloren.

»Und ob!«, antwortete sie gehässig.

»War er gestern bei der Beerdigung?«

Mechthilde Vierneisel nickte erschöpft.

Vor Leons Augen schoben sich langsam die Bilder, die er gestern fotografiert hatte. Doch an dieses Gesicht erinnerte er sich nicht, dieser Kopf war nicht bei der Gruppe der engsten Angehörigen. Der Mann hatte nicht bei seiner Tochter gestanden. Langsam, wie bei einer Diaschau, blendete sich ein Gesicht vor Leons Augen. Dieses Bild passte zu einem Gesicht der Gruppe links von ihnen. Es war der Kopf des alten Mannes bei den schwarz gekleideten Jungen. Es war das Gesicht des Größeren. Dann schob sich das Bild aus dem Wohnzimmer in der Seevilla vor Leons Augen. Der Mann, den sie Stalin nannten, er saß neben Sven.

Leon blendete aus seinen Erinnerungen wieder zurück auf die reale Fotografie vor ihm. Jetzt wurde es ihm klar. Der Vater dieser armseligen Frau residierte in der Luxusvilla drüben am See bei Meersburg. Der Vater dieser Mutter hatte zweifelsohne mit dem Tod seines eigenen Enkelkindes zu tun. Und seine Tochter wusste dies. ›Stalin, Sie können es drehen und wenden, wie Sie wollen, das war gute Arbeit …‹, hatte dieser Herr Nowack aus Berlin dem alten Mann aufmunternd gesagt, erinnerte sich Leon plötzlich. Was sollte dies heißen? Die Schmuggelei war in die Hose gegangen, was also hatte geklappt? Bernds vorgetäuschter Selbstmord nach dem gescheiterten Schmuggelversuch? Leon wurde es heiß. Er zog seinen Parka aus und setzte sich an den Tisch, sodass er nun der seufzenden Mutter ins Gesicht sehen konnte. Er sah Mechthilde Vierneisel in ihre traurigen Augen. Jetzt begann auch er, innerlich zu zittern. Es graute ihn bei dem Gedanken, was diese Frau ertragen musste. »Ihr Vater hat Ihre Söhne mit dem Geld und Gold über die Grenze geschickt?«, fragte er, aber es klang wie eine Feststellung.

»Ha, Stalin! Der Mann hat keine Familie, nur Soldaten«, antwortete sie traurig.

»Warum Stalin?«

»Weil er herzlos ist, wie Stalin war. Jawohl, die Leute nannten ihn früher zu Recht so!«

»Aber für den Tod Bernds kann er doch nichts. Wer denkt bei einem Schmuggelversuch schon an den Tod?« Leon versuchte, den Tröster zu spielen, und nahm ihren Vater in Schutz. In Wahrheit aber hoffte er dadurch die Wut der Frau anzustacheln, damit sie auspackte. Nur von ihr konnte er erfahren, was sich hinter dieser fraglichen Gruppierung, die er gestern belauscht hatte, versteckte.

»Ich dachte, Sie glauben nicht an den Selbstmord meines Sohnes?«

»Ich nicht, die Polizei schon.«

»Pah«, die Lippen der alten Frau krümmten sich, »wenn die wüssten.«

»Was, Frau Vierneisel, was, wenn die was wüssten?«, fragte Leon gedämpft.

Jetzt setzte auch sie sich an den Tisch. Sie schaute Leon lange an.

Er schwieg und hielt ihrem Blick stand.

Dann brach es aus ihr heraus. Sie erzählte und schluchzte, klagte und weinte. Es ging wirr durcheinander. Leon musste immer wieder nachfragen und nachhaken. Gerade noch war sie in den Kriegsjahren, dann wieder in der Zelle bei ihrem Bernd. Sie erzählte von glücklichen Kindertagen, herrlichen Schlachtfesten und von einsamen Jahren, ohne ihren Mann und ohne ihren Vater. Zwischendurch zerfetzte sie mit ihrer linken Hand ein feuchtes Papiertaschentuch und wischte sich mit der rechten Hand Rotz und Tränen an die Ärmel ihrer schwarzen Bluse.

Leon wusste schließlich, dass Stalin in Wirklichkeit Joseph Stehle hieß. Der Mann war Bahnschaffner und Metzger gewesen. Mechthilde Vierneisel musste eine schöne Kindheit gehabt haben, trotz der Kriegsjahre. Doch nach dem Krieg war ihr Vater kaum mehr zu Hause gewesen. Ihre Mutter weinte in der Nacht und versorgte tagsüber Mechthilde, die schon bald nach der Volksschule zu Maggi ging. Dort arbeitete sie in der Suppenfassonierung. Sie saß an einem langen Tisch und musste Suppenwürfel einpacken. Von der Pressmaschine rutschten die Suppenwürfel direkt auf den Tisch. Die erste Frau in der Reihe umwickelte den Würfel mit einem bereitliegenden Pergamentpapierstück. Die zweite machte den linken Falz, die dritte den rechten. Mechthilde zählte immer fünf Würfel ab. Ihre Kollegin, links neben ihr, wickelte die fünf Suppenwürfel in ein bedrucktes Papier und gab sie zur nächsten weiter. Die Pressmaschine machte zwar Lärm, aber da die Frauen dicht beieinandersaßen, konnten sie doch immer miteinander reden. Es schien eine glückliche Zeit für die alte Frau gewesen zu sein, so ausführlich, wie sie davon erzählte.

Ungeduldig schob Leon immer wieder Fragen ein. »Wo war Ihr Vater, wenn er weg war, er war doch Schaffner bei der Bahn?«

»Schaffner, der?« Sie lachte böse auf. »Ich weiß nicht, was er war, auch meine Mutter wusste es nicht. Sicher ist, er war mehr weg als zu Hause. Aber er hatte immer Schweizer Zigaretten und Schweizer Schokolade für mich. Es mangelte uns an nichts, nur er fehlte.«

Mechthilde Vierneisel war nicht mehr zu halten. Sie erzählte aus der Zeit nach dem Krieg. Ihr Vater schickte der Mutter regelmäßig Geld, doch außer an Weihnachten oder an bestimmten Feiertagen war er bald gar nicht mehr zu Hause. Selbst als sie heiratete kam er nicht. Ihre Mutter starb aus Gram, behauptete sie. Der Vorteil für sie war, dass sie und ihr Mann in dem kleinen Arbeiterhäuschen, das ihr Großvater in der Gartenstadt schon vor dem Krieg gebaut hatte, wohnen konnten. »Zumal mit den zwei Buben, wo hätten wir denn sonst hin sollen?«

Ihr Mann war ebenfalls Bahnarbeiter, doch er kam bei Rangierarbeiten schon früh ums Leben. Allein stand sie mit den beiden Buben die Zeiten durch. »Und Bernd ging ja dann auf die Realschule«, erinnerte sie sich stolz. Bei Georg Fischer hat er im Technischen Büro gearbeitet. Bis jetzt.

Sie hatte Bernd im Gefängnis in der Erzbergerstraße besucht. Sie hatte ihn gefragt, woher sie das Geld hatten. Er hatte ihr nur gesagt: von Opa. »Immer wieder Opa, das höre ich seit Jahren!«, schrie sie plötzlich laut. »Er benutzt die Buben doch nur. Und Sven ist so dumm und läuft ihm nach.« Leise schob sie hinterher: »Bernd war da anders.«

»Wie anders?«, frage Leon.

»Er hat mir immer wieder mal etwas erzählt.« Von Bernd wusste sie, dass ihr Vater einer Organisation angehörte, die für ein Ministerium arbeitete.

»Für wen?«, fragte Leon ungläubig.

»Na für irgendeine Regierung in Brüssel.«

Leon nickte, verstand aber nicht. »In Brüssel?«

»Der Bernd war ein guter Kerl«, antwortete Mechthilde Vierneisel, die ihre Geschichte erzählen wollte, nicht die ihres Vaters. »Der Bernd rannte nicht immer gleich los, wenn Opa pfiff, nur Sven.«

Langsam glaubte Leon zu verstehen. »Wo hatte denn Ihr Vater das viele Geld und Gold her?«

Mechthilde Vierneisel zog ihre Achseln hoch, ihr kleiner Kopf verschwand fast völlig in der Halsmulde.

»Fünf Millionen?« Leon guckte ratlos.

»Von der Regierung oder woher sonst?«, lachte die alte Frau plötzlich. Dann stand sie ruckartig auf, dass ihr Stuhl umfiel, und ging aus dem Zimmer.

Leon rätselte, wie er diese Puzzleteile, die ihm diese alte Frau nun hingelegt hatte, zusammenfügen könnte. Es ergab keine sinnvolle Geschichte, keinen Anfang und kein Ende. Die wesentlichen Bausteine blieben hohl, die Frau konnte seine Fragen nicht beantworten. Dazu seine Teile und Informationen, die er bisher gesammelt hatte, die wie von einem ganz anderen Spiel schienen. Zusätzlich dieser Berliner Besucher und Stalin, bzw. genauer jetzt: Joseph Stehle im Auftrag Brüssels mit seiner blauen NATO-Flagge im Hintergrund. Was sollte dieser große, militärische Nordatlantikpakt von diesem alten, hageren Mann in Meersburg wollen? Das alles war Leon im Augenblick zu mysteriös.

Triumphierend kehrte Mechthilde Vierneisel plötzlich wieder zurück. In ihren Händen hielt sie ein weiteres Puzzleteil: »Diese Mappe hält Sven versteckt. Er denkt, ich wüsste es nicht. Auch die Polizei hat sie nicht gefunden.«

»Die Polizei?«

»Ja, die kamen am gleichen Abend, wie sie meine beiden Jungs festgenommen hatten, und stellten ihre Zimmer auf den Kopf.« Die alte Frau zitterte bei diesen Gedanken noch mehr. Dennoch legte sie trotzig nach: »Gefunden haben sie das aber nicht.« Dabei legte sie Leon die Mappe hin, die sie bisher mit beiden Händen festgehalten hatte.

Leon stierte auf den Einband. Das schwarze Leder war verziert mit einem metallenen Siegel: ein Kurzschwert, ein Fallschirm, ein Anker und eine Handgranate. Die vier Darstellungen waren ineinander verarbeitet und erinnerten ihn an die Metallskulptur, die er auf der Stahltür der Villa in Meersburg gesehen hatte. Er griff sich die Mappe, sie war schwer. Das Leder des Einbands war über eine Holzplatte gezogen. Er öffnete den Deckel, dann las er ›Supreme Headquarters Allied Powers Europe‹. Darunter: ›ACC – Allied Clandestine Commitee‹, und ›CPC – Clandestine Planning-Commitee‹.

Leon blickte Mechthilde Vierneisel fragend an.

Sie hatte mit Zittern aufgehört. Ruhig und klar schaute sie ihm in die Augen: »Dafür arbeitet mein Vater. Das weiß ich von Bernd. Das ist alles geheim, aber Sven sagt immer: Mama, hab keine Angst, Opa hat Beziehungen bis nach Washington.« Dann schossen ihr wieder Tränen in die Augen. »Und jetzt, wo sind jetzt seine Beziehungen? Jetzt ist Bernd tot!«

Leon nahm aus seiner Jacke einen Zettel und Stift und schrieb die offensichtlichen Untergruppierungen des Headquarters der NATO ab. ›ACC‹ und ›CPC‹, das sagte ihm nichts. Dass es aber NATO-Ebenen sein mussten, ging aus der Einteilung unter der Dachzeile ›Supreme Headquarters

Allied Powers Europe‹ hervor, das verstand sogar er, obwohl er als Kriegsdienstverweigerer nie Soldat gewesen war.

»War Ihr Vater denn Soldat?«

Mechthilde Vierneisel lachte zum ersten Mal: »Der war während des Krieges als Schaffner immer zu Hause. Nein, der war nie Soldat.«

»Aber offensichtlich arbeitet er für die NATO«, beharrte Leon auf seiner neusten Erkenntnis. Nur, was hatte dies alles mit dieser Schmuggelaktion, den fünf Millionen Euro und Bernds Tod zu tun?

Leon wollte weiterblättern, doch fanden sich unter dem Buchdeckel nur noch leere Seiten. Ein Großteil war herausgerissen, und die verbliebenen Seiten waren unbeschrieben.

»Ich weiß nicht, ob uns das weiterhilft«, resignierte Leon, »wissen Sie, was das Zeichen auf dem Einband bedeutet?«

Mechthilde Vierneisel hob wieder hilflos ihre Achseln, versenkte ihren Kopf in der Halsmulde und stierte auf das Bild ihres Vaters vor ihr. »Bernd hat sich nicht umgebracht«, wiederholte sie. »Ich habe mit ihm am selben Tag noch gesprochen, er hat gesagt: Mach dir keine Sorgen, ich bin bald wieder bei dir.«

Leon nickte, berührte ihren linken Unterarm, legte seine Hand darauf und sagte mitfühlend: »Wir werden die Wahrheit herausfinden, vielen Dank, dass Sie mit mir gesprochen haben.« Dann stand er auf.

Mechthilde Vierneisel blieb sitzen. Traurig sagte sie: »Tut mir leid, dass ich mich so gehenlassen habe. Ich weiß: Die Nacht ist zum Weinen da, aber sie ist mir zu kurz geworden.«

Leon fror bei diesem Satz der Frau und ging.

*

Horst Sibold hatte zwei Saiblinge ausgenommen. Er hatte sie am Wochenende gefangen und seither in seiner Badewanne schwimmen lassen. Fisch musste frisch sein, so frisch, dass er sich in der Pfanne wellte.

Jetzt richtete er ein Gurkengemüse dazu an. Dafür hatte er eine Salatgurke längs geteilt, mit einem Löffel das Kerngehäuse herausgeschabt, die zwei Hälften in kleine Stücke geschnitten und die Stücke jetzt mit Zwiebeln und Butter blanchiert. Mit Sahne löschte er das Gemüse ab.

Die Saiblingfilets dämpfte er nur ganz kurz mit wenig Wasser. Dazu Salz und Pfeffer, das war's!

Pünktlich um 20 Uhr stand Leon vor seiner Tür. Horst Sibold lachte. Er hasste unpünktliche Gäste. Und wenn dieser aufdringliche Journalist nun schon zu ihm kam, dann sollte er auch mit ihm essen. Der Kommissar war ein gastfreundlicher Mensch, und Essen in Gesellschaft war für ihn ein doppelter Genuss.

Leon rümpfte zunächst seine Nase. Saibling, das war ja ganz in Ordnung, aber Gurkengemüse?

Der Kommissar hatte in der Küche gedeckt. Zwei Wassergläser standen neben den beiden Tellern. Leon stellte sein Gastgeschenk dazu: ein Müller-Thurgau vom Burgunderhof aus Hagnau. Dies war der einzige Ökowein vom See. Nur Heiner Renn baute ihn an. Der Müller-Thurgau, Kabinett trocken, ist ein Schmuckstück unter den Tropfen aus dieser Rebsorte. Aus zweierlei Gründen: Zum einen überzeugt der Wein selbst mit einer gehaltvollen Würze und schönen Aromen, zum anderen ragt er optisch heraus – in einer blauen Flasche, in Verbindung mit dem künstlerisch gestalteten Etikett. Ein ideales Mitbringsel, hatte Leon gedacht.

Horst Sibold aber schaute nur kurz auf die Flasche. »Schön«, sagte er, »zum Anschauen. Aber ich habe auch eine schöne

Flasche hier.« Mit diesen Worten stellte er eine grünliche Flasche auf den Tisch. »Randegger-Gourmet«, lachte er. »Ein guter Jahrgang, passt ausgezeichnet zum Fisch aus Randegg.«

Leon schaute den Kommissar an, er betrachtete dessen dicken Bauch. »Weißwein zehrt, auch damit kann man abnehmen«, riet er dem Kommissar frech.

»Mein Bauch stört mich nicht. Meine Leber hätte vermutlich heute auch nichts mehr dagegen, aber sie hat schon viel mitgemacht. Nein, vergessen Sie's, ich trinke keinen Alkohol mehr, ich hatte zu viel davon.«

Leon schwieg. Der Kommissar war Alkoholiker. »Das falsche Gastgeschenk«, resignierte er.

»Nein«, antwortete der Kommissar. »Für Sie zum Fisch bestimmt genau richtig.«

»Nein«, sagte Leon, »ich fahre nachher nach Hause, trinken wir zusammen Randegger-Gourmet!«

Der Fisch war ausgezeichnet, und das Gurkengemüse war ein kulinarischer Genuss. Leon war begeistert und hätte am liebsten den Teller abgeschleckt. »Tut mir leid«, bat er für sein Vorurteil um Entschuldigung, »aber das war die beste Art, wie ich jemals Gurke gegessen habe.«

»Ich habe es Ihnen gerne serviert, aber nun sind Sie dran«, stellte der Kommissar klar, räumte die Teller ab und wartete gespannt auf Leons angekündigte Neuigkeiten.

Leon tat es gut, die Geschichte am Stück zu erzählen. Er konnte dabei selbst alle seine neu recherchierten Details ordnen. Es war alles so undurchdringlich und verworren.

Als er erzählte, wie er am Abend zuvor die vier Männer belauscht hatte, blickte der Kommissar zunächst verärgert, dann aber höchst interessiert. Schließlich knurrte er: »Wie kommen Sie dazu, sich in fremde Gärten zu schleichen? Hausfriedensbruch nennt man das.«

»Ich bitte Sie, Herr Kommissar«, grollte Leon zurück, »den Fakten nach hätten Sie das Quartett belauschen müssen. Oder glauben Sie nicht, dass sich das alles wie ein geplanter Bombenanschlag anhört?«

»Das ist das Problem: Was Sie mir da liefern, klingt sehr abenteuerlich. Aber stichhaltig ist dabei wenig«, zürnte er. Dabei fuhr der Kommissar mit seiner flachen rechten Hand über sein ganzes Gesicht, vom Kinn über die Nase bis zu seiner Glatze. Er wirkte dabei ratlos und müde.

Leon unterdrückte seine Enttäuschung. Er dachte, der Kommissar würde ihn loben und mit ihm weitere Erkenntnisse austauschen. »Was weiß man denn über den angeblichen Selbstmord von Bernd Vierneisel?«, fragte er forsch.

»Von mir werden Sie nichts erfahren. Es gibt keinen Grund, Sie vom Stand unserer Ermittlungen in Kenntnis zu setzen.«

»Sie haben gar keine neuen Erkenntnisse, Herr Hauptkommissar«, provozierte Leon und legte damit eine weitere Schaufel oben auf.

»Dafür haben ja Sie genügend. Ich müsste Sie jetzt sofort morgen zu mir bestellen, um mit Ihnen ein Protokoll aufzunehmen, mit allen Details, die Sie mir gerade geschildert haben.«

»Morgen passt gut«, erwiderte Leon missmutig, »da kann ich mich ja um 9 Uhr mit Sven Vierneisel bei Ihnen melden. Straftätern, die es mit Ihnen zu tun hatten, geht es ja in Singen gut. Vielleicht machen wir dann ein Kaffeekränzchen in Ihrem Kommissariat auf und besprechen die nächsten Anschläge gemeinsam.«

»Jetzt reicht es, Sie werden unverschämt!« Der Kommissar sprang von seinem Stuhl auf. Wütend knallte er die Teller mit den Essensresten in die Spüle. Dann drehte er sich zu Leon um und streckte ihm seinen rechten Zeigefinger ins Gesicht, direkt vor dessen Nasenspitze: »Ich warne Sie, legen Sie sich nicht mit mir an.« Etwas versöhnlicher setzte er hinzu: »Wir leben in einem Rechtsstaat, und das ist auch gut so. Die Sache mit der Kaution gefällt mir so wenig wie Ihnen, aber noch undurchdringlicher wird die ganze Soße, wenn der BND mitmischt.« Horst Sibold kochte innerlich.

»BND?«, fragte Leon.

»Na klar, die Herren in München, das riecht nach BND, und die Herren in Wiesbaden sind unsere Kollegen des BKA; gute Nacht Polizeiarbeit!«

Leon spürte, wie es in dem Kommissar arbeitete. Er selbst zwang sich zur Ruhe und wartete ab.

Sibold setzte sich wieder ihm gegenüber. Auch er hatte sich beruhigt. Dann schaute er Leon tief in die Augen. »Was würden Sie an meiner Stelle tun?«

»Ich weiß nicht, was die Obduktion von Bernd Vierneisel ergeben hat, aber ich bin sicher, dass sein Tod nicht freiwillig war. Also würde ich an Ihrer Stelle im Knast nochmals die Tatnacht durchspielen. Ich glaube, wenn es auch unwahrscheinlich klingt, dass er ermordet wurde.«

Der Kommissar nickte.

»Dann würde ich mir von dem Studentenhilfswerk der Uni Konstanz alle Namen der Palästinenser geben lassen, die im Studentenwohnheim wohnen.«

Der Kommissar winkte ab.

»Und schließlich würde ich Sven und die alten Herren bei Meersburg rund um die Uhr beschatten lassen.«

Jetzt lachte der Kommissar auf: »Sie lesen zu viele Krimis. Mord in der Justizvollzugsanstalt! – hört sich als Schlagzeile gut an, aber ich bitte Sie. Wobei«, jetzt wog der Kommissar seine leere rechte Handfläche wie das legendäre Züngl ein an der Waage, »daran habe ich trotzdem auch schon gedacht.

Aber drei Leute beschatten, zusätzlich einen Palästinenser im Studentenwohnheim finden, von dem wir nichts wissen, außer dass er Palästinenser ist, wie soll das alles gehen? Und vor allem warum? Was sag' ich meinem Chef?«

Leon grinste: »Sie haben mich gefragt. Ich mache meinen Job, Sie den Ihren. Ich frage Sie nicht, was ich zu tun habe. Ich werde morgen zu den beiden Opas gehen, ich besuche die, bevor die mich besuchen, das ist sicher.«

»Was soll das? Warum begeben Sie sich in Gefahr? Ich kann Ihnen nicht helfen, mir sind die Hände gebunden. Wir müssen morgen Ihre Bedrohung protokollieren und auch Ihr belauschtes Gespräch in Meersburg, das geht nicht anders.«

Jetzt stand Leon auf. Er winkte müde ab und holte seine Jacke. Aus der Innentasche zog er ein Blatt Papier und einen Kuli. Dann kam er zum Tisch zurück. Er nahm den Stift und malte einen Fallschirm auf ein Blatt Papier. Unter den Fallschirm malte er ein Kurzschwert, darunter einen Anker und eine Handgranate. Dazu erzählte er von der stählernen Haustür der Villa und dem Siegel auf dem Buch bei Mutter Vierneisel.

Der Kommissar fuhr erneut mit seiner flachen Hand von unten über sein Gesicht bis zur Glatze, dabei schien es, als würde er seine Nasenflügel so weit aufreißen, dass sie breit wurden wie die eines Nashorns. Müde ließ er dann die Hand hinter seinen Kopf sinken. »Scheiße!«, sagte er tonlos.

Leon war überrascht. »Ist Ihnen das Abzeichen bekannt?«

Horst Sibold nickte. »Gladio!«

»Gladio? Was heißt das?«

»Eine Organisation, die es gar nicht gibt«, antwortete der Kommissar langsam.

»Anscheinend doch!«

»Auf jeden Fall erklären sich so einige Ihrer Angaben.«

»Warum?«

»Gladio ist eine Geheimorganisation, die der NATO untersteht ist. In Zusammenhang mit dem Oktoberfest-Attentat sprach man vor vielen Jahren über sie. Ein Junge, hier aus der Gegend, hatte eine Bombe in München auf der Wies'n gezündet. Es gab Tote und viele Verletzte. Das Motiv war unklar. Damals lebte noch Franz Josef Strauß. Er wusste sofort, dass es ein Anschlag linker Terroristen, also der RAF, war. Später stellte sich heraus, dass der Attentäter tatsächlich dem rechten Lager zuzuordnen war. In der Zwischenzeit geht man davon aus, dass die Bombe aus dem Waffenlager von Gladio zusammengebastelt wurde.«

Leon war beeindruckt. Endlich Fakten. Gleichzeitig wurde es ihm heiß. Die NATO-Fahne in dem Haus in Meersburg, der Besuch vom Verteidigungsministerium und die Drohung ›Wir schrecken vor nichts zurück‹ gingen ihm durch den Kopf.

»Und viel erdrückender ist«, kramte der Kommissar in seinem Gedächtnis, »als ein verhafteter Rechtsextremist aussagen wollte, hatte er sich in der Nacht vor der Vernehmung in seiner Zelle erhängt.«

»Oder wurde erhängt«, vollendete Leon die Erzählung des Kommissars.

»Ja, stimmt. Nur deshalb erinnere ich mich so genau an das ungeklärte Attentat von München, weil es mit vielen offenen Fragen einfach zu den Akten gelegt wurde«, gab der Kommissar zu. »Ungereimtheiten, Indizien und Hinweise, und trotzdem ging der Sache niemand auf den Grund.«

»Dann sollten Sie dies nun tun«, spornte Leon ihn an. »Ich erstatte morgen Anzeige wegen einer Morddrohung von Sven, und Sie sind im Rennen und können weiter ermitteln.«

»Von Sven?«, fragte der Kommissar ungläubig.

»Spielt doch keine Rolle, von wem«, lachte Leon, »Hauptsache, Sie können die beiden Herren und Sven beschatten und den Palästinenser ausfindig machen.«

*

Spät in der Nacht kam Leon nach Hause. Er stellte seinen Porsche ab und sah Licht in seiner Wohnung brennen. Er wunderte sich, war er doch am helllichten Nachmittag weggefahren. Sein Herz begann schneller zu schlagen, unsicher schaute er sich um. Die Warnung am Telefon war plötzlich wieder in seinem Ohr, diese Drohung. Vorsichtig schlich er durch den Garten zu seinem eigenen Fenster. Er wohnte ebenerdig, Helma im oberen Stock der zweistöckigen Villa.

Leon ging gebückt und im Schutz einiger Hecken auf seine eigene Wohnung zu. Dabei kratzte er sich an den nicht geschnittenen Rosen den Handrücken auf, schob die Blätter eines Zierlorbeers aus seinem Sichtfeld und starrte auf sein hell erleuchtetes Bürofenster. Das Deckenlicht brannte. Er selbst knipste es eigentlich nie an, da er gewöhnlich nur die Schreibtischlampe nutzte. Ängstlich schob er sich näher an das Fenster. Noch sah er nichts Ungewöhnliches. Mutig kam er aus der Deckung und ging aufrecht zum Haus. Im Zimmer war durch das Fenster kein Mensch zu sehen. Er blickte über den Fenstersims zum Schreibtisch. Auf den ersten Blick sah er den Tisch aufgeräumt wie nie zuvor: Die Tischfläche war wie leergefegt.

Der zweite Blick auf den Boden ließ sein Herz stocken. Papiere, umgestülpte Schubladen, Ablagekörbe, Leitzordner – alles lag durcheinandergewirbelt über den Zimmerboden verteilt.

Leon blieb bewegungslos stehen. Was sollte er jetzt tun?

Vorsichtig zog er sich zurück. Aus sicherer Entfernung rief er den Kommissar mit seinem Handy an. Der riet ihm, die Polizei zu rufen. Leon überlegte nur kurz, verwarf dann den Gedanken und bat den Kommissar, am Telefon zu bleiben.

Sozusagen online gerüstet, ging er wieder zum Haus zurück. Die Haustür schien unversehrt. Mit seinem BKS-Schlüssel öffnete er das Schloss, stand dann im Flur. Senta sprang an ihm hoch. Leon erschrak, lachte dann aber erleichtert. Dieser Hund diente nicht als Wachhund, das war ihm schon immer klar gewesen. Wer keinen Wurstzipfel dabei hatte, musste nur das Tier im Fettnacken kraulen, und schon schloss es Freundschaft. Trotzdem gab ihm Senta Sicherheit: »Ich denke, hier ist niemand mehr«, flüsterte er in das Telefon.

»Das ist Ihr Risiko«, warnte ihn der Kommissar.

Mutig öffnete Leon die Wohnungstür, schob sie langsam und leise auf. Er griff zum Lichtschalter, knipste das Flurlicht an und stand dann im Gang.

Er machte Licht im Wohnzimmer, im Schlafzimmer und im Bad. Die Wohnung schien leer.

»Scheint so weit alles in Ordnung zu sein«, berichtete er wie ein Radioreporter bei einer Live-Schaltung – dann ließ er einen lauten, entsetzten Schrei ab.

Leon hatte in seiner Küche den Lichtschalter angeknipst. Der Schrei war eine Reaktion auf das Bild vor ihm. Mitten in der Küche stand seine erhöhte, hölzerne Arbeitsplatte. Darauf konnte er als Hobbykoch leicht im Stehen hantieren. Über der großen Arbeitsplatte hing ein Lichtstrahler. Wie ein Spot warf er den Schein auf die Mitte des Arbeitstischs. Im Lichtkegel lag aber heute kein leckeres Menü: Der gesamte Tisch war mit Blut verschmiert. In der Mitte lag Eberhardt mit abgetrenntem Kopf. Leons Schlachterhackebeil lag blutverschmiert auf dem Körper des toten Tieres. Der Kopf des Katers lag abgetrennt wenige Zentimeter daneben.

Leon ging zwei Schritte zurück. Er schloss seine Augen, es würgte ihn, fast musste er kotzen.

»Was ist los, so reden Sie doch«, der Mann am anderen Ende der Leitung wurde unruhig. Leons Schrei war ihm durch Mark und Bein gegangen.

Leon konnte kaum reden: »Sie, sie, sie haben unseren Kater …«, mehr konnte er nicht sagen.

»Was ist los, Leon, reißen Sie sich zusammen, reden Sie klar und deutlich«, stauchte ihn der Kommissar regelrecht zusammen. Er hatte in seinen Schulungen gelernt, in Extremsituationen die Menschen sofort zu disziplinieren, bevor sie sich ganz ihrem Schock hingeben konnten.

»Sie haben unseren Kater geschlachtet«, erwiderte Leon mit gebrochener Stimme. Er hatte sich umgedreht und blickte mit leeren Augen in sein Büro. Den Blick in die Küche konnte er nicht ertragen.

»Was heißt geschlachtet? So reden Sie doch.« Horst Sibold gab Leon keine Chance, in ein Loch zu fallen.

Leon ging zum Fenster des Büros, schaute in die dunkle Nacht, sah auf der anderen Seite des Sees mal wieder das helle orangefarbene Licht der Sturmwarnung durch die Dunkelheit zucken. Es hatte von der Vorwarnung zu Warnung gewechselt. 90 Blitze in der Sekunde kündeten eine unmittelbare Sturmgefahr an. Leon sah die grellen Blitze über dem See und schilderte nebenbei plötzlich ganz ruhig das Bild, das er eben in der Küche gesehen hatte.

Der Kriminalist riet Leon, sofort die Polizei zu rufen. Sicher gab es Spuren, die vielleicht helfen konnten, die Täter zu überführen. Fingerabdrücke auf dem Hackebeil oder sonst wo; diese könnte man mit den Fingerabdrücken der jungen Burschen, die auf der Beerdigung waren, vergleichen.

Leon drehte sich der Magen um. »Einen Augenblick«, keuchte er schnell, warf das Handy weg und rannte auf das Klo. Er musste sich übergeben. Dank Fisch und Mineralwasser sowie Gurkengemüse mit Sahne hatte er leichtes Spiel. Danach rannte er in den Keller, holte sich eine Flasche Pils aus einem Kasten und setzte diese an den Mund. Das 0,3-Liter-Fläschchen Rothaus war mit einem Zug leer.

Mit frischem Mut ging er wieder in die Wohnung. Sein Handy klingelte, der Kommissar war dran. Er wollte sofort kommen und seine Kollegen verständigen. Doch Leon wimmelte ihn ab. »Ich habe mir das überlegt, ich will nicht!«

»Was heißt das?«

»Ich kann Helma den toten Kater nicht zumuten«, erklärte Leon stur, »ich werde das Tier beseitigen, und dann sehen wir weiter.«

*

Es war morgens kurz vor 5 Uhr. Leon hatte seine Küche im wahrsten Sinne der Worte mit Hängen und Würgen aufgeräumt. Er hatte seine Skihandschuhe geholt und den toten Kater in einen Gelben Sack gelegt. Besonders übel ging es ihm, als er den Kopf Eberhardts dazulegen musste. Im Stillen entschuldigte er sich bei dem Kater, den er zu Lebzeiten nie besonders liebevoll behandelt hatte. Dann wickelte er das Paket in einen weiteren Plastiksack und fuhr mit ihm Richtung Taisersdorf. Irgendwo im Wald hielt er an und verbuddelte das Tier.

Anschließend wienerte er die Küche, und danach duschte er. Jetzt saß er ziemlich fertig und doch aufgekratzt in seinem Büro. Schlapp fuhr er seinen Rechner hoch. In Outlook fand er neue Nachrichten, eine vom Verteidigungsministerium. In einer formlosen Mail beantwortete ein Regierungsinspektor seine Anfrage. Unhöflich, aber deutlich wurde ihm klargelegt, dass seine Anfrage ordentlich über die Polizeidienststelle vor Ort abzuwickeln sei. ›Im Übrigen widerspricht eine Auskunft gegenüber Dritten dem Datenschutz, wobei grundsätzlich die Benutzung unseres Fuhrparks der Geheimhaltungspflicht unterliegt.‹

Eine weitere Mail war von Lena, die sich für den schönen Mittag bedankte, aber schon wieder den nächsten Chemotag fürchtete.

Leon googelte nach Gladio. Da erfuhr er, dass der Kommissar trotz seiner haarsträubenden Räuberpistole wohl noch untertrieben hatte. Gladio musste tatsächlich ein mächtiger Geheimbund sein, der für mehrere Attentate in Europa verantwortlich gemacht wurde, für Hunderte von Toten und für Waffenschiebereien auf der ganzen Welt. Und tatsächlich sollte dieses gespenstische Netzwerk der NATO unterstehen, angeführt von der CIA.

Leon blätterte sich durch die Seiten des Internets. Plötzlich sah er, wie sich der Cursor seiner Maus selbstständig über den Bildschirm bewegte. Wie von Geisterhand geführt schloss der Cursor seine Internetseite und öffnete erneut Outlook.

Eine neue Mail war in der Zwischenzeit angekommen.

Der Cursor bewegte sich zielgenau darauf zu und öffnete sie. Leon fiel die Kinnlade herunter, seine Augen waren weit aufgerissen: »Wir warnen nur einmal: Das nächste Mal vergraben sie dich!«

Leon sprang auf, rannte von seinem Schreibtisch weg, hechtete wieder auf den Bildschirm zu und langte nach der Steckdosenleiste. Er riss den Stecker des PCs aus der Dose.

Er war außer sich, er wusste nicht, was er weiter tun sollte.

Ganz hinten in seiner Schreibtischschublade hatte er noch etwas Tabak und ein bisschen Stoff zum Untermischen. Er drehte sich zitternd einen Joint, schaffte es kaum, die Zigarette anzuzünden, und inhalierte tief.

Langsam stieg er über das Chaos zu seinen Füßen, warf die Zigarette in die Toilettenschüssel und verkroch sich in seinem Bett.

Hätte er noch seinen kindlichen Glauben gehabt, so hätte er nun gebetet.

Tiefe Angst machte sich in ihm breit.

Unendliche Angst.

KAPITEL 10

Oswald Wohl lehnte sich entspannt zurück. Die Polster des Ledersessels in dem vornehmen Hotel Eau Lac am Zürcher See formten sich sanft um seinen dünnen Körper. Oswald Wohl war weit über 80 Jahre alt geworden, aber man sah ihm das hohe Alter nicht an. Er referierte über die für ihn längst vergangenen Zeiten der Kriegsjahre und wollte gar nicht verstehen, warum man diese nun wieder aufleben ließ, und überhaupt, was denn in Dreiherrgottsnamen er damit zu tun hatte. Er erinnerte sich mühsam: »Zu jener Zeit strömte viel jüdisches Vermögen aus allen möglichen Ländern in die Schweiz. Aus der Sicht der Herkunftsstaaten war dies zwar meist illegal, aber wir waren moralisch verpflichtet, den Leuten zu helfen. Ein Teil dieser jüdischen Kunden stammte aus dem Osten, vor allem aus Polen. Die meisten von ihnen zogen es aber vor, ihr Geld bei einer der drei großen Banken zu halten. Wir, unser kleines Bankhaus in Schaffhausen, waren da nicht gefragt.«

Oswald Wohl dementierte alle Gerüchte, die da behaupteten, in seiner Familienbank sei nachrichtenloses Vermögen nach 1945 liegen geblieben. »Unsere Bank war klein und überschaubar. Wir haben alle unsere Kunden persönlich gekannt. Sie alle haben uns nichts geschenkt«, lächelte er jovial, »sie alle haben bei uns immer mehr Geld ausbezahlt bekommen, als sie einbezahlt haben. Das sind nun mal Sinn und Wesen einer Bank, nicht wahr?«

Der ehemalige Bankdirektor wirkte trotz der Vorwürfe vergnügt. Er sah noch immer sportlich aus, war groß und schlank. Das feine Tuch seines maßgeschneiderten Anzugs schmiegte sich perfekt um seinen Körper. Seine Haare waren schlohweiß, sein Gesicht braun gebrannt, seine Augen hellwach. Er lebte seit Jahren in Brasilien. Er gab vor, dass ihn diese alten Geschichten nicht mehr interessierten. Er hatte eine Villa in Rio, direkt auf den weißen Granitfelsen an der Copacabana, dem herrlichsten Stadtteil Rios, erworben. Er blickte weit über den kilometerlangen Sandstrand und hinauf zum Zuckerhut, dem Wahrzeichen der vergnügungssüchtigen Hautevolee der Schönen und Reichen der Welt.

Schon 1980 hatte er das Bankhaus in Schaffhausen an die Schweizerische Bankgenossenschaft in Zürich verkauft. Ein kleiner Rest herrenloses Vermögen sei übrig geblieben. »Diese unerhebliche Summe haben wir schon 1962 nach Bern abgeliefert, wie es Vorschrift war«, widersprach er Unterstellungen, dass in seiner Bank hohe Summen jüdischen Kapitals nach 1945 zu Unrecht unterschlagen worden seien.

Oswald Wohl wollte an diese Zeit nicht mehr erinnert werden. Sie war für ihn nicht mehr relevant. In Rio hatte er ganz andere Probleme. Das Personal in seiner Villa wurde immer aufsässiger. Die Kriminalität wuchs. Er wusste kaum mehr, wem er vertrauen konnte. Vor seinem Abflug hatte er sein gesamtes Personal entlassen, das Haus einem Sicherheitsdienst unterstellt. Er war nur sehr ungern über den großen Teich geflogen. Ganz sicher zum letzten Mal in seinem Leben. Aber er war es dem Namen seiner Familie schuldig. Der Name seiner Familie und seine Ehre als Bankier wurden in den Schmutz gezogen. Er hatte von regelrechten Verleumdungen gelesen, und eine für ihn fragliche Kommission hatte ihn gebeten, nun einiges richtigzustellen. Das wollte er jetzt tun. Deshalb war er in die Schweiz zurückgekehrt.

Einer der aufsässigsten Kläffer saß ihm gegenüber. Früher hätte man sich mit solchen Leuten gar nicht abgeben müssen, grämte sich der Bankdirektor im Ruhestand. Er fragte sich, wie dieser lange, unrasierte und unordentlich gekleidete Clochard überhaupt in die Lobby dieses vornehmen Hotels kam. Doch plötzlich stand diese langhaarige und fahrige Gestalt vor ihm und stellte sich ihm in den Weg: »Ich heiße David Gloger«, hatte er einfach so gesagt. Dazu hatte er ihm die Hand entgegengestreckt. Eine Frechheit, gerade von diesem Menschen, der mit den heftigsten Vorwürfen gegen ihn agierte.

Doch Oswald Wohl wollte kein Aufsehen. Er wollte nicht, dass überhaupt zu viele wussten, dass er in Europa war. Er wollte nur kurz vor dieser ominösen Kommission, die, wie er sich immer wieder sagte, überhaupt keine Rechte hatte, einige Dinge klarstellen und dann mit dem nächsten Flieger sofort wieder zurück nach Rio fliegen.

Aber wie hätte er anders reagieren können? Um kein Aufsehen zu verursachen, hatte er sich von diesem David Gloger in eine Besprechungsnische der Lobby des Hotels leiten lassen.

David Gloger hatte den Aufenthaltsort des Exbankiers ohne Probleme herausgefunden. Die Vergangenheit hatte die Schweiz eingeholt und somit auch ihre Hauptdarsteller in der Zeit während des Zweiten Weltkrieges. Der internationale Druck, amerikanische Rechtsanwälte, jüdische Organisationen und schließlich auch selbst schweizerische Zeitungen, allen voneweg die in Zürich erscheinende Sonntags-Zeitung, hatten das wohlgehütete Geheimnis der Schweizer Banken nach Jahren an die Öffentlichkeit gezerrt. Zuerst kamen nur Bruchstücke einer für die Banken unangenehmen Wahrheit ans Tageslicht. Diese ersten Vorwürfe konnten von den Bankiers, Treuhändern und Anwälten zunächst einigen, nur wenigen schwarzen Schafen zugeschoben werden.

Dabei war auch das ehemalige kleine Bankhaus Wohl & Brüder genannt worden. Zunächst nur in einzelnen Kreisen.

Doch Oswald Wohl wollte diese Diffamierung auf keinen Fall akzeptieren. In der Zwischenzeit schien es nicht mehr möglich, die Lawine der Vorwürfe zu bremsen. ›Wie viele Shoa-Gelder hat die Schweiz?‹, fragten internationale Zeitungen. Der Vorwurf der skrupellosen Profitgier aller Schweizer Banken in den Nazijahren in Deutschland wuchs.

Die Schweizer Banken mussten ihre Strategie des Tarnens und Täuschens aufgeben. Ein Ombudsmann wurde eingesetzt. Eine international zusammengesetzte Kommission sollte Licht in das Dunkel bringen. Der Auftritt von Oswald Wohl vor diesem Gremium war kein Geheimnis. Wohl hatte sich auf ein Gespräch vor der Kommission eingelassen. Amtliche Dokumente, die seine Familienbank betrafen, wollte er in dem Kontext der Zeit erläutern. Für den Donnerstagmorgen war sein Erscheinen angesetzt worden.

Am Abend zuvor hatte sich David Gloger in Freiburg ans Telefon gesetzt. Er hatte sich die zehn feinsten Hotels der Schweizer Bankenstadt vorgenommen und bat jeweils die Rezeption, ihn mit Herrn Wohl zu verbinden. In dem ersten Hotel fand sich kein Oswald Wohl in der Gästeliste. David gab an, er sei sicher, dass Herr Wohl, sein Onkel Oswald aus Brasilien, in ebendiesem Hotel reserviert habe, ob denn seine Ankunft für heute noch notiert sei? Freundliche Stimmen gaben ihm meist willig Auskunft, sie recherchierten in den Reservationsbüchern und bedauerten schließlich. Aber schon im dritten Hotel wurde David fündig: »Herr Wohl wohnt schon seit gestern bei uns«, informierte eine Bedienstete des Hotels Eau Lac. Und David fuhr zu dem noblen Kasten direkt am Zürichsee.

*

David Gloger war zum Teil durch Zufall, zum Teil durch lange Nachforschungen auf das Bankhaus Wohl & Brüder in Schaffhausen gestoßen und somit auf Oswald Wohl. Er hatte recherchiert und nachgeforscht, war von Pontius zu Pilatus gelaufen, aber immer wieder vor verschlossenen Türen gestanden, undurchdringlich wie die Tresorräume in den Banken selbst. Dabei war er sich bald sicher: Hinter diesen Türen lag ein nicht unerheblicher Schatz, den seine Großeltern seiner Familie hinterlassen hatten.

Seine Großeltern hatten eine gut gehende Schuhcremefabrik im tschechischen Hranice besessen. Sie belieferten mit Schuhwichse aller Arten die Tschechei, Slowakei, Polen und selbst Handelskonsortien in Deutschland. Es war ein gewinnbringendes Gewerbe. Aus Abfällen wie Talg, Knochen und Fetten aus den Schlachthöfen sowie aus Harz aus den Wäldern hatte die Familie schon lange vor der Jahrhundertwende die ersten Wasser abweisenden Lederfette industriell in Masse hergestellt. Die Fabrik war über drei Generationen stetig gewachsen. Das Geschäft mit Lederfetten lief wie geschmiert, auch die Deutsche Reichswehr stand auf der Kundenliste, die Soldatenstiefel mussten glänzen.

Trotzdem war der Großvater ein bescheidener Mann geblieben. Er hatte versucht, den Vertrieb rund um seine Heimat zu intensivieren, Beziehungen in das fernere Ausland hatte er abgelehnt. Als die deutsche Wehrmacht das Sudetenland übernommen und 1939 die Rest-Tschechei besetzt hatte, mochte er dies bedauert haben. Denn ohne ausländische Geschäftsbeziehungen war es nun schwer, wenn nicht gar unmöglich, gespartes Geld in das rettende Ausland zu transferieren.

Schon bald aber war ihm klar, dass es die Wehrmacht auf nichts anderes abgesehen hatte als auf ebendas Geld und die Betriebe in den eroberten Gebieten. Zu lange hatte der Großvater die Gräuelgeschichten über die Deutschen in Zusammenhang mit den Juden nicht glauben wollen. Doch bald lehrte ihn die Wahrheit das Fürchten, und er sammelte sicherheitshalber alles Geld zusammen, das er besaß, legte den Familienschmuck dazu und vergrub ein geschnürtes Paket hinter dem Haus im Garten.

Wenige Tage später, im Herbst 1940, stürmte die Gestapo das Haus der Familie. Die Schergen Hitlers verhafteten den Großvater, durchsuchten später erneut das Haus und verhörten die Mutter und ihre 19-jährige Tochter Katharina. Den Großvater hielten sie tagelang fest, er wurde verhört und gefoltert. Sein Betrieb wurde arisiert, doch das bare Betriebsvermögen sowie die Familienersparnisse und der Familienschmuck blieben verschwunden.

Jetzt war auch dem Großvater klar, dass er mit seiner Familie fliehen musste. Katharina hatte sich bei einem Handwerker in der Firma heimlich einen kleinen Koffer mit doppeltem Boden anfertigen lassen. Sie hob den Schatz aus seinem Versteck, verbarg alles Geld, Gold und Schmuck darin und machte sich allein auf den Weg Richtung Westen. Die Eltern blieben zurück, da der jüngste Sohn Jakob erst fünf Jahre alt war. Für die Flucht noch zu klein, hatte die Mutter fürsorglich entschieden. Sie wollten legal einen Ausreiseantrag stellen und dann Katharina so bald wie möglich folgen.

Die 19-jährige Tochter nahm den Koffer und fuhr zunächst mit der Bahn Richtung Prag. Über Österreich war der Fluchtweg für die Ostjuden längst versperrt. Nur die Schweiz schien ihr ein lohnendes Ziel.

Doch den Großeltern war 1942 ihr Ausreiseantrag verweigert worden. Der Großvater wurde immer wieder zu

Verhören geschleppt. Die Nazis wussten, dass er irgendwo sein Vermögen versteckt haben musste. Später wurden er und auch seine Frau in Auschwitz ermordet.

Katharinas kleiner Bruder Jakob überlebte wie durch ein Wunder. Die Nazis hatten ihn von Auschwitz nach Theresienstadt gebracht. Dort hatten die Kinder eine etwas bessere Überlebenschance. Unter den 150 Kindern, die in Theresienstadt überlebten, war auch Jakob, als die Rote Armee am 8. Mai 1945 das KZ befreite.

Das Rote Kreuz übernahm den elternlosen Jungen Jakob und fand eine entfernte Verwandte der Familie Gloger in Hamburg. Eine Cousine zweiten Grades von Jakobs Großmutter nahm sich des Jungen an. Sie war kinderlos, und ihr Mann, ein strammer SS-Soldat, war gerade in den letzten Kriegstagen vor Berlin gefallen. Sie schenkte nun in ihrer Verzweiflung ihre ganze Liebe dem völlig verwahrlosten und unterernährten Jakob und päppelte ihn wieder auf.

Jakob Gloger machte sich aber schon als Jugendlicher, kaum hatte er sich etwas erholt, auf die Suche nach seiner geliebten Schwester Katharina. Er versuchte sich, auf der Suche nach ihr, durch alle möglichen militärisch besetzten Zonen im Nachkriegsdeutschland zu schlagen. Er wollte ihren Fluchtweg nachvollziehen, wollte wissen, wo sie geblieben war. Es war aber nicht mehr festzustellen, wie viele Menschen seiner Schwester auf der Flucht geholfen hatten und wie sich ihr Fluchtweg genau gestaltet hatte. Aber er wusste, das Ziel war die Schweiz gewesen. Zu oft hatte er mit seiner Mutter gebetet, dass Katharina den Weg in die Schweiz, mit Gottes Hilfe, finden möge.

Die Vermisstenstelle des Roten Kreuzes gab ihm schließlich den Tipp, direkt nach Singen, vor den Grenzübergang in die Schweiz, zu fahren. Hier war es dann ein Leichtes für ihn, das traurige Ende der Reise seiner Schwester in Erfahrung zu bringen.

Die Gestapo hatte genau Buch geführt. Die Unterlagen konnten bei der Militärstelle der französischen alliierten Streitkräfte eingesehen werden. In Sütterlinschrift stand im Insassenbuch des Gefängnisses in der Erzbergstraße am 8. November 1943 der Eintrag: ›Katharina Gloger, Jüdin, Tod durch Selbstmord.‹

Ein Singener Bürger führte ihn vom Gefängnis direkt auf den Friedhof. In einer Ecke lagen ein paar mit Gras und Unkräutern verwachsene Grabhügel. Hier wurden während der Nazizeit die Fremdarbeiter verscharrt. ›Polenfeld‹ nannten die Singener Bürger diesen Teil des sonst würdig gestalteten Waldfriedhofes.

Jakob Gloger stand vor irgendeinem Grab. Unter welchem Erdhügel genau seine Schwester lag, wusste der Begleiter auch nicht, und ihm selbst war es in diesem Augenblick auch gleichgültig. Er sah vor seinen Augen seinen Vater, seine Mutter und seine Schwester. Jetzt waren alle seine Lieben tot. Und zum ersten Mal beschlich ihn ein schlechtes Gewissen, weil er noch lebte.

David Gloger wuchs mit diesem schlechten Gewissen seines Vaters Jakob Gloger auf. Der Vater erzählte ihm wenig über seine Jahre im KZ, aber viel über den Großvater und die Liebe zu seiner Schwester Katharina. Im Lesezimmer stand ein alter Koffer. Das einzige Erinnerungsstück an die ausgerottete Familie. Ihn hatte Jakob in Singen ausgehändigt bekommen. Es war der Koffer, den seine Schwester auf der Flucht verwendet hatte. Nur wenige Kleidungsstücke waren darin sowie der wichtigste Teil der hebräischen Bibel, die Thora, und ein altes Kochbuch.

Jakob Gloger hatte den Koffer mitsamt dem Inhalt aus Singen mit nach Hamburg gebracht. Seither stand er in der Bibliothek der alten Villa seiner Tante. Jakob hatte ihn dort nach seiner Rückkehr abgestellt und danach nie mehr in die Hand genommen oder gar geöffnet.

Erst ein Jahrzehnt später hatte sein kleiner Sohn David den Koffer neugierig inspiziert. Er fand in ihm ein herrliches Spielzeug. Er mimte damit McGill, ›der Mann mit dem Koffer‹. Die Serie war im Vorabendprogramm der ARD längst abgesetzt, da konnte David seine Freunde noch immer mit den Geheimfächern des Koffers seiner toten Tante täuschen.

David Gloger war der Koffer mit den Geschichten über seine mutige Tante Katharina seit seiner Kindheit ans Herz gewachsen, sodass er den Koffer schließlich zu seinem Eigentum machte. Als er Jahre später nach Freiburg zum Studium ging, nahm er ihn mit. Er hängte die Kleidungsstücke seiner Tante in seinen eigenen Schrank und legte zu der Thora und dem alten Kochbuch von ihr seine Lieblingsbücher dazu.

Auch in seiner Studentenbude stand der Koffer auf einem sichtbaren Ehrenplatz. Mit dem handgearbeiteten, hellen Holzrahmen und dem dunkelbraunen Lederbezug war er ein antiquarisches Kunstwerk, auf das er stolz war. Den wirklichen Wert des Koffers ahnte er noch nicht. Erst als er ein bestimmtes Rezept aus dem Kochbuch kochen wollte, offenbarte sich ihm das vererbte Geheimnis seiner Tante.

Zunächst hatte er den Hinweis nicht erkannt. Er war schon im vierten Semester und hatte manchmal aus dem Kochbuch Gerichte nachgekocht. Die meisten waren einfach und klar beschrieben. Es waren gesammelte Rezepte der schlesischen und russischen Küche. Seine Tante musste das Buch relativ neu erworben haben, denn es war erst 1935 in einem Breslauer Verlag erschienen.

David Gloger griff zu dem alten Kochbuch, weil eine Kommilitonin eine Reise nach Moskau plante. Er wollte sie mit einem echten russischen Gericht überraschen. Schließlich entschied er sich, auch des Namens wegen, für ›Stalins Piroggen‹. Das hörte sich für ihn echt russisch an.

David wollte seinen Einkaufszettel schreiben, aber er wunderte sich von Anbeginn über die mit Bleistift korrigierten Mengenangaben. Deutlich konnte er im originalen Schwarzdruck lesen: 1.000 g Mehl, 100 g Zucker, 160 g Butter, 4 Eier, 20 g Hefe, 20 g Salz, 500-ml-Glas Milch (Wasser), Pflanzenöl.

Mit Bleistift aber waren die meisten Mengenangaben der Zutaten ergänzt. Doch diese neuen Angaben schienen ihm sehr unrealistisch. Es schien, als hätte seine Tante ›Stalins Piroggen‹ für ein ganzes Regiment hochgerechnet. Warum sie dann aber die Angaben bis fast auf das Gramm exakt festgelegt hatte, machte auch wiederum keinen Sinn. Und auch die zusätzlichen Angaben zu den Zutaten waren unverständlich. 210.500 g Mehl waren schon verwunderlich, warum sie aber vor dem Mehl ein R eingefügt hatte, war das nächste Rätsel. Ebenso bei der Zugabe von Butter. Warum gerade 1.579 Gramm? Und warum musste es Goldbutter sein?

Auch die Zubereitung war für ihn mit rätselhaften Hinweisen ergänzt. Warum der geknetete Teig des Vortages in Schaffhausen stehen sollte oder was das Wohl & Brüder mit der Goldbutter zu tun hatte, das erschloss sich ihm gleich gar nicht.

Dazu der rätselhafte Schlusssatz, der im Original auf der Rezeptseite ursprünglich hieß: ›Je weniger Eier, Butter und Zucker man verwendet, desto weniger Flüssigkeit braucht man für die gleiche Menge Mehl.‹

Tante Katharina hatte daraus gemacht: ›Mehr RMehl als Silberzucker und Goldbutter schafft Stalin zum Wohl & Brüder.‹

RMehl?

Goldbutter?

Silberzucker?

Und vor allem: Wohl & Brüder? – David ging dieser Ausdruck nicht mehr aus dem Kopf. Zum Wohl der Brüder, müsste es heißen, das war klar, aber was hatte sich seine Tante bei diesen Änderungen überhaupt gedacht? Für welche Brüder hatte sie Piroggen gemacht?

Der einzige Bruder der Tante war sein Vater. Doch dieser winkte ab, als David ihn am Telefon auf die Rezeptänderungen ansprach. Für ihn war das Kapitel beendet, er suchte seine innere Ruhe. Nur David schloss sich diesem Wunsch nicht an. Für ihn war seine Tante Katharina ermordet worden, so hatte er sich die Familiengeschichte schon immer zurechtgelegt. Die Version des Selbstmordes hatte er noch nie akzeptiert. Und selbst wenn die Tante sich tatsächlich selbst umgebracht hatte, wie wollte man differenzieren? Die Nazis hatten sie in den Tod getrieben, Punkt. Klar für ihn war auch: Sie war verhaftet worden, saß im Gefängnis und wusste, was sie im KZ erwarten würde. Ihr Tod war unausweichlich. Unklar war nur: Warum hatte sie in all dieser schrecklichen Zeit dieses dämliche Kochbuch bei sich und vor allem: Was sollten diese unsinnigen, ja sinnwidrigen Änderungen?

Was diente dem Wohl der Brüder bzw. warum schrieb sie Wohl & Brüder? Und RMehl und Goldbutter?

David fuhr aufgebracht nach Hause. Er zeigte das Kochbuch seinem Vater, er drängte ihn, sich zu erinnern. Doch der Vater erinnerte sich nur an das Buch ohne zusätzliche Einträge. Die Schwester hatte es sich selbst gekauft. Er legte für David wieder die alte Platte auf und erzählte von der Liebe und Wärme Katharinas, wie die große Schwester ihn gern bekocht hatte, ihm Heidelbeerknödel gezaubert hatte oder die honigsüßen Medovnik.

David wollte aber längst nicht mehr hören, wie schön die Welt vor dem Einmarsch der Deutschen gewesen war. Er wollte nur wissen, was seine Tante in dem Kochbuch hatte mitteilen wollen. Umsonst sollte sie die Einträge nicht geschrieben haben. Er musste das Geheimnis lüften. Er war sich plötzlich ganz sicher, dass sie mit ihren Einträgen etwas hatte sagen wollen. Sie war mit dem Familienschatz geflüchtet. Sie hatte ihn entweder in Sicherheit gebracht, oder er war ihr abgenommen worden. Sein Vater redete nicht viel darüber. In den Papieren des Singener Gefängnisses hatte er keinen Hinweis darauf gefunden. Er hatte aber auch nicht lange gefragt. Sein Vater war zu sehr mit sich selbst beschäftigt. Er haderte zu sehr mit seinem eigenen Schicksal. Warum hatte er seine geliebte Schwester verloren? Warum hatten die Eltern sie einfach gehen lassen? Könnte sie noch leben, wenn sie nicht geflüchtet wäre?

David hingegen war der Familiengeschichte rationaler begegnet. Er fragte sich, seit er Katharinas Flucht begreifen konnte und seit er die Vernichtung seiner Großeltern auch als ein Jagen der Gier der Nazis nach Geld und Kapital verstand, wo der Schatz seines Großvaters abgeblieben war.

Er musste aber auch akzeptieren, dass sein Vater nicht in der Lage war, den Tod seiner Familie mit der Frage nach dem Geld seiner Familie in einen Gedanken zu fassen. Er hatte seine kindlichen Erfahrungen im KZ noch heute nicht verkraftet. Und noch immer quälte ihn die Schuld des Alleinüberlebenden.

David fuhr von Hamburg aus nicht nach Freiburg zurück, sondern direkt mit dem ICE über Stuttgart nach Singen. Dort streifte er einen Tag durch die Stadt. Er schaute sich das

Gefängnis in der Erzbergstraße von außen an und war überrascht, wie es sich in die Wohngegend einpasste. Er ging um den Komplex herum und sah im Innenhof sogar so etwas wie einen Wintergarten als Glaspavillon. Schnell wurde ihm klar, dass er hier und heute, über 60 Jahre nach dem Tod seiner Tante, keine Spuren mehr von ihr finden würde.

Er setzte sich in ein Café in der August-Ruf-Straße, nahm das Kochbuch in seine Hände und las wieder und wieder die Zutaten für ›Stalins Piroggen‹. Er fühlte sich einer Lösung nahe.

Unter dem Stichwort Zubereitung las er den Tipp: ›Sie sollten den Teig des Vortages in einer warmen Kammer gehen lassen.‹ Warum hatte seine Tante über das Wort Kammer mit Bleistift Schaffhausen geschrieben?

Sein Blick glitt über die gesamte Seite. Er las von rechts unten nach links oben nur die von seiner Tante eingesetzten Worte: Stalin schafft nach Schaffhausen zu Wohl & Brüder 213.500 R, 1.579 g Gold, 1.459 g Silber.

Aus Goldbutter wurde Gold und aus Silberzucker Silber.

David wurde unruhig. Er fühlte sich der Lösung des Rätsels immer näher. Die Angaben standen offensichtlich für die Mengen des Gold- und Silberschmuckes, die seine Tante im Koffer bei sich geführt hatte. Wenn das stimmte, dann standen die 213.500 R für Reichsmark. Aber es schien wie beim Kochen, die Mengenangaben allein waren nicht das Problem. Wo lagerten die Zutaten? Wo hatte sie das Geld, das Gold und den Silberschmuck gelassen?

David war sich sicher, dass seine Tante auch diesen Hinweis in das Kochbuch geschrieben hatte. Er war vom Jagdfieber gepackt. Er trank seinen Kaffee aus und schlenderte in Gedanken an seine Tante zum Bahnhof der Maggi-Stadt. Er fühlte sich Katharina in diesen Minuten sehr nahe. Er hatte schon immer eine besondere Beziehung zu dieser Frau gehabt, von der ihm sein Vater von Kindesbeinen an erzählt hatte. Manchmal hatte sein Vater ihm gesagt, er würde ihr ähneln. Er war sich sicher, sie musste eine wunderbare Frau gewesen sein.

Am Bahnhof erkundigte er sich nach den Abfahrtszeiten in Richtung Freiburg.

»Kein Problem, über Donaueschingen haben Sie eine Direktverbindung«, gab ihm der Schalterbeamte Auskunft.

»Ich möchte aber über Basel fahren«, entschied sich David plötzlich anders. Über Basel war zwar nicht sein wahres Ziel, aber über Schaffhausen. Und das war der gleiche Zuganschluss wie nach Basel.

›Der geknetete Teig des Vortags sollte in Schaffhausen gehen.‹ Dieser Satz hatte seinen Entschluss bestimmt. Was immer ihm Katharina damit hatte sagen wollen, David hatte nur noch ihre Zeilen vor seinen Augen. Er musste das Geheimnis des verschlüsselten Piroggen-Rezeptes lösen.

Der Regionalzug kam von Ulm über Friedrichshafen und Überlingen und bummelte entlang der nördlichen Schweizer Grenze Richtung Basel. David war verwundert, wie leicht der Zug die Staatsgebiete wechselte. Mal fuhr er durch Deutschland, mal durch die Schweiz. Er dachte an seine Tante und ihr Schicksal vor nunmehr fast 60 Jahren. Warum hatte sie den Übergang nicht geschafft? Warum war sie so kurz vor dem Ziel doch noch in die Fänge der Gestapo geraten?

In Schaffhausen ging er verunsichert vom Bahnhof Richtung Innenstadt. Er wusste gar nicht so genau, was er hier sollte. Er streifte durch das Herrenackerviertel, durch die Schaffhauser Altstadt und stand schließlich auf dem Marktplatz. Es war ein sonniger Mittwochmorgen, und die Bauern aus der Umgebung boten an ihren Ständen ihre Waren an.

David ließ die Munotstadt auf sich wirken, schlenderte unschlüssig um die Marktstände herum und versuchte wie nebenbei, mit den älteren Marktfrauen ins Gespräch zu kommen. Er hatte keine richtigen Fragen an sie. Er wusste nicht, was ihn antrieb, er wusste selbst gar nicht so genau, was er hier eigentlich sollte. Er suchte die Nähe zu den Einheimischen. Er fühlte sich zu den Älteren unter ihnen geradezu hingezogen. Vielleicht konnten sie ihm etwas aus der Zeit erzählen, als seine Tante auf der anderen Seite der Grenze stand? Er musste irgendwie in dieser Stadt einen Faden finden, an dem er sich weiterhangeln konnte.

In seiner Hilflosigkeit alberte er mit den Marktfrauen herum. Zwanglos plauderte er ein bisschen mit ihnen, gab sich als Fischkopf aus dem hohen Norden aus und fragte wie beiläufig: »Warum muss in Schaffhausen der Teig zum Wohl der Brüder am Vortag angerichtet werden?«

»Wohl den Brüdern, denen ein Teig angerichtet wird«, lachte eine.

Eine andere sagte: »Obwohl die Brüder keine Geschwister waren.«

»Welche Brüder?«

»Die Wohls«, kicherte sie.

»Welche Wohls?«, fragte David leichthin.

»Die staubigen Brüder vom Bankhaus Wohl«, lachte eine andere.

David war elektrisiert. Eine plötzliche Anspannung brachte sein Herz zum Rasen. Sein Kopf lief rot an. Er hörte sich Tante Katharina zitieren: »Wohl & Brüder.«

»Das haben Sie gesagt«, lachten jetzt alle.

Auch David lachte, winkte den Marktfrauen zu und ging

weiter: ›Wohl & Brüder‹, hallte es in seinem Kopf. Es war offenbar der Name eines Bankhauses, den Tante Katharina ihm vielleicht hatte mitteilen wollen.

David fragte sofort Passanten nach dem Bankhaus, doch die Bank Wohl & Brüder schien niemand zu kennen. Doch ein Irrtum? Er ging zum Rathaus, wurde von dort ins Stadtarchiv geschickt und erfuhr dann, dass es in der Innenstadt bis vor ein paar Jahren tatsächlich ein Bankhaus dieses Namens gegeben hatte. »Aber heute ist in dem Gebäude eine Filiale des Zürcher Bankhauses der Schweizer Bankgenossenschaft«, klärte ihn ein Archivar auf.

David Gloger glaubte seit diesem Tag zu wissen, wo das Geld seiner Familie lag. Er sah sich schon als reichen Erben, rechnete kurz die Zinsen und Zinseszinsen hoch und wurde immer aufgeregter. Begeistert rief er seinen Vater in Hamburg an, erzählte ihm von seinem Fund und der Lösung des Rätsels.

»Und jetzt?«, fragte der müde.

»Jetzt gehen wir in die Bank, sagen, wer wir sind, und lassen uns das Geld von Katharina auszahlen, du bist ihr Bruder!«, jubilierte David aufgekratzt.

*

Oswald Wohl lachte in sich hinein. Das hatte sich der junge Mann so einfach vorgestellt. Ohne Quittungen und ohne Unterlagen stand er vor ihm. Er war kein Freund dieser Generation, die alles bestritt, nur nicht den eigenen Lebensunterhalt. Erbengeneration! Dabei hatte dieser junge Mann doch noch das ganze Leben vor sich. Er selbst hatte auch die Bank seines Vaters und der drei Onkels erst mal richtig aufbauen müssen. Erst als er 1937 eingestiegen war und mit seinem Freund aus Deutschland aktiv wurde, war aus dem Bankli eine echte Bank geworden.

Erst in den letzten Kriegsjahren, und vor allem danach, war sie zu einem später verlockenden Happen für die große Zürcher Bankgenossenschaft geworden. Er hatte seinen Anteil für sein Leben geleistet, war Oswald Wohl überzeugt.

»Ich habe Ihnen ja den Sachverhalt schon schriftlich dargelegt«, lenkte er friedfertig ein. »Als wir unser Bankhaus an die Schweizer Bankgenossenschaft übergaben, haben wir natürlich alle unsere Kunden benachrichtigt. Was denken Sie sich denn? Glauben Sie, da blieben Konten offen, Konten ohne Besitzer? Schön wär's, aber auch zu meiner Zeit ist kein Geld vom Himmel gefallen. Und ein Konto auf den Namen Gloger hatten wir überhaupt nie, da bin ich mir sicher!«

»Auf den Namen Gloger vielleicht nicht, aber ein Nummernkonto, das mit dem Geld meiner Tante bei Ihnen eingerichtet wurde?«, bohrte David weiter.

»Auch dann versteckt sich hinter jeder Nummer ein Name. Und bisher tauchte während meiner Bankierszeit immer irgendein Mensch auf, der die Nummer in Bares umtauschte, leider.«

»Ich bin mir da nicht so sicher, manchmal hat einfach tatsächlich kein Familienmitglied die Nazizeit überlebt, und manchmal haben Banken auch damit gerechnet«, rechtfertigte David seine sture Haltung. »Heute weiß man, dass Schweizer Banken während der Nazizeit auch Kapital von Juden neutralisierten.«

»Natürlich haben während des Krieges einige Bankhäuser das Geld lieber nach Übersee transferiert und Konten aufgelöst, als zu warten, bis es über den Rhein ging«, schmunzelte Wohl sarkastisch, »denn das wäre ja dann erst recht nicht im Sinne der Juden gewesen, oder was meinen Sie, junger Freund, wenn wir das Geld dann auch noch den Nazis ausgehändigt hätten? Man wusste doch nie, wann Hitler tatsächlich einmarschiert.«

David öffnete den Mund, konnte aber auf die perfide Argumentation nicht antworten. Meist war er schlagfertig, doch jetzt musste er sich beherrschen, damit er nicht schlagwütig wurde.

»Auch die Schweiz war damals ziemlich nazistisch. Sogar mein Rektor im Gymnasium war schon Anfang der 1930er-Jahre ein Fröntler.« Oswald Wohl fand jetzt Gefallen an seiner Rolle als Widerstandskämpfer. »Bankiers wie meinen Vater, meine Onkels und mich hätten die Deutschen sicherlich zuerst gepackt, wenn die Reichswehr bei uns einmarschiert wäre. Wir konnten deshalb gar nicht so viel helfen, wie wir es gerne getan hätten.«

David konnte das Gesülze des alternden Bankiers kaum ertragen. Er hatte erfahren, dass Oswald Wohl geladen war, weil nach nun mehr als 60 Jahren belastende Protokolle der Kommission gegen ihn bzw. sein Bankhaus und seinen Vater vorlagen. 1944 sollte die Schweizer Bundesanwaltschaft gegen ihn ermittelt haben. Die Direktion des Zollkreises Schaffhausen hatte vermutet, dass ein Kurier des Bankhauses Wohl & Brüder die Deklarationspflicht umgangen hatte. Ein deutscher Staatsbürger mit Sonderausweis als Bahnbediensteter sollte verschiedentlich Geld und Gold in die Schweiz eingeführt haben, ohne die Summen anzuzeigen. Meist sollte das Schmuggelgut über den Grenzübergang Singen-Schaffhausen geschleust worden sein. Bevor jedoch die Beamten tätig werden konnten, wurden die Ermittlungen auf Wunsch des Verteidigungsministeriums ausgesetzt. David Gloger konfrontierte Oswald Wohl mit den unveröffentlichten Protokollen, die ihm zugespielt worden waren.

Doch dieser winkte souverän ab: »Glauben Sie mir«, klagte der Exbankier, »die Devisenkontrollen waren damals hart, und ein Vergehen konnte man sich gar nicht leisten.« Er bestritt entschieden, je irgendetwas mit geschmuggeltem Kapital zu tun gehabt zu haben. »Ein eigener Strohmann, das ist eine üble Verleumdung«, wehrte er sich, »vielleicht hat mal ein an der Grenze festgenommener Kurier meinen Namen genannt. Aber im Übrigen ist dabei ja nichts, trotz angeblicher Ermittlungen, herausgekommen, was zu einer Anklage geführt hätte.«

David Gloger wuchtete sich aus dem weichen Leder seines Sessels. Er hatte längst kapiert, dass dieser Mann ihm nicht helfen wollte. So konnte auch er nun das Gerede des alten Herrn nicht mehr länger ertragen. Er musste einen anderen Weg finden.

Oswald Wohl nutzte ebenfalls die Gelegenheit, das Gespräch zu beenden, und war, für sein Alter mit einem überraschenden Elan, aus seinem tiefen Sessel aufgestanden.

»Wie hieß denn der deutsche Staatsbürger, der Ihnen das Geld meiner Tante verschafft hat?«, setzte David noch einmal an.

»Fragen Sie doch Ihre Kommission oder die Direktion des Zollkreises Schaffhausen«, riet ihm Oswald Wohl in einem überaus spitzen Ton und drehte sich weg, um zu gehen.

»Man sieht sich immer zweimal«, sagte David noch. Es sollte wie eine Warnung klingen, aber der Bankdirektor außer Diensten war schon nicht mehr in Hörweite.

David fluchte leise. Er hatte viel Zeit investiert, um Oswald Wohl zu treffen. Doch gelohnt hatte sich für ihn dieses Gespräch nicht wirklich. Es war so nutzlos gewesen wie alle seine Anfragen bei der Schweizer Bankgenossenschaft.

Seine ersten Fragen hatte die Direktion mit dem Hinweis auf das Bankgeheimnis einfach abgelehnt. Als er persönlich vorstellig wurde, wurde ihm beschieden, dass konkrete Angaben kaum mehr möglich seien, da die gesetzliche Aufbewahrungsfrist von Büchern, nach der letzten Eintragung, nur zehn Jahre betrage.

David hatte gelacht. Das war doch ein Witz. Was hieß denn da zehn Jahre nach den letzten Eintragungen? Das Konto seiner Tante existierte noch. Wer sollte es denn gelöscht haben? Jedes Jahr mussten doch seit 1944 Zinsen darauf gutgeschrieben worden sein. Was also hieß da zehn Jahre nach den letzen Eintragungen?

Und seit er von einem Betrag von rund einer Viertelmillion Schweizer Franken ausging, seither wollte ihm schon gar nicht einleuchten, dass dieses Geld einfach so mir nichts, dir nichts verschwunden sein sollte.

David hatte schließlich seinen Vater überredet, ihm wenigstens einen Rechtsbeistand zu bezahlen. Doch auch diese Investition hatte bisher nicht mehr erbracht. Die Schweizer Bankgenossenschaft stellte sich stur und beschied ihm endgültig: »Alle unsere Nachforschungen verliefen negativ. Ein Bankkonto auf den Namen Ihrer Tante Katharina Gloger besteht definitiv in unserem Bankhaus nicht. Auch haben wir von dem ehemaligen Bankhaus Wohl & Brüder kein namenloses Vermögen übernommen. Wir verwahren uns in Zukunft gegen Ihre Unterstellungen und drohen Ihnen hiermit ein Klageverfahren an, sollten Sie weiterhin Ihre Behauptungen aufrechterhalten.«

David war klar, dass nur noch eine Klage würde klären können, ob die Schweizer Bankgesellschaft nicht doch namenloses Vermögen von dem Bankhaus Wohl & Brüder übernommen hatte. Aber eine Klage war schwierig zu führen. Bei einem geschätzten Streitwert von weit über einer Millionen Schweizer Franken hätte die Familie, im Falle einer Niederlage, mit einer Entschädigung für die Bank von einigen Tausend Franken rechnen müssen, zuzüglich der eigenen Anwaltskosten. Das sah das bankenfreundliche Schweizer Rechtssystem so vor. Für den kämpferischen

David Gloger war dieser Weg nicht möglich. Eine Niederlage hätte die Familie in den Ruin getrieben.

Trotzdem gab David Gloger nicht auf. Es musste einen deutschen Staatsbürger gegeben haben, der jüdisches Kapital in den Schoß der Bankiersfamilie Wohl & Brüder geschmuggelt hatte. Die Zolldirektion Schaffhausen hatte diesen 1945 im Visier. Vermutlich stand sein Name in den Protokollen von damals. Und vermutlich hatte seine Tante diesen Mann gekannt. Wie sonst sollte ihr Geld nach Schaffhausen gelangt sein? Von dieser Vorstellung war David nun überzeugt. Denn der Gestapo war das Geld nicht in die Hände gefallen, das belegten die Protokolle der Nazis.

David Gloger musste jetzt handeln. Oswald Wohl war noch einige Tage in Zürich, das hatte die Auskunft an der Hotelrezeption ihm bestätigt. Er musste schnell mehr Fakten sammeln. Fakten über seine Tante und ihre Verhaftung und zu den Helfern oder vielleicht auch Verrätern, die Katharina in den letzten Tagen ihres Lebens in Singen kennengelernt hatte.

Er pfiff auf seine Vorlesungen in Freiburg und fuhr zurück nach Singen.

*

In Singen marschierte David Gloger zunächst in die Stadtbücherei. Dort wurde er bezüglich seines Ansinnens ein Stockwerk höher in die Hegau-Bibliothek verwiesen. Bevor er eintrat, hörte er das heute eher seltene Hacken einer Schreibmaschine. Die Tür war leicht geöffnet, der Geruch von alten Büchern und moderndem Papier zog in seine Nase.

David ging durch die Tür und stand vor einem Meterhohen Stapel gebundener Zeitungsbände der Bodensee-

Rundschau. Die Rundschau war bis 1945 die Heimatzeitung in Singen gewesen. Sofort griff er sich die Bände und suchte nach dem Jahr 1943.

Ein Bibliothekar kam auf ihn zu. Seinem Alter nach hätte er die alten Ausgaben, die David suchte, in seiner Jugend selbst aktuell am Frühstückstisch gelesen haben können.

David stellte sich ihm höflich vor und sagte, was er suchte. »Mich interessiert die Zeit vor 1945. Alles, was zur Nazizeit über Singen geschrieben wurde.«

Der Bibliothekar lächelte nachsichtig, nickte und verschwand zwischen den Bücherregalen.

David blätterte währenddessen in den alten Zeitungsbänden. ›Scharfer Kugelwechsel mit Schmugglern‹ war eine Headline. ›Gestapo und SA entdeckten kommunistische Schmuggler‹ lautete eine andere Überschrift zum Thema Grenzverletzung. David suchte nur Artikel, die zum Thema Grenze geschrieben worden waren. Er überflog die Seiten der Zeitungsausgaben aus dem Herbst 1943. Doch bei den meisten Berichten zu den Grenzverletzungen der damaligen Zeit ging es in erster Linie um politisch motivierte Taten. Zum Thema Judenverfolgung fand er wenig oder gar nichts.

Dafür erfuhr er, dass es in Singen wohl eine starke Widerstandsgruppe gegeben hatte. Diese schmuggelte vorwiegend Flugblätter und politische Literatur aus der Schweiz nach Deutschland. Die Redakteure der Zeitung von damals schienen zur Berichterstattung die Meldungen der Gestapo wortwörtlich übernommen zu haben. Die Sprache war verräterisch: Da wurden Widerstandskämpfer nicht lange verdächtigt, es war keine Rede von mutmaßlichen Tätern oder Angeklagten, sondern jeder Angezeigte war auch schon ein Schmuggler, Mörder oder Hochverräter.

Doch einen Artikel über die Verhaftung seiner Tante

fand er nicht. Weder ihr Name noch irgendein Bericht über einen Fluchtversuch einer Jüdin stand in den Ausgaben des Novembers 1943. Missmutig stapelte er die dicken Bände wieder in der richtigen Reihenfolge aufeinander, dann schaute er auf.

Der Archivar schien erfolgreicher gewesen zu sein. Der Mann schlurfte mit einem großen Stapel Bücher auf seinen Armen zu ihm, legte diese auf einen Tisch in der Ecke und bedeutete David wortlos, er möge sich setzen. Dann ging er davon, um einen weiteren Stapel herbeizuschleppen.

David rückte einen Stuhl heran und zog die vielen Bücher auf dem Tisch zu sich her. Seine Laune besserte sich trotzdem nur wenig. Der gute Mann hatte ihn zwar mit Literatur eingedeckt, aber er wollte eigentlich nichts über den ›Aufschwung der Stadt vom Bauerndorf zur Industriemetropole‹, oder gar über ›Habermus und Suppengewürze‹ lesen, zu belanglos lauteten für ihn die Buchtitel. Er war zwar sehr erstaunt, wie viele Bücher zur Geschichte dieser jungen Kleinstadt unterhalb des Hohentwiels geschrieben worden waren, aber für seine Spurensuche schienen sie alle wertlos.

Ihn selbst interessierten nur diejenigen Bücher über Singen, die sich ausschließlich mit dem Dritten Reich, genauer gesagt mit den Jahren von 1939 bis 1945 und noch genauer mit der Zeit beschäftigten, als seine Tante in Singen gewesen war. Seine Suche fokussierte sich auf den 8. November 1943. An jenem Tag war sie im Gefängnis in Singen gestorben. Es war nicht die Zeit der langen Prozesse gewesen. David vermutete, dass sie nur wenige Tage zuvor gefasst worden war. Die vielen Bücher der fleißigen Heimatforscher schienen ihm da keine Hilfe zu sein.

Aber es hatten sich auch einige Autoren mit den Jahren der Naziherrschaft in Singen befasst. David ließ sich von seiner

Neugierde leiten und blätterte zunächst ziellos die Seiten der Bücher durch, die ihm der alte Bibliothekar vorgelegt hatte. Er fand dabei auch Aufzeichnungen über Singen als Ausgangspunkt zur Flucht in die Schweiz während der Nazizeit. Er las über die ideale Lage der Stadt auf dem Fluchtweg ins Nachbarland. Er erfuhr, dass seine Tante, wenn sie denn tatsächlich an der Grenze verhaftet worden war, vermutlich zwischen der Ortschaft Ramsen und dem kleinen Gebirgsrücken Randen aufgegriffen worden war. Nach den Unterlagen, die vor ihm lagen, hatten viele Flüchtlinge genau diesen Grenzabschnitt genutzt, in der Hoffnung, unbemerkt von den Grenztruppen in die unzugänglichen Waldgebiete und damit möglichst nahe an die Grenze zu gelangen.

David las über die Transportkolonne Otto, eine Gruppe Singener Bürger im Widerstand, die vielen Flüchtlingen auf dem Weg in die Schweiz geholfen hatte. Die Mitglieder hatten Grenzpassierscheine besorgt, Flüchtlingen Unterschlupf gewährt und sie dann heimlich über die Grenze geleitet. Ihre Hilfe war hauptsächlich politisch motiviert gewesen. Als Industriestadt hatte Singen eine starke Kommunistische Partei gehabt, bevor diese verboten worden war.

Der Vorsitzende der KPD, Ernst Thälmann, war schon im März 1933 in Berlin verhaftet worden. Seine Frau Rosa Thälmann und ihre 14-jährige Tochter bekamen keinerlei Unterstützung vom Staat. Sie waren auf die Solidarität der Genossen angewiesen gewesen. Unter anderem fanden sie Unterschlupf in Singen. Hier wurde Rosa Thälmann am 8. Mai 1944 verhaftet. Sie wurde mit ihrer Tochter in das Frauenkonzentrationslager Ravensbrück überstellt. Auf dem Transportschein stand der Vermerk: Rückkehr unerwünscht. Ernst Thälmann wurde im August 1944 auf Befehl Hitlers im KZ Buchenwald ermordet.

Davids verstärktes Interesse galt den Büchern, die sich mit der Grenzsituation im Dritten Reich beschäftigten. In manchen standen auch ausführliche Schilderungen über Flüchtlingserlebnisse. David war ergriffen von den Menschenschicksalen in der Zeit der Naziherrschaft, als ihm plötzlich ein Name ins Auge stach: Katharina Gloger.

David nahm seine Brille ab, schaute an die Decke der Bibliothek und hielt dann das Buch direkt vor seine Augen: »Katharina Gloger«, las er laut.

Er legte das Buch auf den Tisch, starrte vor sich hin, holte tief Luft, setzte die Brille wieder auf seine Nase, blickte erneut auf dieselbe Seite des vor ihm liegenden Buches und las denselben Namen wieder: Katharina Gloger.

Der Text berichtete von einem Singener Stadtpfarrer namens August Ruf. Diesen Namen hatte er schon zuvor in der Bodensee-Rundschau gelesen. Er war ihm aufgefallen, da die Bibliothek, in der er jetzt saß, sich in der August-Ruf-Straße befand. Hierher hatte er sich durchgefragt. Jetzt saß er genau hier und las in einem Buch über deren Namensgeber und dazu endlich auch über seine Tante: ›Es spricht einiges dafür, dass August Ruf ein Glied in der Kette zur Rettung verfolgter Juden war. Zusammen mit dem Vikar Eugen Weiler, später Pfarrer in Wiechs am Randen, war er bei dem Fluchtversuch der Katharina Gloger unmittelbar beteiligt.‹

David stand auf. Es schwindelte ihn. Er lief drei Schritte Richtung Ausgang, kam wieder zurück und stürzte sich auf die alten Bände der Bodensee-Rundschau. Er blätterte, fand den Artikel über den Stadtpfarrer wieder, den er zuvor achtlos überblättert hatte. Jetzt las er ihn. Ein Redakteur des Blattes jubilierte unverhohlen, dass der Stadtpfarrer nun endlich keine Hetzpredigten mehr halten würde und dass auch der Pfarrer von Wiechs verhaftet worden sei: ›Es war höchste Zeit, dass den beiden Volksschädlingen von Staatsseite der Mund gestopft wurde.‹

Der Artikel in seiner ganzen Länge beleidigte mit Gift und Galle die beiden Priester, die vermutlich seiner Tante hatten helfen wollen. Er las sich für David nicht wie ein Zeitungsartikel, sondern wie ein Kampfpamphlet. Aber David wusste nun endlich, dass er in dieser Stadt mehr über den Tod seiner Tante erfahren konnte, als sein Vater bislang wusste.

Bis zum Abend hatte er die Bücher, die ihm der Bibliothekar herausgesucht hatte, durchgearbeitet. Er hatte den ganzen Tag auf seinem Stuhl in der Kammer der Hegau-Bibliothek gesessen und nur gelesen. Nach seinem jetzigen Wissensstand war seine Tante in Singen angekommen und im Hotel Central abgestiegen, darüber berichtete ein Buch über den Singener Widerstand. Aus dem Hotel hatte besagte Frau Gloger sich wohl direkt an den Pfarrer Ruf gewandt. Vermutlich hatte ihr jemand den Namen des Geistlichen auf der Flucht genannt. Allerdings hatte es dann doch eine ganze Weile gedauert, bis der Stadtpfarrer von Singen dafür hatte sorgen können, dass Katharina Gloger über Wiechs am Randen nach Schaffhausen aufbrechen konnte. In Wiechs hatte sie vermutlich der dortige Pfarrer übernommen. Fest stand jedenfalls nach den Untersuchungen der Heimatforscher, dass Katharina Gloger an der Grenze zwischen Wiechs und Thayngen festgenommen worden war. Einen Tag später holte die Gestapo die beiden Priester ab.

David war nun klar, wohin er sich als Nächstes wenden wollte. Der Stadtpfarrer hatte für seine Menschlichkeit sein Leben geopfert. Die Nazis hatten ihn zu Tode gequält – vermutlich, nachdem er versucht hatte, seiner Tante zu helfen. Schon 1943 war ihm die Ehrenbürgerwürde der

Stadt Singen aberkannt worden. Am 8. April 1944 hatten die Nazis ihn umgebracht.

Vielleicht lebte aber der damals junge Vikar Weiler heute noch als Pfarrer in Wiechs am Randen? Nach den Aufzeichnungen, die David vorlagen, hatte dieser das KZ überlebt und war nach der Schreckensherrschaft wieder zurückgekehrt.

David Gloger war nun wild entschlossen, die letzten Tage seiner Tante zu rekonstruieren.

Auf der einen Seite hatte ihn die Neugierde erfasst. Er fühlte sich in Singen seiner Tante so nahe wie noch nie zuvor in seinem Leben. Hier, am Fuß des Hohentwiels, hatte er ihre Zeilen in dem Kochbuch richtig verstanden. Es war ihm, als hätte sie in dieser Stadt plötzlich zu ihm gesprochen.

Und natürlich erhoffte er sich auch zusätzlich mehr Klarheit über den Verbleib des Familienschatzes.

KAPITEL 11

Die beiden Regionalzüge verließen pünktlich den Hauptbahnhof Köln. Schon allein diese Tatsache wäre eine Schlagzeile wert gewesen. Es schien ein äußerst guter Tag für die Deutsche Bahn zu sein. Keine Verspätungen auf dem gesamten bundesdeutschen Schienennetz. Wie gut der Tag aber wirklich für die Bahn AG war, stellte sich erst Tage später heraus.

16.43 Uhr Abfahrt nach Koblenz auf Gleis zwölf und 16.43 Uhr Abfahrt nach Mönchengladbach, Gleis acht. Beide Züge rollten pünktlich unter den schützenden Glasdächern des großen Hauptbahnhofes der Kölner City hinaus. Das Ungewöhnliche aber blieb verborgen: In beiden Zügen stand jeweils ein Koffer, der in den Abteilen keinem Fahrgast zugeordnet werden konnte. Die beiden Gepäckstücke fielen niemandem auf. Sie lagen ordentlich im Gepäcknetz, schienen neu zu sein und verrieten einen ordentlichen Besitzer.

Beide Züge waren im Regionalnetz der Deutschen Bahn unterwegs, und beide Züge transportierten bis in die Abendstunden hinein Hunderte von Menschen durch das dicht besiedelte Ruhrgebiet, hin und zurück. Erst in den Nachtstunden wurden die Waggons abgestellt, und Putzkolonnen durchstreiften die Abteile. Sie schnappten sich jeweils die beiden liegen gebliebenen Koffer, warfen sie achtlos auf ihre Putzwägelchen und schleppten sie zur Fundstelle des Kölner Hauptbahnhofs.

Es war schon nach Mitternacht, der Schalter war geschlossen. Die beiden Koffer wurden in einem Vorraum der Fundstelle abgestellt.

Am nächsten Morgen um 7 Uhr nahmen sich Bahnbedienstete die beiden Koffer vor, staunten kurz, dass beide gleich aussahen und auch gleich verschnürt waren, obwohl sie doch in unterschiedlichen Zügen aufgefunden worden waren.

Zufall, dachten sie und wollten sie ordentlich registrieren. Dazu mussten der Name und Vorname der Fundsachenbesitzer in ein Formular eingetragen werden und vieles mehr.

Herrenlos, schrieb ein Beamter der Fundstelle in das jeweilige Formular, nachdem sie weder Namen noch andere Hinweise auf die Besitzer der beiden Koffer gefunden hatten. Wie vorgeschrieben, meldete ein Beamter den Fund sofort dem internen Suchdienst. Ihm war es nicht geheuer: zwei Koffer, die beide identisch aussahen, in zwei verschiedenen Zügen? Der stille, interne Alarm rief schnell zwei Bahnpolizisten auf den Plan. Vorschriftsmäßig öffneten die Beamten den ersten Koffer. Nachdem sie den straff sitzenden Außengurt gelöst hatten, ging der Koffer leicht auf, ohne dass sie das Schloss hätten knacken müssen.

»Na also«, sagte freudig und erleichtert der eine Beamte, während der zweite unvermittelt seinen Kollegen grob wegzerrte. Panik war in ihm aufgestiegen. Was er sah, verhieß nichts Gutes: Ein Wirrwarr an Elektrokabeln, die offensichtlich von einem elektronischen Gerät in ein weißes, verschnürtes Plastikpaket verlegt worden waren. Die technische Apparatur sah genau so aus, wie in Kriminalfilmen selbst gebastelte Bomben aussahen.

Fiktion oder Realität? Der Beamte überlegte nicht lange, sondern schrie in Panik: »Eine Bombe!«

»Quatsch«, lachte sein Kollege.

»Also ich gehe«, bestimmte der andere.

Gemeinsam verließen sie das Fundbüro und marschierten schnurstracks zu ihrem Vorgesetzten.

Dieser alarmierte die Landespolizei.

*

›Bombenanschlag gescheitert‹, titelte am nächsten Tag der Südkurier in Konstanz. Die Goldschmuggler-Story war von Seite eins auf die Regionalseiten der Zeitung abgerutscht. Die Klimakatastrophe als neue Titelgeschichte war gerade der Vorstellung eines neuen ›S-Klasse-Cabrio Ocean Drive‹ gefolgt. Mit 517 PS prangte der neue Daimler als Stolz der deutschen Autobauer auf Seite eins, in Farbe natürlich. Die Schlagzeilen waren so bunt wie die Welt. Zusammenhänge oder logische Verbindungen waren nicht gefragt. Nach dem Beifall für das PS-Wunder entdeckten die Zeitungsmacher am nächsten Tag die Klimakatastrophe nur, weil die UN auch dazu gerade mal eine Erklärung abgegeben hatte. Und jetzt Bombenleger in Deutschland! Eine neue Story, die auf Seite eins ausgeschlachtet werden konnte. Islamistische Fundamentalisten, al-Qaida, Alarm in Deutschland!

Leon wunderte sich längst nicht mehr über Tageszeitungen, die Werbebroschüren immer ähnlicher wurden. Als Journalist war ihm klar: Was den Fernsehmachern die Quote ist, ist den Zeitungsmachern die Auflage.

Der Aufmacher heute glich selbst einer medialen Bombe. Leon hatte die Websites sämtlicher deutscher Zeitungen als Favoriten im PC gespeichert: ›Bombenstimmung‹, glaubte die alternative taz witzeln zu müssen. Nach den Anschlägen von Madrid und London war aber ansonsten allen anderen Bürgern in Deutschland das Lachen vergangen. Sollte

Deutschland trotz seiner Zurückhaltung im Irakkrieg nun auch ins Visier der al-Qaida geraten sein?

Glücklicherweise waren laut den Berichten zwar beide Zünder der Bomben geschaltet, sie hatten aber beide nicht funktioniert. Die Generalstaatsanwältin kam zu Wort, der BKA-Chef und der Innenminister.

Leon presste sich einen Grapefruitsaft. Er sollte sich dringend um seine Geschäfte kümmern: die Grenzreportage für die Abendschau. Es war bald Weihnachten, und im neuen Jahr musste er die Story sofort drehen, er musste! Sein Kontostand schrumpfte, und Abhilfe versprach allein der Auftrag des Fernsehsenders. Also musste er endlich einen Drehplan schreiben und mit dem Redakteur absprechen, wie er die Geschichte anlegen wollte.

Seit jener Nacht, als er Eberhardt tot auf seinem Küchentisch gefunden hatte, hatte er sich um die Geschichte des Goldmillionenschmuggels nicht mehr gekümmert. Er hatte Tage später nochmals mit dem Kommissar gesprochen und ihm von seinen Ängsten erzählt. Doch ebenso wenig wie die Polizei den Münchner Wiesnanschlag mit immerhin 13 Toten bis heute aufgeklärt hatte, traute er ihr zu, den fraglichen Selbstmord von Bernd Vierneisel aufzuklären. An seinen eventuellen eigenen Tod wollte er gar nicht erst denken. Sollte Gladio beschließen, ihn zu töten, so wäre dies für die mächtige Geheimorganisation ein Leichtes, das war ihm klar. Nach der deutlichen, blutigen Warnung in seiner Küche hatte er eine riesige Angst bekommen. Er wusste auch gar nicht, wie er den Machenschaften Gladios hatte so nahe kommen können.

Er hatte es jedenfalls nicht gewollt.

Definitiv.

Lena hatte ihn, nachdem er ihr nur einen Teil der Geschichte erzählt hatte, gescholten. Sie hatte zurzeit keine Nerven für weitere zu Tode ängstigende Storys. Sie hatte mit ihren eigenen Problemen genug zu tun. Die Hälfte der Chemotherapie hatte sie gerade hinter sich gebracht, aber noch immer lag genügend Leid vor ihr. Mehr Aufregungen brauchte sie zurzeit nicht. Leon auch nicht.

Aber es war wie im vergangenen Jahr, als er nur eine Titelhändlerstory hatte recherchieren wollen und dann plötzlich in den mafiösen Strukturen einer Großorganisation gelandet war. Er suchte wahrlich nicht die Nähe zu den Räuber- und Pistolengeschichten. Aber sie steckten längst in jeder Ecke der Gesellschaft, gleichgültig, welches Thema er anzupacken schien.

Leon nahm den Grapefruitsaft mit in sein Büro und vertiefte sich weiter in die Recherche entlang des Konstanzer Zaunes zwischen Deutschland und der Schweiz. Er musste sich zwingen, die Goldschmuggler zu vergessen, Gladio aus seinem Kopf zu verbannen und die Grenzstory als unterhaltende Geschichte fertig aufzubereiten. Das Geschwätz der alten Herren und Sven mit seiner Bombe verdrängte er. Köln, das war weit weg, was wollte schon der Palästinenser in dem touristischen und verträumten Konstanz mit diesem gescheiterten Anschlag im hohen Norden zu tun haben? Alles, was über dem Maingraben lag, zählten Süddeutsche zu Norddeutschland, Westdeutschland kannten sie gar nicht.

Leon wandte sich dem westlichen Teil des Bodenseegebietes zu. Über den Schiener Berg und Ramsen fuhr er mit seinem Finger über die Landkarte entlang der Staatsgrenze nach Gailingen und Bietingen und schließlich nach Thayngen.

Thayngen lag auf der schweizerischen Seite. Während in Singen bei Maggi ein Schweizer Unternehmen deutsche Fertigsuppen produzierte, stellte in Thayngen ein deutsches Unternehmen Schweizer Fertigsuppen her: Die Firma Knorr aus Heilbronn hatte schon 1907 in Thaynen eine Niederlassung gebaut. Trockensuppen und Bouillonwürfel wurden hier produziert und später die legendäre Suppenwurst oder Erbsensuppe – ideale Heißbrühen für Soldaten im Feld. Ein Würfel in den Blechnapf, heißes Wasser darüber: ›Kraft in den Teller, Knorr auf dem Tisch‹, wusste Helmut Haller, deutscher Fußballnationalspieler, noch in den 70er-Jahren.

Leon überlegte, ob er auf seiner Reisereportage in Thaynen bei Knorr vorbeischauen sollte. Aber eigentlich waren ihm gerade Firmen wie Maggi und Knorr ein Dorn im Auge. Diese Suppenpanscher arbeiteten nicht nach seinem Geschmack. Ginge es nach ihm, würde man sie verbieten. Durch sie hatten selbst früher gestandene Köche ihr Handwerk verlernt und waren zu Dosenöffnern und Tütenaufschneidern verkommen. Statt ein paar Knochen und etwas Wurzelgemüse ins heiße Wasser zu geben, schütteten sie heute nur noch Fondor über die Pfannkuchenstreifen und servierten dann eine sogenannte Flädlesuppe.

Da wollte er doch lieber bei einem anderen Geschmacksverstärker in Thaynen vorbeischauen, der den Audi-Fahrern in den 70er-Jahren einen Renner geboten hatte: An deren Rückspiegeln baumelte meist ein grünes Bäumchen, das angeblich nach Fichte duftete. Heute werden die Tännchen aus saugfähiger Pappe mit Duftnoten wie Vanille oder Lavendel hergestellt. ›Beliebt ist auch der Duft New-Car – dieses einzigartige Aroma, das Autofahrer aus der Zeit kennen, als ihr Wagen noch neu war‹, wusste ein Prospekt, das sich Leon zur Recherche besorgt hatte.

Leon fuhr mit seinem Finger an der Grenze der Landkarte weiter und entdeckte eine ungewöhnliche Mulde der deutschen Grenzlinie in der rechtsrheinischen Schaffhauser Bucht. Es war eine bizarre geografische Lage. Der deutsche Ort Wiechs am Randen war fast vollständig von Schweizer Gebiet umgeben. Nur eine schmale Kreisstraße führte, wie ein schmaler Verbindungssteg, in die Sackgasse nach Wiechs. Diese eine Stichstraße bildete die einzige Verbindung in Richtung der deutschen Stadt Tengen. Alle anderen Gemarkungen des Ortes gehörten rundum zur Schweiz.

Wiechs am Randen musste sicherlich reizvolle Grenzgeschichten bieten, vermutete Leon. Diese einzigartige Lage lud Schmuggler und Gauner geradezu ein, in freier Landschaft, abgeschirmt durch dichte Wälder, illegal die Grenze in die Schweiz zu passieren.

Leon stöberte in seinem Buchregal. Er erinnerte sich an einen Besuch in einer Gaststätte in Wiechs am Randen. Dort hatte er eine Chronik mitgenommen, in der eine Geschichte über einen schmuggelnden Pfarrer in der Zeit des Dritten Reichs geschrieben stand. Er suchte in einem Stapel Heimatbroschüren und fand die Chronik der Pfarrei von Wiechs. Und tatsächlich war dort auch ein Artikel über einen Pfarrer namens Weiler und die Nazis abgedruckt. Dieser Geistliche war in Schwierigkeiten geraten, weil er Flüchtlingen über die Grenze geholfen haben soll.

Leon las die Geschichte staunend. Ein katholischer Pfarrer, der Juden in diesem gottverlassenen Winkel des Deutschen Reiches zur Flucht verholfen hatte, das war doch endlich eine Story, die seiner Grenzwanderung Stoff bot. Was er nun noch brauchte, war ein Zeitzeuge, vielleicht der Pfarrer selbst, sollte er noch leben, oder ein alter Zöllner, der zu jener Zeit an der Grenze diente? Ein O-Ton mit ihm oder dem Pfarrer selbst als Widerstandskämpfer und Menschenschleuser im Dritten Reich, das wäre ein kleiner Knüller, freute er sich über seinen Fund.

Leon suchte sofort die Telefonnummer des Pfarrers von Wiechs heraus, die Nummer des Bürgermeisters, vielmehr der Ortsverwaltung, sowie die Telefonnummer der Dorfgaststätte, an die er sich noch erinnerte. Alle drei Nummern wählte er der Reihe nach durch. Es wurde ihm danach schnell klar, dass Wiechs am Randen nicht der Nabel der Welt war und dass es in dem Fleck kein Pressezentrum gab. Aus der einst bekannten Pfarrei war eine Diasporagemeinde geworden, aus dem Bürgermeisteramt eine nicht besetzte Ortsverwaltung, und im Gasthaus Zur Sonne nahm nicht der Sonnenwirt ab, sondern eine der Stimme nach junge Frau, die mit fremdländischem Akzent sprach. Von wegen Zeitzeugen.

Journalistenalltag, der Leon aber nicht entmutigte. Solche Dinge war er längst gewohnt, das war sein Job.

Es war Ende Dezember, und es herrschten überaus milde Temperaturen. Leon schnappte sich seinen Parka vom Kleiderhaken und ging vor das Haus. Senta lag behaglich in den warmen, winterlichen Sonnenstrahlen. Sie blieb gemütlich liegen, schielte Leon nur mit einem Auge an. Leon zwinkerte ihr zu, tätschelte sogar kurz ihren Kopf. Nach dem schaurigen Erlebnis mit dem toten Eberhardt fühlte er sich fast komplizenhaft mit dem Hund verbunden. Gott sei Dank konnte Senta nicht reden, sodass Helma noch immer ahnungslos auf ihren Kater wartete. Leon leerte manchmal den Futternapf der Katze, damit Helma keinen Verdacht schöpfte, und war froh, dass die alte Dame an starkem Gedächtnisschwund litt. Helma lebte noch immer in guter Hoffnung: »Ach, das arme Tierchen, bei der Witterung! Eberhardt meint, es ist Frühling, und sucht nun rollige Kätzchen«, lachte sie.

Leon nutzte ebenfalls das zur tiefsten Winterzeit frühlingshafte Wetter und fuhr mit geöffnetem Schiebedach von Überlingen aus über Radolfzell und die Höri Richtung Schaffhausen. Er wollte nach Büsingen, einer deutschen Exklave mitten in schweizerischem Staatsgebiet. Er wollte sich dort ein Gasthaus ansehen, von dem man nicht genau wusste, ob es nun auf deutschem oder auf schweizerischem Grund stand.

Das Gasthaus Waldheim betritt man noch heute von deutschem Staatsgebiet aus. Wer den Gastraum über die Hintertür verlässt, steht aber urplötzlich auf schweizerischem Grund. Die Küche befindet sich auf dem Terrain der deutschen Exklave Büsingen. Die schönsten Sitzplätze der Terrasse sind jedoch auf Schweizer Gebiet. Im Keller gibt es Schweizer Steckdosen, aber im Restaurant deutsche Schukostecker. Und oben in der Wohnung der Wirtsleute sind beide elektrischen Industriestandards in friedlicher Koexistenz zu finden.

Das Waldheim steht dort, wo der südöstlichste Zipfel der deutschen Exklave Büsingen hoch über dem Rhein auf die südwestlichsten Ecken der Schaffhauser Gemeinde Dörflingen stößt.

Leon sprach kurz mit den Pächtern und ließ sich ihr Leben mit den beiden Währungen Euro und Franken schildern. Der Amtsschimmel wieherte in diesen Gemäuern unablässig, mal derjenige der EU-Behörden, mal derjenige der Eidgenossen. Den beiden Bürokratien konnten es die Wirtsleute nur selten gleichzeitig recht machen, beide bestanden auf Lebensmittelkontrollen nach ihren eigenständigen Gesetzen und Vorschriften. Dieses skurrile Leben zwischen den beiden Welten wollte Leon in seiner halbstündigen Reportage auf jeden Fall streifen.

Von Büsingen fuhr er über Thayngen nach Wiechs am Randen. Unterwegs suchte er noch ein paar schöne Drehplätze, von denen aus er mit der Kamera über die Landschaft des jungen Rheins schwenken konnte. In Wiechs wollte er dann mit den Leuten darüber reden, wie sie im Grenzgebiet so lebten. Vielleicht am Stammtisch in der Sonne oder in einem Einkaufsladen, wenn es denn einen solchen geben sollte, oder vielleicht auch mit alten Omas und Opas auf dem Friedhof.

Inmitten des kleinen Fleckens sah er einen für den kleinen Ort ungewöhnlich großen Kirchturm. Er war ihm schon weit vor der Ortseinfahrt ins Auge gefallen. Zielstrebig fuhr er darauf zu und hielt davor an. Er schlenderte über den Vorhof der Kirche und ging um das große Kirchenschiff herum, das wohl in Erwartung steigender Einwohnerzahlen gebaut worden war. Die gerade mal 400 Einwohner des Örtchens jedenfalls fanden heute sicherlich dreimal Platz darin.

1936 war die Kirche erst neu gebaut worden, mit angrenzendem, großzügigem Pfarrhaus. Im alten Pfarrhaus wohnte seither die Industriellenfamilie Stihl, weltweit bekannter Motorsägenhersteller und nebenbei auch Lieferant von Wildfleisch aus den Wäldern rund um Wiechs für den Sonnenwirt. Dies jedenfalls hatte der alte Wirt Leon bei dessen letztem Besuch erzählt.

Leon dachte an den gesprächigen alten Herrn des Wirtshauses und beschloss, diesen als Ersten zu besuchen. Doch heute begrüßte ihn in dem Gasthaus die junge Frau, die er zuvor am Telefon schon gesprochen hatte. Er erkannte sie an ihrer Sprache. Sie redete keinen Dialekt, sondern sprach für das Ohr eines jeden Süddeutschen ein geradezu perfektes Hochdeutsch, wenn eben auch mit diesem fremdländischen Akzent.

Leon begann einen belanglosen Plausch. Er fragte nach der Einwohnerzahl der Ortschaft und nach den Schwierigkeiten, in dieser Abgeschiedenheit ein gutes Restaurant zu führen.

Sie machte ihm einen Kaffee und dekorierte nebenbei den hellen und freundlichen Gastraum weihnachtlich. Von außen hatte das Lokal wie eine Bauernstube ausgesehen, aber innen wirkte der Raum wie ein exquisites Speiserestaurant.

»Wir sind beides«, erklärte die junge Wirtin mit Stolz und lachte: »Mein Mann ist ein ausgezeichneter Koch, aber an unserem Stammtisch sitzen auch die Bauern unseres Ortes.«

Während sie liebevoll einen im Gasthaus aufgestellten Obstbaum als Weihnachtsbaum dekorierte, redete Leon weiter. Dabei lenkte er zielsicher das Gespräch auf die nahe Grenze.

»Wir sind über die Schweizer Gäste sehr froh«, erklärte die Wirtin, »gerade aus Schaffhausen haben wir viele Stammgäste.«

In der Schweiz sind die Lebensmittelpreise deutlich höher als in Deutschland, das ist bekannt. Doch über die bessere Qualität der Schweizer Lebensmittel wollte Leon mit der Wirtin nun lieber nicht streiten. Stattdessen fragte er direkt: »Im Dritten Reich schleuste der Pfarrer hier im Ort auch Juden über die Grenze in die Schweiz. Wissen Sie etwas darüber, oder lebt dieser Pfarrer gar noch?«

Die Wirtin wollte gerade Dekostoff über einen großen Zweig des Obstbaumes ausbreiten, der sich von dem Mittelpfosten des Gastraumes über das ganze Lokal hangelte, da brach sie ihre Tätigkeit abrupt ab. Sie ließ ihre Arme sinken und schaute Leon irritiert an. »Seltsam, seit mehr als fünf Jahren lebe ich nun hier in diesem Ort, und noch nie hat mich jemand danach gefragt.« Sie schüttelte irritiert ihren Kopf. »Und nun Sie und gestern schon ein Gast. Auch er hat mich genau das Gleiche gefragt wie Sie jetzt.«

»Was hat er gefragt?«

»Ja, das Gleiche wie Sie. Er hat mich nach dem Pfarrer gefragt, ob dieser noch leben würde und überhaupt, wer ihm etwas aus dieser Zeit erzählen könnte.«

»Und Sie?«, fragte Leon weiter.

»Ich«, lachte sie, »ich habe meinen Mann geholt, der ist von hier, nicht ich.« Mit den letzten Worten auf den Lippen ging sie hinter die Theke und rief in die Küche: »Egbert! Egbert, kommst du mal?«

»Egbert Tribbelhorn«, las Leon auf der Kochschürze des Mannes, der aus der Küche in den Gastraum trat. Er trocknete sich seine Hände an einem blau karierten Tuch ab, das vor seine weiße Küchenschürze gebunden war, und reichte Leon die rechte Hand.

Leon stellte sich als Fernsehjournalist vor. Er erzählte von seiner Recherche zur deutsch-schweizerischen Grenze.

»Da sind Sie hier schon richtig«, schmunzelte der Koch geheimnisvoll. »Der ganze Ort hätte sogar mal evakuiert werden sollen. Unter Hitler hätten die Grenzer am liebsten die Zufahrtsstraße zu uns gesperrt. Einfach weg mit unserem Ort, weg ins Niemandsland. Und die Staatsgrenze hätte geradeaus gezogen werden sollen statt um Wiechs herum: einfach von Neuhaus geradeaus nach Bibern. Nur so hätten die Zöllner es vielleicht geschafft, die Grenze zu bewachen.«

»Und?«, fragte Leon.

»Da kennen Sie die Einwohner hier nicht«, lachte der sympathische Koch, »das geht mit uns hier nicht! Das ist unser Dorf, unsere Heimat.«

»Und was ist mit dem Pfarrer?«

»Das ist alles schon lange her«, wiegelte der Koch ab, »und der Pfarrer von damals lebt heute längst nicht mehr.«

Die Wirtin war zwischendurch kurz weggegangen und kam mit einem Buch zur Geschichte der Pfarrei Wiechs am Randen zurück. »Ich glaube, hier steht alles darin, wenn Sie das interessiert«, lächelte sie und schenkte Leon die Chronik, die gleiche, die er schon bei seinem letzten Besuch in dem Gasthaus mitgenommen hatte.

»Haben Sie viele davon?«, grinste Leon.

»Warum?«

»Was haben Sie denn dem Gast gegeben, der Sie gestern das Gleiche fragte wie ich heute?«

»Dem musste ich das Buch nicht extra geben«, erklärte sie forsch, »der Gast wohnt bei uns, und in jedem Zimmer haben wir sowieso die Dorfchronik liegen.«

»In der Nachttischschublade, wo andere Hotels die Bibel liegen haben?«, lachte Leon.

»Das wäre ein guter Platz«, räumte der Koch ein, »für uns Wiechser hat die Chronik schon einen besonderen Stellenwert.«

»Isst der Gast bei Ihnen?«, fragte Leon.

»Ja, ich denke schon, er hat sich zum Abendessen angemeldet«, wusste die Wirtin.

»Dann nehmen wir einen Tisch für zwei Personen«, entschied Leon spontan. Er hoffte, in dem neugierigen Gast einen potenziellen Interviewpartner für sein Grenzfeature gefunden zu haben.

»Das können Sie doch nicht wissen, ob der Mann das will«, versuchte die Wirtin die Anwaltschaft für ihren Gast zu übernehmen.

»Wenn er an Antworten auf seine Fragen interessiert ist, dann können Sie sicher sein, dass er mit mir reden will«, wusste Leon aus eigener leidvoller Recherche-Erfahrung.

*

Noch war es heller Mittag, und Leon fuhr ziellos entlang der deutsch-schweizerischen Grenze. Dabei überquerte er einen kleinen Grenzübergang bei Bibern und sah plötzlich einige Hundert Meter weiter auf der Fahrbahn eine grelle

Markierung. Leon lenkte seinen Porsche vorsichtig an den Straßenrand. Dabei musste er auf jede noch so kleine Bodenerhöhung achten. Die Karre war nicht für Feldwege gebaut, das Fahrgestell lag einfach zu niedrig. Aber schließlich fuhr er den Porsche nicht, weil er ein ackertaugliches oder praktisches Fahrzeug wollte. Er hatte ihn nun mal günstig erworben und sich damit einen Kindheitstraum erfüllt. Bevor er sich weitere Argumente als Rechtfertigung für den Kauf überlegen konnte, kratzte schon der Unterboden über einen erhöhten Stein. Sofort stand Leon auf die Bremse. Unsicher blieb er stehen. Sollte er nun weiter mit dem Blech über das Hindernis schrubben oder den Rückwärtsgang einlegen? Er entschied sich, zunächst einmal auszusteigen.

Die Markierungen auf der Fahrbahn waren mit grellgelber Kreide aufgemalt. Es waren deutliche Markierungen, wie sie die Polizei nach einem Unfall zeichnet. Leon schaute sie sich an, es musste die Stelle sein, an der die Zollstreife die Vierneisel-Brüder gestellt hatte. Das war jetzt drei Wochen her, und Sven war seit fast zwei Wochen auf freiem Fuß. Vor einer Woche hatte Leon das letzte Mal mit Kommissar Sibold telefoniert, doch der Mann war ihm zu einsilbig. Nach dem versuchten Bombenanschlag in Köln war Leon versucht, den Kommissar erneut anzurufen, doch Sibold war einfach kein Gesprächspartner für einen Journalisten. So dick, wie sein Bauch war, so sperrig war er auch in jedem Gespräch. Trotzdem war er die einzige Informationsquelle, die Leon anzapfen konnte, wollte er mehr erfahren, als ihm die Zeitungen täglich zu dem Thema lieferten.

Leon Dold griff zu seinem Handy. Swisscom, las er auf dem Display. Die Schweizer Sendeanlagen erreichten jeden Handynutzer im deutschen Grenzgebiet. Die Gespräche waren dadurch teurer, weil sich die Swisscom mit der vollen Strahlkraft die Kunden auf deutscher Seite angelte. So telefonierte er von Deutschland aus über die Schweiz nach Deutschland. Leon hatte die Nummer des Kommissars noch gespeichert.

»Ja«, meldete sich Horst Sibold.

»Ich wollte mich mal wieder melden, ich bin gerade in der Gegend«, brachte er sich in Erinnerung.

»Ja«, sagte Sibold.

»Gibt's was Neues?«

»Nein.«

Leon war klar, dass das Gespräch so zu keinem Ergebnis führen würde. Es schien ihm, als könne man mit dem Kommissar nur in vertrauter Runde mehr als drei Worte reden. Deshalb lud er sich kurzerhand selbst bei ihm ein: »Sind Sie heute Abend zu Hause?«

»Ja.«

Leon wollte warten, bis der Kommissar die ihm offerierte Einladung konkretisierte, entschied sich dann aber doch, weiterhin selbst zu bestimmen, wann und wo sie sich heute Abend treffen würden: »Dann bin ich um 9 Uhr bei Ihnen!«, stellte er klar und legte kurzerhand auf, ohne ein weiteres Ja oder Nein abzuwarten.

Er betrachtete noch ein Weilchen die Markierungen der Polizei vor sich auf der Fahrbahn und versuchte, sich den Tathergang vorzustellen. Direkt neben einem großen gezeichneten Viereck, das vermutlich das Auto der beiden Brüder darstellen sollte, war in der Höhe der vermuteten Fahrerseite ein wüster dunkelroter Fleck zu sehen. Der Zollbeamte musste nach seinem Bauchschuss erheblich Blut verloren haben.

Leon stellte sich den Ablauf der für ihn nach wie vor unverständlichen Tat vor. Es wollte ihm immer noch nicht einleuchten, warum die Brüder Geld und vor allem das Gold aus der Schweiz auf diesem gefährlichen Weg hatten schmuggeln wollen. Er erinnerte sich wieder an das belauschte Gespräch der vier Männer in der Villa bei Meersburg. Auch dieser alte Stalin alias Joseph Stehle hatte die Aktion nicht gutgeheißen. Er erinnerte sich an dessen Satz: ›Ich war von Anfang an dagegen, solch eine Summe auf diesem Weg über die Grenze zu bringen. Aber ihr wolltet ja unbedingt das Geld sofort.‹

Leon erinnerte sich auch an die Begründung, doch sie war ihm immer noch rätselhaft. Was sollte denn das Geld bei den Kameraden der Telekom?, fragte er sich nach wie vor.

Er betrachtete den hässlichen Blutfleck noch einmal, der ihn nun auch Wochen später noch immer mahnte, Gladio der Polizei zu überlassen, und stieg in sein Auto.

Er legte Jan Garbarek auf, ›In Praise of Dreams‹, und fuhr gemütlich Richtung Schaffhausen. Er hatte noch Zeit, bis er am Abend wieder in Wiechs in der Sonne sein wollte. Es war erst kurz vor 16 Uhr.

Punkt 16 Uhr stellte Leon die Musik Garbareks ab und hörte die Nachrichten im Radio. Der versuchte Anschlag in der Kölner Regionalbahn war noch immer der Aufmacher. Es schien ja auch ein unermessliches Glück gewesen zu sein, dass die Zünder der beiden Kofferbomben nicht funktioniert hatten. Trotzdem stand ganz Deutschland unter Schock.

Die Sicherheitskräfte nutzten die Gunst der Stunde: ›Der Entwurf eines Gesetzes zur Erfassung gemeinsamer Daten von Polizeibehörden und Nachrichtendiensten des Bundes und der Länder sieht die Errichtung einer gemeinsamen, zentralen Anti-Terror-Datenbank vor.‹ Der Nachrichtensprecher verlas distanziert und korrekt die Pläne der Bundesregierung. ›Das Bundeskriminalamt, die Landeskriminalämter, die Verfassungsschutzbehörden, der Militärische Abschirmdienst des Bundesnachrichtendienstes und die Zollkriminalämter sollen einen direkten Zugriff auf die Datenbank erhalten.

In dem System sollen unter anderem Daten über Personen gespeichert werden, die einer terroristischen Vereinigung angehören oder diese unterstützen. Dazu kommen Kontaktpersonen, die mit tatsächlichen oder potenziellen Schwerverbrechern in Verbindung stehen.‹

Nach den Nachrichten versprach der Moderator noch ein Interview mit dem Innenminister zum gleichen Thema. Der Sender hatte zusätzlich eine Blitzumfrage vorgenommen, nach der eine Mehrzahl der befragten Bürger verschärften Sicherheitsgesetzen zustimmen wollte.

Die Angst ging um in Deutschland.

Leon verzichtete auf weitere Begründungen zur Verschärfung der Sicherheitsgesetze und drückte die Play-Taste des CD-Spielers. Gabarek blies ›If you go far enough‹.

Und Leon gab Gas.

In Schaffhausen bummelte er durch die Stadt. Der Wasserfall war ihm zu weit abgelegen, also schlenderte er durch die Altstadt. Er bestaunte die schmucken Patrizierhäuser aus der Renaissance- und Barockzeit mit ihren prächtigen Erkern. Sie waren ein Ergebnis des tosenden Wasserfalls. Denn früher wurden Waren auf dem Wasserweg befördert. Schaffhausen lag dabei an dem Handelsweg Basel–Konstanz–Bregenz–Mailand. Die Stadt wuchs schnell, weil hier alle Waren, die auf den Schiffen den Rhein hoch geschippert kamen, auf einen Wagen umgeladen werden mussten, um dann weiter oben wieder auf den Rhein oder vielmehr Bodensee abgesetzt zu werden. Diese Dienste hatten sich die Schaffhauser offensichtlich gut bezahlen lassen.

Leon schlenderte gemütlich durch die Nebengässchen zur Schiffslandestelle an den Rhein, blinzelte vergnügt einer steinernen Friedenstaube über einer der herrlichen Rundbogenpforten zu und fragte sich insgeheim, wie viel Unfrieden diese Taube wohl schon gesehen haben mochte, seit sie als Friedensstifter auf ihren Platz gesetzt worden war.

Nach einem Kaffee Schümli machte er sich auf den Weg nach Wiechs zu dem ihm bisher noch unbekannten Rechercheur, der offensichtlich an den gleichen Fragen knabberte wie er selbst.

*

Der Gastraum in der Sonne war nur spärlich besetzt. In den Wintermonaten stand Wiechs am Randen nicht gerade auf dem Besuchsprogramm der Touristen, und die Einheimischen aßen ihre Vesper zu Hause. An zwei Tischen saß je ein Paar, an einem weiteren hatte ein junger Mann Platz genommen, neben ihm war aber für eine zweite Person gedeckt.

Leon steuerte direkt auf ihn zu, stellte sich kurz vor und fragte dann höflich, ob er sich zu ihm setzen dürfte.

»Natürlich«, lächelte David Gloger schüchtern. Er hatte seine langen blonden Haare zu einem Zopf zusammengebunden. Dadurch kam seine hohe Stirn noch mehr zur Geltung. Er hatte ein längliches Gesicht, trug eine Nickelbrille wie einst John Lennon, und obwohl er sicherlich schon über 20 Jahre alt war, hatte er statt eines Bartwuchses nur kräftigen Flaum. Seine blauen Augen verrieten Lebensfreude. Sie lachten freundlich und neugierig in die Welt und zogen Leon in ihren Bann.

Vertrauensvoll redete Leon nicht lange um den heißen Brei herum, sondern duzte den jungen Mann sofort: »Wir sind beide auf der Suche nach dem gleichen Zeugen. Was willst du von dem ehemaligen Pfarrer wissen?«

»Er lebt leider nicht mehr, aber er war vermutlich einer der letzten Menschen, der meine Tante noch lebend gesehen hat«, antwortete David ehrlich und erzählte ohne Scheu seine Familiengeschichte.

Leon unterbrach ihn nicht, stellte höchstens hie und da eine Nachfrage, um die Zusammenhänge zu verstehen, enthielt sich sonst aber jeden Kommentars.

Zwischendurch hatte er die Bestellung übernommen, zuerst für sie beide einen Chardonnay vom Schloss Rheinburg, einen herrlichen, trockenen Weißwein, dessen Trauben nicht weit weg von Wiechs, in Gailingen, angebaut wurden. Die freundliche Wirtin hatte ihnen zuvor ein Tintenfisch-Carpaccio an Zitronengrasvinaigrette mit lauwarmem Nudel-Lauch-Salat und Pesto empfohlen. Danach gab es Ravioli mit Zander gefüllt auf geschmortem Wirsing und danach noch pikante Nudeln mit gebratenen Sardinen und Pecorino.

David hatte ohne Unterbrechung erzählt.

Leon hatte im kulinarischen Himmel geschwelgt und dabei einer spannenden, wenn auch traurigen Familiensaga zugehört. David hatte hin und wieder eine Gabel voll genommen und statt Wein Wasser getrunken. Ein Essen zu zweit, wie Leon es liebte. Dabei dachte er kurz an seine Lena, sein schlechtes Gewissen meldete sich mal wieder, und er nahm sich vor, sie noch heute zu überraschen, wenn es denn beim Kommissar nicht zu lange dauern würde. Aber bei dessen einsilbigem Erzähldrang dürfte er sicherlich nach einem Espresso auch schon bald wieder weg sein.

Leon selbst hatte David viel weniger zu erzählen. Was wusste er schon von der Zeit in Singen, als Davids Tante dort verhaftet worden war? Er wollte zwar in seiner Reportage auch das Thema Schmuggel im Dritten Reich kurz streifen, aber allzu viel Zeit konnte er darauf nicht verwenden. Schließlich war sein Auftrag klar: Er musste ein Reisefeature abliefern, keine geschichtliche Aufarbeitung zum Thema Shoa-Gelder.

Seine Reportage würde 30 Minuten lang sein, das stand fest. In dieser Zeit musste er vom Konstanzer Grenzzaun bis nach Schaffhausen reisen, über den Untersee, Stein am Rhein, Gailingen, die Exklave Büsingen. Je Station hatte er maximal drei Minuten zur Verfügung. Darin sollten Menschen, die an der Grenze wohnen, porträtiert werden. Dazu war es erforderlich, ihre Staatenzugehörigkeiten sowie ihre eigenen Abgrenzungen herauszuarbeiten.

Meist waren die Menschen, je näher sie an der einen Grenzseite wohnten, umso distanzierter gegenüber den Menschen auf der anderen Grenzseite. In Schaffhausen waren die Schwoben, zu denen die Chaibe auch die badischen Singener zählten, gar nicht beliebt. Gerade bei Volksabstimmungen zeigten sich die Abgrenzungen der Schweizer Grenzbürger deutlich. Die Schweizer Bürger entlang des Hochrheins hatten immer mit einem klaren Nein zu sämtlichen EU-Abstimmungen votiert. In Zürich und Bern dagegen verebbten die Vorurteile gegen die Schwoben auf der anderen Rheinseite.

David legte Leon einige Unterlagen vor. »Die habe ich zugespielt bekommen«, informierte er stolz. »Ich habe die Bankenkommission mit Anfragen torpediert. Ich habe den Ombudsmann persönlich gesprochen, ich bin jedem Kommissionsmitglied nachgelaufen. Irgendeiner von ihnen hatte wohl ein Einsehen mit mir und hat mir dieses Papier anonym zugesandt. Auch deshalb bin ich nun sicher, dass die Schaffhauser Bank und Oswald Wohl unser Gold und unser Geld eingesackt haben.«

Vor Leon lag die Kopie eines amtlichen Papiers aus den letzten Kriegsjahren. Als internes Protokoll der ›Direktion des Zollkreises Schaffhausen‹ war es überschrieben. Darin wurde der Verdacht geäußert, dass ein deutscher Staatsbürger Geld und Gold aus Deutschland in das Bankhaus Wohl & Brüder geschmuggelt hatte.

Der Hinweis, dass der Schmuggler einen ständigen Grenzpassierschein besessen und mit der Bahn seine Schmuggelgeschäfte betrieben hatte, brachte Leon auf die Idee: Mechthilde Vierneisel hatte ihm von Joseph Stehles Tätigkeit während des Zweiten Weltkrieges erzählt. Er sei als Schaffner viel in der Schweiz gewesen und hätte ihr immer Schokolade mitgebracht. Vielleicht konnte er seinem neuen Freund David einen Hinweis geben? Vielleicht kannte der alte Stehle den Fall sogar und vielleicht auch noch die Täter von damals? Schließlich sollte er ja in dieser Zeit als Schaffner öfter den Zug begleitet haben, warum also sollte er nicht den Schmuggler selbst gekannt haben?

Leon fühlte sich plötzlich in der Pflicht, diesem jungen Mann zu helfen. Dieser hatte ihm seine ganze Familiengeschichte erzählt, jetzt war er dran: »Ich könnte dich morgen zu jemandem bringen, der damals Schaffner in dem Pendelzug von Singen nach Schaffhausen war«, schlug Leon also vor.

David war sofort Feuer und Flamme. »Wann morgen? Gleich nach dem Frühstück?«

Leon wusste, dass er mal wieder zu schnell geredet hatte. Es wurde ihm mulmig, doch er sah keine Rückzugsmöglichkeit. Er hatte doch die Finger von der Geschichte lassen wollen, aber nun? Er konnte David nicht enttäuschen. Er hatte sich nun schon zu weit aus dem Fenster gelehnt. Kleinlaut stimmte er zu und bestellte noch eine Tasse Kaffee. Nebenbei überlegte er fieberhaft, wie er den Termin hinauszögern könnte. Wie würde Stehle reagieren, wenn er plötzlich bei ihm auftauchte? Sie hatten ihn gewarnt. Doch Leon sah David neben sich ungeduldig auf seinem Stuhl herumrutschen. Er beruhigte sich mit einer alten Volksweisheit: Bellende Hunde beißen nicht! Man muss ihnen entgegenkommen, auf sie einreden, sie streicheln. Das war der einzige Weg, der ihm blieb: Leon musste freundlich auf Stehle zugehen. Er würde ihm sagen, dass er an einer Reisedokumentation recherchierte und ein paar Fragen zu dem Grenzverkehr der Kriegsjahre hätte, mehr nicht. Er wollte alles andere ausklammern.

Die sympathische Wirtin brachte den Kaffee und bot noch ein Schnäpschen aus der eigenen Brennerei an, doch Leon musste ablehnen, er wollte unbedingt noch zu Lena fahren.

Im Auto wählte er die Nummer des Kommissars.

Der meldete sich wie gewohnt: »Ja?«

»Nein«, antwortet Leon, »ich packe es heute nicht mehr, tut mir leid, Herr Sibold, aber es wird zu spät. Ich melde mich wieder.«

»Ja«, antwortete der Kommissar und hatte schon aufgelegt.

Leon war froh, er wollte dem Kommissar von seinem Vorhaben mit David sowieso nichts erzählen. Er wusste, dass der Kriminalist ihn abgehalten hätte. Jetzt war es ihm gerade recht, dass dieser am Telefon immer sehr kurz angebunden war.

Leon fuhr über Thayngen zurück, nahm von dort aus die Autobahn durch den Hohentwiel-Tunnel, um so möglichst schnell auf der anderen Seite des Sees bei Überlingen zu sein. Sein schlechtes Gewissen war enorm, er hatte sich schon einige Tage nicht mehr bei Lena sehen lassen, und auch die Verabredung mit David bei Joseph Stehle am nächsten Tag drückte seine Stimmung.

Er griff in das CD-Fach und suchte nach einem guten Rock: Deep Purple, ›Woman from Tokyo‹.

Das half wie das Pfeifen im Walde. Er grölte aus vollen Lungen mit: ›She makes me free!‹

Lena öffnete die Haustür, lächelte kurz, drückte ihm einen sanften Kuss auf die Lippen und ging ins Wohnzimmer. Sie hatte ferngesehen. »Irgendeinen Quatsch«, bemerkte sie leichthin und stellte den Apparat ab.

»Wie geht es dir?«, fragte Leon. Doch gleichzeitig war ihm klar, dass er die falsche Frage gestellt hatte.

»Wie soll es mir gehen? Richtig gut. Wahrscheinlich zu gut, deshalb haut mir der Onkel Doktor regelmäßig wieder eine Portion Gift in die Blutlaufbahn, damit es mir nicht zu wohl wird!«

Leon wollte das Thema Chemo schnell wieder beenden und erzählte ihr von seinem Tag in Schaffhausen und von Davids Familie. Zur Chemotherapie war seiner Meinung nach schon längst alles gesagt.

Lena hatte nun fast schon zwei Drittel ihrer Therapie hinter sich gebracht. Doch je länger die Chemo nun schon dauerte, desto größer wurden die innere Ablehnung und die erneute Angst vor der nächsten Dosis. Leon zählte die Wochen, Lena die Tage, doch heute blendeten sie gemeinsam das Thema Chemo aus.

Leon hatte in Lenas Weinvorrat noch eine Flasche CHÂTEAU Moulin Haut Villars aus der Gironde gefunden. Lena selbst war geplagt von Hitzewallungen, trank abwechselnd heißen Tee und dann wieder kaltes Mineralwasser. Statt ihrer sonst so geliebten kulinarischen Ausschweifungen hatte sie sich mit einem hellen Brot und etwas Marmelade begnügt. Auch ins Bett ging sie seit Neuestem lieber allein. ›Chemozeit ist Fastenzeit‹, hatte sie mal scherzhaft gelacht.

Aber auch Leon wurde nach seinem weiteren kräftigen Weinkonsum schnell müde. Der nächste Tag und vor allem Joseph Stehle schienen weit entfernt, und so schlummerte er, mit einem herrlichen Weingeschmack in seinem Gaumen, zufrieden neben Lena ein.

Sie hatte ihren Glatzkopf zu ihm, er seine Hand auf sein Geschlecht gelegt. Dabei erinnerte er sich an die schönen Nächte, die sie zusammen erlebt hatten, und träumte von einer ebenso leidenschaftlichen Zukunft.

*

Horst Sibold war froh, dass Leon ihm abgesagt hatte. Dieser vorwitzige Klugscheißer nervte ihn langsam. Warum nur hatte er ihm seine Handynummer gegeben. Jeden zweiten Tag rief er auf der Suche nach Neuigkeiten an, wurmte es ihn. Dabei hielt er ihm auch noch frech vor, zu wenig zu tun. Wie stellte der Lümmel sich das vor? Und er selbst hielt doch auch mit seinen Informationen hinter dem Berg. Oder was war das wohl in der ominösen Nacht mit seinem getöteten Kater. Ihm jedenfalls waren die Hände gebunden, solange Leon Dold nicht Anzeige erstattete und auch endlich zu Protokoll geben wollte, was er in der Meersburger Villa belauscht hatte. Und was hätte er ihm Neues erzählen können? Sie hatten sich in den Ermittlungen gegen die Vierneisel-Brüder festgefahren. Zwar wurde der Fall in den täglichen Sitzungen des Kommissariats regelmäßig behandelt, aber wirklich Neues gab es leider nicht. Die Sonderkommission blieb noch bestehen, aber alle Mitglieder waren längst auch mit anderen Aufgaben betraut worden.

Der Kommissariatsleiter gab auch Sibold reichlich zu tun. Auf seinem Schreibtisch lagen noch drei ungeklärte Fälle, die er parallel abschließen sollte. Sein Hinweis zur fraglichen Lage des Stuhls in der Zelle unter dem toten Bernd Vierneisel war längst abgetan. Es schien Sibold, als sollte nicht sein, was nicht sein durfte. Ein Mord im eigenen, idyllischen Seniorengefängnis? Das gab es nicht, basta!

Regierungsdirektor Fridolin Möhrle hatte von Anfang an seine ablehnende Meinung dazu kundgetan, als Sibold die Vermutung, Bernd Vierneisel habe vielleicht keinen Selbstmord begangen, zum ersten Mal aufgestellt hatte. Und auch der Kommissariatsleiter hatte sich dem Urteil des Regierungsdirektors angeschlossen, seither war dieses Thema vom Tisch.

Horst Sibold hatte trotzdem, in einem internen Kollegengespräch, den Leiter der Sonderkommission auf eine mögliche Verbindung mit der Geheimorganisation Gladio angesprochen. Doch dieser hatte ihn ausgelacht. ›Die sind doch so geheim, dass selbst die Mitglieder nicht einmal wissen, dass sie zu ihr gehören‹, hatte er gesagt und Sibold wie einen dummen Jungen stehen gelassen.

Da der Kommissar Leon als Zeugen nicht ins Spiel bringen konnte, hatte er nichts erwidert und war angeln gegangen.

Morgen früh aber stand nun ein ganz anderer Einsatz an. Kurz vor Dienstschluss hatte es eine Besprechung mit allen Abteilungen gegeben. Möhrle hatte sehr geheimnisvoll getan, doch es musste eine Operation sein, die im Zusammenhang mit den versuchten Bombenattentaten in Köln stand. Auf 5 Uhr war der Einsatzbeginn festgesetzt. Eine Einheit der Bereitschaft aus Lahr oder Göppingen sollte bis dahin am Hohentwiel eintreffen sowie ein Spezialkommando der SEK. Professionell vorbereitet sollte ab 6 Uhr die Operation gestartet werden.

Horst Sibold trank seine Teetasse leer und legte sich schlafen. Er hasste frühe Einsätze. Als er noch Alkohol getrunken hatte, war es ihm leichter gefallen, früh aus den Federn zu steigen. Damals stand er manchmal freiwillig früh auf und trank zuallererst einen Obstler. Danach fühlte er sich fit für den Morgen. Mit einem Schluck Schnaps hatte er eine erste kräftige Kalorienzufuhr erhalten, die ihn für den ersten Teil des Tages stärkte. Aber heute, da sollte er aufstehen für einen Tee? Nur kurz erinnerte er sich an das wohlige Gefühl in der vergangenen Zeit, wenn ihm der erste Schluck Alkohol am Morgen durch die Kehle gelaufen war. Er schnalzte mit der Zunge und löschte das Licht.

Der Kommissar wollte schnell einschlafen, dachte aber immer wieder an Leon. Der junge Reporter ging ihm nicht aus dem Kopf. Zuerst hatte er sich heute Mittag mir nichts, dir nichts eingeladen, dann heute Abend wieder genauso unverhofft abgesagt. Was hatte das zu bedeuten?

Sibold beschlich das dumpfe Gefühl, dass Leon wieder auf eigene Faust in der Sache Vierneisel recherchierte. Er ahnte noch Schlimmeres: Der Junge wusste wieder einmal mehr als die Polizei. Denn er hatte sich nicht auf Sven Vierneisel versteift wie Sibolds Kollegen, sondern den Großvater Stehle im Visier. Und den hielt Sibold ebenfalls für gefährlicher, wenn die Hinweise in Richtung Gladio tatsächlich stimmen sollten. Und Herrgottsack, der Einsatz morgen früh schmeckte ihm gar nicht. Es roch geradezu nach einer Bestätigung, die dieser Dold gehört haben wollte: Ein Bombenattentäter am Bodensee?

Langsam zweifelte er nicht mehr daran.

Schließlich schlief Horst Sibold mit den Gedanken an Leon ein und wachte mit der Sorge um ihn wieder auf. Sein Wecker hatte nur einmal kurz gepiepst, da stand Sibold schon neben seinem Bett. Er ging unter die Dusche, ließ das Wasser in einem kräftigen Strahl auf seinen Körper klatschen, zuerst heiß, dann kalt, und schaute anschließend, dass er schnell ins Polizeirevier kam.

Im Innenhof waren schon die jungen Kollegen aus Lahr

angetreten. Mit zehn Mannschaftswagen waren sie über Nacht herbeigekarrt worden.

Neben den grünen VW-Bullys sah Sibold noch vier große schwarze Limousinen. Ihre Kennzeichen verrieten ihm schnell, woher der Wind wehte: Stuttgart, Wiesbaden und München. Jetzt wurde ihm klar, dass ihr Einsatz tatsächlich mit einem Zugriff auf oberster Ebene zu tun hatte. LKA, BKA und vermutlich auch noch BND – das war keine Operation, wie sie die Polizisten täglich vornahmen.

Fridolin Möhrle kam ihm hellwach und aufgekratzt entgegen. Er trug heute einen schwarzen Anzug und seine obligatorische rote Fliege. Mürrisch raunzte er Sibold an: »Es gibt keine Vorschrift, aber trotzdem kann man an solch einem Tag auch einmal anstatt seiner blauen Jeans und einem abgetragenen Mantel einen Anzug anziehen!«

Sibold blieb überrascht stehen, schaute an sich herunter und wollte etwas antworten, da war der Regierungsdirektor schon wieder verschwunden.

Kurze Zeit später sah er ihn bei der Einsatzleitung stehen, neben ihm weitere Anzugträger, die er nicht kannte. Gemeinsam schritten sie in die große Kantine. Die Einsatzkräfte wurden aufgefordert, ihnen zu folgen.

»Meine Damen und Herren«, fing Fridolin Möhrle mit freudiger Stimme seine Begrüßungsrede an, als wäre heute ein Festtag. Nach seiner launigen Begrüßung kamen die Einsatzleiter des SEK und der Sondereinheit aus Lahr ans Pult und stellten mithilfe eines Flipcharts den Einsatz vor. Die Aufgabenstellung war schon bis zu Horst Sibold durchgesickert: Verhaftung eines verdächtigen al-Qaida-Mitglieds im Studentenwohnheim Konstanz. »Verdammt!«, entfuhr es ihm.

Jedem war der Ernst der Lage klar. Wenn es sich tatsächlich wie vermutet um einen der möglichen Bombenbastler aus

Köln handelte, dann war der Einsatz gefährlich. Nicht nur für jeden der beteiligten Polizisten, sondern auch für alle weiteren Bewohner des Studentenwohnheims. Niemand wusste, ob der vermutliche al-Qaida-Terrorist nicht weitere Bomben in seinem Zimmer hatte oder ob er sonst noch bewaffnet war.

Auf einer Videoleinwand wurden einige Bilder eingespielt. Man sah einen Mann mit einem Rollkoffer. Er ging auf einem Bahnsteig in Köln an einem Zug entlang, bevor er in einen Waggon stieg. Er schaute sich auffällig häufig um. Dabei blickte er auch in Richtung der Kamera, die vermutlich auf dem Bahnsteig fest montiert war. Plötzlich stoppte der Film. Mithilfe eines Bildtricks wurde das Gesicht herangezoomt.

Horst Sibold sah ein sympathisches, freundliches Gesicht. Der Mann hatte volles, schwarzes, ordentlich gekämmtes Haar und einen Dreitagebart. Und: Er hatte einen Anzug an. Wenigstens etwas, das seinen Chef doch erfreuen musste, dachte Sibold.

Der Einsatzleiter nannte den Namen des Palästinensers, dann folgten Bilder des Studentenwohnheims in Konstanz. Ein exakter Lageplan zeigte das Zimmer, in dem sich der gesuchte vermeintliche Terrorist aufhielt. Nach den Informationen der Kollegen des BKA, die ihn seit gestern Mittag beschattet hatten, hatte der Verdächtige seit dem gestrigen Abend das Zimmer nicht mehr verlassen. Als sicher galt auch die Information, dass er allein in der Bude war.

In Konstanz war das Präsidium zu der Besprechung in Singen zugeschaltet. Der Polizeipräsident dort ließ es sich nicht nehmen, den Einsatz selbst zu leiten. Die Eingreiftruppe dagegen formierte sich in Singen, um in Konstanz keine Aufmerksamkeit zu erregen. Die Einsatzfahrzeuge wurden nun in der Reihenfolge, wie sie vor Ort zum Einsatz kamen, losgeschickt.

Vorneweg fuhr ein Trupp der ›Stromer‹. So nannte die Polizeiführung die Abteilung, die fast ausschließlich aus Elektrikern bestand. Sie hatten eigene Elektroaggregate an Bord, Strahler und Flutlichter. Nach einem genau ausgearbeiteten Einsatzplan wussten sie, wo und wie sie ihre Leuchten zu installieren hatten. Im Dunklen sollten sich die Beamten zu dem verdächtigten Objekt vorpirschen, schlagartig hell sollte dann aber der Einsatzort beim Zugriff sein, damit die Lage übersichtlich blieb. Der Verdächtige sollte, wenn möglich, im Schlaf überrascht werden.

Nach dem Stromertrupp fuhren einige Minuten später die jungen Frauen und Männer der Bereitschaftspolizei los. Sie hatten vor Ort den Einsatzort abzusichern. Nach einem exakten Plan mussten sie zwei Sperrgürtel errichten. Zunächst einen äußeren, damit keine weiteren Personen mehr in das operative Areal gelangen konnten, dann einen inneren, in dem die verdächtige Person aufzugreifen war.

Danach fuhren die Männer des SEK los. Für den Hauptkommissar Sibold Gestalten, vor denen selbst er sich fürchtete. Sie waren nur kurz im Innenhof der Polizeidirektion Singen aufgetaucht. Er sah sie in ihren dunklen Overalls, mit straff sitzenden Gürteln um ihre athletischen Figuren, schweren Lederstiefeln, mit denen sie gingen, als wären es leichte Turnschuhe, und mit undurchdringlichen Gesichtern, die eine so unbarmherzige Härte zeigten, dass sich Sibold abwenden musste. »Unsere Kollegen!«, bemerkte er zu einem Singener Streifenpolizisten, der gerade seinen Regeldienst antrat und staunte, was heute Morgen schon alles in seiner Direktion los war.

Nachdem das SEK losgefahren war, musste Sibold in einen Mannschaftsbus einsteigen. Sein Job und der seiner Kollegen des Kommissariats waren einfach. Sie hatten zu warten, bis der Palästinenser festgenommen war. Dann erst sollten sie aus dem Sicherheitsfeld der Außenzone in den Innenring steigen und die Nachbarn im Wohnheim befragen. Selbst die Fragen waren ihnen vorgegeben. Es ging darum, herauszufinden, wer aus dem Wohnheim irgendwelche Angaben über den Mann machen konnte. Eventuelle wichtige Aussagen sollten sofort an das Einsatzkommando weitergeleitet werden. Mehr traute man ihnen an diesem Morgen nicht zu.

Sibold war dies recht, im Gegenteil, er registrierte mit Genugtuung eine gut vorbereitete Einsatzleitung. Er war stolz auf seine Kollegen, wenn ein Einsatz professionell ablief, und dies schien heute Morgen der Fall zu sein.

Sein Trupp gehörte zur letzten Formation der Kolonne. Sibold legte in dem VW-Bus den Kopf in die Nackenstützen seines Sitzes und schaute zum Fenster hinaus. Es war noch stockdunkel, nur einzelne Lichter huschten an ihnen vorüber. Trotzdem erkannte er bald die Reichenau, die idyllisch und friedlich im Gnadensee vor sich hinschlummerte. Selbst die Schwestern im Kloster Hegne lagen wohl noch in ihren Betten, also hoffte Sibold, dass auch der Palästinenser noch tief und gut schlafen würde.

Kurz wehrte er sich gegen den unschönen Gedanken, dass in der Idylle des Ferienparadieses Bodensee Bomben für al-Qaida-Attentate gebastelt wurden. Doch dann fiel ihm Leon wieder ein. Und jetzt wusste er, dass er nicht mehr länger schweigen durfte. Er musste sofort nach dem Einsatz seinem Vorgesetzten von dem belauschten Gespräch des Überlinger Journalisten erzählen. Es stimmte plötzlich alles zu genau. Leon hatte diesen Stehle etwas über eine Bombe und einen Palästinenser in Konstanz sagen hören. Sibold selbst hatte an jenem Abend zunächst nicht gewusst, was er von dem Räubermärchen des jungen Journalisten halten sollte. Doch nach dem getöteten Kater und nach diesem Einsatz hier gab es keinen Zweifel mehr. Gladio steckte offensichtlich hinter dem missglückten Bombenanschlag von Köln. Und noch schlimmer: Gladio hatte eine Einsatzzentrale am Bodensee.

Die Kolonne der Polizeiwagen war über Wollmatingen und das Wollmatinger Ried an der Konstanzer Universität vorbeigefahren. Die Studentenwohnheime schlossen sich dahinter an. Es war ein gespenstischer Aufzug.

Zuerst waren nur drei VW-Kastenwagen in die Werner-Sombart-Straße abgebogen. Nacheinander blieben sie, in fast gleichen Abständen, am Fahrbahnrand stehen. Dann huschten aus den Wagen je zwei dunkle Figuren heraus und wuchteten aus den Kofferräumen schwere Geräte, Stative und Leuchten. Dies alles ging sehr schnell und vor allem leise vor sich.

Schon wenige Sekunden später waren kleinere Transporter der Marke Daimler um die Ecke gebogen. Auch sie hielten in der lang gezogenen Straße in verschiedenen Abständen hintereinander an. Aus ihrem Inneren quollen mit Maschinenpistolen bewaffnete und mit Sturzhelmen und schusssicheren Westen ausgestattete Einsatztrupps zu den Wohnblöcken neben der Straße. In kleinen Einheiten formiert, brachten sie sich in Position.

Weitere Sekunden später bogen mehrere dunkle Limousinen in die Straße ein. Sie hielten mitten auf der Fahrbahn an, ließen jeweils drei Fahrgäste aussteigen und fuhren danach mit leisen Motoren wieder weg. Die ausgestiegenen Personen blieben nur kurz stehen. Sie waren mit allerlei Waffen und Werkzeugen ausgerüstet. Auf einen Wink hin huschten sie hintereinander in die Häuserblocks der Studenten.

Kurze Zeit danach fuhren zwei weitere VW-Bullys in die Studentenmeile ein. Diese Fahrzeuge hielten aber auf einem ordentlichen Parkplatz. In dem zweiten Bus saß Horst Sibold in der ersten Sitzreihe. Er musste als Erster aus dem Mannschaftsbus aussteigen, bevor die anderen ihm folgen konnten. Seine Kollegen hinter ihm drängten, aber Sibold musste vorsichtig Schritt für Schritt die Stufen finden, wenn er nicht aus dem Fahrzeug fallen wollte.

Er hatte gedacht, dass er ohne Alkoholkonsum schnell abnehmen würde, aber es musste doch noch zu viel davon in seinem Körper stecken. Fast wäre er auf das danebenstehende Auto gestürzt, konnte sich aber gerade noch auf dessen Dach abstützen. Dabei warf er einen kurzen Blick in das Innere des Wagens. Auf der Rückbank lag ein Koffer. Es war ein neuer Rollkoffer. Er hatte ohne Zweifel Ähnlichkeit mit jenem Koffer, den sie in dem Video aus Köln vorgeführt bekommen hatten. Zufall, dachte Sibold und ging schnell weiter, damit die Kollegen folgen konnten.

»In Zweierreihen aufstellen!«, hörte er den Befehl, wie er ihn seit seinen Zeiten bei der Bereitschaftspolizei in Göppingen nicht mehr gehört hatte. Dann ging alles sehr schnell. Jeder Zweite von ihnen bekam ein Funkgerät in die Hand gedrückt, dann mussten sie sich um den errichteten Außenring verteilen, bis neue Befehle durchgegeben wurden.

Die Kollegen des SEK hatten mit ihrer Operation schon begonnen. Leise schlichen jeweils zwei Mann durch die Gänge des Wohnheims, zunächst vor die Türen der Studenten, die neben dem vermeintlichen Täter schliefen. Sie wollte man zuerst aus der Gefahrenzone bringen.

Die SEK-Polizisten hatten Taschenlampen in ihren Händen und passende Schlüssel. Diese hatte der Hausmeister, der ebenfalls erst heute Morgen von dem Einsatz erfahren hatte, der Polizei ausgehändigt.

Gleichzeitig öffneten die Männer des SEK die Türen

neben dem Zimmer des mutmaßlichen Täters. Sie schlichen in die Schlafzimmer der Nachbarn. Alle Räume waren klein und übersichtlich. Schnell standen sie neben den Betten, um die Schlafenden zu wecken. Dabei gingen sie nicht sehr behutsam vor. Sie hatten sich, wie oft geübt, leise neben die Betten geschlichen und dann sofort und unbarmherzig ihre rechte Hand fest auf die Münder der Schlafenden gepresst, sodass diese unmöglich schreien konnten. Erst wenn sie sicher waren, dass die schlaftrunkenen Studenten keinen Laut von sich geben würden, lösten sie ihren festen Druck und führten sie schnell aus der Gefahrenzone.

Draußen hatte in der Zwischenzeit das Morgengrauen eingesetzt. Langsam wurde es hell. Der Einsatzleiter befahl leise in ein Mikrofon, das ihm ans Revers angesteckt worden war: »Plan A: der gleiche Vorgang, aber doppelten Schutz!«

Zwei Mann öffneten daraufhin die Zimmertür der verdächtigen Person. Zwei weitere Männer standen hinter ihnen. Ihre Waffen waren entsichert, die Gewehrmünder zeigten auf die Tür.

»Vorsicht, Männer, wir geben Schutz von außen.« Die vermummten Polizisten waren alle über einen Knopf im Ohr mit der Einsatzleitung verbunden. Jeder ging strikt nur nach Befehl vor. Routiniert hielten sie sich an die Abläufe, wie sie diese immer und immer wieder geübt hatten.

»Ich zähle durch, bei ›drei‹ die Zimmertür öffnen, bei ›zwei‹ den Raum betreten, bei ›eins‹ beginnt unser Feuerwerk, mit ›zero‹ habt ihr ihn!« Der Einsatzleiter vergewisserte sich noch einmal, dass auch die Stromer bereit waren, dann begann er zu zählen: zehn, neun, acht, sieben …

Bei drei schob einer der SEK-Männer leise den Schlüssel in das Schloss. Bei zwei stand die Tür schon offen, und die beiden Polizisten mit den Sturmgewehren hatten sich bereits in das Zimmer gedrängt. Gleichzeitig erhellte sich grell die Szenerie.

Die bis dahin dunkle Studentenbude war von einem Augenblick auf den anderen hell erleuchtet. Die beiden eingedrungenen SEK-Männer waren auch schon zu dem Bett gehechtet und hatten den schlafenden Palästinenser überwältigt.

Der Mann hatte keine Chance. Mit roher Gewalt rissen sie ihn von seiner Matratze hoch und legten ihm Handschellen an.

»Inschallah«, bemerkte einer der Beamten trocken.

Die Glocken des alten Konstanzer Münsters schlugen sieben Mal. Die Sonne über den österreichischen Berggipfeln schickte ihre ersten Strahlen in die alte Konzilstadt. Der Tag erwachte, noch schien in der verschlafenen Universitätsstadt ein Tag wie jeder andere anzubrechen. Aber schon in wenigen Stunden sollte Konstanz im Blickpunkt der Öffentlichkeit stehen. Nicht als Urlaubsparadies, wie der Oberbürgermeister der Stadt fluchte, sondern als Terroristennest der al-Qaida.

*

Horst Sibold und seine Kollegen des Singener Kommissariats hatten ihren Einsatz bald beendet. Die Befragung der Studenten in dem Wohnheim ergab nicht viel. Die Bewohner kannten natürlich den Palästinenser, schilderten ihn aber als freundlichen Kommilitonen, der mit ihnen im gemeinsamen Küchenraum aß, trank und tanzte, wie man sich dies eben bei jungen Studenten vorzustellen hat, die zusammen in einem Haus wohnen. »Von wegen warten auf die 100 Jungfrauen«, lachte eine der Studentinnen, »bei uns gibt es nicht mehr viele, die meisten hatte er schon in seinem Bett.«

Das Zimmer des Palästinensers hatten die Spurenermittler bereits auseinandergenommen. Ihre Arbeit dauerte noch an, als Sibold mit seinem Kommissariat die Reise zurück nach Singen antrat. Jetzt erst, als er wieder in den Bus einstieg, fiel ihm der Wagen mit dem Rollkoffer auf der Rückbank ein. Doch nun war dieser weg. Er notierte sich noch schnell: grüner Polo, KN-Kennzeichen und CH oder CN oder so ähnlich. Mehr wusste er nicht mehr, aber vielleicht war es sowieso unerheblich. Sie hatten ja den Mann gefasst. Jetzt mussten die Vernehmungen mit ihm erst einmal ausgewertet werden.

Und er selbst hatte für heute genügend zu tun. Typische Polizeiarbeit stand an. Zurück im Kommissariat hatte er alle seine Vernehmungen zu protokollieren. Bisher standen diese nur in seinem Notizblock.

Zunächst aber zog der Hunger ihn und seine Kollegen in die Kantine. Bis 11 Uhr gab es meist warmen Leberkäse und frische Brezeln. Genau darauf hatte Sibold nun einen unbändigen Appetit. Der Fleischkäse, den die meisten Metzger in Singen anboten, der konnte ihm gestohlen bleiben. Aber echter Leberkäse und dazu frische Brezeln und ein Wasser – leider eben kein Bier, in diesem Fall bereute er seine Abstinenz sehr –, darauf freute er sich.

Seine Kollegen in der Kantine hechelten nochmals den erfolgreichen Zugriff durch. Auch Sibold hatte der Einsatz gut gefallen. Er war vorschriftsmäßig geplant worden, keine unnötigen Rambo-Aktionen hatten zu der Verhaftung geführt, sondern, im Gegenteil, ein überlegter und überlegener Zugriff.

Trotzdem war ihm nicht wohl bei der Sache. Er kaute

unlustig an der Brezel und an seinem Problem herum. Er musste zu Möhrle gehen. Längst hätte er diesen zwingen müssen, ihm ernsthaft zuzuhören.

Ruckartig stand er auf, ließ seine angebissene Brezel und den halb aufgegessenen Leberkäse liegen und ging direkt in das Zimmer des Regierungsdirektors.

Fridolin Möhrle saß hinter seinem großen Schreibtisch und guckte Fernsehen. »Ein hervorragender Einsatz«, freute er sich, als Sibold eintrat. »Das tut unserem Image gut.« Er strahlte wie ein beschenktes Kind an Weihnachten. »Schauen Sie sich das an«, lachte er, »die Pressefuzzis können uns nur noch loben. Dabei ärgert es sie, dass sie den Einsatz verpennt haben. Zurzeit haben wir ganz, ganz gute Karten in der Öffentlichkeit. Jetzt müssen wir sofort nachziehen, jetzt kann man über Lauschangriff und Terrordatei diskutieren. Gerade haben sie das BKA interviewt. Der Reporter war ganz kleinlaut. Ha, was für ein schöner Tag!«

Horst Sibold sah an sich hinunter, sah seinen dicken Bauch, sah einen Fleck auf seinem Pullover und Krümel von der Brezel. Beschämt versuchte er, mit der flachen Hand darüberzustreichen, die Krumen wegzuwischen und den Fleck zu verdecken.

Doch sein Chef war gnädig gestimmt. Er übersah, worüber er sich sonst aufgeregt hätte, und lobte die Polizei und sich selbst weiter: »Das war generalstabsmäßig geplant. Ich war schon seit gestern Morgen in die Aktion involviert. Ich habe darauf hingewiesen, dass man sich hier in Singen sammeln muss und nicht in dieser Sackgasse Konstanz! Nein, ich habe zum Landespolizei-Präsidenten gesagt: Herr Präsident, zählen Sie auf unsere Direktion, wir sind Ihr Standbein!«

Sibold stand noch immer unglücklich vor seinem Chef. Er versuchte in der Zwischenzeit, seine Hände über seinem Bauch zu falten, sodass er den Fleck verdecken konnte.

»Kommen Sie, Herr Sibold, Sie gehören doch auch zu uns, kommen Sie und nehmen Sie Platz neben mir«, lud Fridolin Möhrle den Kommissar überaus freundlich ein und hatte ihm so zwischen den Zeilen wieder einmal ehrlich gesagt: Auch nach zehn Jahren in Singen wird ein Schwabe kein Badener!

Doch Sibold war das alles gerade egal. Er hatte ein ganz anderes Anliegen und wusste, dass sein Chef davon eigentlich gar nichts hören wollte. Aber er musste es ihm sagen, er musste den amtlichen Weg einhalten.

»Herr Doktor Möhrle«, begann Sibold vorsichtig das Gespräch, »ich wurde von einem Journalisten auf eine Fährte aufmerksam gemacht, die sich zunächst abenteuerlich anhören mag, aber nun auf fatale Weise Stück für Stück bestätigt wird.«

»Ja?«, antwortete sein Chef knapp und schaute wieder auf den Fernsehmonitor. Ein Journalist hatte den Hausmeister des Studentenwohnheims vor seine Kamera gebracht und versuchte, ihn über die Festnahme des Palästinensers auszuquetschen. Zum wiederholten Mal versuchte der Hausmeister dem Reporter klarzumachen, dass er wirklich nichts gesehen hatte, weil er außerhalb eines Sicherheitsringes hatte bleiben müssen. Er hatte lediglich die Zimmerschlüssel der Polizei ausgehändigt. Doch abermals bohrte der wackere Journalist nach, wie die Verhaftung denn genau vonstattengegangen war.

Fridolin Möhrle hatte nur Ohren für den Fernsehreporter, Horst Sibold dagegen wollte diesen nicht hören. Er wurde sauer, dass sein Chef sich ihm nicht zuwandte. Er stellte sich zwischen ihn und das Fernsehgerät und begann laut und deutlich zu sagen, was ihm auf dem Herzen lag. Er erzählte die Geschichte, die ihm Leon an jenem Abend erzählt hatte, nachdem er im Garten in Meersburg Joseph Stehle belauscht hatte.

»Verstehen Sie, Herr Doktor Möhrle«, appellierte Sibold am Ende seiner Ausführungen erregt an den Regierungsdirektor, »der Stehle hat von diesem Palästinenser gesprochen. Er hat von der Bombe gesprochen und selbst von der Medienmaschinerie, die nun tatsächlich abläuft.« Und leise fügte er an: »Das beweist doch, dass Gladio noch existiert, dass Gladio heute nur moderner und mit allen Mitteln der zeitgemäßen Kommunikation arbeitet und, noch schlimmer: dass Gladio in unserem Gäu aktiv ist.«

Regierungsdirektor Möhrle nahm die Fernbedienung in die Hand und drehte umständlich den Ton leise, aber erst nachdem Sibold seine Rede beendet hatte. Dann machte er eine gönnerhafte Handbewegung und deutete Sibold an, er möge sich an den Besprechungstisch setzen. Zu der freundlichen Handbewegung aber herrschte er ihn lautstark an: »Jetzt setzen Sie sich doch endlich hin!« Dann unterbrach er sich und redete in normaler Tonstärke weiter. »Ich wusste, dass Sie damit zu mir kommen würden. Das ist auch Ihre Pflicht, und es war höchste Zeit, nachdem Sie mit diesem Hirngespinst ja schon andere Kollegen belästigt haben.« Triumphierend schaute er zu seinem Kommissar.

Sibold aber ließ sich dadurch nicht provozieren. Was sollte er auch dazu sagen. Er hatte darüber mit einem Kollegen gesprochen, und dieser hatte eben beim Chef gequatscht. Das war aber nicht sein Problem. Sibold wollte hören, was sein direkter Vorgesetzter nun zu unternehmen gedachte. Dies war ein dienstliches Gespräch, und er hatte eine dienstliche Meldung abgegeben. Sein Chef musste reagieren.

Fridolin Möhrle spürte, wie Sibold auf seine Antwort lauerte. Aber er wäre nicht Regierungsdirektor geworden und er wäre als Polizeidirektor nicht schon zehn Jahre lang im Dienst, wenn er nicht gewusst hätte, wie er in solch einem Fall zu handeln hatte. Schließlich gab es für jede Tätigkeit des deutschen Beamten Anweisungen und Vorschriften. »Eine sehr interessante Hypothese, Herr Kommissar«, änderte Möhrle schnell seine Taktik, »Sie hätten, wie gesagt, schon viel früher zu mir kommen müssen. Ich muss Sie bitten, das alles, was Sie mir eben vorgetragen haben, genau zu protokollieren. Ich denke, ich muss Ihnen das nicht sagen. Sie hätten schon nach dem ersten Gespräch mit Ihrem Informanten den Vorgang dokumentieren müssen. Ich weiß nicht, warum Sie das nicht getan haben, Sie sind doch Hauptkommissar und kein Assistent mehr. Jedenfalls, nachdem ich nun von Ihren Informationen offiziell weiß, bitte ich Sie, mir sofort den Fall schriftlich auf den Tisch zu legen. Ich warte darauf.«

Das waren die Momente, in denen Sibold bereute, zur Polizei gegangen zu sein. Diese Beamtenhierarchie passte nicht zu seinem offenen und geradlinigen Charakter. Aber er hatte in den langen Jahren auch gelernt, lächelnd zu schlucken. Beides tat er nun, bedankte sich höflich und versprach, seinen Bericht so schnell wie möglich vorzulegen.

Möhrle lächelte gönnerhaft und drehte den Ton des Fernsehers wieder laut.

Sibold trat mit einer zackigen, fast militärischen Bewegung ab. Er wollte damit Möhrles Ton kontern. Doch der setzte ungerührt seine Hand zum militärischen Gruß an seine Stirn.

Sibold schluckte seinen Kommentar, den er schon auf der Zunge hatte, hinunter, vergaß die ganze Vogelwelt und verfluchte den Tag, an dem er zur Polizei gegangen war. Das gemeinsame Erfolgserlebnis vom Morgen war vergessen. Fünf Minuten bei seinem Chef reichten, und sein Stolz, Polizist zu sein, war verflogen.

In seinem Zimmer setzte er sich hinter den alten Monitor, den seine Dienststelle gebraucht von irgendeiner anderen Dienststelle bekommen hatte, und zog die Tastatur heran. Zunächst musste er die Vernehmungen mit den Studenten in Konstanz protokollieren. Er wollte nicht als Letzter seine Ergebnisse der Einsatzkommission vorlegen. Und natürlich musste diese auch schnell abchecken können, mit wem sich weitere Gespräche lohnen könnten. Wobei sich Sibold sicher war, dass die Studenten, die er vernommen hatte, wirklich nichts Bedeutendes zur Klärung beitragen konnten. Dabei fiel ihm der grüne Polo ein. Offiziell hielt er den Mund, startete aber sicherheitshalber eine Anfrage beim Landratsamt des Kreises Konstanz: grüner Polo, KN und danach CK oder CN oder C...?

Dann hackte er los. Das war die typische Arbeit der Kriminalpolizei. Das sollten die Filmemacher mal abends in den unzähligen Fernsehkrimis zeigen. Kommissare, die nur tippten. Tagein, tagaus. Jedes kleine Detail musste protokolliert werden. Jede Seite wurde dann ausgedruckt und abgeheftet. Dann an die Sonderkommission geleitet, dort ausgewertet, neu getippt, ausgedruckt und an die Staatsanwaltschaft weitergeleitet. Dort ausgewertet, neu getippt, abgeheftet und dann an den Richter weitergeleitet.

Horst Sibold stöhnte. Draußen war es längst dunkel geworden, er war jetzt über zwölf Stunden im Dienst und hatte noch immer nicht mit dem Bericht zu Leons Aussagen begonnen.

Das Telefon klingelte, sein Chef war am Apparat. »Herr Sibold, ich warte«, sagte er spitz.

»Und ich tippe«, antwortete Sibold schlagfertig.

»Ich muss Sie zu mir bitten, ich habe Besuch, der mit Ihnen sprechen will«, beorderte Möhrle ihn in sein Büro.

Sibold legte auf, reckte seinen Körper, streckte die Arme aus und stand auf. Er ging zur Toilette, sah im Spiegel unter seinen Achseln große Schweißflecke, wusch sich die Hände und ging in sein Büro zurück. Trotz der Hitze in seinem Körper zwängte er sich in seinen warmen Wollpulli, den er extra am Morgen gegen die Frühkälte angezogen hatte. Jetzt schwitzte er noch mehr, aber die Schweißflecke wären ihm doch zu peinlich gewesen, nun hatte er sie unter dem Pullover versteckt.

Doch kaum hatte er den Pulli übergezogen, erinnerte er sich an dessen Fleck in Höhe des Bauchansatzes, der von diesem fetten Leberkäse, oder aber von dem gelben Senf stammte. Missmutig ließ er den Pulli an, nahm das Treppenhaus und ging in das Büro des Direktors.

Die Sekretärin sah in vorwurfsvoll an, er beachtete sie aber nicht und ging direkt ins Chefzimmer. Jovial sprang Fridolin Möhrle auf und ging ihm entgegen. Mit ausgestreckten Armen griff er nach Sibolds rechter Hand und rief fast freudig aus: »Da ist er ja, unser Hauptkommissar Sibold.«

Sibold erblickte um den Besprechungstisch drei Herren. Sie waren offensichtlich von übergeordneten Dienststellen, zumindest in den Augen Sibolds. Für ihn wirkten sie als Polizisten in seiner Gehaltsstufe overdressed. Trotzdem waren sie als Kollegen leicht zu identifizieren. Alle drei trugen gedeckte Anzüge und dunkle Krawatten, und alle drei hatten korrekt gestutzte Oberlippenbärte und akkurat ausrasierte Fassonschnitte.

Sibold nickte ihnen zu und wollte gerade jedem die Hand reichen, da stellte sich Möhrle dazwischen und erklärte:

»Herr Sibold, Sie müssen sich nun nicht einzeln vorstellen, das führt denn doch zu weit.« Zu den drei Männern gerichtet, sagte er dann: »Das also ist Hauptkommissar Sibold, der mir heute erst seinen Verdacht meldete.« Und zu Sibold gerichtet sagte Möhrle: »Diese drei Herren sind vom BKA aus Wiesbaden, ihre Namen tun für Sie wenig zur Sache, aber wie Sie sehen, nehmen wir Ihren Verdacht ernst, und deshalb sind nun diese Männer auch sofort zu uns gekommen, vielleicht schildern Sie uns alles nochmals kurz.«

Horst Sibold referierte im Stehen. Fridolin Möhrle unterbrach ihn dabei immer wieder und meinte wohl, das eine oder andere erläutern zu müssen.

Sibold ging sein Chef ziemlich auf die Nerven, auf der anderen Seite spürte er bei den drei Gesandten des BKA aber auch kein gesteigertes Interesse an seinen Ausführungen.

»Sie glauben also, wenn ich Sie richtig verstehe«, bilanzierte schließlich der älteste der drei BKA-Beamten, »nicht al-Qaida steht hinter den versuchten Bombenanschlägen in Köln, sondern eine geheimnisvolle Organisation namens Gladio vom Bodensee, geleitet von einem alten Opa, der gerade seinen Enkel selbst umgebracht hat?«

Seine beiden BKA-Kollegen lächelten gequält.

Sibold schaute zu Möhrle.

Auch dieser lächelte.

Sibold lächelte nun ebenfalls. Sollten sie ihn doch als Trottel hinstellen. Er hatte seinen Verdacht gemeldet, das war seine Pflicht, jetzt konnten sie ihn gerne haben.

Alle.

»Sie werden uns morgen früh Ihren Bericht vorlegen, Herr Sibold. Ich werde ihn dann an die Herren nach Wiesbaden weiterleiten«, beendete Möhrle das allgemeine Belächeln.

Sibold hatte sein eigener militärischer Abgang am Morgen

so gut gefallen, dass er ihn wiederholte. Er knallte seine Hacken zusammen, so gut es ging, und marschierte aus dem Büro.

Früher wäre er jetzt erst mal an seinen Schreibtisch gegangen und hätte einen Obstler gekippt. Doch nun versuchte er, ruhig durchzuatmen und sich vorzustellen, wie er über die Weihnachtsfeiertage, die vor der Tür standen, jeden Tag angeln gehen würde. Er hatte die Botschaft klar verstanden: Bernd Vierneisel hatte sich selbst im Gefängnis erhängt, Punkt. Und der versuchte Bombenanschlag von Köln war ein Terroranschlag der al-Qaida.! Punkt und Ausrufezeichen.

Und als Beweis hatten sie heute Morgen einen Palästinenser festgenommen. Einen Moslem, der in seiner Studentenbude einen Koran stehen hatte. Punkt. Punkt. Punkt.

Wie konnte man nur so blöd sein und Polizist werden?, fragte sich Sibold und ging in sein Büro zurück.

Gegen 18.30 Uhr hatte er es geschafft. Es war ein langer Tag für ihn gewesen. Die meisten Kollegen waren, nach dem frühen Einsatz am Morgen, schon nach Hause gegangen. Auch Horst Sibold wollte es ihnen nachtun, da rief ihn die Sekretärin zurück. Die Einsatzzentrale hatte einen internen Großalarm ausgelöst. Das hieß, alle Mann, die noch an Bord waren, mussten sich bereithalten.

In irgendeinem Dorf auf dem Randen war die Hölle los. Die Einsatzkräfte wurden formiert. Entweder es war ein Unfall oder ein Anschlag. Jedenfalls sollte in Wiechs am Randen eine Bombe explodiert sein.

KAPITEL 12

Leon wachte auf. Neben ihm lag Lena. Leon streichelte zärtlich über ihre Glatze, sie schmiegte sich an ihn, es schien ein schöner Tag zu werden.

Vor dem Haus rumorte es kräftig. Irgendjemand kratzte und schürfte. Sollte es in diesem Winter doch endlich mal geschneit haben?, fragte sich Leon, musste da jemand Eis kratzen und Schnee schippen? Er sprang aus dem Bett, öffnete das Fenster und sah gegenüber den Schwanenwirt in der schon wärmenden Morgensonne den Gehsteig kehren.

Am Abend zuvor war Leon bei Lena eingeschlafen, jetzt genoss er den herrlichen Ausblick aus dem alten Bauernhaus über das Salemer Tal zum Schloss Heiligenberg und sah in der Ferne den See schimmern. Am Horizont darüber schielte die Sonne über den weiß bedeckten Alpenkamm des Bregenzer Walds. Die Luft roch nach Frühling, die Vögel zwitscherten, doch morgen war Heiligabend, definitiv.

Leon blinzelte auf die Uhr und fluchte. Er erinnerte sich an David. Mit ihm hatte er vereinbart, dass dieser ihn heute Morgen in Überlingen abholte. Sie wollten unangemeldet zu Joseph Stehle fahren. »Ich muss mich beeilen«, sagte Leon, »ich habe noch einen Termin wegen dieser Grenzreportage.«

Ganz gelogen war es nicht, wenn er auch mit seiner Behauptung Lena nicht ganz reinen Wein einschenkte. Aber was sollte sie sich Sorgen machen? Er nahm sich vor, sie heute Abend wieder zu besuchen.

Schnell sprang er unter die Dusche und danach in sein Auto. Er war spät dran und fuhr ziemlich rasant über Owingen nach Überlingen an den See. Dabei genoss er die Aussicht von der

Höhe über das Alpenpanorama bis in die Konstanzer Bucht. Der Säntis schlummerte noch in einem diffusen Licht, er war kaum zu erkennen, dafür aber das Meersburger Ufer. Dort unten wohnte Stehle, dorthin wollte er nun mit David.

Seine Anspannung wuchs.

Als er in seine Straße im Überlinger Westen einbog, stand schon ein Auto mit Hamburger Kennzeichen vor Helmas alter Villa. Er parkte dahinter, registrierte das kleine Logo einer Autovermietung auf dem Hamburger Auto und befürchtete, dass es schon David war. Doch er fand ihn weder vor der Haustür noch im Garten. Also ging er beruhigt in seine Wohnung.

Nur wenige Minuten später klingelte es aber schon. David stand vor der Wohnungstür. »Du hast ja eine nette Tante, die hatte mich zu einem Kaffee eingeladen. Du lässt mich da einfach, wie unangemeldet, vor deiner Tür stehen.«

Leon wollte etwas erwidern, da klingelte es schon wieder. Jetzt stand Helma vor der Wohnungstür. Sie strahlte David an und schaute dann erst zu Leon: »Leon«, tönte sie mit einem vorwurfsvollen Ton, »morgen ist Weihnachten, und die Rosen sind noch immer nicht geschnitten!«

Leon schluckte, holte tief Luft und antwortete genervt: »Morgen!«

»Versprochen?«, strahlte Helma.

»Ja, als Weihnachtsgeschenk«, bestätigte Leon sein unfreiwilliges Vorhaben.

Die gute Laune Helmas musste auch ihren Hund angesteckt haben, denn plötzlich bellte Senta laut, was sie sonst nur selten tat. Leon tätschelte ihr gönnerhaft den fetten Hals, er atmete aber auch wieder ihren widerwärtigen Mundgeruch ein.

»Komm, wir gehen«, beendete Leon die nachbarschaftliche Morgenrunde, bevor sie ihm zu intim wurde.

David steuerte den Leihwagen, gemeinsam fuhren sie direkt Richtung Meersburg. Für David war es ein harmloser Termin auf der Suche nach einem weiteren Puzzlestück, das er brauchte, um sich ein besseres Bild seiner Tante machen zu können. Er erhoffte sich, einfach mehr über ihre letzten Stunden vor über 60 Jahren zu erfahren und vielleicht auch einen weiteren kleinen Hinweis auf den Verbleib ihres gehüteten Schatzes zu erhalten. Für ihn war es ein Besuch bei einem ehemaligen Schaffner der Reichsbahn, der vielleicht ein kleines Mosaiksteinchen beisteuern konnte.

Für Leon dagegen war es ein Schritt in ein Haus, das er in der Zwischenzeit für ein Headquarter von Gladio hielt. Was die Existenz von Gladio betraf, machte er sich nichts mehr vor. Nicht seine persönlichen Erlebnisse oder der fragliche Selbstmord von Bernd Vierneisel ängstigten ihn, sondern was er im Internet und in der einschlägigen Militärliteratur zu Gladio gefunden hatte. Es genügte, um zu wissen, dass er gegen diese Organisation immer den Kürzeren ziehen würde. Und eigentlich hatte er ja auch längst nichts mehr mit der Sache zu tun. Wäre ihm nun nicht dieses sympathische Milchgesicht von einem Hamburger Buben über den Weg gelaufen, dann wäre die Sache für ihn endgültig erledigt gewesen. Doch jetzt steckte er wieder mitten in der Geschichte, die er doch schon ad acta gelegt hatte.

»Du lässt mich am Anfang reden«, sagte er zu David. Er musste sich selbst und vor allem auch den jungen Mann auf die Situation vorbereiten. »Ich werde dich zunächst als meinen Mitarbeiter vorstellen. Wir sagen, dass wir gemeinsam einen Film über die deutsch-schweizerische Staatsgrenze machen. Und dabei werden wir dann auch die Fragen zu deiner Tante stellen, aber erst später, so ganz nebenbei, okay?«

»Warum?«, wollte David wissen. Für Leon klang diese Nachfrage völlig naiv. Aber er konnte ihm doch nicht die Wahrheit sagen. »Weil der Mann sehr eigen ist, du wirst sehen, er ist nicht mehr der Schaffner, den du dir jetzt noch vorstellst. Du wirst einen Mann kennenlernen, der sehr widersprüchlich ist und vor allem sehr reizbar. Also lass mich machen und halte dich zurück.«

»Okay, man könnte ja gerade meinen, du fürchtest dich vor ihm!« Leon lächelte gequält, antwortete aber nicht. Er schaute nur auf den See, der neben ihnen silbern und unbeweglich zu schlummern schien. Leon kam dieser Anblick vor wie die Ruhe vor dem Sturm. Er fühlte sich angespannt.

»Hier rechts«, lotste er David vor das eiserne Tor, »man sieht die Einfahrt kaum, bei der Videokamera da vorne geht es rein.«

Leon stieg vor dem verschlossenen Tor aus, sah wieder die Klingel ohne Namensschild und drückte auf den metallenen Knopf. Er schaute provokant zu der Kamera hoch, die auf der angrenzenden Mauer installiert war.

Es tat sich nichts, er klingelte erneut.

»Was wollen Sie?«, sprach ihn plötzlich eine metallene Stimme aus dem Nirwana an.

Leon stierte in die Kamera über sich, wo er auch den Lautsprecher und das Mikrofon vermutete, und stellte sich als Mitarbeiter des regionalen Fernsehens vor. Das macht etwas her, dachte er und schob schnell nach: »Wir recherchieren an einer Geschichte über die Landschaft des Hegaus und die alten Bahnstrecken und Bahnlinien rund um Ramsen und Thayngen.« Leon versuchte, sein Interesse ziemlich unverfänglich darzustellen. »Dabei wurden wir von alten Eisenbahnern an Herrn Stehle verwiesen, er könne uns aus der damaligen Zeit einiges erzählen.«

Es knackte aus dem Lautsprecher, dann war es still.

Leon blickte stur auf eine Warnlampe neben der Kamera. Er wusste nicht, ob er hoffen sollte, dass sie zu blinken begann und sich das Tor öffnete, oder ob es nicht besser wäre, sie bliebe aus, und sie müssten unverrichteter Dinge wieder abziehen.

Doch die Entscheidung war schneller gefallen, als er dachte: Das Rotlicht neben der Videokamera begann aufzuleuchten. Es blinkte zweimal kurz, und schon schob sich das schwere Eisentor zur Seite.

Leon erinnerte sich an die Nacht, als er hier im Garten auf der Lauer gelegen hatte. Heute ging er aufrecht durch das Tor. David fuhr ihm nach. Er stellte seinen Leihwagen genau auf dem Fleck ab, auf dem damals der Berliner Ministeriumsbesucher geparkt hatte.

Leon ging über den Kiesweg zur Haustür. David folgte ihm.

Bevor sie an der Tür angelangt waren, wurde diese von einem jungen Mann geöffnet. Er war ganz in Schwarz gekleidet. Schwarzes Hemd, schwarzer Gürtel, schwarze Jeans, schwarze Stiefeletten.

Sein Gesicht war kreidebleich. Dünne Lippen zogen sich unter einer knolligen Nase quer über sein schmales Pferdegesicht. Ein blonder Pony hing ihm verwegen in die Augen.

Leon fragte sich, ob er den Jungen bei der Beerdigung in dem Pulk um Bernd Vierneisel gesehen hatte. Doch er erinnerte sich nicht an ihn. Aber er hätte ohne Zweifel in diese Gruppe gepasst.

Der Junge sagte kein Wort, stellte sich in strammer Haltung neben die geöffnete Tür und wartete, bis die beiden Männer auf ihn zutraten.

Leon ging an dem eisernen Relief der Haustür vorbei, sah das Kurzschwert, sagte aber kein unnötiges Wort.

David schwieg wie abgesprochen. Die beiden betraten den Flur.

Hinter ihnen ließ der junge Mann die Tür ins Schloss fallen und ging noch immer wortlos an ihnen vorbei.

Leon folgte ihm, David kam hinterher.

Der junge Mann schritt durch den langen Flur bis zu dessen Ende, öffnete eine Tür und blieb in dem Raum stehen. Leon und David gingen ebenfalls in den Raum. Der junge Mann bellte im Befehlston: »Warten Sie hier!«, und verschwand durch eine weitere Tür, die wieder aus dem Raum hinausführte.

Das Zimmer selbst war lieblos eingerichtet. An den Wänden rundum waren verschlossene Einbauschränke angebracht. Sie umrahmten die beiden Türen, das Fenster und einen großen Tresor, auf dem ein Bild stand. Es zeigte Joseph Stehle mit seinen beiden Enkeljungs, die Leon sofort erkannte. Die Aufnahme war noch nicht alt.

In der Mitte des schmucklosen Raumes stand ein Tisch mit vier Stühlen, daneben ein Beistelltisch mit einer alten Adler-Schreibmaschine. An einer Wand war in das Regal eine Arbeitsfläche eingebaut, auf der zwei Flachbildschirme standen und zwei PC-Tastaturen lagen. Von den Monitoren verliefen verschiedene Kabelstränge in einen der Wandschränke.

Der Raum hatte wenig Tageslicht, das Fenster war schmal und nur in der Höhe, über den Köpfen von Leon und David, eingelassen. Obwohl die beiden groß gewachsen waren, konnten sie nicht aus dem Raum ins Freie sehen.

Leon machte David, nachdem er sich umgeschaut hatte, ein Zeichen, dass dieser sich setzen sollte. Ihm war nicht wohl in seiner Haut, aber jetzt hatte er sich schon in die Höhle des Löwen gewagt. Er wollte noch etwas sagen, da ging die Tür schon auf. Der junge Mann war zurückgekommen, hinter ihm Joseph Stehle.

Der alte Mann war leger gekleidet. Er hatte eine dunkelblaue Strickweste an, ein blaues Hemd sowie eine blaue Flanellhose. Sein trotz seines beachtlichen Alters stolzer Gang betonte seine groß gewachsene Statur. Seine grauen Haare waren ordentlich gekämmt, seine dunklen Augen musterten zunächst Leon eindringlich, dann David.

Leon fiel sofort die lange Nase an Stehle auf, und er dachte an Bernd. Dieser hatte den gleichen auffallenden Zinken geerbt. Schnell reichte er dem alten Herrn seine rechte Hand. Stehle griff zu und drückte, für sein Alter äußerst kraftvoll, während Leon sein Sprüchlein wie schon zuvor an der Einfahrtspforte vortrug. Er stellte sich und David Gloger als Mitarbeiter der Abendschau vor und beendete die Vorstellung sofort mit einer Erklärung: »Sie waren doch zu jener Zeit Schaffner bei der Deutschen Reichsbahn. Es gibt nun leider bald keine Zeugen mehr, die uns diese Zeit lebendig schildern könnten, deshalb sind wir nun zu Ihnen gekommen.«

»Wer hat Sie geschickt?«, fragte der alte Mann kühl.

»Wir haben bei den Eisenbahnerfreunden in Singen und Ramsen und auch in Schaffhausen recherchiert«, log Leon unbeirrt weiter, »irgendwo da fiel Ihr Name.«

»Und wie kamen Sie dann hierher?«, fragte Stehle ungläubig und zeigte mit seinem rechten Daumen auf den Fußboden des Raumes, in dem sie standen.

»Das war ein Zufall«, bog Leon seine Lüge so zurecht, dass sie sich doch wahr anhören konnte, »wir recherchieren schon länger an dem Thema, weil es eben sehr schwer ist, noch Augenzeugen aus der Zeit zu finden.« Unbeirrt strickte er an seiner Version weiter, während der alte Mann seine Augen immer enger zusammenkniff. »Irgendwann hat uns dann ein alter Eisenbahner mal Ihren Namen genannt. Er erinnerte sich auch noch daran, wo Sie früher gewohnt haben.«

»Weiter, weiter«, fiel ihm Joseph Stehle ungehalten ins Wort.

Leon war klar, dass Stehle wusste, dass er bei der Beerdigung seines Enkels gewesen war und auch seine Tochter besucht hatte, trotzdem nahm er den Faden unbeirrt wieder auf: »Dann bin ich in Singen in die Kornblumenstraße gegangen und fand tatsächlich dort Ihre Tochter vor. Klar, sie konnte uns weiterhelfen und sagte mir, dass Sie hier wohnen.« Leon fand diese Geschichte ganz plausibel und vor allem auch passend zu seinem Auftritt bei der Beerdigung. Deshalb fügte er noch schnell hinzu: »Ich hatte Ihre Tochter schon vor dem tragischen Tod ihres Enkels kennengelernt, aber jetzt, danach, wollte ich sie nicht sofort in ihrer Trauer stören.«

Der alte Mann schluckte kurz, räusperte sich und fragte dann äußerst zuvorkommend: »Hört sich ja schlüssig an, doch wie, meinen Sie, könnte ich Ihnen nun weiterhelfen?«

Leon erzählte, dass er natürlich bei seiner Dokumentation auch in die Vergangenheit zurückblenden wolle. Spannend an der Grenze sei doch gerade die Zeit im Dritten Reich gewesen, in der Stehle als Schaffner privilegiert die Grenzen hätte passieren können.

Joseph Stehle nickte.

Leon setzte nach: »Das weiß heute ja niemand mehr, wie damals die Zeit im Grenzgebiet tatsächlich war.«

Stehle lachte auf und nickte weise.

Leon setzte mit belanglosen Fragen zu der Zeit im Dritten Reich nach, und irgendwann hatte sich ein lockeres Gespräch zwischen den beiden entwickelt. Leon glaubte schon, den alten Mann überzeugt zu haben. Sie hatten sich längst an den Besprechungstisch gesetzt, der junge Mann hatte ihnen Mineralwasser und Apfelsaft auf den Tisch gestellt, und Joseph Stehle erzählte. Er berichtete, dass der Zugverkehr tatsächlich nie vollkommen eingestellt worden war, auch in den schlimmsten Kriegstagen nicht. »Was denken Sie denn, junger Mann«, lachte er, »das ist ein Märchen wie die Neutralität der Schweiz. Unsere Freunde in Bern haben schon immer gewusst, woher das Geld floss«, lachte er zynisch.

»Während der Nazizeit auch aus Deutschland?«, fragte Leon mit naiv singendem Klang in der Stimme und näherte sich damit dem heißen Eisen, auf das David die ganze Zeit still neben ihm sitzend gewartet hatte.

»Klar, gerade aus Deutschland, wo hätten die Nazis denn sonst ihr Geld bunkern sollen?«

»Und dazu das Kapital der verfolgten Juden«, mischte sich nun zum ersten Mal David in das Gespräch ein.

Leon schaute zu David, Joseph Stehle verzog sein Gesicht zu einer Grimasse. Dann schwieg er. Er sagte kein Wort mehr, blickte irritiert zu David und dann wieder zu Leon.

»Sicher auch jüdisches Kapital«, versuchte Leon, die Pause leichthin zu überspielen, »klar, weiß man doch, auch die mussten ja mit ihrem Geld irgendwohin.«

»Auch das«, stimmte Stehle leise zu, »aber das mussten sie erst mal über die Grenze bringen, das war nicht so einfach. Die Nazis hatten dagegen ganz offizielle Geschäftsverbindungen über deutsche Unternehmen zu Schweizer Banken.« Dann winkte er mit seiner rechten Hand ab, als würde er vor seinen Augen einen Schleier wegwischen, und sagte: »Aber das ist ja nicht unser Thema, wenn ich Sie richtig verstanden habe, und dazu wäre ich auch der falsche Mann. Ich war ja lediglich Schaffner. Ein kleiner Schaffner, der Fahrkarten lochte.«

Leon lachte erleichtert auf, er hoffte, das schlüpfrige Eis erst mal verlassen und wieder über die gute alte Zeit reden zu können, doch David war bei seinem Thema: »Aber gerade auf der Strecke, auf der auch Sie fuhren, wurde jüdisches Geld in die Schweiz nach Schaffhausen geschmuggelt.«

»Dann wissen Sie mehr als ich.«

»Nur vielleicht«, antwortete David deutlich aggressiver, »Sie hatten einen dauerhaften Grenzschein, Sie wurden weniger kontrolliert, und ich habe heute Beweise von der Schaffhauser Zolldirektion vorliegen, dass ein Bahnbeamter in jener Zeit Geld von Singen nach Schaffhausen geschmuggelt hat.«

»Was geht das mich an?«, fragte Stehle ärgerlich. »Und vor allem Sie?«, setzte er erbost hinzu.

»Weil zufällig auch Gold und Geld meiner Familie auf diesem Weg nach Schaffhausen geschafft wurden!«, schrie nun David aus sich heraus, seine Stimme hatte sich fast überschlagen, sein Kopf wurde blutrot.

Joseph Stehle dagegen wurde bleich. Er stand langsam auf, schob seinen Stuhl von sich weg, blickte David grimmig ins Gesicht und fragte betont leise: »Gloger? Haben Sie Gloger gesagt?«

David sprang erregt von seinem Stuhl auf und nickte.

Leon beeilte sich, ebenfalls auf Augenhöhe aufzuschließen, stellte sich zwischen die beiden, wusste aber nicht, wen er anschauen sollte.

Es war plötzlich ruhig in dem Raum, bis David leise in die Stille hinein sagte: »Katharina Gloger hieß meine Tante.«

»Und warum glauben Sie, dass ich Ihnen helfen kann?«, fragte Stehle, offensichtlich um seine Fassung bemüht, während er seine Augen eng zusammenkniff.

»Weil Sie meine Tante vielleicht kannten? Sie war einige Tage in Singen, bevor sie verhaftet wurde. Und genau in dieser Zeit sind ihr Gold, Geld und der Familienschmuck, den sie dabeihatte, nach Schaffhausen gebracht worden«, beharrte David auf seinen bisherigen Recherchen.

»Woher wissen Sie das alles so genau?«

Leon wurde es heiß. Er wollte diese Fakten nicht hier diskutieren, das war zu gefährlich. Er bekam Angst und versuchte einzulenken: »Das führt ja in der Reportage zu weit, wir wollen und können dabei nicht jedes Detail ausleuchten.«

»Doch, wollen wir«, beharrte David laut und funkelte Leon mit zornigen Augen an. Zu Stehle gewandt, drohte er: »Ich habe Ihnen schon gesagt, dass ich ein Protokoll des Schaffhauser Zolls habe. Die Schweizer Beamten hatten damals schon gegen diesen deutschen Bahnmitarbeiter ermittelt. Und ich habe Aufzeichnungen von meiner Tante, die exakt festgehalten hat, wie viel Geld, Gold und auch Silber sie dem Boten nach Schaffhausen mitgegeben hatte. Das Geld wurde auf einer kleinen Bank namens Wohl & Brüder einbezahlt. Sie sind damals regelmäßig von Singen nach Schaffhausen gefahren. Und Sie sagen mir heute, Sie wissen von nichts? Vielleicht waren Sie der Bote?«

Leon schaute erschrocken zu Stehle.

Dieser lächelte feinsinnig, drehte sich in Richtung der Tür, durch die er gekommen war, und öffnete sie. Der junge Mann, der sie hereingeführt hatte, stand davor. Er musste die ganze Zeit über dort gewartet haben. »Die beiden Herren möchten gehen«, bemerkte Stehle völlig unaufgeregt und verschwand in dem Zimmer nebenan.

Leon schnappte schnell seinen grünen Parka und folgte der Aufforderung. Er war froh, überhaupt einen Rückzug antreten zu können. Er hatte in den letzten Minuten geschwitzt und gezittert.

David dagegen zögerte, folgte dann aber der nachdrücklichen Aufforderung des jungen Mannes, der ihn mit einer Handbewegung Richtung Flur bugsierte.

Leon fand den Weg zur Haustür schnell und öffnete sie. Er war erleichtert und lief hinaus ins Freie. David folgte ihm noch immer mit zögernden Schritten.

Leon zerrte an der Autotür, war froh, als David sie endlich mit der Fernbedienung geöffnet hatte, und setzte sich in den Wagen.

Kaum saß David hinter dem Lenkrad, zischte Leon nur: »Hau ab, gib endlich Gas!«

David startete den Motor, legte den Rückwärtsgang ein, drehte das Auto in der Einfahrt und fuhr, nachdem sich das Eisentor geöffnet hatte, hinaus auf die Straße.

Leon sagte lange kein Wort.

David fuhr langsam Richtung Überlingen. »Ich sollte noch mal zurück. Der Typ weiß mehr, als er sagte.«

Leon nickte. Auch ihm war aufgefallen, dass Stehle den Namen Gloger wiederholt hatte, obwohl dieser nur bei der Vorstellung kurz gefallen war. Offensichtlich konnte er mit diesem Namen etwas anfangen.

David blinkte und fuhr rechts an den Fahrbahnrand. Leon lachte laut los. Es war aber kein freudiges Lachen, eher ein befreiendes. Dazu prustete er: »Du willst zurück? Du willst zurück? Weißt du überhaupt, wo du gerade warst?«

David verstand seinen neuen Freund nicht. »Ja«, sagte er ernst, »ich war vermutlich bei dem Mann, der meiner Tante vor 60 Jahren den Familienschatz abgenommen hat.«

»Wie kommst du denn jetzt drauf?«

»Ein kleiner Schaffner, hast du gesagt. Guck mal, wie der heute lebt: wie ein König! Was denkst du, woher er das Geld hat?«

»Ich sage es dir«, war Leon endlich bereit, die Katze aus

dem Sack zu lassen, »das Geld hat er nicht von deiner Tante. Das Geld hat er von Gladio. Der Mann ist gemeingefährlich, sei froh, dass wir noch leben!«

David schaute Leon ungläubig an. »Wer ist Gladio?«

Leon winkte ab und bat David weiterzufahren. Er lotste ihn an den Pfahlbauten Unteruhldingens vorbei nach Maurach. Dort stellten sie den Wagen neben einem kleinen Friedhof ab und schlenderten über den Bodenseeuferweg unterhalb der Birnau entlang. Leon erzählte ihm die Geschichte des versuchten Goldmillionenschmuggels, des fraglichen Selbstmords von Bernd Vierneisel und berichtete von Gladio.

David hörte mit hochroten Ohren zu. Er fühlte sich in seiner Vermutung nur bestätigt. »Na also, jetzt auf seine alten Tage wollte er eben all sein gestohlenes Gold und Geld zurück ins Reich holen«, bot er als Lösung für Leons nach wie vor ungelöste Frage an: Warum schmuggelt einer Gold aus der Schweiz nach Deutschland, wenn es in der Schweiz einen höheren Kurs hat?

»Aber«, gab Leon zu bedenken, »du weißt doch gar nicht, ob das Geld überhaupt aus Deutschland in der Schaffhauser Bank gelandet ist. Deine Tante und ihre Fluchthelfer, die beiden Pfaffen, wurden offensichtlich geschnappt. Warum also nicht auch das Gold und Geld?«

David erinnerte ihn an die Hinweise in dem Kochbuch seiner Tante. »Habe ich dir doch erzählt, im Rezept von ›Stalins Piroggen‹ hatte sie ihre Hinweise eingefügt.«

Leon horchte bei dem Namen Stalin auf. ›Stalins Piroggen‹?, arbeitete es in seinem Gehirn.

»Ja, sie schreibt: Stalin schafft am Vortag den Teig, oder so ähnlich, nach Schaffhausen«, beharrte David, »ich habe das Kochbuch im Hotel, ich kann es dir zeigen.« Dann überlegte er selbst: »Warum auch immer Stalin, vielleicht hatte Stalin genau an diesem Tag gerade einen Angriff auf eine deutsche Flanke gestartet. Und vielleicht schaffte eben am Tag davor der Bote das Geld nach Schaffhausen. Ich werde mir mal den Frontverlauf im Osten im November 1943 ansehen.«

Leon sagte kein Wort mehr. Genauer, er brachte kein Wort mehr heraus. Er blickte hinaus auf den See, die Wasseroberfläche war grau und glatt wie eine flach betonierte Piste. Kein Wind war zu spüren, die Sonne lachte, als ob sie Ende Dezember schon den Winter besiegt hätte.

»Halt dich fest«, sagte Leon schließlich und schaute David an, »Stehle hat einen Spitznamen oder Übernamen, oder wie auch immer man dazu sagt. Seine Tochter sagte zu mir: Herzlos wie Stalin.«

Davids Augen wurden sichtbar größer.

»Stehle wird auch Stalin genannt«, schloss Leon mit seinem Teil der Geschichte.

Jetzt lachte David genauso grell auf wie zuvor Leon im Wagen, als er sich aus der Gefahrenzone gewähnt hatte. Es war ein Lachen ohne Freude, es klang fast hysterisch.

Leon dagegen starrte ratloser auf den See als zuvor.

*

David hatte Leon zu Hause in Überlingen abgesetzt. Er selbst wollte alle seine Unterlagen, die er im Hotel Sonne in Wiechs deponiert hatte, zusammensuchen und sie dann am Abend mit Leon dem Kommissar in Singen vorlegen. Sie hatten keinen anderen Ausweg mehr gewusst und gehofft, der Kommissar würde ihnen bei einem Privatgespräch zu Hause einen Tipp geben können.

Leon machte sich in der Küche einen Kaffee und schnappte sich die Tageszeitung. Er hatte heute noch nicht einmal Zeit gehabt, sie zu lesen. Er drehte das Radio an, es war gerade 12 Uhr geworden. Auf die Schnelle briet er sich ein Spiegelei, legte etwas Speck zu dem Ei, schnippelte darüber einige Brösel Schafskäse und hörte mit einem halben Ohr dem Moderator zu, der eben bemerkte: »Der festgenommene Palästinenser im Konstanzer Studentenwohnheim steht im Verdacht, bei dem versuchten Bombenanschlag in Köln beteiligt gewesen zu sein.«

Leon stockte mit seiner Bröselei. Er warf den Rest des Käses auf das Ei und legte das Messer neben die Pfanne. Fassungslos schaute er auf das Radio, als könnte er dort etwas sehen. Dabei vernahm er schon die nächste Meldung: eine erneute Forderung des Innenministers zur sofortigen Einrichtung einer Terroristen-Datei.

Leon rannte in sein Büro, dort stand der Fernseher. Er machte ihn an, fuhr den PC hoch, schaute die Fernsehnachrichten an und las parallel dazu die aktuellen Nachrichten in SPIEGEL ONLINE. Seine Mails checkte er nicht.

Fassungslos saß er auf seinem Stuhl. Die Welt um ihn drehte sich. Er konnte es nicht glauben. Gerade noch war er Joseph Stehle gegenübergesessen. Sie hatten sich sogar zeitweise verstanden. Er hatte den alten Mann schon für seine Grenzgeschichte verpflichten wollen. Mit seinen Erzählungen war er ihm gar nicht so unsympathisch erschienen.

Aber seit der Enttarnung durch David und nun auch noch nach diesen Meldungen, da erinnerte er sich wieder an das, was er schon vor Wochen am offenen Fenster bei Joseph Stehle erlauscht hatte. Die vier Männer hatten damals klar und deutlich von einem Bombenattentat gesprochen und von einem Palästinenser in Konstanz. Sie hatten für ihn in Rätseln debattiert, aber nun offenbarte sich in der Realität alles als eine böse Inszenierung. Joseph Stehle hatte am

Ende dieses Gesprächs ein Fazit gezogen, das er bis heute im Kopf behalten hatte: ›Die al-Qaida steht bereit, die Aktion Sicherheitsgesetze läuft gut an.‹

Jetzt erst verstand Leon, was das bedeutet hatte. Er erinnerte sich an die Umfrage des Radiosenders, die seit dem versuchten Bombenanschlag in Köln verstärkt in den Medien debattiert wurde. Das Ergebnis war: Die Deutschen wollen überwacht werden! Die Deutschen verzichten auf ihre Informationsfreiheiten, wie sie das Bundesverfassungsgericht noch bei der einst geplanten Volkszählung festgeschrieben hatte. Die Deutschen waren plötzlich vereint in der Sehnsucht nach Recht und Ordnung und bereit für Lauschangriffe und Terroristen-Dateien.

Leon hatte genügend über Gladio gelesen. Der gescheiterte Bombenanschlag von Köln glich dem Bombenanschlag von München. Damals hatte der Kanzlerkandidat Franz Josef Strauß, sofort nach dem Anschlag, verschärfte Sicherheitsgesetze, Rasterfahndungen und die Überwachung von sogenannten Sympathisantenkreisen im Kampf gegen die linken Terroristen gefordert. Das gleiche Spiel hatte Gladio in Italien in den 1970er-Jahren getrieben, und noch früher in Griechenland im Kampf für die griechische Militärjunta – und nun offensichtlich Seite an Seite mit den Geheimdiensten der USA im Kampf gegen islamistische Terroristen.

Das war das Geschäft Gladios.

Plötzlich roch Leon etwas Verbranntes. Er rannte in die Küche, sein Spiegelei war schwarz, Speck und Käse verkohlt. Er nahm die Pfanne von der Platte, riss das Fenster auf und fluchte. Er versuchte, sich zu beruhigen, ging an den Kühlschrank, nahm ein Tannenzäpfle heraus und trank, als müsste er verdursten.

Er sah sich plötzlich inmitten einer der heißesten

Geschichten in seiner journalistischen Laufbahn. Doch sie war nichts, aber auch gar nichts wert. Er sollte endlich einen Drehplan für seine Grenzreportage schreiben und alles andere vergessen. Was hatte er von dieser Gladio-Story außer Ärger? Verkaufen konnte er diese Geschichte nie und nimmer. Erstens glaubte sie ihm niemand, und zweitens wollte sie einfach niemand hören. Höchstens, wenn sie richtig öffentlich wurde, das hieß, wenn Polizei und Staatsanwaltschaft offiziell ermitteln würden. Nur dann, aber auch nur dann, konnte er die Geschichte einer Redaktion anbieten. Ohne offizielles Statement eines Staatsanwaltes hörten sich Leons Rechercheergebnisse doch zu sehr nach einer Räuberpistole an, damit konnte er sich höchstens lächerlich machen.

Leon wählte die Handynummer des Kommissars. Doch das Handy war vom Netz. Die Mailbox sprang an. Leon bat den Kommissar um einen Rückruf. »Dringend!«, bat er ihn, schließlich wollte er ihn ja schon am Abend mit David besuchen.

Dann setzte er sich an seinen Schreibtisch und schrieb alles, was er bisher über Joseph Stehle alias Stalin erfahren hatte, auf. Es ergab ein Gerüst mit Eckdaten und Erlebnissen eines Mannes, der sich vom einfachen Schaffner und gelegentlichen Landmetzger zu einem geheimen NATO-Offizier emporgearbeitet hatte. Den Namen von Stehles Tochter Mechthilde hatte Leon an den Rand des Papiers geschrieben, darunter den Namen Bernds, mit einem Kreuz versehen, daneben den Namen Sven mit einem Fragezeichen.

Und schließlich setzte er zusätzlich noch zwei weitere Fragezeichen auf das Papier. Das erste hinter die Schmuggelaktion, deren Motiv für ihn noch immer ungeklärt war. Das zweite Fragezeichen setzte er hinter das Wort Telekom. Stehle hatte an jenem Abend gesagt: ›Wir müssen jetzt schnell mit der Telekom einig werden, wie unsere Kameraden in Italien.‹ Lange hatte

Leon mit diesem Satz wenig anfangen können. Jetzt erinnerte er sich an eine Abhöraffäre, die in Italien für Schlagzeilen gesorgt hatte. Er setzte sich mit einem weiteren Bier in sein Büro, gab bei Google die drei Stichworte Telekom, Italien und Abhörskandal ein und erhielt zehn Seiten zur Recherche.

Danach hatte er eine Ahnung, was das Ziel Gladios sein könnte: ein illegales Spinnennetz an Informationen, wie es noch nie einem Spionagering gelungen war. In Italien hatten Mitglieder der dortigen Telefongesellschaft, des Geheimdienstes, Angehörige der Polizei, der Carabinieri und der Finanzpolizei insgesamt mehrere Tausend Telefonate abgehört. Damit hatten sie Informationen über Bürger und Unternehmen sowie Organisationen in ihrer Hand, die zusammengenommen eine Machtkonzentration von sämtlichen Entscheidungsträgern boten. Kein Zweifel, wer diese Informationsfülle besaß, der konnte jede parlamentarische Demokratie manipulieren.

Leon versuchte, sich das Modell für Deutschland vorzustellen. George Orwell ließ grüßen. Längst war ihm klar, was in Italien möglich war, konnte man sich auch in Deutschland vorstellen. Und wenn eine Organisation wie Gladio in einem NATO-Land eine Strategie durchzusetzen versuchte, warum dann nicht in allen anderen NATO-Ländern auch?

Längst gab es auch in Deutschland unzählige Datenbanken, in denen Daten von Bürgern gesammelt wurden und von denen die meisten Menschen nur wenig wussten. Interessant für Gladio waren dabei natürlich vor allem Daten über sogenannte Staatsfeinde, Linke, Pazifisten, Querulanten, aber auch über Politiker und Organisationen, wie Amnesty oder Attac.

In diese Argumentationsschiene passte auch die tägliche Forderung des Innenministers zur PC-Online-Durchsuchung.

Leon betrachtete seinen PC plötzlich wie einen Feind im eigenen Wohnzimmer. Er erinnerte sich daran, dass kürzlich der Cursor wie selbstständig über seinen Bildschirm gewandert war. Das ließ auf einen Trojaner auf seiner Festplatte schließen.

Leon hatte in der Zwischenzeit auf nüchternen Magen schon seine dritte Flasche Bier getrunken. Er stierte auf seinen Bildschirm und spürte, wie der Alkohol wirkte. Es wurde ihm leichter, und er wurde mutiger. Dann setzte er sich an seine Tastatur und schrieb in ein Dokument: »Hallo, Herr Stehle, ich weiß längst, dass Sie für Gladio arbeiten, und ich kenne auch Ihr derzeitiges Spionageprojekt. Ich habe alle meine Recherchen bei einem Rechtsanwalt und bei zwei Polizisten hinterlegt. Wenn mir etwas zustoßen sollte, ist dafür gesorgt, dass alle meine Fakten veröffentlicht werden. Ich denke, es wird Zeit, dass wir offen miteinander sprechen. Wir können sicherlich eine für uns beide akzeptable Lösung finden.«

Wie immer diese Lösung aussehen sollte, wusste Leon auch nicht. Aber die Geschichte des Joseph Stehle hatte für ihn nun an Bedeutung gewonnen. Er wusste schon zu viel über diesen alten Mann, und er konnte auch nicht mehr zurück. Er musste diese Geschichte irgendwie umsetzen. Es war ihm klar, dass er sich dabei mit dem Teufel einließ, aber irgendwie musste er jetzt handeln. Er konnte nun mal die Geschichte in seinem Kopf nicht einfach löschen wie ein Dokument auf einer Festplatte.

Leon sandte die paar Zeilen an seine eigene E-Mail-Adresse. Er war überzeugt, dass Stehles Leute sie abfingen und ihm vorlegten. Sie hatten seinen Computer angezapft, war er sich sicher, so wie sie schon bald alle PCs, die für sie von Interesse waren, überwachen wollten. Sollte sich Stehle melden, hatte er einen weiteren Beweis für seine Vermutung.

Er schob seine Unterlagen für die Reisereportage entlang der Grenze beiseite und versuchte erneut, den Kommissar auf seinem Handy zu erreichen. Wieder sprang die Mailbox an. Auch Davids Handy war ausgeschaltet.

Leon stand auf und spürte, dass es Zeit war, an die frische Luft zu gehen. Morgen war Weihnachten, und er hatte noch keine Geschenke für Lena. Also nahm er seinen Parka vom Haken und ging in die Stadt, um irgendetwas einzukaufen, was sie ja nach Weihnachten wieder umtauschen konnte.

*

Sein Handy piepste. »Hey, David«, grüßte Leon, »habe dich schon vermisst.« Er hatte auf dem Display den Namen seines neuen Freundes gelesen, den Ruf angenommen und ihn direkt angesprochen.

»Wer sind Sie?«, fragte aber eine ganz andere Stimme.

»Wer sind Sie?«, fragte Leon.

»Mein Name ist Horst Sibold, ich bin Polizist«, antwortete die Person am anderen Ende der Leitung.

»Okay«, sagte Leon cool, »wir kennen uns.«

»Verdammte Scheiße, Sie?«, antwortete der Kommissar erstaunt.

»Was überrascht Sie daran so sehr, dass Sie zur Gossensprache wechseln?«, lachte Leon. »Ich bin der Überraschte, was machen Sie mit Davids Handy?«

»Ich wollte prüfen, mit wem er zuletzt telefoniert hat«, flüsterte der Kommissar rau.

Doch der Pulsschlag von Leon war schon aus dem Ruhebereich in den Höchstleistungsbereich hoch geschossen. »Reden Sie nicht lange drum herum, was machen Sie mit seinem Handy?«, rief er erregt in sein kleines Telefon.

Am anderen Ende aber blieb es ruhig, der Kommissar suchte nach einer Antwort.

»Wo sind Sie?«

»In einem kleinen Dorf auf dem Randen.«

»Ich komme«, sagte Leon. Er glaubte zu wissen, wo der Kommissar steckte, und rannte los.

Er hatte schon mehrfach versucht, David oder den Kommissar zu erreichen. Aber beide schienen ihre mobilen Telefone ausgeschaltet zu haben. Um sich zu beruhigen, war er deshalb joggen gegangen. Er war weit über eine Stunde unterwegs gewesen. Er hatte seine übliche Runde verlängert, da er eh nichts mit sich anzufangen gewusst hatte. Er konnte keinen klaren Gedanken fassen. Das Erlebnis mit David bei Joseph Stehle am Morgen blockierte ihn für den ganzen Tag. Er konnte an nichts anderes mehr denken. Mal malte er sich aus, wie er die Hintergründe von Gladio, Bernds Tod, den versuchten Bombenanschlag von Köln und nun noch die ganze Dimension des offensichtlich geplanten Abhörringes an die Öffentlichkeit zerrte. Mal träumte er davon, wie er diese hammerharte Story an alle möglichen Pressepublikationen in Deutschland verkaufte und wie er eine Dokumentation nach der anderen zu diesem Thema abdrehte. Dann wieder hatte er plötzlich Angst vor zwei entgegenkommenden Joggern, die beide schwarz gekleidet waren und ziemlich schnell auf ihn zuliefen. Danach fürchtete er um sein Leben, erinnerte sich an die Macht Gladios und somit auch an die Bedeutung dieses alten Mannes bei Meersburg.

Leon war mit diesem Wirrwarr der Gedanken in seinem Kopf und mit den gemischten Gefühlen im Bauch immer weiter gejoggt. Er war von Überlingen aus auf die Höhen von Sipplingen gelaufen. Dabei war er mal himmelhoch jauchzend und begeistert über den Stand seiner Recherchen, dann joggte er wieder zu Tode betrübt über die verzwickte Situation, in der er sich sah. Er war einfach hilflos und wusste nicht, was er als Nächstes tun sollte. Deshalb wäre er immer weiter gelaufen, am liebsten bis zum Abend, bis er endlich mit David und diesem Kommissar die Lage besprechen konnte.

Als er zu Hause angekommen war, hatte er sofort wieder versucht, den Kommissar oder David zu erreichen. Dann hatte er geduscht, sich aufs Bett gelegt und an die Decke gestiert, bis endlich der erlösende Anruf gekommen war.

Doch nun stand er unter Hochspannung. Er hatte nicht nachgefragt, aber es schien offensichtlich. Der Kommissar hatte gesagt: ›Ich wollte überprüfen, mit wem er zuletzt telefonierte.‹ Damit war für Leon klar: David war tot!

Leon schwitzte am ganzen Körper. Es war mitten im Winter, er hatte die Scheiben an seinem Porsche heruntergedreht, der kalte Fahrtwind blies ihm ins Gesicht, aber er schwitzte. Wenn David tot war und der Kommissar ermittelte, dann war klar: David war ermordet worden. Als Mörder kam für ihn nur einer infrage: Joseph Stehle bzw. Gladio.

Aber warum? War David noch mal zu Stehle zurückgefahren und hatte ihn mit seinen neuen Erkenntnissen konfrontiert? Oder hatte Stehle schon allein nach ihrem Auftritt heute Morgen eine Veranlassung zum Handeln gesehen? Warum nur hatte er ihn zu Stehle geführt? Er hatte doch um die Gefahr gewusst, die von diesem alten Mann ausging.

Leon jagte seinen Porsche über die Autobahn von Stockach nach Thayngen. Der Fahrtwind wirbelte ihm Zeitungsseiten und Papiere, die auf dem Beifahrersitz lagen, durch den Innenraum. Er drehte sein Seitenfenster etwas hoch. Ganz schließen konnte er es nicht. Er brauchte Frischluft. Er sah diesen jugendlichen, blassen Hamburger Jungen immer wieder vor sich, wie er fast hysterisch gelacht hatte, als er den Zusammenhang von ›Stalins Piroggen‹ und Joseph Stehle erkannt hatte. Schon heute Morgen war Leon eigentlich klar gewesen, dass David sich jetzt nicht zurücklehnen und auf den Abend warten konnte. Er hätte ihn nicht allein lassen dürfen.

Als Leon von Bibern hinauf nach Wiechs am Randen abbiegen wollte, versperrte ihm eine Polizeistreife den Weg. Leon zückte seinen Presseausweis, doch der Beamte blieb stur: »Gesperrt, verstehen Sie nicht? Gesperrt!«

Leon war zu erregt und hatte keine Zeit für Spielchen mit sturen Beamten. Er zitterte innerlich, er spürte, wie seine Anspannung stieg. Er schaute hoch, in Richtung des kleinen Orts Wiechs. Er sah die dicken Mauern des Kirchturms und viel Blaulicht, mehr erkannte er nicht. Die Straßensperre vor ihm war bis zur Fahrbahnmitte aufgebaut, davor stand ein Polizist, neben ihm am Seitenfenster ein anderer. Die rechte Fahrbahnseite war frei. Leon lächelte den Beamten, der neben seinem Wagen stand, freundlich an und gab Vollgas.

Im Rückspiegel sah er, wie die beiden Beamten auf der Straße hinter ihm hektisch hantierten und winkten, doch zu den Waffen, das sah Leon auch, griffen sie nicht. Offensichtlich hatten sie doch kapiert, dass er ausschließlich zu dem Tatort wollte und nicht auf der Flucht war.

Eine zweite Straßensperre stand kurz vor der Ortseinfahrt der kleinen Gemeinde. Von hier aus sah er schon bis zur ›Sonne‹. Leon stellte kurz entschlossen seinen Porsche vor der Sperre ab und rannte los. Vor dem Gasthaus standen drei Feuerwehrautos sowie einige grüne Streifenwagen. Leon stierte auf den Pulk. Neben dem Restaurant war offensichtlich der Ort des Geschehens. Im ganzen Ort roch es verkohlt, und Rauch stand in der Luft.

Als Leon näher gekommen war, sah er zwei ausgebrannte Autos auf dem Parkplatz davor. Gleichzeitig legte sich eine schwere Hand von hinten auf seine Schulter. »Es ist kein schöner Anblick, tun Sie sich das nicht an«, riet ihm der Kommissar.

»Ist David da drin?«

Der Kommissar nickte stumm.

Leon lehnte sich an einen Feuerwehrwagen. Er hatte weiche Knie. Es wurde ihm schwindlig, schwarz vor den Augen, fast hätten seine Knie einfach nachgegeben, sie waren plötzlich weich wie Pudding. Schnell drehte er sich weg und sog tief die frische Luft ein.

»Wie kamen Sie an sein Handy?«, fragte er den Kommissar.

»Muss er in seinem Zimmer im Gasthaus liegen gelassen haben!«

»Und was haben Sie dort noch gefunden?«

»Sie sind schon köstlich«, der Ansatz eines Lächelns huschte über die dicken Wagen des Kommissars, »haben Sie jetzt die Ermittlungen übernommen? Fragen stellen im Regelfall wir.«

»Erstens zu wenig«, bemerkte Leon sarkastisch, »und zweitens habe ich von Ihnen noch keine Antworten auf die wichtigsten Fragen gehört.«

»Wie meinen Sie das?«

»Was ist mit Bernd? Was ist mit Gladio und was ist mit eurem Palästinenser?«

Leon spürte eine ohnmächtige Wut in sich aufsteigen. Wieder wurde ihm schwindlig, und wieder wurde es ihm schwarz vor den Augen. Schnell lief er ein paar Schritte weg. Er spürte, dass ihm Tränen in die Augen schossen. Er wollte nicht, dass der Kommissar dies sah. Er wollte jetzt keinen Kommissar und auch sonst keinen Polizisten sehen. Auch sie hatten Schuld an dem Tod Davids, suchte er Ausflüchte für sein eigenes Unvermögen.

»Vielleicht sollte Sie besser ein Kollege vernehmen«, schlug Horst Sibold vor, der ihm gefolgt war.

Leon drehte sich um und sah Sibold in die Augen: »Nur das nicht, die checken doch noch weniger als Sie, oder?«, schaute er den dicken Kommissar wieder etwas freundlicher an.

Sibold lächelte gequält und hob entschuldigend seine Achseln.

Dann begann Leon zu erzählen.

Sibold hatte sich die Kurzfassung zu Davids Recherchen mit zunehmender Spannung angehört. Er hatte sich Notizen gemacht und schließlich durch die Zähne gepfiffen, als Leon mit der Vermutung endete, dass Joseph Stehle Davids Tante vor über 60 Jahren um deren Familienschatz erleichtert hatte.

»Sollte er ihr damals nur das Geld abgenommen haben, sind wir da heute machtlos«, überlegte der Kommissar, »sollte Stehle aber die Frau in den Tod getrieben haben, dann würde gelten: Mord verjährt nicht.«

»Er hat David auf dem Gewissen!«, platzte es aus Leon heraus, »das steht für mich fest. Heute Morgen waren wir bei ihm, heute Mittag ist David tot. Und dann noch mit einer Bombe, das ist doch offensichtlich die Handschrift von Gladio.«

Der Kommissar zuckte sichtbar zusammen. »Gladio«, murmelte er, »damit stehe ich wieder da, wo ich nach Meinung meines Chefs nichts zu suchen habe.«

Leon schaute den Kommissar fragend an.

Dieser lachte zynisch auf und erzählte Leon von dem Gespräch mit den Vertretern des BKA im Kommissariat.

Leon winkte ab. »Darf ich in sein Zimmer?«, fragte er unvermittelt.

»Vielleicht keine schlechte Idee, wenn Sie uns sagen können, ob vielleicht der Mörder etwas entwendet hat«, genehmigte ihm der Kommissar einen Blick in den Raum.

Gemeinsam gingen sie in das Gasthaus. Auf dem Weg zu den Fremdenzimmern kamen ihnen die Mitarbeiter der Spurensicherung entgegen. Viel hätten sie nicht gefunden, gestanden sie dem Kommissar, als er sie danach fragte: »Fingerabdrücke, aber wer weiß, vom wem die alle sind?«

Leon drängte an den Gestalten in ihren weißen Overalls vorbei. Ihn interessierten nur das Kochbuch, das er selbst noch nicht gesehen hatte, und die geheimen Protokolle der Schaffhauser Zolldirektion aus den Kriegsjahren. Sie konnten vielleicht dem Kommissar helfen, einen Anfangsverdacht zu formulieren, um danach doch noch gegen Joseph Stehle als eventuellen Schmuggelgehilfen des Bankhauses Wohl & Brüder zu ermitteln. Die Protokolle hatte Leon schon gesehen, von dem Kochbuch mit den Hinweisen seiner Tante hatte David gesagt, es sei in seinem Zimmer.

Schnell hatte er die wenigen Habseligkeiten seines ermordeten Freundes durchsucht. Außer typischen Reiseutensilien hatte dieser noch zwei Geschichtsbücher aus der Zeit des Dritten Reichs auf seinem Nachttisch liegen, zwei Bücher von Jean Ziegler über die Schweiz als internationale Finanzdrehscheibe, und ›Treuhänder des Reichs‹ von Beat Balzli, eine Zusammenfassung mit umfangreichen Recherchen des Schweizer Journalisten zu jüdischem Kapital in Schweizer Banken.

Leon blätterte die Bücher durch, fand aber weder die alten Protokolle der Zolldirektion noch ein Rezept zu ›Stalins Piroggen‹. »Damit steht doch fest, dass der oder die Mörder von Joseph Stehle geschickt worden sind«, beharrte Leon auf seinem Anfangsverdacht, »die haben vor oder nach der Explosion mitgenommen, was sie nicht veröffentlicht sehen wollten.«

Er blickte aus dem Fenster des Gästezimmers, das direkt auf den Parkplatz ging. Es war ein Anblick wie im Krieg. Der Platz war total verwüstet. Außer Davids Leihwagen war auch noch ein anderes Auto in Flammen gestanden. »Wie im Irak«, sagte Leon, »die bomben auch einfach weg, was sie bedroht«, schluchzte er, »und David?«

»Wir wissen noch nicht genau, wie die Explosion vonstattenging. Aber es scheint, als wäre die Zündung ferngesteuert geworden. Vermutlich war die Bombe ganz einfach in dem anderen Auto neben ihm deponiert, ja, genauso wie im Irak. Als er eingestiegen ist, haben die Täter die Fernsteuerung betätigt. Bum!«

»Und David?«, wiederholte Leon seine Frage ängstlich.

»Der hat sicherlich gar nicht viel davon mitbekommen. Die Bombe hatte eine solche Schlagkraft, dass alles in einem Umkreis von zehn Metern zerborsten ist.«

»Gut für die Täter«, rekonstruierte Leon, »danach hatten sie alle Zeit der Welt, sich gemütlich in seinem Zimmer umzusehen. Draußen auf dem Parkplatz spielte die Musik. Da ist natürlich jeder hingerannt.«

Der Kommissar nickte stumm. »Es gibt noch keinen Hinweis auf die Täter«, flüsterte er.

»Quatsch!«, fiel ihm Leon ins Wort, »Hinweise überall. Der letzte Beweis in der Kette ist doch, dass genau diejenigen Papiere verschwunden sind, mit denen David Stehle hätte überführen können.« Leon schaute dem Kommissar in die Augen. Er verstand diesen Mann nicht. Er schien ihm in seinen Gedanken so behäbig wie in seinen Bewegungen. Beamter, dachte er verächtlich. Morgen bekommt er sein Weihnachtsgeld, gleichgültig, was er leistete. Dabei war doch alles klar. Verdammt, warum verhaftete der Mann nicht endlich Joseph Stehle?

»Ist ja schon gut, ich habe Sie verstanden, aber wir haben keine Beweise. Wir müssen zunächst die beiden Autos genau untersuchen. Aber gehen wir davon aus, dass David den Golf gefahren hat, so steht neben seinem ausgebrannten Wagen ein kleineres Fahrzeug, es könnte ein Polo gewesen sein. Und ich habe heute Morgen einen verdächtigen Polo gesehen. Darin lag ein Koffer, identisch mit den Koffern des versuchten Bombenattentats in Köln.«

Leon schluckte: »Was heißt das, Sie haben einen verdächtigen Polo gesehen?«

Dem Kommissar blieb nichts weiter übrig, als nun seine Erkenntnisse preiszugeben. Dabei ärgerte er sich, dass er überhaupt angefangen hatte, irgendetwas zu erzählen. Aber dieser Journalist hatte die Begabung, ihm alles aus der Nase zu ziehen, als wäre er in diesen Fall persönlich involviert. Dabei war er gerade höchstens zu einem Zeugen mutiert, mehr nicht. Vor allem: Mehr ging ihn dies alles auch gar nicht an, schon aus kriminologischer Sicht dürfte er ihm seinen Ermittlungsstand eigentlich gar nicht preisgeben.

Auf der anderen Seite musste der Kommissar zugeben: Bisher hatte er von diesem Journalisten mehr erfahren, als dass sie selbst ermittelt hatten. Und auch im Falle des offensichtlichen Bombenanschlages auf diesen David war der Kerl ihnen wohl schon wieder einige Nasenlängen voraus. Horst Sibold musste zugeben, dass Leon Dold längst zu seinem wahren Kollegen geworden war. Von ihm bekam er Hinweise und Unterstützung wie sonst von keinem Kollegen im Kommissariat.

*

Am nächsten Morgen schon hatte Horst Sibold weitere Erkenntnisse. Die Bombe musste tatsächlich in dem kleineren Wagen gelegen haben. Es war ein Polo, das stand nun fest. Die Farbe Grün war im Bereich des Möglichen. Nach den Untersuchungsberichten, die vor ihm lagen, war ein Koffer im Fond des Autos mit einem Behälter mit Benzingemisch und einer Gasdruckflasche ausstaffiert worden. Das Benzingemisch war durch den Zünder in Brand gesetzt worden, die Gasdruckflasche war geplatzt, das Gas hatte sich mit der Luft vermischt und sich entzündet. David hatte keine Chance gehabt, diesen Anschlag zu überleben.

Die in Köln gefundenen Bomben wiesen die gleiche Bauart auf, nur der Zünder war wohl wegen der Fernauslösung ein anderer. Sollten es tatsächlich die gleichen Täter sein, so hatten sie sich dieses Mal nicht auf eine Zeituhr verlassen. Deshalb hatte der Anschlag auf David funktioniert, der auf die beiden Regionalzüge nicht.

Doch, dachte Sibold, wenn dieser Leon Dold recht hatte, war eine Zündung in Köln vielleicht auch gar nicht beabsichtigt gewesen, allein die Presseberichte hatten für Wirkung gesorgt. Der Terroristendatei stand nun keine Öffentlichkeit mehr im Wege, und selbst Online-Durchsuchungen auf Homecomputern fanden, wie er wusste, längst statt.

Der zweite Bericht, der ihm vorlag, war aus dem eigenen Haus, den Halter des Polos hatten die Grünen, so nannte er kollegial die Streifenbeamten, ermittelt. Der Wagen gehörte einem Singener Bürger in der Kornblumenstraße. Der Mann war über 80 Jahre alt und hatte das Fahrzeug schon seit Wochen nicht mehr bewegt. Er hatte den Streifenbeamten mit glaubhafter Überzeugung beteuert, dass das Auto in seiner Garage stünde. Als die Beamten mit ihm das Garagentor öffneten, war er sichtlich erstaunt, dass sein Auto weg war.

Sibold blies Luft durch die Zähne. Es war Heiligabend, er hatte längst beim Angeln sein wollen. Er brauchte noch einen Karpfen für das Fest. Doch bisher wollte sich keine weihnachtliche Stimmung bei ihm einstellen. Der Südkurier hatte auf der ersten Seite mit der Explosion groß aufgemacht. Man sah ihn, Sibold, auf dem Bild vor den zwei ausgebrannten Autos stehen. Er wirkte ziemlich ratlos. Verärgert legte er die Zeitung weg und schob wieder die Untersuchungsberichte auf seinem Schreibtisch vor seinen Bauch.

Unvermittelt stand sein Direktor Fridolin Möhrle vor ihm. »Jetzt haben Sie ja zu tun«, lästerte dieser, »da können Sie ja Ihre sensationellen Gladio-Ermittlungen dem BKA überlassen.«

Sibold war verunsichert. Er konnte jetzt, nach dieser Einleitung, seinem Chef schlecht sagen, dass er trotz dessen gestriger Anweisung heute schon wieder genau in diese Richtung ermittelte. Er durfte es aber auch nicht verheimlichen. Die Indizien sprachen eindeutig in Richtung Joseph Stehle. Nach allem, was ihm Leon über David erzählt hatte, konnte er gar nicht anders, als genau in diese Richtung weiterzuermitteln. Trotzdem traute er sich nicht, auch nur den Namen dieses Journalisten vor seinem Chef zu erwähnen. Vielleicht nach Weihnachten, dachte er und wünschte seinem Direktor schöne Feiertage. Sollte dieser doch möglichst lange wegbleiben.

»Was heißt da Feiertage?«, raunzte dieser zurück, »glauben Sie, ich kann in Ruhe feiern, wenn hier alles drunter und drüber geht?«

»Drunter und drüber?«

»Ja, haben Sie den Täter? Haben Sie eine Spur? Trommeln Sie Ihre Abteilung zusammen, wir machen um 11 Uhr eine Dienstbesprechung«, wies Möhrle ihn an und rauschte aus dem Zimmer.

Der hat gut reden, der hat eine Frau, die ihm seine Weihnachtsgans sicherlich schon eingekauft hat, fluchte Sibold und gab die Anweisung in das Vorzimmer zu einer Sekretärin weiter, die ebenso mürrisch blickte. Eigentlich wollte auch sie heute Morgen noch allerlei besorgen. Sie wollte nur ihren dicken Wintermantel in das Kommissariat hängen und dann, während die Arbeitszeituhr zählte, in der Stadt die bestellten Lebensmittel beim Metzger und Bäcker abholen.

Doch dieses Jahr schien wirklich alles anders zu sein. Draußen fehlte der Schnee zum Weihnachtsfest, und seit Tagen fehlte im Kommissariat die Zeit für die Weihnachtsbesorgungen.

*

Auch Leon hatte noch einiges zu erledigen, sein Kühlschrank war leer, und an der Tankstelle wollte er sich sein Festessen nun wirklich nicht besorgen. Zu allem hin hatte er eine verdammt schlechte Nacht hinter sich. Er hatte gestern Abend nicht anders gekonnt als sich fürchterlich zu besaufen. Früher hatten ihm Mengen von Alkohol zu einem tiefen und ruhigen Schlaf verholfen. Doch vergangene Nacht hatte es nicht geklappt. Seine Schuldgefühle hatten ihn unablässig gequält. Er hatte Lena nur kurz angerufen und dummes Zeug geredet. Er hatte sich nicht getraut, ihr zu erzählen, was ihn umtrieb. Er konnte ihr nicht sagen, dass er mit David bei Stehle gewesen war. Er erzählte ihr nur, dass David tot sei und er völlig erschöpft. Von dem Bombenanschlag hatte sie schon gehört und auf der Internetseite des Südkuriers weitere Einzelheiten erfahren. Inwiefern er in die Sache involviert war, wusste sie nicht, sodass er alle weiteren Fragen abbiegen konnte: »Ich weiß so viel wie du«, hatte er gelogen und ihr somit vorgegaukelt, dass er mit dem Mord nichts zu tun hatte.

Doch kaum hatte er den Telefonhörer aufgelegt, bekam er Katzenjammer. Er verriegelte alle Fenster, ließ die Rollos runter und verkroch sich. Er schrieb einen Brief an Davids Eltern, zerriss ihn wieder, schrieb einen Brief an seine Eltern, zerriss auch diesen und drehte sich schließlich mit den letzten Resten, die er vorfand, einen dicken Joint. Dazu trank er zwei Flaschen Montepulciano aus den Abruzzen. Vielleicht auch deshalb kam er heute kaum zu sich. Er duschte fast eine Viertelstunde, wechselte die Temperatur des Wassers von heiß zu kalt und fühlte sich danach immer noch wie benommen.

Dann holte er seine Zeitungen aus dem Briefkasten und nahm sie mit ins Bett. Er sah im Südkurier den Kommissar ratlos vor den ausgebrannten Autos in Wiechs stehen. Die Zeitungen spekulierten, aber einen Anschlag der al-Qaida auf dem Parkplatz eines Kaffs im tiefen Hegau, fast im Niemandsland, das machte selbst für die pfiffigsten Politredakteure keinen Sinn.

Seine Schuldgefühle nagten noch immer an ihm, er musste aufstehen, er musste etwas tun. Er setzte sich an seinen Schreibtisch und versuchte erneut, einen Brief an Davids Eltern zu schreiben. Doch auch diesen warf er in seinen Papierkorb und suchte dann nach der Telefonnummer der Eltern. Er fand in Hamburg ein Dutzend Glogers, aber er ließ sich nicht abhalten, er musste mit ihnen reden, also wählte er.

Als sich nach dem vierten Versuch schließlich ein Mann meldete, war ihm sofort klar, dass er jetzt den richtigen Gloger an der Strippe hatte. Die Stimme klang müde und resigniert. Natürlich hatte die Polizei die Familie schon am Vorabend informiert.

Leon stellte sich kurz vor, sagte, dass er sich in den vergangenen Tagen mit David angefreundet hatte und dass er mit ihm auf der Spur des Familienschatzes gewesen war.

»Und jetzt?«, fragte der Vater bitter, »was haben wir jetzt? Jetzt haben wir unseren wahren Schatz verloren; das war für uns unser Junge.«

Leon versuchte, Davids Vater klarzumachen, wie mutig und klug sein Sohn gewesen war und dass er im Alleingang der Geschichte seiner Tante sehr nahe gekommen war. »Was David alles herausgefunden und wie er sich gewissenhaft auf die Spuren seiner Tante gestürzt und sich durch die Archive gewühlt sowie in der Schweiz längst verloren geglaubte Dokumente ans Tageslicht gezerrt hat, das alles war phänomenal und sehr professionell.«

»Wenn Sie meinen«, antwortete der Vater traurig, »uns allen hier wäre es lieber gewesen, er hätte die alten Sachen auf sich beruhen lassen. So wird unsere Familie nie Frieden finden.«

Leon spürte, dass der Schmerz über den Verlust des Sohnes David größer war als jeder Gedanke an Recht, Wiedergutmachung oder gar an Rache. Mit einer Floskel sprach er noch sein Bedauern über den Tod Davids aus und bot dem Vater an, sich um alles, was man hier vor Ort in Singen erledigen musste, zu kümmern. Der Vater aber hatte schon entschieden, dass er selbst nach Singen kommen wollte und dass er sich dann bei ihm melden würde.

Nach dem Gespräch ging es Leon etwas besser. Er rief den Kommissar an, der heute sofort abnahm. Auch er klang betrübt und gab zu, dass er heute nicht in die Gänge kam und noch nicht wusste, wo und wie er den Fall anpacken sollte. Er erzählte ihm von den bisherigen Fakten, wobei Leon ihm sofort ins Wort fiel, als er ihm sagte, dass der Polo, in dem zweifelsfrei die Bombe gelegen hatte, aus einer Garage in der

Kornblumenstraße entwendet worden war. »Ich sage doch, das war Stehle«, beharrte Leon sofort, »die Vierneisels, also Sven und seine Mutter wohnen in der Kornblumenstraße. Da ist der Kerl doch einfach nur über die Straße gegangen und ist dann mit dem Auto des Nachbarn weggefahren.«

Der Kommissar stöhnte. »Ich weiß gar nicht, warum ich Ihnen von unseren Ermittlungen überhaupt erzähle. Aber so blöd und simpel handelt Sven nicht, da bin ich mir sicher. Schließlich habe ich den grünen Polo gestern Morgen in der Früh schon mit der Bombe in Konstanz gesehen, lange bevor ihr bei Stehle wart.«

»Das besagt gar nichts.«

Sibold stöhnte erneut und wünschte schöne Feiertage.

Für Leon war klar, er musste Stehle unter Druck setzen. Er musste ihm empfindlich auf die Füße treten. Wenn die Polizei weiterhin schlief, so musste er eben die Bastion bei Meersburg selbst erstürmen.

Er ging in die Stadt, schlenderte über den Überlinger Bauernmarkt, deckte sich mit Gemüse ein und kaufte ein Suppenhuhn. Er wollte über die Feiertage Lena täglich bekochen. Sie musste wieder zu Kräften kommen, da war eine Hühnerbrühe genau das Richtige, dachte er.

Sie war geschwächt, und er merkte, dass sie, sobald sie wieder aß, auch wieder lachen konnte. Der Zusammenhang zwischen physischer und psychischer Stärke war deutlich zu erkennen. Und sobald es ihr körperlich auch nur einen Deut besser ging, strahlten ihre Augen wieder und wuchs ihr Appetit.

»Buongiorno, che cosa desidera?«, riss ihn Pina aus seinen Gedanken. Sie war die treue Seele des Überlinger Marktes. Seit Jahrzehnten stand sie mit ihren italienischen Spezialitäten im Schatten des Überlinger Münsters und gab nebenbei den Marktbesuchern Italienischunterricht. Die wenigsten Besucher verstanden ihre Sprache, aber jeder versuchte, ihr mit seinen mangelhaften Urlaubsbrocken zu antworten. Auch Leon, der auf die Frage, was er wünschte, selbstsicher antwortete: »Buongiorno Pina, grazie va bene.« Als hätte Pina gefragt, wie es ihm ginge. In einem deutsch-italienischen Mischmasch bestellte er reichlich von ihren italienischen Spezialitäten. Alles für Lena, machte er sich vor und wusste doch genau, dass er das meiste vermutlich allein essen würde.

Gerade mal zehn Grad zeigte das Außenthermometer, doch zum Marktritual in Überlingen gehörte auch ein Espresso an der Promenade. Vor der Greth, dem ehemaligen Kauf- und Lagerhaus der alten Seestadt, saßen die Weihnachtsbesucher und Einheimischen, um Nizza in Deutschland zu spielen. Sie waren zwar alle in dicke Mäntel eingehüllt, aber die Sonnenstrahlen hatten sie doch zum Kaffeegenuss auf die Seeterrasse gelockt. Über dem Wasser hielten sich leichte Nebelschwaden, die Stück für Stück von den Sonnenstrahlen aufgelöst wurden. Es war ein Licht für romantische Augenblicke an ›Nizzas Bodensee-Promenade des Anglais‹ gezaubert.

Das Wetter blieb über die gesamten Weihnachtstage unverändert. Für Leon war dies wie eine Auszeit. Er war zum Nichtstun verurteilt. Der Kommissar schien verschwunden zu sein, sein Handy jedenfalls war tot. Zweimal stand er vor der Villa Stehles bei Meersburg, aber auch da tat sich nichts. Nicht einmal den grünen Landrover sah er in der Einfahrt. Und von Davids Vater hörte er auch nichts mehr.

Nach den Feiertagen hatte er sich einmal morgens um 9 Uhr vor die Polizeiwache in Singen gestellt, um Sven Vierneisel abzufangen, wenn dieser seiner Meldepflicht nachkam. Doch auch diese frühe Aktion brachte ihn nicht weiter. Svens tägliche Meldepflicht sei längst ausgesetzt, beschied ihm ein Beamter hinter vorgehaltener Hand.

Leon fuhr wieder nach Überlingen zurück, joggte eine lange Runde, ging in die Bodensee-Therme. Dort saß er grübelnd in der Sauna und fuhr anschließend zu Lena, um für sie zu kochen.

Nebenbei schrieb er über die Tage zwischen Weihnachten und Neujahr den Drehplan für seine Grenzreportage und fluchte ungeduldig vor sich hin.

Immerhin legten sich seine Angst und auch seine Schuldgefühle. Schließlich wurde ihm klar, dass er nach Silvester, sofort im neuen Jahr, Sven und Joseph Stehle aufsuchen wollte.

Er würde David rächen!

KAPITEL 13

Das neue Jahr begann regnerisch und trüb. Der See lag in einem Dauernieselregen, Nebelschwaden hingen in der Luft und Leon sah von seinem Büro in Überlingen aus gerade einmal bis zur Seemitte. Das andere Ufer, keine drei Kilometer entfernt, war im Dunst hinter einer Regenwand versunken.

Lena hatte gestern, am Tag nach Neujahr, eine weitere Infusion bekommen und war nun wieder völlig erschöpft, am Telefon gab sie sich einsilbig.

Helma fing ihn beim Brötchenholen ab und stauchte ihn böse zusammen. Er habe die Rosen zu arg beschnitten, jetzt wären sie viel zu kurz und würden beim nächsten Frost eingehen, schimpfte sie. Und selbst Senta zeigte sich mit der griesgrämigen Hausbesitzerin solidarisch und würdigte ihn keines Blickes.

Auch der Kommissar hatte nur unwillig mit ihm geredet. Er hatte sich mal wieder auf ja und nein beschränkt und ohne klare Aussagen schon bald wieder aufgelegt.

Dazu kam noch ein Anruf aus Stuttgart: Sein Redakteur im Landessender, der Leon bei der Grenzreportage betreute, machte einen Rundruf bei seinen Autoren. Er erwischte Leon in einem Stimmungstief, trotzdem fragte er ihn sehr geschäftsmäßig nach dem Stand der Vorarbeiten und wollte von ihm wissen, wann er mit dem Dreh beginne, damit er die Ausstrahlung der Reportage planen könne.

Leon versuchte kurz zu erwähnen, dass der Bombenanschlag vor Weihnachten sich ebenfalls direkt an der Grenze ereignet hatte, doch der Redakteur warnte ihn erneut: »Keine Räuberpistole, ein Reisefeature!« Auch den Hinweis, dass der Anschlag vielleicht in direktem Zusammenhang mit der Grenze stünde, ließ der Redakteur nicht gelten: »Wir wollen keine aktuelle Geschichte, sondern eine zeitlose Reiseerzählung.«

Okay, dachte Leon und schwang sich trotzig in seinen Wagen. Zehn Kilometer waren es von seiner Wohnung bis zu Stehle. Er hatte jetzt lange genug gewartet. Er steckte die Trauerkarte ein, die Davids Eltern ihm zum Tode ihres Sohnes zugeschickt hatten, und fuhr los. Zuvor hatte er noch einen Drehplan nach Stuttgart und dem Kommissar einen Hinweis gemailt, dass er bei Stehle sei. Sollte es lesen, wer wollte.

Es regnete nicht wirklich, aber die Luft war sehr feucht, und Leon musste den Scheibenwischer betätigen. Er fuhr von Überlingen aus an der Birnau vorbei, um bei Unteruhldingen abzubiegen. Bei herrlichem Wetter war dies einer der schönsten Aussichtspunkte über den Bodensee. Doch heute war der Blick deprimierend. Vom See war nichts zu sehen. Grau in Grau mischten sich fade Nebeltöne ineinander. Im Vordergrund tropfte an den kahlen Ästen der Reben Nieselregen ab.

Leon wandte seinen Blick auf die Fahrbahn, bog in die lange Seestraße von Unteruhldingen nach Meersburg ab und fuhr, wie ein alter Bekannter, direkt vor das Einfahrtstor zu dem Seegrundstück. Er hupte, wartete, und als sich nichts tat, stieg er aus und drückte auf den Klingelknopf, den er erst vor Weihnachten in Begleitung Davids betätigt hatte. Gespannt schaute er zu der installierten Videokamera hoch. Ohne eine Ansage begann sich das Warnlicht zu drehen. Leon hörte, wie der Motor des automatischen Tors ansprang, und setzte sich schnell in seinen Porsche. Langsam rollte er über die Kieselsteine vor die postmoderne Villa.

Heute öffnete ihm ein anderer junger Mann. Aber auch dieser war vom Scheitel bis zur Sohle ganz in Schwarz gekleidet. Und auch er öffnete grußlos die Tür und stellte sich dann wortlos und steif in den Rahmen.

Leon ging an ihm vorüber, blieb in dem dunklen Flur stehen und ließ den Mann vorgehen. Es war schwer für Leon, sich in dem Haus zurechtzufinden. Dieses Mal schien es in eine andere Richtung zu gehen. Von der Haustür kamen sie durch einen breiteren Flur in einen größeren, runden Raum. Wie in den anderen Gängen war auch hier das Licht stark gedimmt. Von dem Foyer führten weitere Flure in die Seitentrakte. Wie in der Mitte einer Straßenkreuzung schienen sich die Gänge in dem mittleren Raum zu kreuzen. Bei seinem ersten Besuch war er gar nicht so tief in das Haus vorgedrungen.

Jetzt standen sie vor einer schweren, hölzernen Doppeltür. »Warten Sie hier«, beschied ihm sein bisher sprachloser Führer und verschwand dahinter.

Nach kurzer Zeit ging die Tür wieder auf, und der junge Mann gab ihm ein Zeichen einzutreten.

Leon folgte der Aufforderung und stand in dem geräumigen Wohnzimmer, das er schon vor Wochen, allerdings nur von außen, inspiziert hatte. Er blickte durch die große Glasscheibe und sah das Rosenbeet, hinter dem er gelegen hatte. Er drehte sich nach rechts, dort saß etwas erhöht Joseph Stehle in einem breiten Ledersessel. Leon erinnerte sich an die NATO-Fahne, die damals in der Ecke gestanden hatte, doch heute war sie weg.

Joseph Stehle hatte sich seinen Sitzplatz wohl mit Bedacht ausgesucht. Durch die Erhöhung der Empore, auf der der Sessel stand, und mit der aufrechten Rückenlehne war er mit Leon fast auf Augenhöhe, obwohl Leon stehen musste, während Stehle sitzen blieb. Diese Position war offensichtlich gewollt und sollte sich wohl auch nicht ändern.

Joseph Stehle blickte zu Leon. Er sagte kein Wort. Zur Begrüßung hatte er kaum sichtbar genickt.

Leon stand wie angewurzelt vor dem alten Mann, drehte aber seinen Oberkörper in Richtung des Jungen, der ihn hereingeführt hatte.

Joseph Stehle gab diesem ein Zeichen, und er verließ den Raum.

»Hier, das habe ich Ihnen mitgebracht«, sagte Leon daraufhin und reichte ihm die Todesanzeige von David.

Joseph Stehle las die Karte aufmerksam.

Leon konnte in seinem Gesicht nicht die kleinste Reaktion ausmachen.

Joseph Stehle reichte die Trauerkarte zurück.

»Wollen Sie dazu nichts sagen?«, fragte Leon, der selbst nicht so genau wusste, wie er mit seinen Fragen beginnen sollte.

Joseph Stehle antwortete nicht, sondern schaute Leon nur herausfordernd an.

Leon ließ sich nicht zweimal bitten und eröffnete sein Verhör: »Wir sind am Morgen bei Ihnen. David beschuldigt Sie, das Geld seiner Tante unterschlagen zu haben, und am Nachmittag ist er tot.« Leon sprach langsam und deutlich und beobachtete den alten Mann genau.

Doch dieser blieb ruhig und gelassen und saß unbeweglich da. Antworten wollte er offensichtlich nicht.

»Ist das nicht seltsam?«, setzte deshalb Leon nach, um ihn zu einer direkten Antwort zu zwingen.

»Überraschend wäre viel mehr, wenn ich so schnell hätte reagieren können«, lächelte Stehle, »trauen Sie das einem alten Mann wie mir noch zu? Vielen Dank!«

»Sie haben viele junge Männer um sich versammelt«, konterte Leon ungerührt.

»Und die warten alle darauf, einen Menschen für mich umzubringen?«

»Ihre Gladio-Mitgliedschaft dokumentieren Sie ja schon an Ihrer Haustür jedem Besucher. Wo also ist das Problem? Töten gehört doch zu Ihrem Geschäft!«, setzte Leon eine Schaufel auf.

»Gladio? Was meinen Sie, junger Mann? Reden Sie von dem Unsinn einer Geheimorganisation, die so geheim sein muss, dass jeder über sie schwadronieren darf, aber keiner der Schwätzer bisher auch nur ein Mitglied kennengelernt hat?« Stehle lächelte angestrengt.

Leon sah heute deutlich, dass Stehle ein alter Mann war. Er schnappte nach Luft, wollte weiterreden, aber es dauerte. Er kaute an den Worten, bis sie sich in seinem Mund formten, dann erst kam er wieder in Fahrt: »Machen Sie sich nicht lächerlich. Bisher haben Sie auf mich einen vernünftigen Eindruck gemacht.« Dann schnalzte er mit der Zunge, etwas Speichel schwappte über die Unterlippe, und Leon sah, dass sie zitterte. Trotzdem schien es Stehle wichtig, den folgenden Satz noch anzuhängen: »Das mit Ihrem Freund tut mir aufrichtig leid.«

Leon lächelte verlegen. Er glaubte diesem Mann kein Wort. Trotzdem schwand seine Angst vor ihm. Er spürte, dass Stehle nicht nur blockierte, fast schien es ihm, als hätte dieser auf das Gespräch gewartet. Deshalb setzte Leon frech nach: »Ich habe die Unterlagen von David Gloger eingesehen. Seine Tante hat deutliche Hinweise hinterlassen, die auf Sie hindeuten. In einem Kochbuch hat sie ein Rezept vervollständigt, das exakt die Mengen an Gold, Reichsmark und Silber angibt, die sie Ihnen anvertraut hatte.«

Joseph Stehle hörte Leon angespannt zu. Seine Augen waren weit aufgerissen, sein Gesicht verharrte unbeweglich.

Leon setzte nach: »Alle Hinweise sagen, dass Sie das Geld nach Schaffhausen gebracht haben. Ihre Angaben fand David bei ›Stalins Piroggen‹.«

Über Joseph Stehles Gesicht huschte ein kaum sichtbares Lächeln, dann wurde es wieder starr.

Leon hatte die kurze Veränderung bemerkt. ›Stalins Piroggen‹ war das Schlüsselwort. »›Stalins Piroggen‹«, wiederholte er und spekulierte: »Haben Sie ›Stalins Piroggen‹ besonders gemocht, oder liebte sie nur das Wortspiel mit Ihrem Tarnnamen, Herr Joseph Stehle alias Josip Stalin?«

Stehle schüttelte den Kopf, langsam bewegte er seinen Schädel von links nach rechts. Dann lächelte er. »Stalin war nie mein Tarnname, ich habe diesen Namen nie gemocht. Stalin war ein genialer Staatsmann, aber ein Feind unseres Volkes. Und ein Feind unserer Freiheit war ich nie!«

»Lächerlich«, antwortete Leon, »lassen Sie uns nicht über Freiheit diskutieren, oder meinen Sie damit die Freiheit, jeden, der Ihnen im Weg steht, einfach wegzubomben?«

Sein Gegenüber blieb stumm.

Leon war klar, dass er sich nicht zu weiteren Provokationen hinreißen lassen sollte. Er musste einen Draht zu diesem Mann, der ihn plauschen ließ, finden, nur dann konnte er wirklich Neues von ihm erfahren. Er konnte Davids Mörder nur entlarven, wenn Stehle ihm Hinweise gab. Deshalb stellte er noch einmal mit erzwungener Ruhe seine Frage: »Herr Stehle: Warum musste David sterben? Warum haben Sie ihm nicht einfach das Geld seiner Tante zurückgegeben, Sie haben es doch zu Wohlstand gebracht, wo ist das Problem?«

Stehle wirkte plötzlich noch kraftloser, seine Hände begannen zu zittern, sein Mund öffnete sich, dann schloss er sich wieder. Er räusperte sich schwach.

Leon sah die Veränderung, sah, dass er auf einen Knopf an der Lehne seines Stuhles drückte, und hörte ihn noch sagen: »Die Zeit, die Zeit geht falsch.«

Dann öffnete sich die Zimmertür, und der junge Mann stand mit einem breiten Lächeln unter dem Türrahmen.

»Kommen Sie!«, herrschte er Leon an.

Leon sah die Erschöpfung Stehles. Dieser hielt seine Augen geschlossen, mehr war im Augenblick nicht zu erreichen. Widerwillig folgte er der Anweisung des Jünglings.

KAPITEL 14

Kommissar Horst Sibold las die Mail von Leon. Er fluchte. Er konnte nichts dagegen tun, er konnte ihn nicht aufhalten. Doch es wurde ihm immer klarer, dass dieser Journalist hemmungslos in seinem Revier wilderte. Dabei befürchtete er nicht, dass Leon einen seiner Fische fing, sondern eher, dass er ihm die Jagd vermasselte.

Sibold hielt sich für einen erfahrenen Sportfischer. Er konnte geschickt seine Köder auslegen und dann geduldig auf der Lauer liegen, bis ihm sein Fang, fast wie von selbst, ins Netz schwamm. Doch er konnte dabei keinen Laien gebrauchen, der unprofessionell vorging. Und Leon war dies für den Kommissar. Ein Heißsporn, der sich von seinen Emotionen leiten ließ. Er hatte ihn nach dem Bombenanschlag in Wiechs beobachtet. Leon Dold stand mit seinen 1,90 Metern schwankend wie ein loses Bäumchen haltlos neben sich. Dabei ließ er keine anderen Argumente gelten. Er hatte sich in sein Konstrukt, dass Joseph Stehle der Drahtzieher des Bösen sei, ergeben. Deshalb wollte er, solange er keine neuen Beweise oder mindestens Hinweise vorlegen konnte, mit ihm nicht reden. Er ließ sein Handy klingeln, sobald er sah, dass Leon Dold versuchte, ihn zu erreichen.

Zwischen den Feiertagen hatte Horst Sibold vieles auf seine ihm eigene Art geregelt. Er hatte mühsam alle Zeugenaussagen gesammelt, abgeglichen und miteinander verknüpft. Er hatte einige Vorladungen verschickt und ein raffiniertes Netzwerk an Informanten geknüpft. Dabei hatte er selbst bei den von ihm nicht sonderlich geliebten Kollegen des Staatsschutzes an die Tür geklopft. Sie hatten ihm Bilder von einer Gaststätte im Westen Singens gezeigt. Hier verkehrte die rechte Szene der Singener Jugend.

Sven Vierneisel gehörte zum harten Kern, und Bernd hatte mitgemacht, wussten die Beamten. Sibold erkannte auf ihren Bildern auch einige Gesichter wieder, die bei der Beerdigung Bernds um Joseph Stehle versammelt gewesen waren. In der Gaststätte Schraube verkehrte die Clique regelmäßig, wussten die Kollegen. ›Rechtes Umfeld der NPD‹, kategorisierte einer die jungen Männer.

Auch im Konstanzer Studentenwohnheim hatte Sibold sich umgehört. Offiziell war ihm das verboten. Um den Palästinenser und dessen Umfeld kümmerten sich allein die Kollegen des BKA und vielleicht noch Agenten des BND, aber das wusste niemand so genau. Nicht einmal die obersten Dienstchargen des Polizeiapparats wurden über die Tätigkeiten des Geheimdienstes informiert. Wenn sein Chef erfahren hätte, dass er in Konstanz ermittelte, hätte er ihm ein Disziplinarverfahren angehängt. Doch Sibold fragte nicht nach dem Palästinenser, sondern nach Sven. Er hatte ein Bild von ihm dabei und wollte wissen, ob Sven vor Weihnachten auf dem Universitätsgelände gesehen worden war. Irgendjemand musste schließlich den grünen Polo von Singen nach Konstanz gefahren haben. Sibold war sich sicher, dass er den Wagen mit der Kofferbombe auf dem Rücksitz auf dem Parkplatz gesehen hatte. Allerdings blieben seine Nachforschungen in Konstanz ohne Ergebnis. Keinem der Studenten waren Sven oder gar der grüne Polo aufgefallen.

Danach hatte Horst Sibold auch im direkten Umfeld von Sven Vierneisel ermittelt. An einem Abend war er in die ›Schraube‹ gegangen. Er hatte die Tür des Lokals geöffnet, das von außen aussah wie eine ganz alltägliche Vorstadtkneipe der jungen Industriestadt. Dann trat er ein und stand unvermittelt im Dunkeln. Er schob einen schweren Teppich zur Seite, aber es blieb stockdunkel um ihn. Nur langsam gewöhnten sich seine Augen an das schummrige Licht. Unsicher bewegte er sich in dem Lokal zur Theke hin. Sie befand sich dominant und lang gezogen inmitten des Gastraumes. Nur zwei Burschen saßen auf ihren Barhockern davor, dahinter bediente eine aufgedonnerte Blondine ihre Gäste. Im hinteren Teil saß eine Clique vor einem Fernseher und guckte Skispringen.

Als der Kriminalist an die Theke trat, verdrückten sich die beiden Jungs ebenfalls in die Ecke vor den Fernseher. Horst Sibold bestellte einen Espresso.

»Haben wir nicht«, antwortete die Blondine vorlaut, »Sie können einen kleinen Braunen haben.«

Der Kommissar ignorierte die Anspielung und antwortete ausweichend: »Dann nehme ich einen Kaffee.«

Sie lachte wüst aus ihrem grellroten Mund und stellte ihm einen Espresso auf die Theke »Hier heißt dös kleiner Brauner«, lachte sie ihn breit an, dass Sibold ihre vielen Goldplomben in ihrem Rachen sah. »Sie san aber net von hier, oder?«

»Nicht direkt, warum?«

»Nur so«, antwortete die Wirtin. Sie war groß und stark gebaut wie ein Schwergewichtsringer, trug ein tief ausgeschnittenes Dekolleté, hatte überaus große Brüste und einen dicken, vierkantigen Kopf, der in seinen Ausmaßen ihre barocke Figur krönte. Unter ihren tiefen Augenrändern hatten sich Fettpolster gebildet. Ihr Doppelkinn hing in Verlängerung an ihren dicken Wangen, als versuchte es, das Gesicht in die Länge zu ziehen. Ihre wasserstoffblondierten Haare gaben ihr endgültig das Aussehen einer aus der Form geratenen, alternden Puffmutter.

»Sind Sie von hier?«, versuchte der Kommissar, das Gespräch am Laufen zu halten.

»Na, na«, lachte sie kokett, »hört mer dös net?«

»Doch, schon«, versuchte der Kommissar seinen Charme spielen zu lassen, »und man sieht es auch.«

»Wie dös?«, heischte sie nach Komplimenten.

»Jo mei«, erwiderte der Kommissar und schaute sich in dem Lokal skeptisch um, »ich denke ja nicht, dass Sie hier groß geworden sind.«

Die Wirtin rümpfte die Nase und musterte abfällig ihr eigenes Lokal. »Na, wirklich net«, stimmte sie Sibold zu. »Aber so schlimm, wie es aussieht, ist es nicht, ich habe ganz gute Gäste, wenn auch das Ambiente vielleicht was anderes vermuten lässt.«

Ein wirkliches Ambiente sah der Kommissar nicht. Der Schuppen machte auf ihn einen heruntergekommenen Eindruck. Es schien, als wäre er in den 70er-Jahren von einer biederen Dorfkneipe zu einer Bar oder eben zu dem, was man sich eben damals unter einer Bar vorstellte, umgebaut worden. Die Wände waren mit Nut- und Federbrettern verkleidet und dunkel gebeizt worden. Wo früher vermutlich nur Tische entlang der Wand gestanden hatten, gab es jetzt abgetrennte Nischen. Nachgeahmte Öllampen gaukelten durch einen elektrisch beweglichen Leuchtdraht hinter der Glasfassung natürlich züngelnde Flammen vor. Viel Licht spendeten sie nicht, das war wohl aber auch nicht ihre Bestimmung. Die gesamte Einrichtung war aus einer längst verblichenen Zeit, wie auch die Wirtin selbst.

Horst Sibold nahm aber ihre Vorlage dankend an und erkundigte sich nach den Gästen, schließlich war er deshalb hier. »Junge Leute haben Sie als Gäste, passend zu der attraktiven Wirtin«, schleimte er.

»Ah, gäh«, lächelte sie geschmeichelt, »aber anständige Kerle sind's fei scho«, ergänzte sie, »alle mit guten Manieren und vor allem halt Deutsche. I will koine so 'ne Ausländerspelunke, wie es sie hier sonst an jeder Ecke gibt.«

»Wie meinen Sie das?«

Woraufhin die blonde Wirtin ihn in einem Schnellkurs über den Unterschied von heruntergekommenen Ausländerbeizen zu ordentlichen, sauberen deutschen Gasthäusern aufklärte. »Bei uns hier sehen Sie koine Jugos, Albaner oder Russen. Bei mir herrscht Ordnung, und all die Buben hier können S' ansprechen, do versteht Sie ein jeder.«

Der Kommissar nickte und fixierte die Gäste. Es war noch früh am Abend, aber trotzdem saßen schon mehrere Jungs zusammen. »Zieh!«, riefen sie alle gleichzeitig und zogen das kurze Wort unendlich in die Länge. Auf dem Monitor segelte Martin Schmitt durch die Luft. »Zeig es dem Polacken«, bemerkte einer der Jungs. Offensichtlich meinte er den Polen, Adam Malysz, der mit seinem 34. Weltcupsieg gerade in der ewigen Rekordliste an Jens Weißflog vorbeizog. Die deutschen Adler dagegen flogen, weit von ihren großen Triumphen entfernt, einfach zu kurz.

»Der Bessere soll gewinnen«, gab Sibold seinen Kommentar dazu in Richtung der Wirtin ab.

»Na«, verneinte sie energisch, »der Martin muss scho gewinnen, der isch oiner von uns und so schnuckelig.«

»Gleich zwei Argumente«, gab sich Sibold geschlagen und setzte ganz unverfänglich seine Befragung fort, »und die Jungs sind wohl ebenfalls Ihrer Meinung.«

Sie gab unbefangen Auskunft und erzählte ihm stolz, dass ihre Gaststätte eine Art Treffpunkt der aufrechten Jugend geworden sei. »Des isch ka Partei oder so, aber sie halte halt zamm, und ich bin ä bisserl ihre ältere Freindin«, lächelte sie offenherzig.

Sollten die Buben auf dem alten blonden Radl ihre ersten

Ausfahrten üben, dachte sich Sibold, das konnte ihm gleichgültig sein, auch dass die Gäste ganz offensichtlich der rechten Szene nahestanden, war nicht sein Problem. Aber er musste wissen, wie die Vierneisel-Buben in das Leben in der Kneipe integriert und wer ihre direkten Freunde waren. Hatten sie hier Helfer, wer konnte ihm mehr über die beiden Jungs erzählen? Sibold war klar, er musste jetzt die Wirtin angehen, ohne dass sie bemerkte, dass er ein Polizist war. Deshalb tastete er sich vorsichtig in einem unverfänglichen Fragenkatalog weiter.

»Sie kennen alle hier, fast wie in einem Klub?«

»Na«, lachte die Wirtin laut auf, »was denken Sie? Aber ka schlechte Idee, än Klub!« Dabei sprach sie das Wort Klub breit und mit weit geöffnetem Mund aus und strich sich, so kokett es mit ihren fleischigen Oberarmen ging, ihre blonden Haare aus dem Gesicht. »Na, na, aber wie in jedem Gasthaus bilden sich eben Stammgäste heraus. Und i kann scho sage: Wir sind hier wie eine intime Familie.«

Der Kommissar lächelte ebenso breit zurück und wurde konkreter: »Ja, das klingt nach inniger Freundschaft, wo der eine für den anderen einsteht. Da hält man zusammen, egal was von außen kommen mag.«

»Immer!«, stimmte die Wirtin ihm zu und ereiferte sich: »Grad, wenn mal aner in Schwierigkeiten kommt, helfen die aneren. Na, mir san scho ä Familie.«

»Da hat ein jeder Glück, wenn er mal in eine brenzlige Situation kommt, wenn er so eine Freundschaft hat«, schürte der Kommissar das Feuer weiter.

»Freili«, stimmte sie ihm unbeirrt zu, um schnell Beispiele zu bieten, »do lungert dann scho mol die Polizei vor dem Haus herum, aber mir hier drinne halte zamme.«

»Gab es das schon?«

Die Blondine winkte lässig ab: »Mit den Jugos und Russen

werden s' jo nimmer fertig, also nehmen sie eben meine Jungs aufs Korn.«

»Die Polizei?«, vergewisserte sich Sibold.

»Jo, freilich«, antwortete sie, genervt durch so viel Unwissen, »es sollen jo immer olles meine Jungs gwä sei, egal was hier in der Stadt passiert.«

»Zieh«, kam es wieder lang gezogen aus der Fernsehecke. Ein weiterer deutscher Springer segelte gerade durch die Luft, aber auch er schien, nach den Kommentaren der Jungs, Adam Malysz' Vorlage weit verfehlt zu haben. »Die Spur war schlecht und die Windbedingungen waren auch nicht rosig«, versuchte im Anschluss Martin Schmitt seinen 14. Platz beim diesjährigen Weltcupspringen zu rechtfertigen.

Horst Sibold wandte sich wieder der Wirtin zu. Er glaubte sie jetzt dort zu haben, wo er hinwollte, und fragte ganz naiv: »Dann waren die Vierneisel-Brüder auch bei Ihnen Gäste?«

»Wie kommen S' jetzt drauf?«, wurde sie aber nun doch plötzlich skeptisch.

»Jo«, suchte der Kommissar nach einer Ausrede, »das hat man halt nach dem Grenz-Zwischenfall täglich in der Zeitung gelesen.«

»Was wollen Sie überhaupt?«, ging die Wirtin weiter auf Distanz.

»Wissen, ob Sven Vierneisel am Tag vor Heiligabend bei Ihnen war?«, gab sich Sibold nun zu erkennen und legte seinen Dienstausweis auf die Theke. »Ich bin von der Polizei«, fügte er leise hinzu.

Die Wirtin schaute jetzt Sibold misstrauisch an, legte ihre breite Zunge in eine Falte, klemmte sie zwischen ihre Zähne und ließ einen grellen Pfiff ertönen.

Die Jungs, die gerade noch gespannt die Skiflüge auf RTL verfolgt hatten, erhoben sich sofort gemeinsam und kamen in einem Pulk zur Theke. Sie versuchten, einen gemächlichen Schritt zu halten, und wirkten doch entschlossen. Sie waren ordentlich gekleidet und schienen doch uniformiert.

Sibold war mit seinen Augen der Blickrichtung der Wirtin gefolgt. Er sah die Burschen auf sich zukommen. Sie schienen sich seit der Beerdigung von Bernd Vierneisel, vor Wochen, nicht umgezogen zu haben, sie waren sorgfältig herausgeputzt wie damals auf dem Friedhof. Auch ihre Haare schienen kaum gewachsen zu sein, ihre Scheitel saßen akkurat.

Sibold fielen besonders die steifen Bügelfalten in ihren schwarzen Hemden und Hosen auf. Er fragte sich, wer außer seiner Mutter so exakt dieses Handwerk noch beherrschte. Vermutlich bügelten für diese Buben zu Hause noch immer die Mütter oder gar Großmütter der Generation seiner Mutter, beruhigte er sich.

Der größte unter ihnen stand in der Mitte des Pulks. Er gab sich bald als Wortführer seiner Kameraden aus. Die anderen schauten erwartungsvoll und ehrfürchtig zu ihm auf, als die Gruppe sich vor Sibold aufgebaut hatte. Der offensichtliche Anführer war augenscheinlich schon etwas älter. Am Rande des Pulks standen die Jüngeren und Kleineren. Sie hatten kaum Flaum im Gesicht, trugen aber zu ihren schwarzen Hosen jeweils das Lüttow-Braunhemd mit Halstuch, dazu Schulterriemen und Koppel und schwarze Lederstiefel.

Bevor ihr Anführer seinen Mund öffnen konnte, übernahm Sibold schnell die Regie. »Können Sie sich alle ausweisen?«, fragte er streng in die Runde und musterte dabei gerade die Jüngsten scharf.

Doch die blickten trotzig zurück und sahen dann auf ihren Anführer, der sich in der Mitte der Boygroup aufbaute: »Können Sie sich ausweisen?«, blaffte dieser zurück.

Horst Sibold atmete tief durch. ›Ein Atemzug, ein Besenstrich‹, erinnerte er sich in solchen Situationen an den Straßenfeger in Momo, dem Buch von Michael Ende. Entspannt lächelte er daraufhin die Burschen an. »Ich kann Sie morgen früh alle zu mir auf das Kommissariat bestellen, dann haben Sie genügend Zeit, vor meinem Büro mein Namensschild und meinen Dienstgrad zu lesen. Oder aber Sie beantworten mir ganz einfach und in Ruhe jetzt meine Fragen. Also, meine Herren, welche Variante bevorzugen Sie?«

»Jo, mer wird doch wissen dürfen, mit wem mer's zu tuen hat?«, mischte sich die Wirtin schützend ein.

»Muss man wissen«, antwortete ihr der Kommissar, »mit wem man es zu tun hat! Gerade als Wirtin muss man das Alter seiner Gäste kennen, oder wie haben Sie es damit?«

»Machen Sie sich mal keine Sorgen wegen der Erziehungsberechtigung«, trumpfte der Anführer wieder auf und warf mit einer ruckartigen Kopfbewegung seine lange, blonde Haartolle aus seinem Gesicht, »verlassen Sie sich darauf, das haben wir geregelt. Also, was wollen Sie von uns?«

»Wo waren Sie am Freitagnachmittag?«, stellte der Kommissar direkt seine erste Frage, »am Tag vor Heiligabend zwischen 14 und 18 Uhr?«

Der angesprochene Gruppenführer lachte. »Wollen Sie das nun von jedem von uns wissen?«

»Ich habe Sie gefragt!«, herrschte Sibold ihn an.

»Ich bin ja nicht Beamter, sondern deutscher Arbeiter«, giftete der Jüngling zurück, »also stand ich bis 18 Uhr an meiner Drehmaschine, um das Geld zu verdienen, mit dem man Beamte wie Sie bezahlt.«

Der Kommissar lächelte. Er wusste, dass er sich nicht provozieren lassen durfte. Jeder noch so kleine Fehler konnte jetzt seine Position derart verschlechtern, dass er sofort das Feld würde räumen müssen. Aber irgendwie genoss er auch diese Situation. Die gelackten Burschen waren ihm schon bei der Beerdigung von Bernd Vierneisel ein Dorn im Auge gewesen. Jetzt hatte er sie vor sich und konnte sie stellen. Er wollte ihnen ein bisschen Angst einjagen. Vielleicht konnte er ihnen so zeigen, wer der Herr des Verfahrens war, und anschließend in Einzelgesprächen die Burschen rannehmen. Vor allem der grüne Polo ließ ihm keine Ruhe. Leon hatte sicherlich recht, dass der Wagen nicht zufällig gerade in der Straße, in der Sven Vierneisel wohnte, gestohlen worden war. Also stocherte er im Nebel: »Meine Herren, einer von Ihnen hat am Donnerstag einen grünen Polo gefahren. Ein Auto, das hier in Singen zugelassen war, man hat den Wagen hier vor der Gaststätte gesehen.«

Die Jungs schauten sich fragend an.

»Kann gar nicht sein«, entfuhr es einem.

»Warum nicht?«, fragte Sibold scharf zurück.

Der Junge erschrak, sah hilflos zu dem offensichtlichen Gruppenchef. Doch auch der war um eine Antwort verlegen.

»Woher wissen Sie, dass der Polo nicht hier vor der Gaststätte stand?«, setzte Sibold unerbittlich nach.

Alle Augen richteten sich nun auf den Jungen. Es musste ihm unter den Nägeln brennen, doch außer einem lang gezogenen ›weil‹, fast so gedehnt wie zuvor das ›zieh‹, wusste er nichts zu sagen.

»Weil wir keinen gesehen haben. Ich auch nicht«, versuchte die Wirtin dem Kleinen aus der Patsche zu helfen.

Der Kommissar warf ihr einen bösen Blick zu und atmete tief aus. »Nun müssen Sie mir doch Ihre Personalien geben und mich morgen im Kommissariat aufsuchen«, bestimmte er streng und begann, die Anschriften aller Gäste fein säuberlich zu notieren. Dazu klemmte er sich hinter einen kleinen

Tisch in einer Nische, zückte sein Notizbuch und ließ sich von jedem der Gäste den Personalausweis vorlegen.

Während er sich die Daten notierte, kam ein weiterer Gast in den Raum. Sibold bemerkte es nicht sofort, spürte aber plötzlich ein verändertes Verhalten der Gruppe. Es wurde ruhig, und die Burschen um seinen Tisch traten zur Seite. Sibold schaute auf und sah Sven Vierneisel vor sich stehen.

»Herr Kommissar, haben Sie Ihren Dienstsitz verlegt?«, spöttelte Sven von oben herab, und die Jungs lachten laut.

Sibold war klar, dass er sich in dieser Situation auf kein Wortgefecht einlassen durfte. Wer die Lacher hinter sich hatte, war hier der Sieger. Noch einmal dachte er an Momo und sagte dann sehr gelassen: »Herr Vierneisel, Ihre Daten brauche ich nicht, die haben wir schon. Aber ich bitte Sie am 2. Januar gleich morgens um 9 Uhr zu mir. Sie sind natürlich mein erster Gast im neuen Jahr, alle anderen dürfen dann nach Ihnen kommen. Es wird sicher ein gemütliches Wiedersehen werden.«

»Ihre Einladung können Sie meinem Rechtsanwalt zustellen, den kennen Sie ja«, antwortet Sven cool, »dann werden wir sehen, ob und wann ich bei Ihnen vorspreche.«

Horst Sibold war klar, dass Sven Vierneisel ihm ohne Rechtsbeistand keine Frage beantworten würde. Trotzdem wollte er nicht klein beigeben und konterte: »Ich warne Sie, Vierneisel. Ich würde an Ihrer Stelle pünktlich sein, sonst könnte sich Ihr Besuch doch arg in die Länge ziehen. Wenn auch der eine Haftbefehl ausgesetzt ist, gerade dann kann ich jederzeit einen zweiten in Kraft setzen.« Mit den letzten Worten war Horst Sibold aufgestanden, griff nach seinem Mantel und wandte sich noch einmal an die Wirtin: »Eine saubere Familie haben Sie da, wirklich.« Dann verabschiedete er sich von der gesamten Runde: »Deshalb sehen wir uns alle im neuen Jahr wieder.«

KAPITEL 15

»Es wird das letzte Mal sein, dass wir uns sehen.« Oswald Wohl ging, so aufrecht es ihm möglich war, auf Joseph Stehle zu. Dieser saß angeschlagen in seinem Ledersessel und schaute zu dem Besucher hoch. »Wer weiß, was noch kommen mag«, antwortete er gelassen.

»Da kommt nicht mehr viel, alter Junge«, lachte Wohl sichtlich gut gelaunt, »das war's. Wir haben unseren Teil auf dieser Erde erledigt, jetzt sind andere dran.«

»Gerade das macht mir Sorgen.«

»Ja, ich habe von deinem Verlust gehört, mein Beileid. Er war dein Enkelsohn, nicht wahr? Tut mir aufrichtig leid.«

Aus Joseph Stehles Augen funkelte kalte Ablehnung, aber sein Kopf nickte dankbar. Vor ihm, auf dem Couchtisch, stand ein abgebrochenes Schachspiel. Die Figur des weißen Königs lag auf dem Brett, umringt von schwarzen Offizieren.

Oswald Wohl sah kurz auf das Brett, dann lachte er auf. »Man darf nie zu früh aufgeben. Die Kommission dachte auch, sie könnte mir irgendetwas anhängen, aber ich habe ihnen gezeigt, wo der Bartel den Most holt.«

Stehle starrte desinteressiert durch das Fenster auf den See. Nach den warmen Weihnachtstagen war die Temperatur nun doch gesunken. Nebelschwaden und diffuser Sprühregen nahmen ihm die Sicht. Erst kurz vor der Hafeneinfahrt Meersburg, direkt vor seinem Grundstück, konnte er die großen Autofähren der Stadtwerke Konstanz erkennen.

»Wenn man immer wüsste, was kommt«, philosophierte er. »Wenn man nur einen Meter weiter schauen könnte als alle anderen, dann hätte man gewonnen.«

Oswald Wohls zur Schau gestellte gute Laune schwand. Ein Schatten huschte über sein Gesicht. Er schaute Stehle nachdenklich an. »Fünf Millionen Verlust. Meinst du, ich kann darüber einfach hinwegsehen? Ich habe dir gesagt, ihr müsst unser Geld aus der Schweiz schaffen. Aber doch nicht wie ein Bauer seine Kartoffeln auf einer Pritsche.« Oswald Wohl drehte sich von Stehle ab und lief nervös auf und ab. Dann bellte er den alten Mann erneut böse an: »Warum hast du nicht eine ganz normale Transaktion durchgeführt? Schön verteilt in kleinen Summen auf verschiedene Banken über dritte Staaten?«

Joseph Stehle schaute Wohl an. Er saß vor dem ehemaligen Bankier wie ein dummer Schuljunge. Sein Gesicht war heute deutlich sichtbar von tiefen Furchen durchzogen. Von Ende Dezember bis Anfang Januar war auf dem Kalender wohl ein Jahr überschritten worden, aber Stehle sah aus, als schien er in dieser Zeit gleich um mehrere Jahre gealtert. »Du hast gut reden, du bist weit weg und gibst hin und wieder mal ein Lebenszeichen von dir. Ich musste all die Jahre den Stall hier sauber halten. Glaube mir, ich kann nicht mehr.«

Oswald Wohl unterbrach seinen Rundgang durch das Zimmer. Er blieb vor Stehle stehen, musterte ihn böse und setzte nach: »Du wolltest das Gold und Geld für dich und deine Enkel, das war der Grund, gib es zu?«

Joseph Stehle lächelte traurig und schüttelte heftig sein altes Haupt. »Nein«, antwortete er laut. Dann schaute er auf zu seinem alten Kampfgefährten: »Erinnerst du dich noch an Carrington?«

Oswald Wohl nickte. »Der ist längst tot, erzähl mir nichts von dem.«

Joseph Stehle lächelte. »Dieser Arsch ist tot, ja. Aber neue Ärsche sitzen in seinen Löchern. Ich hätte mich doch schon längst zur Ruhe gesetzt wie du, wenn ich nur könnte. Aber die lassen mir keine Ruhe!«

Wohl schaute fragend.

Stehle sprach resigniert weiter. »Ich habe den Laden längst nicht mehr im Griff. Ich weiß nicht einmal mehr, wer ihn überhaupt im Griff hat. Eine Koordination der Geheimdienste ist unmöglich geworden. Der BND sagt ›hü‹, Brüssel sagt ›hott‹, und ich sitze dazwischen.«

»Willst du nun Mitleid?«, raunzte Wohl seinen alten Kampfgefährten an, »oder was ist mit dir los?«

»Mir ist einfach alles zu viel. Und der Tod meines Enkels hat mir den Rest gegeben, ja«, nickte Stehle bekümmert, »am schlimmsten aber ist: Hier geschehen Dinge, von denen ich nichts weiß.«

»Wieso?«, fragte Wohl interessiert nach.

»Erinnerst du dich an Katharina Gloger?«

Oswald Wohl hob bedauernd seine Achseln, um Stehle zu signalisieren, dass er keine Ahnung hatte, wer diese Frau war.

»Es war eine der letzten Lieferungen, die ich in eurer Bank einbezahlte, ein beachtlicher Betrag. Sie selbst fiel der Gestapo in die Hände und mit ihr zwei Priester, die ihr die Flucht ermöglichen wollten«, versuchte Stehle, Wohls Gedächtnis auf die Sprünge zu helfen.

Doch Wohl schien sich nicht im Geringsten daran zu erinnern.

»Du musst dich entsinnen«, beharrte Stehle, »ich habe dir damals von ihr erzählt, wie ich sie am Bahnhof in Singen getroffen habe. Durch die halbe Stadt habe ich sie verfolgt und schließlich im Hotel Central gestellt. Ich hatte gesehen, dass sie einen schweren Koffer trug. Zu schwer nur für Kleider. Ich bin einfach zu ihr in ihr Hotelzimmer gegangen und habe sie gewarnt. Ein Mädchen wie sie fiel in jener Zeit in unserer Kleinstadt auf. Sie hätte sich nicht lange im Hotel tarnen können. Ich habe sie unauffällig mit nach Hause genommen. Fast zwei Wochen habe ich sie bei uns auf dem Dachboden versteckt. Dann hatte ich ihr Vertrauen gewonnen.« Joseph Stehle lächelte vor sich hin und erzählte weiter. »Sie konnte ja gar nicht anders, als mir vertrauen.« Sein Lächeln wurde gequält. »Sie war wunderschön und voller Zuversicht. Ich wollte ihr wirklich helfen. Ich wollte, dass sie die Flucht schafft. Ich habe dir ihren Schatz gebracht und dir von ihr erzählt, du musst dich erinnern, Oswald! Du musst das doch noch wissen, wie ich dir das Gold, Geld und den Silberschmuck gegeben und gesagt habe: Dieses Geld ist ausnahmsweise nicht für uns. Morgen wird die Besitzerin selbst kommen.«

Oswald Wohl schaute seinen alten Gefährten fragend an.

»Du musst dich erinnern: Es war alles geplant. Der Pfarrer von Singen hatte schon öfter mit dem Pfarrer von Wiechs Flüchtlinge über die Grenze geschleust. Das hatte sie erfahren, deshalb war sie nach Singen geflüchtet. Doch bis heute weiß ich nicht, warum sie in Schaffhausen nie ankam. Sie wurde an der Grenze gefasst. Warum die Aktion aufflog, weiß ich nicht, aber auch die beiden Pfarrer wurden daraufhin von der Gestapo abgeholt.« Joseph Stehles Stimme klang belegt. Fast bittend schaute er zu Wohl: »Und du weißt das alles nicht mehr, Oswald? Du musst dich doch entsinnen!«

Oswald Wohl lachte: »Wenn ich mich an alle deine Frauengeschichten erinnern wollte, hätte ich viel zu tun. Denk nur an deine Schwabenelster damals in Stuttgart. Mann, wie lange bist du da immer hingefahren? Auf die warst du doch auch ganz scharf.« Wohl hielt kurz inne, blickte dann Stehle fragend an und schob nach: »Und, musste die nicht auch sterben?«

»Du erinnerst dich also doch an Katharina!«, brauste Stehle mit all seiner letzten Kraft in seinem Sessel auf, »woher sonst wüsstest du, dass sie auch sterben musste?«

»He, Stalin, nun mach aber mal einen Punkt. Ihr habt doch alle an die Wand gestellt, die zur damaligen Zeit versuchten, euer schönes Reich zu verlassen«, echauffierte sich Wohl. »Was ist denn in dich gefahren, dass du nun plötzlich mich hinterfragst?«

Joseph Stehle schaute Oswald Wohl in die Augen. Wohl blieb vor Stehle stehen. Doch Stehle hatte selbst keine Kraft mehr dazu, diesem Blick standzuhalten. Seine Pupillen waren müde und nervös. Sie flackerten unaufhörlich hin und her. Er spürte die Schwäche in seinem Körper und schloss die Augenlider. »Ich weiß nichts, ich weiß gar nichts mehr, ich weiß nicht einmal mehr, warum meine zwei Buben überhaupt das blöde Geld und Gold geschmuggelt haben.«

»Das frage ich mich auch«, antwortete Wohl noch immer sichtlich verärgert, »das war mehr als dilettantisch. Wolltest du es für dich auf die Seite schaffen?«

Joseph Stehle schüttelte verärgert seinen Kopf und gestand: »Es war eine Anweisung aus Brüssel. Ich sagte dir doch, wie früher unter Carrington. Sie wollten fünf Millionen in bar. Eine dringende Zwischenfinanzierung, hat es geheißen, schnell musste es gehen und inoffiziell. Weißt du, Oswald, heute kauft man damit keine Waffen mehr, sondern Menschen an Schaltzentralen. Deshalb musste das Bargeld her. Innerhalb von wenigen Jahren sollten wir die dreifache Summe zurückbezahlt bekommen, das schien kein schlechtes Geschäft zu sein.«

»Innerhalb von Tagen ist nun die gesamte Summe futsch«, knurrte Wohl, »das ist das Problem. Es war nicht nur dein Geld.«

»Beruhige dich, das Geld bekommen wir wieder, ein Regierungsvertreter war schon hier«, antwortete Stehle bitter, »nur Bernd kommt nicht wieder zurück.« Und völlig deprimiert und ratlos fügte er hinzu: »Und dieses Kain-Opfer war nun wirklich ganz unnötig.«

Wohl starrte ihn fragend an.

»Sven schlägt mir nach. Er geht konsequent meinen Weg. Er war schon immer von unserer Organisation begeistert. Ich weiß nicht, ob er nicht schon längst hinter meinem Rücken rekrutiert wurde. Weißt du etwas?«

»Ha, ich?«, winkte Wohl entschieden ab, »ich sitze doch nicht hier in Europa. Nein, nein, mich geht das alles längst nichts mehr an.«

»Vielleicht nun doch?«, stellte Stehle Oswald Wohls Behauptung infrage, »ein Neffe von Katharina war bei mir. Er suchte den Familienschatz.«

»Und?«

»Und nun ist er tot«, antwortete Stehle leise.

»Tot?«

»Hast du nichts davon gelesen?«, wunderte sich Stehle. »Ermordet mit einer Bombe.« Joseph Stehle schüttelte seinen Kopf, als könnte er die Tat selbst nicht fassen. »Mit einer Bombe, die baugleich zu der Bombe war, die wir an diesen Palästinenser in Konstanz geliefert haben.« Stehle schaute zu Wohl und beobachtete ihn genau. »Sonderbar, oder nicht?«, fragte er lauernd.

Oswald Wohl schaute durch das Fenster auf den See. Gelassen antwortete er. »Ich muss das hier alles nicht mehr verstehen, Stalin. Ich bin gekommen, um den Namen meiner Familie zu schützen. Zu viele Ratten meinten plötzlich, den Namen meines Vaters beschmutzen zu können, deshalb bin ich hier. Aber meine Mission ist nun erfüllt. Ich habe der

Kommission die Dinge dargelegt und zurechtgerückt. Nun sind die Vorwürfe vom Tisch. Übrigens auch Vorwürfe, die dich betroffen hätten. Aber ich habe das alles bereinigt. Ich selbst werde nun so bald wie möglich wieder verschwinden. In Brasilien ist das Klima angenehmer für einen Mann in meinem Alter. Ich rate dir, schlage deine Zelte hier ab. In Brasilien fragt dich niemand nach den alten Geschichten. In Brasilien wirst selbst du noch mal jung. Überlege es dir, bevor es zu spät ist. Unsere Zeit hier ist vorbei.«

Joseph Stehle schaute seinen alten Kampfgefährten skeptisch an. Er spürte, dass die gemeinsame Zeit tatsächlich vorbei war. Er war allein mit seinen Sorgen. Er fühlte sich schuldig an dem Tod seines Enkels Bernd, er wusste nicht, was Sven tatsächlich für ein Spiel hinter seinem Rücken trieb, und er konnte sich den Bombenanschlag auf David nicht erklären. Und seit Tagen spukte es in seinem Kopf. Immer wieder sah er Katharina Gloger vor sich. Dabei war sie ihm jahrzehntelang nie mehr in den Sinn gekommen. Bis vor wenigen Tagen noch war er sich sicher gewesen, er könne jederzeit abdanken, er hätte sein Testament geregelt. Jetzt stand sein gesamtes Lebenswerk plötzlich infrage. Er musste unbedingt wissen, wer David umgebracht hatte. Die Bombe, die bei dem Anschlag verwendet worden war, stammte aus seiner Waffenkammer, wenn die Veröffentlichung der Polizei stimmte. Doch wer dahintersteckte, das wusste er nicht. Davids Tod hatte jemand anders zu verantworten, der ihm aber nahestehen musste.

KAPITEL 16

Leon war nach seinem Gespräch mit Joseph Stehle direkt von Meersburg nach Singen gefahren. Der alte Mann hatte ihn irritiert. Vor Weihnachten schien er das Ruder noch fest in der Hand gehalten zu haben. Jetzt aber schlingerte er. Er hatte sich schwer konzentrieren müssen, um Leons Ausführungen zu folgen. Seine Antworten waren nur mühsam erfolgt, und sie waren unlogisch gewesen. Er hatte müde, sogar lebensmüde gewirkt. Auch seine physische Kraft war offensichtlich am Ende. Er hätte sich unmöglich noch länger mit ihm unterhalten können.

Trotzdem fühlte sich Leon beflügelt. Er hatte diesen Mann gefürchtet. Doch nun schien das Eis zwischen ihnen gebrochen. Er hatte einen Draht zu ihm gefunden. Zufrieden lächelte er in sich hinein. Kriminellen schien er sympathisch zu sein. Dabei gaukelte er ihnen nicht den Komplizen vor, sondern stellte einfach aufrichtig seine Fragen, die anstanden und sich logisch ergaben. Dabei war ihm auch während des Gesprächs immer klarer geworden, dass dieser Mann David auf dem Gewissen hatte. Wer sonst sollte hinter dem tödlichen Bombenattentat stehen?

Leon fuhr in Siegerlaune am Überlinger See entlang in Richtung Radolfzell. Er schob ›Light my fire‹ von Friend 'N Fellow in den CD-Player. Axel Schulz hatte diesen Song bei seinem Comeback-Versuch gegen den Amerikaner Brian Minto als Einmarschhymne ausgewählt. Es war ein kraftvolles Stück voller Elan und Enthusiasmus. Die Band spielte, wie es ihm gerade zumute war: Sie gaben den Takt für ihn zum Schlussspurt. So musste auch Axel Schulz das Stück empfunden haben. Dumm nur, dass er genau diesen Kampf damals verloren hatte.

Denn auch Leon war bereit, nach dieser Ouvertüre in die Schlussrunde des Rings zu steigen. Er war unterwegs zu dem vielleicht wichtigsten Interview zur Klärung der Tode von Bernd Vierneisel und David Gloger. Seit Wochen und Tagen hatte er sich davor gedrückt. Doch heute fühlte er sich stark. Von Joseph Stehle, glaubte er, ging für ihn keine Gefahr mehr aus. Deshalb konnte er nun ohne Angst diesem Jüngling Sven gegenübertreten. Sven war für Leon nur das ausführende Organ des alten Patrons von Meersburg. Dafür wollte Leon die Bestätigung. Er musste wissen, was in jener Nacht in dem Gefängnis in der Erzbergerstraße in Singen geschehen war, als Svens Bruder Bernd starb. Und Sven hatte sicherlich auch im Auftrag seines Opas bei der Ermordung Davids mitgewirkt. Denn für Leon stand nach dem belauschten Gespräch in der Villa des alten Herrn fest, dass Sven die Bomben, die in den beiden Zügen in Köln gefunden worden waren, dem Palästinenser überbracht hatte. Und genau mit der gleichen Baureihe war Davids Wagen in die Luft gejagt worden. Wer zwei und zwei zusammenzählte, für den war der Fall klar, wenn auch der Kommissar sich noch immer weigerte, die Fakten anzuerkennen.

Alle Hinweise, die Horst Sibold zur Entlastung Joseph Stehles und Sven Vierneisels vorbrachte, waren für Leon billige Ausreden, damit er das heiße Eisen Gladio nicht anzufassen brauchte. Was sollte es schon bedeuten, dass Sibold den grünen Polo mit der Bombe bereits am frühen Morgen gesehen hatte, bevor er, Leon, mit David bei Stehle gewesen war? Vielleicht war die Karre auch für ein ganz anderes Attentat präpariert worden. Doch dann waren er und David zu Stehle gekommen, und daraufhin hatte der alte Mann seine Pläne geändert. Es war einfach zu logisch, dass Joseph Stehle nach dem kompromittierenden Auftritt von David Gloger das Todesurteil gefällt hatte. Und er hatte ja auch aus seiner Sichtweise heraus recht gehabt: David hätte keine Ruhe gegeben, bis er Stehle überführt und der alte Mann seine Geschichte erzählt hätte. David hatte nun mal sein Familienerbe gewollt. Diese Aufgabe lag jetzt bei ihm.

Er war es David schuldig.

Leon bog in Singen von der Südtangente in die Rielasingerstraße ab und von dort direkt in den Kornblumenweg. Mit seinem alten, mit den Jahren schon etwas heruntergekommenen Porsche, konnte er sich in der alten Arbeitersiedlung sehen lassen. Mit einem neuen hätte er sich in dieser Gegend geschämt. Er fuhr direkt vor das alte Häuschen der Vierneisels, stieg aus und ging schnurstracks die wenigen Stufen zur Haustür hoch. Er klingelte, und schon öffnete sich die Tür, als hätte Frau Vierneisel dahinter auf ihn gewartet.

»Das ist aber schön, dass Sie noch einmal vorbeikommen«, strahlte ihn die alte Frau an, machte ihm ein Zeichen, ihr zu folgen, und ging durch den Flur. Sie öffnete die Wohnzimmertür. In dem Raum hatte sich, wie wohl auch in den vergangen 50 Jahren, seit seinem Besuch vor einigen Wochen nichts verändert. Leon schaute nach den Bildern in der Glasvitrine und stellte dort doch eine Veränderung in den Familiencharts fest. Bernds Bild stand jetzt allein in der oberen Reihe, neben den Sektkelchen; alle anderen Familienmitglieder darunter bei den Wein- und Biergläsern.

Leon ging zu der Vitrine und betrachtete sich das Bild von Bernd Vierneisel noch einmal genau. Jetzt, da er Joseph Stehle so nah gekommen war, empfand er die Ähnlichkeit der beiden als noch frappierender. Dagegen hatte Sven äußerlich gar keine Ähnlichkeit mit dem alten Mann von heute Morgen.

»Wo ist Sven?«, fragte Leon, nachdem er höflich und mitfühlend der alten Frau ein besseres neues Jahr gewünscht hatte.

»Der ist heute Morgen schon früh weg.«

Leon schaute sie mitfühlend an. Sie tat ihm leid. Er spürte ihre Einsamkeit. Sie hing im ganzen Haus. Im dunklen Flur wie in der guten Stube.

Die Tränen schossen ihr in die kleinen Augen. Ihre Pupillen lagen tief in der Augenhöhle. Eine Träne kullerte über ihre alten, von Sorgen gezeichneten Wangen. Mit einem Stofftaschentuch, das sie ständig in ihrer linken Hand hielt, versuchte sie, die Träne aufzufangen. Schließlich rann diese aber über eine tiefe Furche zu ihrem Mund. Wie ein kleines Kind öffnete sie die Lippen und fing die Träne mit der Zunge auf.

Leon erinnerte sich an den Salzgeschmack, wenn er als kleiner Junge seine Tränen mit der Zunge erwischt hatte, und an die Lebensweisheit dieser alten Frau: Die Nacht ist zum Weinen da.

Doch dann brach es aus ihr heraus, ohne dass Leon auch nur ein Wort gesagt hätte: »Der ist sowieso nicht mehr hier. Ganz selten lässt er sich mal sehen, holt neue Wäsche, dann verschwindet er wieder, als wenn ich nur sein Hausmädchen wäre.«

Leon reagierte mit keinem Wort. Er wartete einfach nur ab. Mechthilde Vierneisel nutzte die Chance, setzte sich auf einen ihrer alten Holzstühle und ließ ihrer Verzweiflung freien Lauf: »Ich habe ihn immer wieder gefragt, warum Bernd sterben musste. Ich habe ihn jeden Tag gefragt: Warum er und nicht du?« Dabei funkelten ihre Augen böse.

Leon nickte, obwohl er bei dieser Fragestellung erschrak. Warum nicht Sven? Ihr hatte Bernd nähergestanden, das wusste er. Aber auch er hatte sich die gleiche Frage gestellt. Denn Sven hatte wegen versuchten Mordes in Untersuchungshaft gesessen und Bernd nicht. Bernd wäre vor Gericht leicht als der unbedeutende Mitläufer seines jüngeren Bruders durchgegangen. Aber Fakt war auch: Die notwendige kriminelle Energie hatte nur Sven. Gefährlich für die Hintermänner war Bernd gewesen, das Weichei. Sven dagegen war stark und verschwiegen.

Mechthilde Vierneisel hatte sein Erschrecken bemerkt. Deshalb präzisierte sie ihr Urteil unbeirrt: »Bernd war ein aufrichtiger Junge. Er war immer ehrlich. Er war wie meine Mutter oder mein Mann. Sven dagegen ist wie mein Vater. Er war schon als kleiner Junge boshaft und hinterhältig.« Bitter schaute sie Leon in die Augen. »›Mama, er war keiner von uns!‹« Mechthilde Vierneisel schluchzte. »›Mama, er war keiner von uns‹, hat er mir geantwortet, als ich ihn wieder einmal fragte: Warum Bernd?«

Leon horchte auf. Er musterte sie fragend, blieb aber still. Die Kommunikation funktionierte auch so. Mechthilde Vierneisel hatte ein gutes Gespür. Sie redete sich frei, spürte aber jede Reaktion Leons. Er musste nichts sagen, er musste nicht nachfragen oder gar widersprechen. Er musste nur zuhören. »›Er war keiner von uns‹, damit wollte er mir sagen, er war kein Stehle wie mein Vater. Sven ist ein Stehle, durch und durch. Engherzig und willensstark. Er hat sich immer alles genommen, was er wollte. Er war der Kleinere, aber er hatte Bernd im Griff. Früher hat er ihn mit seiner unbändigen Kraft, später mit seiner Dominanz beherrscht. Das sind die Stehles, bestimmend und beeinflussend.«

Leon holte sich das Bild von Bernd aus der Glasvitrine. Er

stellte es vor der Mutter auf den Tisch. Er lehnte es an eine kleine Blumenvase, in der keine Blumen standen, die aber außen mit Blumen verziert war. Schweigend betrachteten sie gemeinsam das Bild.

»Er war ein Vierneisel. Er war wie mein Mann. Er war weich«, wiederholte sie irgendwann leise. »Seltsam, dass er in seinem Wesen wie sein Vater war, aber äußerlich, noch mehr als Sven, seinem Großvater ähnelte.«

Leon ging erneut zu der Glasvitrine, holte sich jetzt das Bild von Sven und stellte dieses ebenfalls vor sie auf den Tisch.

»Und er«, lachte sie höhnisch auf, »er sieht sanft aus, aber in ihm steckt der Teufel.«

Leon schauderte. Mechthilde Vierneisel hatte ohne Zweifel mit ihrem jüngsten Sohn gebrochen. Er betrachtete sie kritisch.

»Sie haben doch gesagt, Sie glauben auch nicht an das Gerede. Von wegen Selbstmord. Aber was haben Sie bisher getan?«, warf sie ihm unverhohlen vor.

Leon hatte keine Lust, sich zu rechtfertigen. »Wo ist Sven?«, wiederholte er seine Frage.

»Weiß ich nicht.«

»Wohnt er noch hier?«

»Natürlich, wo denn sonst?«, fuhr sie ihn an.

»Ich weiß nicht, aber ich frage Sie. Warum ist er nicht hier?«, beharrte Leon, »wo ist er?«

»Ich weiß es wirklich nicht. Er geht und kommt, wie und wann er will, er sagt zu mir keinen Ton«, begann sie wieder zu weinen.

»Sein Zimmer ist oben?«, fragte Leon forsch.

Sie nickte.

Leon interpretierte das Nicken als Zustimmung und gleichzeitig als Erlaubnis, sich das Zimmer genauer anschauen zu dürfen. Ohne weiter nachzufragen, stand er einfach auf und ging zur Tür. »In welche Richtung oben neben der Treppe?«, fragte er noch.

»Links ist Bernds Zimmer, rechts Svens«, antwortete sie erschöpft.

Leon ging die alte Holztreppe vom Flur aus nach oben. Die Dielen knarrten, er drückte die Klinke der ersten Tür runter und stand in einem kleinen Raum. Das Zimmer war ordentlich aufgeräumt. Ein Bett stand in der rechten Ecke, in der gegenüberliegenden ein alter Holzschrank. Auf dem Bett saß ein etwas zerlumpter und ausgefranster Teddybär, über diesem hing die Deutschlandfahne. Daneben waren einige vergilbte Fotos mit Reiszwecken an die Wand geheftet.

»Das sind alte Familienbilder, noch mit Oma und meinem Mann und seiner Patentante«, beantwortete Mechthilde Vierneisel schon wieder eine nicht ausgesprochene Frage von Leon. Sie musste ihm sofort gefolgt sein und stand nun neben ihm.

Leon trat näher an die Wand heran und sah auch Bilder, die neueren Datums waren. Er deutete auf eine Gruppe junger Männer in SS-Uniform.

»Sven und seine Freunde«, antwortete Mechthilde Vierneisel auf seinen Fingerzeig, »er hat Bernd ab und zu mitgenommen zu ihren Freizeiten. Aber Bernd war davon nie besonders angetan. Er fand unter den Jungs auch keine Freunde.«

Doch Leon sah auf einem anderen Foto auch Bernd in einer Uniform. Allerdings war deutlich zu sehen, dass er sich darin nicht so stolz präsentierte wie die anderen.

Das Zimmer hatte eine Dachschräge. Ein Fenster war in eine Gaupe eingelassen. Darunter stand ein Schreibtisch. Viel Platz war nicht. Leon zog seinen Kopf ein und ging

Richtung Schreibtisch. Er setzte sich davor und zog die erste Schublade auf.

»Da sind nur seine Facharbeiterzeugnisse drin«, erklärte Mechthild Vierneisel. »Bernd war sehr ordentlich.«

Leon fand in den Unterlagen auch die Verträge Bernds für dessen Krankenversicherung, Belege der Sozialversicherung sowie ein Parteimitgliedsbuch der ›Jungen Nationalen‹, Nachwuchsorganisation der ›Partei Deutscher Nationalsozialisten‹. Das Parteibuch lag auf einem Stapel Flugblätter, die Leon schnell durchgeblättert hatte. Ihm reichten die Schlagzeilen, um zu wissen, dass sie das Papier nicht wert waren, auf dem sie geschrieben standen. Er schaute die alte Frau neben sich fragend an.

»Alles von Sven!«, zischte diese nur.

Leon drehte sich zur Tür, sah daneben ein Bücherregal stehen und wunderte sich über die Themenvielfalt. Er sah darin kein politisches Buch. Dafür Romane, auch von politisch linken Schriftstellern wie Günter Grass. Aber auch Trivialliteratur und unzählige Tierbildbände.

Leon schaute wieder zu dem Teddybären auf dem Bett.

»Den hat er von seinem Vater bekommen. An ihm hing er von Anfang an. Und er liebte Tiere. Manchmal besuchte er sonntags das Tierheim und holte sich für einen Tag einen Hund«, seufzte die Mutter.

Leon ging wieder aus dem Zimmer, trat auf die knarrenden Dielen des Flurs und öffnete die nächste Tür. Er trat einen Schritt in den Raum, dann zog er schnell seinen Kopf ein. Eine Sirene heulte auf, und ein Netz legte sich von oben herab über ihn. Er erschrak mächtig, doch es geschah nichts weiter.

Mechthilde Vierneisel schlurfte aus dem Flur zu ihm. »Ich habe ihm schon oft gesagt, er soll den Quatsch endlich abbauen«, ärgerte sie sich und nestelte an dem Tarnnetz der Bundeswehr herum, um Leon zu befreien. Zuvor hatte sie auf einen Schalter gedrückt, um den Alarm abzustellen. »Er wollte nie, dass irgendjemand in sein Zimmer geht. Ich habe ihm gedroht, dass ich sein Zimmer nicht mehr putze, seither ist der Alarm eigentlich immer ausgeschaltet.«

Leon hatte sich inzwischen befreit und warf das Netz achtlos auf den Boden. Wenn Sven ausnahmsweise den Alarm eingeschaltet hatte, diente das Zimmer vielleicht auch als Versteck. Der Raum war deutlich größer als der von Bernd. Trotzdem wirkte er düster und dunkel. Die Wände waren mit Sprühlack olivgrün bearbeitet worden. Selbst die Decke war mit den Farben Olivgrün und Erdbraun besprüht. Nur eine überdimensionale, große Reichsflagge in den Farben schwarz, weiß, rot sorgte für einen helleren Farbtupfer in dem Raum. Die Flagge war fast zwei Meter hoch und über drei Meter lang.

Leons Blick schweifte durch den Raum. Er sah auf einem schweren, mit Eisenträgern zusammengeschweißten Schreibtisch zwei Bildschirme stehen. Der Schreibtisch und selbst die Bildschirme waren ebenfalls mit dem Sprühlack bearbeitet worden. Vor dem Tisch befand sich ein großer, mit dunklem Leder überzogener Sessel. Daneben stand ein grüner Metallschrank. Leon blickte auf das Schloss, sah, dass kein Schlüssel darin steckte, und steuerte darauf zu. Er rüttelte an der Tür, untersuchte das Schloss und wusste, dass er es knacken konnte. Er schaute zu der Mutter der Jungen, doch sie schien geistesabwesend zu sein. »Haben Sie Werkzeug im Haus?«, holte er sie in die Realität zurück.

»Im Keller«, antwortete sie mechanisch.

Leon rannte die Stufen in den dunklen Flur hinunter, suchte einen Lichtschalter, fand eine Schalterleiste und knipste alle Lichter im Haus an, die von hier aus anzuschalten waren. Dann sah er eine weitere Tür unter der Treppe, öffnete diese und stieg hinunter.

Kartoffeln, Gemüse, Wein und Bier hatte er erwartet und einen kleinen Hobbyraum mit dem Werkzeug, oder auch eine Bar. Etwas ganz anderes aber fand er vor.

Zunächst erschrak er heftig, als er den Keller betrat. Er stand am Anfang eines langen Schlauches. Auf der anderen Seite des Ganges sah er einen Menschen stehen. Leon wollte zur Seite springen, doch viel Raum war nicht da, schon stand er mit dem Rücken an der Wand, und der Mensch ihm gegenüber hatte ihn immer noch im Visier. Allerdings bewegte er sich nicht. Kein bisschen. Erst mit der Zeit wurde Leon klar, dass es sich um eine Figur handelte. Um eine Zeichnung, die an die gegenüberliegende Wand gemalt worden war. Er befand sich in einer Schießanlage. Die Figur war als Zielscheibe aufgemalt worden. Die Wand, an die er sich schützend geschmiegt hatte, bestand aus dickem Styropor. Auch die Decke war damit ausstaffiert. Das Styropor sollte wohl den Schall dämmen.

Leon ging tiefer in den Keller hinein und sah um die Ecke auf einer Werkbank verschiedene Patronenhülsen liegen. Darüber war ein Werkzeugkasten montiert. Statt Schraubenzieher und Zangen steckten verschiedene Pistolen darin. Leon nahm eine Waffe heraus; sie sah echt aus. Er betrachtete weiter den Raum und sah in einer Ecke einen Koffer stehen. Er war neu. Es schien der gleiche Trolley zu sein wie der, den die Polizei in das Internet gestellt hatte. Dort waren die beiden Koffer, die in Köln aufgegriffen worden waren, zu sehen. Leon hatte sie sich nach dem Anschlag auf David angeschaut. Kein Zweifel, es war der gleiche Koffertyp. Die Polizei hatte die Koffer als eine Produktreihe identifiziert, die ein Versandhaus verramscht hatte.

Leon interessierte das Werkzeug nicht mehr. Mit Herzklopfen näherte er sich dem Koffer. Er hob ihn vorsichtig an. Der Koffer war auffallend leicht. Leon öffnete das Schloss und spähte unter den Deckel. Nichts.

Trotzdem spürte Leon, dass er hier einen Beweis dafür finden könnte, dass Sven David ermordet hatte. Den Koffer hatte Sven einfach stehen lassen, vielleicht fanden sich noch weitere Spuren, die auf den Mord hinwiesen?

Leon riss aufgeregt sämtliche Schubladen der Werkbank auf. Er fand einen weiteren Zünder, elektronisches Zubehör sowie Zeichnungen, die eine Verbindung von Zündkopf und Benzinbehälter darstellten.

Leon blieb das Herz stehen. Er hatte genug gesehen, mehr, als er bei jedem Gespräch mit Sven hätte erfahren können. Er musste jetzt hier raus und so schnell wie möglich die Polizei zu einer Hausdurchsuchung überreden. Hier lagerten die Beweise für Svens Täterschaft. Er hatte David umgebracht, das war klar zu erkennen.

Dass damit auch bewiesen war, dass eine Art Wehrgruppe in Zusammenarbeit mit Gladio die Bomben in den Zügen bei Köln installiert hatte und somit hinter dem angeblichen Bombenanschlag von Köln nicht al-Qaida, sondern die eigenen Geheimdienste steckten, interessierte Leon im Augenblick nicht. Er ließ alles stehen und liegen und rannte hoch zu Mechthilde Vierneisel. Sie stand noch immer in Svens Zimmer, genau so, wie er sie verlassen hatte. Als sie ihn sah, lächelte sie und flüsterte: »Ich wollte es Ihnen das vergangene Mal schon zeigen, aber jetzt haben Sie es ja selbst gefunden. Bitte sagen Sie dies Sven. Sagen Sie ihm, dass ich nichts verraten habe. Sie haben es gefunden.«

Leon hatte keine Zeit mehr, sich um die alte Frau zu kümmern. Am liebsten hätte er sie in seine Arme genommen, noch lieber hätte er sie mitgenommen, denn er wusste, in wenigen Stunden würde die Polizei hier auftauchen und ihr Heim auf den Kopf stellen. Aber er konnte nichts herausbringen, schluckte nur, lächelte verlegen und verschwand so schnell er konnte. Plötzlich war in ihm wieder die Angst hochgestiegen. Wenn Sven nun überraschend zurückkam und ihm unvermutet gegenüberstand? Sven war ein Mörder, vermutlich hatte er außer David auch seinen eigenen Bruder auf dem Gewissen. Der junge Mann war ihm unheimlich. Die Bilder des toten Katers auf seinem Küchentisch waren plötzlich wieder präsent, und er hörte die warnende Stimme in seinem Ohr, die Finger von der Story zu lassen. Er flüchtete regelrecht aus dem Haus und drehte sich nicht mehr um.

Er raste zum Kommissariat und parkte direkt davor. »Reserviert für Einsatzfahrzeuge der Polizei« las er und dachte: Das bin ich, im Einsatz, weil die Bullen schlafen.

Mit dieser Einstellung preschte er in das Büro von Horst Sibold. Dieser saß gerade vor seinem Computer und tippte mühevoll die Aussagen seiner Besucher ab, die er aus der Gaststätte Schraube vorgeladen hatte. Alle waren der Vorladung gefolgt. Auch Sven Vierneisel war da gewesen – tatsächlich mit seinem Anwalt und einem Zeugen, aber pünktlich.

»Ich habe ihn, ich habe die Beweise«, platzte es aus Leon heraus.

Sibold sah auf und stöhnte. »Bei uns klopft man an die Tür und wartet, bis man aufgefordert wird einzutreten«, maßregelte er Leon.

»Aber ich habe die Beweise, dass Sven Vierneisel der Mörder von David ist!«

»Und danach wünscht man all den Menschen, die es gut mit einem meinen, ein gutes neues Jahr«, bestand Sibold weiter auf seinen Anstandsregeln. »Zumindest bis zur Haferernte«, lachte er dann.

»Meine Ernte beschert Ihnen einen Mörder«, ließ Leon sich nicht von seiner Mission abbringen. In Kürze erzählte er dem Kommissar, was er gerade erst im Keller bei der Familie Vierneisel gesehen hatte, und legte ihm das logische Ergebnis seiner Entdeckung dar: »Sven ist der Mörder. Er selbst hat die Bombe gebastelt. Im Keller seiner Mutter liegen die Beweise. Sein Opa, Joseph Stehle, hat ihn zu der Tat animiert. David hätte diesen als Dieb seines Familienschatzes und vielleicht sogar als Mörder seiner Tante entlarvt, akzeptieren Sie doch endlich mal die Fakten!«

»Sven Vierneisel war bei mir. Ich habe ihn vorgeladen«, antwortete Sibold gereizt, »ich bin natürlich jedem Hinweis nachgegangen, auch dem Ihren.« Horst Sibold stand auf und ging auf Leon zu. »Er kam mit einem Anwalt und einem Zeugen. Georg Brunner bezeugt, dass er zur Tatzeit mit Sven unterwegs war.« Der Kommissar hatte sich in seiner ganzen Größe vor Leon aufgebaut und, während er redete, seinen Kopf direkt vor Leons Nase gehalten.

Doch der lachte nur bösartig auf: »Georg Brunner, dem glauben Sie? Das ist der Stiefelputzer von Joseph Stehle. Vielleicht hat er mit Sven gemeinsam die Bombe nach Wiechs gebracht. Der eine stellt das Auto neben Davids Wagen ab, der andere zündet die Bombe, sobald dieser eingestiegen ist. Und die Polizei nimmt jeweils den einen als den Zeugen für den anderen. Tolle Ermittlungen, Herr Kommissar!«

»Nein«, bemerkte Sibold laut und grob, »Sie sollten sich hier nicht als Privatpolizist aufspielen, Ihre Extratouren stinken mir schon lange. Es reicht! Georg Brunner und

Sven Vierneisel waren zur Tatzeit auf der Polizeiwache hier in Singen. Sven kam genau zu dieser Zeit seiner Meldepflicht nach.«

»Das wird ja immer noch besser«, jubilierte Leon. »Die Polizei, dein Freund und Zeuge, keine schlechte Idee. Und deshalb denken Sie, Sven ist sauber? Gerade dieser Umstand beweist doch erst recht, dass er mit der Tat in Verbindung steht. Der Kerl ist nicht dumm und nimmt sich nicht nur einen Bullen als Zeugen, sondern sogar gleich eine ganze Wachmannschaft.«

»Mag schon sein, aber zunächst ist sein Alibi wasserdicht. Auch sein Anwalt war mit dabei, und ich habe es überprüft. Alle drei waren am Tag vor Heiligabend nicht nur auf der Wache, sondern auch auf dem Präsidium, da sie sich für die Feiertage von der Meldepflicht befreien lassen wollten.« Sibold hatte sich wieder von Leon abgewandt und war in Richtung seines Schreibtischstuhls gegangen, auch seine Stimme wurde wieder leiser. Schwerfällig ließ er sich auf den alten Schreibtischstuhl plumpsen. Dieser knarrte laut unter dem Gewicht des Kommissars. Dann schaute Sibold wieder zu seinem Gast, und seine Stimme wurde fester. »Von 16 bis 18 Uhr, das steht fest.«

»Genauso sicher ist auch, dass er in dem Keller seiner Mutter die Bomben gebastelt hat«, antwortete Leon nun auch wieder in normaler Zimmerlautstärke, »ein weiterer Koffer, der aussieht wie die beiden, die in Köln sichergestellt wurden, steht noch immer dort.«

»Das ist das nächste Problem«, stöhnte der Kommissar. »Ich muss das BKA einschalten. Mir sind die Hände gebunden.«

»Ich denke, Sie ermitteln im Mordfall David Gloger!«

»Und ich denke, Sie haben einen Koffer gesehen, der

denen ähnelt, die in Köln sichergestellt wurden«, äffte Sibold Leons aufbrausende Art gereizt nach.

»Was passiert, wenn Sie das BKA einschalten«, versuchte Leon sachlich, eine Lösung zu finden.

»Dann übernehmen die Kollegen. Das ist alles. Sie werden ebenso vorgehen wie wir. Sie werden einen Durchsuchungsbefehl beantragen und die Dinge in dem Keller, von denen Sie sprechen, sicherstellen.«

»Und dann?«

»Dann wird man sehen.«

»Quatsch, wird man sehen. Dann kommt der BND hinzu, und dann sehen wir beide gar nichts mehr von den Beweisen. Die kochen eine andere Suppe. David Gloger ist ein kleiner Zwischenfall. Der zählt nicht. Das wissen Sie genau. Es zählen nur Gladio und die vermeintliche Sicherheit Deutschlands und des Abendlandes. Und die Aktion Sicherheitsgesetze, wie sie Stehle nannte, läuft überzeugend. Die Öffentlichkeit ist bei jedem Polizeiwagen, der vorüberfährt, zur La-Ola-Welle bereit.«

Horst Sibold blickte den Journalisten, der ihn in eine Zwickmühle gebracht hatte, böse an. Es wurmte ihn auch, dass Leon wohl recht hatte, er selbst aber seine Weisungen trotzdem nicht ignorieren konnte. Er widersprach ihm nicht, sondern zog hilflos seine beiden Schultern bis fast zu den Ohren hoch und ließ sie resigniert wieder fallen.

»Gefahr in Verzug heißt doch das Zauberwort?« Leon suchte nach einem Ausweg.

»Ja, wenn Sie in Gefahr wären, dann könnten wir aufbrechen, aber nun sind Sie ja schon wieder hier.«

Leon lachte, stand auf und sagte nur: »Bis gleich.« Dabei sprang er aus seinem Sessel auf und rannte weg.

Sibold saß zunächst verdutzt da, sprang dann ebenfalls

auf und rannte ihm nach bis auf den Flur, doch Leon war schon im Treppenhaus. »Machen Sie keinen Unsinn, ich warne Sie, das kommt Sie teuer zu stehen!«

Doch Leon war schon in langen Sätzen die Treppen hinuntergesprungen. Er wusste genau, was er zu tun hatte.

Vor dem Kommissariat standen zwei Beamte der Verkehrspolizei neben seinem Porsche. Verdammt, dachte Leon, das auch noch. Doch als die beiden Polizisten bemerkten, dass Leon das Auto gehörte, zwinkerte ihm der eine zu: »Haben Sie den aus dem Museum?«, spottete er, während der andere laut lachte. »Ein Porsche lässt auch als Oldtimer deinen Kadett stehen, und schön ist er doch auch noch.«

»Astra«, wehrte sich der Kollege, »Astra heißt mein Kadett.«

»Wenigstens braucht der weniger Sprit«, spielte Leon seinen Besitzerstolz herunter. Wichtig war, dass er keinen Strafzettel bekam und dass er rasch abhauen konnte. Er musste schnellstens zurück zu Mechthilde Vierneisel. Plötzlich hatte er das Gefühl, handeln zu müssen.

Leon fuhr, solange die beiden Beamten ihm noch nachschauten, vorschriftsmäßig. Danach aber gab er sofort Vollgas und preschte durch die Stadt. Sein Porsche machte einen Satz und fegte über zwei dunkelrote Ampelanlagen. Viel zu schnell bog er, von der Stadt kommend, in den Kornblumenweg ein. Kurz vor dem Haus hielt er an, stieg aus und rannte die restliche Strecke, etwa 100 Meter, zu Fuß. Er glaubte zunächst noch einen grünen Landrover gesehen zu haben, verbannte dann aber diesen Gedanken wieder. Er griff zu seinem Handy und rief bei der Polizeizentrale an. Er legte seine Finger über die Sprechmuschel und nuschelte schwer verständlich: »Hilfe, ich bin entführt worden, ich liege gefesselt im Keller im Kornblumenweg 142.« Und legte schnell auf.

Es dauerte keine fünf Minuten, da sah er einen grünen Streifenwagen an einem Ende des Kornblumenweges vorbeifahren. Leon drehte sich um und bemerkte, dass sich auch am anderen Straßenende eine Streife positionierte.

Er stellte sich an den Straßenrand, drückte sich an ein Gartenmäuerchen und versteckte sich hinter einem Lieferwagen.

Es dauerte noch einmal eine oder zwei Minuten, dann fuhren von beiden Seiten zwei zivile Autos der Polizei vor. Leon erkannte sie an den Autokennzeichen und den obligatorischen Funkantennen. Beide Wagen hielten direkt vor dem Haus der Familie Vierneisel. Je zwei Männer stiegen aus und gingen auf das Haus zu. Zwei blieben unten an den Treppen stehen, zwei gingen nach oben. Es dauerte nicht lange, und Frau Vierneisel öffnete die Tür. Alle Männer betraten das Haus.

Es dauerte einige Zeit, dann bog ein dritter Wagen in den Kornblumenweg ein. Leon erkannte den alten Omega von Sibold. Auch er parkte vor dem Haus der Vierneisels und ging, die Haustür war nicht abgeschlossen, direkt hinein.

Bald darauf kamen alle fünf Polizisten wieder aus dem Haus und stiegen in ihre Fahrzeuge. Sie fuhren weg, und auch die beiden Streifenwagen an den jeweiligen Straßenenden zogen ab.

Leon schaute den Autos irritiert nach. Das verstand er nicht. Er hatte jetzt ein Großaufgebot erwartet, die Spurensicherung, das BKA und vieles mehr. Doch stattdessen fuhren alle wieder weg.

Nur kurz überlegte er, ob er Frau Vierneisel fragen sollte, was die Polizei bei ihr gewollt hatte. Aber er traute sich nicht. Er wusste nicht, ob Sven in der Zwischenzeit zurückgekommen war. Die Alarmanlage in dessen Zimmer war ihm von Anfang an suspekt vorgekommen. Warum hatte Sven sie eingeschaltet? Er musste durch die Sirene, wie auch immer, alarmiert worden sein.

Leon stieg in seinen Wagen und fuhr ziellos durch die Stadt. Er stellte das Auto irgendwo ab und bummelte grübelnd die August-Ruf-Straße entlang. Schließlich hielt er es nicht mehr aus und rief den Kommissar an.

Dieser war stinksauer. »Ich müsste Sie anzeigen. Sie schlagen hier Alarm, führen einen ganzen Polizeiapparat in die Irre, machen bewusst falsche Angaben, und ich muss mich erklären, warum ich mich um einen Alarm kümmere, der mich gar nichts angeht.«

»Das kann ich Ihnen erklären, weil es Sie sehr wohl etwas angeht! Sie sind mit der Aufklärung von Davids Mord beauftragt, oder? Eine Hausdurchsuchung bei einem der Hauptverdächtigen ist deshalb etwas ganz Normales«, reagierte Leon verletzt.

»Warum sind Sie eigentlich nicht Polizist geworden?«, bellte Sibold sauer zurück.

»Weil ich kein …«, Leon schluckte und besann sich. Er wollte wissen, was die Polizei im Haus Vierneisel vorgefunden hatte. Einen Streit mit Sibold konnte er sich nicht erlauben. Er war für ihn die einzige Kontaktperson im Präsidium. Also musste er schnell wieder für ein gutes Klima sorgen. Seine Meinung über Polizisten musste er für sich behalten. Er schaute sich hilflos um, blickte in ein Schaufenster in der Singener Einkaufsstraße und bekam zufällig Blickkontakt zu einer überaus hübschen Verkäuferin. Er sah sie an und sprach so freundlich, als würde er mit ihr reden. »Herr Kommissar, entschuldigen Sie, ich bin zu weit gegangen, aber ich halte diese Ungewissheit seit Weihnachten nicht mehr aus. Ich bin es David schuldig, wir müssen seinen Mörder finden.«

»Wir nicht. Ich, aber nicht Sie«, knurrte Sibold zurück, »und schon gar nicht mit solchen Theaterstücken.«

»Was heißt das?« Leon konnte seine Neugierde kaum zügeln. »Was haben Sie im Keller gefunden?«

»Kein entführtes und gefesseltes Opfer. Nichts, gar nichts. Außer Ihren Styroporwänden, die Sven selbst zur Isolierung angebracht hatte«, ließ sich der Kommissar entlocken. »Sven hat uns sogar durch das gesamte Haus geführt, ohne dass er es hätte tun müssen.«

»Ich verstehe«, gab Leon kleinlaut zu. Ihm wurde klar, dass der grüne Landrover keine Einbildung gewesen war. Sven hatte das Haus gesäubert. Der Alarm war also doch bis zu ihm gedrungen. Und nun hatte er sich auch noch vor der Polizei als großer Saubermann aufspielen können. Leons Lächeln wirkte eingefroren. Die Verkäuferin hatte sich längst abgewandt, und er war mit seinem Handy am Ohr weitergegangen. Er wusste nicht, was er noch sagen sollte.

»Sie haben mir noch gar nicht erzählt, wie es bei Joseph Stehle war«, holte ihn der Kommissar aus seiner Gedankenwelt zurück. »Wollen Sie es mir heute Abend erzählen, um 20 Uhr bei mir zu Hause?«

»Ja, bei einem Liter Gourmet-Wasser«, lachte Leon verlegen und legte schnell auf.

Er schlenderte zu seinem Auto zurück und fuhr Richtung Überlingen. Er hatte Zeit und nahm den Weg über Moos und Radolfzell. So konnte er immer wieder streckenweise den Blick auf den See genießen und seinen Gedanken nachhängen. Er musste dem Kommissar Fakten zur Aufklärung des Bombenattentats an David zuspielen. Sie durften nicht in Zusammenhang mit den gescheiterten Bombenattentaten in den beiden Kölner Regionalzügen stehen, wenn für ihn auch klar war, dass beide Taten auf Veranlassung von Joseph Stehle begangen worden waren. Vermutlich hatte der Palästinenser aus Konstanz die beiden Koffer tatsächlich in Köln deponiert. Vielleicht hatte er wirklich geglaubt, im Auftrag al-Qaidas gehandelt zu haben. Und vermutlich hatte Sven dem Palästinenser die beiden Kofferbomben geliefert, so wie er es am bewussten Abend bei Stehle erzählt hatte. Aber die Bombe bei David hatte Sven selbst gezündet. Da war sich Leon sicher. Und sicher war er sich auch, vor allem nach dem erneuten Gespräch mit Mechthilde Vierneisel, dass Sven etwas mit dem angeblichen Selbstmord seines Bruders zu tun hatte. ›Er war keiner von uns‹, hatte sie Sven zitiert, was nur heißen konnte, er gehörte nicht zum Kern der Gladio-Truppe, Sven dagegen sehr wohl.

Kurz vor Überlingen fuhr Leon über den kleinen Ort Goldbach in den Ostteil der Bodenseestadt. Er war vorsichtig geworden. Sven wusste sicher, dass er es gewesen war, der in seinem Zimmer und im Keller des Hauses geschnüffelt hatte. Deshalb fuhr er von hinten kommend in das alte Villenviertel. Er parkte einige Meter von seiner Wohnung entfernt und pirschte sich von hinten, über einen kleinen Fußweg zwischen den Nachbargrundstücken, an Helmas Haus heran.

Er sah kein fremdes Auto und keinen fremden Menschen. Erleichtert freute er sich darauf, Senta pennend auf dem Fußabstreifer vor der Haustür zu sehen. Sie blinzelte mit einem Auge nach ihm, sprang auf und an ihm hoch. Er mochte es nicht, überhaupt nicht, dass das Vieh seine verschmutzten Pfoten an seiner Jeans abwischte. Am liebsten hätte er Senta gedroht: Du hast das Ende von Eberhardt gesehen, also benimm dich!

Doch Senta wusste, dass sie so immer ein paar Streicheleinheiten abbekam. Alles andere war ihr gleichgültig.

Zwischendurch bellte und winselte sie vor Freude. Leon konnte gar nicht anders, als ihr den Hals zu tätscheln. Doch Helma hatte ihren Hund schon gehört und war herausgekommen.

»Hoi, Leon, ich freue mich genauso wie Senta, dich mal wieder zu sehen«, grüßte sie überaus freundlich, und Leon hätte es ihr gerne geglaubt, doch er ahnte einen verpflichtenden Nachsatz, den sie auch sofort anhängte. »Jeden Winter muss man den Komposthaufen umsetzen. Das weißt du doch.«

Das Abkommen war klar. Leon wohnte standesgemäß in einer alten Villa mit Blick auf den See, zahlte eine erträgliche Miete und arbeitete dafür im Garten ab, was er monatlich sparte. Er war sofort einverstanden gewesen und empfand auch schon bald eine tiefe Verehrung der alten Dame gegenüber, ja er mochte sie sogar sehr. Sie war eine offenherzige, verständnisvolle und liebevolle Frau mit viel Humor. Sie, ihr Hund, ihr Kater und er waren bald ein Herz und eine Seele unter einem Dach geworden. Doch in Augenblicken wie diesem sah Leon das anders. Dann glich sie für ihn einer alten, reichen Hausbesitzerin mit erpresserischen Forderungen.

»Der Komposthaufen«, schluckte er. Er hatte den Müllberg hinter dem Haus wachsen sehen. Helma wie auch er kochten um die Wette. Biologische Abfälle produzierten sie beide in Mengen. Dafür brauchten sie keinen Gelben Sack für den Plastikmüll, und statt der Biotonne pflegten sie gemäß städtischer Verordnung ihren Komposthaufen. Aber dort lagen mehr Gartenabfälle als Küchenabfälle: Äste von dem wuchernden Gebüsch rund um das Haus, von den Brombeeren und ebenden Rosen, die er nach langem Gezerfe mit Helma geschnitten hatte. Und nun sollte er diese Zweige schon wieder bewegen.

Auf der anderen Seite hatte er gerade Zeit. Er konnte

vor dem Treffen mit dem Kommissar heute Abend sowieso nichts mehr unternehmen. Sie mussten das weitere Vorgehen gemeinsam abstimmen. Er konnte Gladio nicht allein auffliegen lassen, das war ihm klar. Er konnte nur mit dem Kommissar gemeinsam Stehle wegen Mordes an David überführen, alles Weitere musste sich dann fügen. Also lächelte er ebenso liebevoll zurück und versprach, den Komposthaufen umzusetzen, allerdings müsste er zuvor noch einige Anrufe erledigen.

In seinem Büro überflog er kurz seine Mails. Er rief in Stuttgart bei seinem Redakteur an, gab ihm die geplanten Drehzeiten für seine Grenzgeschichte durch und versuchte, ihn darauf vorzubereiten, dass die Story nun vielleicht doch nicht ganz so werden würde, wie er sie in seinem ersten Exposé angekündigt hatte. »Ich denke, wir sollten doch mit einem aktuellen Fall einsteigen«, versuchte er, diesen zu überreden, »ich habe eine Grenzgeschichte, die 1945, noch in den Wirren des Krieges, begonnen hat und heute, über 60 Jahre danach, aufgeklärt wird.«

»Nein, Leon, was soll das«, ärgerte sich der Redakteur, dass Leon die Abmachungen nicht einhalten wollte, »wir haben ausgemacht, dieses Mal keine Räuberpistole zu bringen, also liefere, was wir bestellt haben.«

»Ja doch, aber die Geschichte hat alles. Es ist eine Familientragödie. Der Großvater war ein Schmuggler, die Tochter die Mitwisserin, und die Enkelsöhne wurden jetzt aktuell bei der Ausführung des gleichen Gewerbes geschnappt. Dabei haben sie zurückgeschmuggelt, was der Großvater vor 60 Jahren illegal in die Schweiz ausgeführt hatte. Das ist doch der ideale Stoff!«

»Verdammt, Leon! Wir haben einen Featureplatz, weißt du, was das heißt? Wir senden keine aktuellen Berichte, sondern erzählerische Dokumentarfilme.«

»Eben, will ich doch. Überlege doch mal, die Grenze in den Zeiten des Dritten Reichs, des Kalten Kriegs und heute. Durch alle diese Zeiten führt uns erzählerisch eine Familie«, gab Leon zu bedenken. Er wusste, dass er dem Ziel nahe war. Vor der Lösung der Frage, warum die Vierneisel-Brüder Gold aus der Schweiz nach Deutschland geschmuggelt hatten, und vor dem Ziel, dem Redakteur seine Geschichte so zu verkaufen, wie er es wollte.

»Okay«, hörte er ihn auch schon zustimmen, »mach doch, was du willst.«

»Danke«, antwortete Leon und versprach eine spannende Story, die auf jeden Fall quotenträchtig sein werde, dann legte er auf.

Nach dem Telefonat lächelte er zufrieden. Endlich liefen die Geschichten zusammen. Er konnte an seiner Schmuggelstory weiter recherchieren und vor allem, er konnte sie anschließend auch verkaufen. Er musste sie verkaufen, sonst hätte er vor Helma den Offenbarungseid leisten müssen. Denn sein Konto näherte sich einem nie da gewesenen Tief.

Draußen hatte der Nieselregen aufgehört. Die Nebelschwaden hatten sich verzogen, und am Horizont bildeten sich statt des Grau in Grau wieder deutliche Wolkenfelder. Leon hatte sogar das Gefühl, dass die Sonne durchzubrechen versuchte. Jedenfalls war er nach dem Telefonat gut gelaunt, stieg beschwingt in eine alte Jeans und schnappte sich einen alten Pullover. Dann lief er in den Keller, zog seine Gummistiefel an, holte im Geräteschuppen einen Spaten und eine Hacke und zog mit der hocherfreuten Senta im Schlepptau zu dem Komposthaufen.

Leon hatte das Talent, dass er alle Arbeiten, die er erledigen musste, schnell in ein Spiel verwandelte. Den großen Rasen um das alte Haus mähte er immer wieder mit neuen Rekordzeiten. Dabei suchte er ständig nach neuen Wegen, um ja keine Strecke mit dem Rasenmäher doppelt abzulaufen.

Genauso versuchte er nun, für das Umwerfen des Kompostes Regeln zu erstellen. Die dickeren Äste musste er neben den jetzigen Haufen legen. Material, das noch nicht verfallen war, schaufelte er darüber. Je tiefer er sich in das Erdreich des Haufens grub, umso mehr Erdschollen mit Würmern fand er. Diese warf er in den Schubkarren und fuhr die Erde in das Gartenbeet, in dem Helma fleißig Gemüse zog. Er selbst hatte am Rand ihres Beetes verschiedene Kräuter gepflanzt.

Das Spiel zwang ihn, zuerst aus dem Inneren des Komposthaufens eine Schubkarre voll zu beladen, bevor er wieder weitere Äste daneben ablegen durfte. Schneller war er durch diese Regel zwar nicht, aber auch im richtigen Leben verstand er den Sinn vieler Regeln und Verordnungen nicht. Und es war eine Herausforderung, den Komposthaufen gleichmäßig zu verteilen. Auch für dieses Ziel gab es keinen zwingenden Grund und keine logische Erklärung.

Helma jedenfalls hatte ihm durch ihr Küchenfenster zugeschaut und sich gefreut. Denn sie kam mit einem von ihr selbst gemachten Holundersaft und einem Stück Kuchen um die Ecke. »Leon, dich kann man was heißen«, lobte sie ihn und bot ihm die kleine Stärkung zwischendurch an.

»Klar, kann man mich was heißen«, bestätigte Leon die alte Frau und frotzelte: »Schau dir nur die Rosen an, wie die perfekt geschnitten sind.«

»Ich wusste es«, blieb Helma gelassen und gab eine ihrer Lebensweisheiten zum Besten: »Z' viel Lob schafft Unfrieden!«

Trotzdem war Leon am Abend zufrieden. Er spürte seine Muskeln und Knochen und fühlte sich rechtschaffen müde. Er hatte geduscht, zwei Tannenzäpfchen getrunken und sich eine Vesperscheibe von seinem auf dem Speicher hängenden Schwarzwälder Speck abgeschnitten. Danach war er kurz eingenickt, hatte sich aber schon nach nur zehn Minuten wie neu geboren gefühlt.

Er hatte Lena angerufen, ihr versprochen, dass er später bei ihr vorbeischauen würde, und war dann nach Singen gefahren, um den Kommissar zu treffen. Kurz vor 20 Uhr stand er vor dessen Haustür.

Er klingelte, der Kommissar öffnete sofort. Er war noch immer mürrisch. »Das hat ein Nachspiel«, drohte er ihm, »mein Chef hat mich schon zu sich zitiert. Ich musste ihm reinen Wein einschenken, alles andere hatte keinen Wert, er wird es sowieso erfahren, was glauben Sie, was der Anwalt von Sven Vierneisel für einen Tanz aufführen wird.«

Leon schaute betroffen, hatte aber nicht wirklich ein schlechtes Gewissen. Wie sonst hätte er die Polizei in den Keller der Vierneisels lotsen können. Und dass Sven schneller gewesen war, dafür konnte er ja nichts. Devot und unterwürfig aber bemerkte er: »Tut mir leid, Herr Kommissar, vielleicht bin ich da wirklich ein bisschen zu weit gegangen.«

»Ein bisschen«, lachte dieser urplötzlich und schien dabei schon wieder versöhnt. Leon hatte den Eindruck, es sei Sibold nur darauf angekommen, dass er sich vor der Staatsmacht entschuldigte. Denn leichthin begründete er anschließend seine Absolution: »So schlecht war Ihr Trick nicht, immerhin habe ich nun mal das Wohnhaus von Sven Vierneisel gesehen und ihn zu Hause erlebt. Mein lieber Mann, der hat seine Mutter im Griff. Hat sich aufgeführt wie ein Befehlsgewaltiger, auch uns gegenüber. Der Hausherr hat uns in den Keller geführt und dann generös durch das ganze Haus. Er hat uns hinter sich hergehen lassen wie ein Fremdenführer seine Schäfchen.«

»Hat er Ihnen etwa auch sein Zimmer gezeigt?«, fragte Leon ungläubig, »haben Sie diese militärische Kommandantur gesehen?«

Der Kommissar nickte nachdenklich. »Kommandantur stimmt, so hat der Raum auch auf mich gewirkt. Er hat uns stolz seine Kommunikationszentrale vorgeführt. So hat er sie auch genannt und seinen Computer hochgefahren.«

»Warum das?«

»Er wollte mich bloßstellen. Er hat mir Aufnahmen aus der ›Schraube‹ gezeigt. Da hat er eine Webcam installiert und mich beobachtet, wie ich seine Kameraden verhörte. Deshalb war er auch so schnell dort.«

Leon verstand den Kommissar zuerst nicht, bis ihm dieser von seinem Abend in der Gaststätte in Singens Weststadt erzählt hatte.

»Ich habe mich erkundigt, das ist rechtlich nicht einmal unbedingt verboten, was der Junge da treibt«, klärte er Leon auf. »Der Staatsanwalt hat mich ausgelacht und nur gemeint: Was glauben Sie, mit wie vielen Kameras Sie in der Zwischenzeit in jedem x-beliebigen Geschäft gefilmt werden?«

»Nur so kann ich mir auch seine schnelle Reaktion erklären«, spekulierte Leon, »ich bin in seinem Zimmer und im Keller, sehe die Unterlagen zum Bombenbau und den Koffer, und eine Stunde später schon hat er alles weggeschafft. Wenn er mich nicht über eine Webcam beobachtet hat, dann hat er zumindest eine Warnmeldung vom PC auf sein Handy gespielt bekommen.«

»Wie soll denn das gehen?«

»Ganz einfach. Als ich seine Zimmertür öffnete, habe ich einen akustischen Alarm ausgelöst – dachte ich. Aber den stillen Alarm, den ich ebenfalls aktiviert habe und der direkt auf sein Handy übertragen wurde, den habe ich nicht gehört, und der war leider folgenschwer.«

Der Kommissar schüttelte ungläubig den Kopf. »Das wird mir langsam alles zu viel«, gestand er.

Leon lachte. »Sven und seine Burschen haben die Tricks der neuen Technik intus. Mir haben sie auf meinen Rechner zu Hause einen Trojaner installiert, mit dem sie diesen auskundschaften, wie sie wollen.«

Der Polizist starrte Leon ungläubig an.

»Tun Sie nicht so harmlos. Ihre Kollegen arbeiten doch schon lange so. Ohne richterlichen Hausdurchsuchungsbefehl schnüffeln die doch auch nach Belieben jeden Computer aus. Warum also sollte sich die andere Seite nicht ebenfalls der neuen Technologie bedienen?«

»Warum wohl?«, knurrte der Kommissar, »vielleicht nehmen Sie zur Kenntnis, dass wir noch immer in einem Rechtsstaat leben und wir ein ausführendes Organ dieser Gesellschaft sind. Oder wollen Sie Sven Vierneisel die gleichen Rechte einräumen wie uns?«

Jetzt schwieg Leon.

»Trotzdem«, kam der Kommissar wieder zum Thema zurück, »war Ihre Alarmierung nicht umsonst. Wir haben nun die Kommandozentrale gesehen, können dadurch unsere Ermittlungen und Vermutungen ausweiten, und der Keller hat alle Ihre Schilderungen bestätigt. So etwas habe ich noch nie gesehen. Dass der Junge sich da einen Schießstand eingerichtet hatte, ist offensichtlich. Ich habe mich mit dem Staatsanwalt geeinigt. Er hat für morgen früh eine Hausdurchsuchung beantragt. Und glauben Sie mir, wenn da unten mit Benzin und Pulver hantiert wurde, findet unsere Spurensicherung Hinweise. Immer dann, wenn die Burschen wissen, wonach sie suchen müssen, haben sie ein leichtes Spiel. Und ich bin sicher, dass Sie heute Morgen keine Halluzinationen hatten.«

Leon war erleichtert. Er hatte das Gefühl, dass der Kommissar sich endlich in seine Richtung bewegte. Sollten sie Sven tatsächlich nachweisen können, dass in seinem Keller die Bomben gebaut worden waren, dann war Schluss mit Freigang. Dann musste er wieder in Untersuchungshaft, und der Kommissar konnte ihn ausfragen, während er selbst dann sicherlich auch ein leichteres Spiel mit Stehle hatte. Der alte Mann konnte doch wohl kaum nach dem Tod von Bernd nun auch noch Sven opfern wollen.

»Joseph Stehle hat stark abgebaut«, führte Leon seine Gedanken laut zu Ende und erzählte dem Kommissar von seinem Besuch in Meersburg. »Ich glaube, er hat nicht mehr lange zu leben, und ich denke, wir könnten ihn vielleicht sogar zu einer Art Lebensbeichte überreden.«

Der Kommissar zeigte sich amüsiert von Leons Naivität.

»Doch«, widersprach dieser heftig, »ich hatte das Gefühl, dass ihm irgendetwas auf dem Herzen lag, was er mir aber nicht sagen konnte. Noch nicht …«

Der Kommissar setzte nebenbei einen Espresso auf. Er mahlte die Bohnen und wog die Menge auf einer Küchenwaage exakt ab. »Sieben Gramm je Tasse«, murmelte er vor sich hin und ließ das Wasser seiner alten Maschine auf eine Temperatur von 90 Grad anheizen. Nebenbei spülte er zwei Tässchen aus, während der Wasserdruck seiner Maschine auf zehn Bar anstieg. Dabei schwieg er vor sich hin und konzentrierte sich voll auf sein Tun.

»25 Milliliter bei 25 Sekunden Brühdauer«, dozierte er schließlich und stellte Leon ein Tässchen vor die Nase.

Leon trank den Espresso ohne Zucker, nahm einen Schluck und frohlockte: »Fast, als säße ich auf der Piazza Fiorio in Rom. Selten, dass ein Espresso in Deutschland so gut schmeckt.«

Der Kommissar strahlte. »Tja, wenn einem der Alkohol versagt ist, findet man neue Freuden im Leben!«

»Ich denke, wir sollten jetzt so vorgehen, wie Sie es mit Ihrem Espresso gerade gezeigt haben«, begann Leon vorsichtig, einen Plan zu schmieden. »Es wird Zeit, dass Sie Sven in die Mangel nehmen, ich ihm parallel einheize und wir den Druck auf Joseph Stehle erhöhen.«

Der Kommissar lachte. »Sven ist ein harter Brocken, den nehmen wir in die Mühle, sobald die Spurensicherung einen Hinweis in seinem Keller gefunden hat, das ist klar. Wenn Sie sagen, Stehle ist am Ende, vielleicht setzt sich dann bei ihm tatsächlich doch noch die Altersmilde durch. Dann sollten wir ihn morgen besuchen, während die Kollegen den Keller auseinandernehmen.«

»Wir?«

»Ausnahmsweise wir«, bestätigte der Kommissar, »wenn Sie schon so einen guten Draht zu dem Mann haben, sollte ich ihn nützen, oder?«

»Gute Idee! Ich bin sicher, dass Stehle uns empfängt und vor allem mit uns redet. Er ist wirklich dazu bereit. Wir müssen nur zuvor unsere Rollen gut aufteilen. Ich bin ihm irgendwie nicht unsympathisch, also könnte ich mich einschleimen, während Sie den harten Bullen spielen.«

»Leon Dold, passen Sie auf«, drohte ihm der Kommissar, »das Wort Bulle ist für Sie tabu, auf jeden Fall in diesen Räumen, merken Sie sich das. Ich will das nicht mehr hören, ich bin kein Bulle, sondern Polizist.«

Leon nickte, und wusste, dass er nun besser schweigen sollte, wenn auch Sibold für ihn ein typischer Bulle war, genauso wie er die Polizisten immer gesehen hatte. Alles ging bei denen doch nur nach Paragrafen, Artikeln und Ausführungsbestimmungen. Recht und Ordnung und Dienstzeiten, jawohl! Trotzdem fügte er friedlich hinzu: »Und dann auch noch ein Polizist, der den Geschmack ganz Italiens in ein Espressotässchen zaubern kann.«

Es war spät geworden, trotzdem fuhr Leon noch zu Lena. Er hatte es ihr versprochen, und sie stand kurz vor ihrer letzten Chemogabe. Leon nahm die letzten Kurven von Owingen aus hinauf auf den Höhenzug des Salemer Tals wie ein Rennpilot. Die Straße war gut ausgebaut, und um diese Zeit war kaum mit Gegenverkehr zu rechnen. Gefährlich waren lediglich Fuchs und Hase, die sich hier gerne gute Nacht sagten. Aus dem CD-Spieler blies Sarah Morrow ihre Posaune. Die junge Frau aus Ohio hatte die französische Jazzszene aufgemischt und war nun daran, Europa mit ihren American All Stars zu erobern. ›I feel good‹, sangen dazu Pee Wee Ellis und auch Leon.

Doch als er Lena sah, war das gute Gefühl wie weggeblasen. Sie wirkte unsicher auf ihn. Dabei hatte sie in Leons Augen die Zeit optisch äußerst gut überstanden. Lena wollte in all der Zeit nie krank sein, sie wollte nicht abseitsstehen. Und in seinen Augen hatte sie es geschafft, sie sah für ihn immer noch begehrenswert aus. Doch ihre sonst glänzenden Pupillen waren heute matt. Sie schaute ihn fast scheu an.

»Hey, Lena!«, versuchte er, sie aufzumuntern, »Du hast es geschafft, du hast es fast schon hinter dir.«

»Lass mal gut sein, erinnere mich nicht daran«, antwortete sie kurz.

Er war überrascht, dass sie die nun endlich positive Bilanz nicht hören wollte. Dafür führte sie ihn in die behagliche Küche. Sie hatte aufgetischt wie in alten Zeiten. Zur Begrüßung öffnete Lena dazu einen Moët Dom Pérignon.

»Auf den Mönch«, prostete Lena ihm als Anspielung auf Dom Pérignon zu, der angeblich in einem Kloster in der Champagne den Champagner erfunden hatte, bevor der Geschäftsmann Claude Moët den süffigen Perlwein in Paris am Hof einführte.

»Auf dich«, antwortete Leon, »auf dass nun bald alles vorüber ist.«

»Rede nicht davon«, bat sie.

»Warum? Du hast es geschafft.«

»Eben nicht«, weinte sie.

Leon ärgerte sich. Warum hatte er keine Ruhe gegeben? Jetzt war das leidige Thema wieder auf dem Tisch. Trotzdem nahm er zuerst einen kräftigen Schluck des kühlen, prickelnden Getränks. Dann setzte er sich neben sie und versuchte, sie aufzumuntern.

Bald war ihm klar, Lena ging es wie ihm, wenn er einen Halbmarathon lief. Zweimal im Jahr tat er sich die 22-Kilometer-Strecke an. Dabei startete er meist locker, nahm die erste Hälfte relativ gelassen, das zweite Viertel noch mit Optimismus, aber auf dem letzten Viertel wurde das Laufen immer zur Qual. Selbst wenn er das Ziel schon sah und nur noch zwei Kilometer zu laufen hatte, hätte er stets am liebsten abgebrochen. Von wegen freigesetzte Endorphine. Diesem Rausch hetzte er seit Jahren nach, befallen hatte er ihn noch nie. Erst danach, wenn er dann seine Weizenbiere trank, spürte er, was ein wirklicher Rausch war.

Lena trank wie auch in letzter Zeit nur tröpfchenweise, er dagegen konnte keinen Tropfen des leckeren Champagners stehen lassen. Ziemlich gelockert, erzählte er ihr von seinen Reiseplänen. Er hatte schon gebucht. Zwei Tickets nach Südafrika lagen bei ihm zu Hause. »In vier Wochen geht's los«, lachte er, »ich werde dein Kurdirektor sein, und wir liegen an der südlichsten Küste, am Indischen Ozean, und bald wirst auch du wieder Champagner und Wein zu schätzen wissen, warte es ab.«

»Und dein Film?«, fragte sie.

»Den habe ich bis dahin im Kasten, ich denke, in den nächsten Tagen ist die Story entschieden und in zehn Tagen abgedreht«, behauptete er großspurig.

»Hast du schon alle deine Interviewpartner?«

»Ja, der Stehle frisst mir bald aus der Hand, und Sven werde ich schon noch bekommen, sonst kann ich auch mit seiner Mutter leben und den Eltern von David.«

Lenas blasses Gesicht wurde noch blasser: »Was? Ich denke, du drehst eine Reisegeschichte, was willst du jetzt mit dieser Mörderstory?«

Leon erschrak, er hatte sich verplappert. Schnell musste er Lena einen unbedenklichen Filmablauf schildern. Er erfand im Handumdrehen einen ganz anderen Joseph Stehle, den er wohl zu Beginn nur falsch eingeschätzt hatte und der jetzt als Grenzbewohner aus der guten alten Zeit erzählen würde. Dessen Enkel Sven werde er dabei nur kurz als kleinen Schmuggler streifen, und die Geschichte mit David werde im Film im Dunkel des Dritten Reichs nur angedeutet.

Lena schüttelte irritiert ihren Kopf und bemerkte nur: »Mach, was du willst, ich bin zurzeit keine gute Beraterin für dich.«

Leon nickte zuversichtlich und wusste, dass er morgen früh auf jeden Fall mit dem Kommissar die ganze Geschichte aus Joseph Stehle herausholen musste. Angefangen von dem mysteriösen Tod und dem verschwundenen Kapital von Katharina Gloger über Gladio bis zum Tod von Bernd Vierneisel. Sie mussten morgen diesen alten Mann zum Reden bringen.

*

Leon fuhr am nächsten Morgen gleich in der Frühe nach Überlingen in die Stadt. Er hatte sich mit dem Kommissar im Münster-Café verabredet. Hier war schon ab 8 Uhr Betrieb. Die Überlinger Geschäftsleute trafen sich zu einem kurzen Plausch, bevor sie in ihren Büros und Geschäften verschwanden. Hier traf man selten Touristen, die tummelten sich lieber vorne an der Promenade. Im Münster-Café aber sorgte der beste Bäcker der Stadt für frische Brötchen und Brezeln, und der beste Konditor kreierte die leckersten Torten und Kuchen. Und auch der Kaffee schmeckte hier wie sonst nur in wenigen Kaffeehäusern. Selbst Horst Sibold lobte den Espresso: »Für ein deutsches Café ganz ordentlich«, attestierte er nach seinem zweiten Schluck.

Danach fuhren sie gemeinsam Richtung Meersburg. Sibold hatte sich in Leons Porsche gezwängt und über die Sitzhöhe gestöhnt: »Da sitzt man ja nicht im Auto, sondern auf der Straße.«

»Dank Ihres Gewichts auch noch sicher. Da braucht es keinen Heckspoiler«, hatte Leon gefrotzelt, »abheben werden wir jedenfalls kaum.«

Der Kommissar hatte umständlich den Sicherheitsgurt um seinen Bauch geschnallt, und Leon trat auf das Gaspedal. Mit Vergnügen sah er, wie der Kommissar sich fast schon krampfhaft an den Haltegriffen festhielt.

»In geschlossenen Ortschaften 50 Stundenkilometer«, warnte ihn der Kommissar.

»Haben Sie kein Blaulicht für mich?«, fragte Leon. »In den Kriminalfilmen kann man die Dinger immer auf das Autodach kleben.«

»Aber selbst im Film müssen Polizisten das Auto steuern«, klärte ihn der Kommissar auf, »und keine verkappten Schumis.«

Leon lachte und fädelte sich auf der Bundesstraße absichtlich schnell und frech zwischen zwei Autos ein.

Der Kommissar stöhnte und schloss die Augen. »Sagen Sie mir, wenn wir da sind«, bat er, »und halten Sie sich vor Stehle bitte zurück.«

»Warum?«, wollte Leon wissen, »ich denke, ich bin der good Guy und Sie sind nun mal Polizist, also bad Guy.«

»Und weiter?«, forderte Sibold ihn auf, den Schlachtplan fertig zu spinnen.

»Ich sage ihm, dass Sie wegen des Todes meines Freundes ermitteln, ich aber mit ihm noch zu klären hätte, warum er David und mich an jenem Morgen, als wir wegen meines Filmes bei ihm vorsprachen, einfach hinauswarf.«

Der Kommissar nickte.

»Dann sage ich zu ihm«, spann Leon das Gespräch in Gedanken weiter: »›Wir haben bei Ihnen einen Nerv getroffen: Sie kannten Katharina Gloger!‹ Wissen Sie, deshalb habe ich Stehle in Verdacht, meinen Freund ermordet zu haben. So kann ich dann auch erklären, warum Sie nun im Spiel sind, ich habe Ihnen meinen Verdacht geschildert. Das erklärt, dass wir nun zusammen auftreten. Denn Ihnen liege ich mit dieser Theorie seit dem Anschlag in den Ohren.«

Der Kommissar schwieg.

»So macht es Sinn«, warb Leon vehement für sein Vorgehen, »Sie ermitteln und gehen meinem Verdacht vielmehr meinen Anschuldigungen nach, und ich will wissen, ob er die Tante meines Freundes nun kannte oder nicht.«

»Und warum kommen wir zu zweit, und vor allem ich als Polizist mit Ihnen und nicht mit einem Kollegen, wie es sich gehört?«

»Genau deshalb«, antwortete Leon, »weil ich Sie mit der für Sie und Ihre Kollegen eher abstrusen Mordtheorie verfolgt habe und Sie nun meinem heftigen Drängen nachgegeben haben – und sonst keinen anderen Ansatz und auch kein Motiv sehen.«

»Das passt«, gab der Kommissar zu, »ich mache sozusagen eine kleine Gegenüberstellung und will nun wissen, wie das letzte Gespräch mit David genau verlief.«

»Gut«, stimmte Leon ihm zu, »aber dann müssen Sie schon die Schrauben ein bisschen anziehen, wenn er unser Treffen bestätigt. Nur dann kann ich auf der romantischen Freundschaftsnummer reiten. Ich suche nur die Wahrheit für meinen Freund und vor allem für seine Tante. Ich bin sicher, dass Stehle selbst noch eine gute Erinnerung an Katharina hat. Als ich bei meinem Gespräch Katharina und ›Stalins Piroggen‹ erwähnte, hat sich sein Gesichtsausdruck stark verändert. Ich hatte fast den Eindruck, dass er in seine Erinnerungen versunken war. Deshalb denke ich auch, dass er weich gekocht ist.«

Leon schaute zu Sibold und sah auch ihn lächeln. Allerdings nicht selig, sondern ungläubig. Leon hupte laut. Sie standen vor dem Einfahrtstor zu Stehles Villa. Leon stieg aus, klingelte und blickte in die Videokamera über sich. Das orangefarbene Warnlicht begann zu leuchten, er schien schon zu den guten Bekannten des Hauses zu gehören.

»Sehen Sie das Gladio-Zeichen an der Tür? Der versteckt das nicht einmal«, echauffierte sich Leon und stieg aus dem Wagen, nachdem sie in die Einfahrt gefahren waren.

Er ging in Richtung des Hauses, drehte sich um und sah, dass der Polizist noch immer im Auto saß.

»Was ist, gehen Sie nicht mit?«

Der Kommissar hatte einen hochroten Kopf und fluchte unterdrückt. Nebenbei schien es, als vollziehe er Turnübungen. Jetzt drehte er seinen Oberkörper seitwärts und stellte seine Füße, bei geöffneter Wagentür, auf die Erde neben das Auto. Dann klammerten sich seine beiden Hände um den Türrahmen, und mit einem Ruck versuchte er, seinen massigen Körper aus dem Wagen zu stemmen. Mit Schwung und Kraft wuchtete er sich aus dem Käfig.

Leon betrachtete das Bild, wie der Kommissar schließlich neben seinem tief liegenden Porsche stand, und gab zu: »Stimmt, ist echt nicht für jede Gewichtsklasse gebaut.« Dann ging er weiter zu der Haustür, gespannt, was für ein schwarz gekleideter Jüngling ihm heute öffnen würde.

Der Kommissar folgte ihm, nach Luft ringend. »Vielleicht fahren die mich nach Hause«, kokettierte er und musterte mit Neid und Anerkennung den Landrover, der neben dem Porsche parkte.

»Was wünschen Sie?«, fragte ein unbekannter blond gelockter junger Mann mit Pickeln im Gesicht.

»Wir kennen uns doch«, entgegnete der Kommissar.

»Ja«, antwortete die schwarz gekleidete Gestalt »aber deshalb muss ich ja nicht wissen, was Sie hier suchen.«

»Sie nicht«, klärte der Kommissar ihn knapp auf und sagte im Vorübergehen zu Leon: »Gehen wir rein.«

»Nein«, antwortete der Jüngling dreist, »ich muss Sie fragen, was Sie wünschen.«

»Das sagen wir Ihrem Chef schon selbst«, gab Sibold grob zurück und stand schon im Flur.

Der junge Mann schaute ihn böse an, ging dann aber mit hoch erhobenem Kopf an dem Kommissar vorbei in das Haus.

»Avanti!«, lud der Kommissar Leon ein, nachzukommen.

Leon kannte den Weg, wunderte sich längst nicht mehr über die dunkle Flurgabelung im Innern der großen Villa und trottete hinter den beiden her.

»Warten Sie hier!«, befahl der schwarz gekleidete Jüngling, nun wieder ganz Herr der Lage, vor einer der Türen, öffnete sie und verschwand dahinter.

Der Kommissar und Leon standen im dunklen Flur wie bestellt und nicht abgeholt. Sibold schaute kurz zu Leon, holte tief Luft und öffnete einfach die Tür, vor der sie standen. Er trat wie selbstverständlich ein und entschuldigte sich fröhlich: »Im Dunklen habe ich Angst.« Dann erst realisierte er, dass er vor Sven Vierneisel stand.

»Sie schon wieder!«, zischte dieser unfreundlich, »Sie sind nicht angemeldet.«

»Muss ich das sein? Ich erinnere mich nicht, dass Meersburg dem Landkreis Konstanz angeschlossen wurde. Was also suchen Sie hier?« Sibold hatte schnell das Ruder an sich gerissen und klargestellt, dass er die Amtsautorität im Raum war.

»Machen Sie sich nicht lächerlich, langsam müsste es Ihnen doch peinlich sein. Was wollen Sie? Seit Wochen bin ich auf freiem Fuß und habe alle meine Auflagen erfüllt. Ich denke nicht, dass Sie mir aus dem Übertreten der Kreisgrenze von Konstanz nach Meersburg einen Strick drehen können. Oder wollen Sie das versuchen? Dann muss ich meinen Anwalt rufen.«

Der Kommissar lächelte. »Nein, Sie sind für mich hier einfach nicht existent. Wir haben uns ja schon ausführlich unterhalten. Heute möchte ich nur mit Ihrem Großvater sprechen, am besten, Sie verlassen den Raum.«

»Und er?«, bellte Sven, »was macht der kleine Schnüffler hier?«

»Sie wissen, wer ich bin«, trat ihm Leon entgegen, »interessant, wo hatten wir denn die Ehre?«

»Sie waren auf der Beerdigung meines Bruders, Sie besuchten meine Mutter und spielten sich als Freund Bernds auf, das waren Sie aber nicht. Sie lügen uns etwas vor, selbstverständlich haben wir uns über Sie erkundigt.«

»Wir? Wer ist wir?«, fragte der Kommissar scharf dazwischen.

»Meine Familie«, antwortete Sven schlagfertig.

»Meine Familie«, äffte ihn Leon ironisch nach, »nicht weit von hier nennt man eine solche Familie Mafia.«

»Vorsicht«, warnte ihn Sven mit einem gefährlichen Unterton in der Stimme.

Der Kommissar räusperte sich laut, ließ Sven und Leon in ihrer drohenden Haltung, die sie eingenommen hatten, einfach stehen und ging in Richtung der anderen Ecke des Raums. Dort saß Joseph Stehle auf seinem schweren Ledersessel und hatte dem Disput angestrengt zugehört. Seine Beine waren in Decken gehüllt. Er hatte das Schauspiel augenscheinlich grimmig verfolgt.

Sibold stellte sich dennoch äußerst höflich vor. Er gab Stehle seine Visitenkarte, nannte seinen Dienstgrad und den Grund seines Besuchs: »Ich untersuche den Mord an einem jungen Hamburger namens David Gloger, den Sie wohl kannten.«

Auch Leon war dem Kommissar gefolgt und sagte nur: »Wir sind uns ja schon begegnet, Herr Stehle.«

Joseph Stehle nickte den beiden Männern kurz zu und presste ein knappes »Und?« zwischen seinen schmalen Lippen hervor.

Der Kommissar lächelte kurz und wurde dann ernst: »Wenn Sie sich schon kennen, dann scheint der erste Teil der Behauptung wahr zu sein? Herr Dold behauptet, dass Sie, Herr Stehle, von David Gloger belastet wurden. Sie, Herr Stehle, sollen vor vielen Jahren den Familienschmuck der Glogers unterschlagen haben.«

»Und?«, bemerkte Stehle und winkte gelangweilt ab.

»Und nun behauptet der Herr Dold weiter«, Sibold betonte jede Silbe langsam und verständlich, »dass Sie, Herr Stehle, für den Anschlag auf David Gloger verantwortlich sind.«

Der alte Mann nickte. »Das hat er mir auch schon frech ins Gesicht gesagt. Ich habe ihn daraufhin hinauswerfen lassen.«

Sibold musterte den alten Mann von unten nach oben. Es war plötzlich absolut ruhig in dem Zimmer, bis Sven die Stille brach: »Und nun?«, fragte er zornig.

Der Kommissar drehte sich zu ihm um und stellte klar: »Ich rate Ihnen, den Raum zu verlassen. Wir haben doch eine Abmachung. Sie sind gar nicht hier, also verschwinden Sie!«

Sven wollte protestieren, aber plötzlich erhob Stehle laut und energisch seine Stimme: »Sven, lass mich mit den beiden Herren allein.«

Der Enkel warf den beiden einen vernichtenden Blick zu, drehte auf dem Absatz um und verließ den Raum.

Sibold lächelte dem alten Mann zu und bat freundlich, den überfallartigen Besuch zu entschuldigen. »Aber wissen Sie, der junge Mann«, dabei deutete er auf Leon, »lässt mir seit Tagen keine Ruhe. Er erzählt mir von Dingen, die mich nun veranlasst haben, Sie persönlich aufzusuchen, bevor ich sozusagen amtlich ermittle. Denn ich muss schon zugeben, es ist natürlich ein besonderer Zufall, dass David Gloger Ihnen am Morgen Vorhaltungen macht, Sie hätten sozusagen seine Tante auf dem Gewissen, und am Nachmittag wird er ermordet.«

Joseph Stehle schnappte nach Luft und gab eine lange, wohlüberlegte Erklärung ab: »Herr Kommissar, ich sitze hier in meinem Stuhl fest. Ich bin leider nicht mehr fähig, allein zu gehen. Die Bekanntschaft zu David Gloger ergab sich wohl an dem Tag seines Todes. Ich habe den jungen Mann zum ersten Mal gesehen. Er hat mich an eine Zeit erinnert, die so weit zurückliegt, dass ich mir darüber erst selbst klar werden müsste, was damals alles geschah. Aber so wenig, wie ich mit meinen Beinen noch gehen kann, so wenig ist mein Gehirn noch fähig, sich 60 Jahre zurückzuerinnern. Leider, glauben Sie mir, es macht mich krank und wütend.«

»Sie haben mich missverstanden, Herr Stehle«, blieb Sibold gelassen, »mich interessiert gar nicht, was vor 60 Jahren war, sondern was vor sechs Tagen passiert ist. Ich ermittle nicht wegen einer Unterschlagung vor 60 Jahren, ich ermittle wegen Mordes. Wegen Mordes an David Gloger, den Sie genau an dem Tag kennengelernt haben, als er sterben musste. Genau an dem Tag, an dem er Ihnen vorwarf, seine Familie bzw. seine Tante um ein Vermögen betrogen zu haben.« Die Stimme des Kommissars wurde immer schärfer.

Joseph Stehles Augen schlossen sich ganz langsam und öffneten sich ebenso langsam wieder. Fast in Zeitlupe bewegten sich seine Lider. »Ich glaube, ich habe Ihnen gesagt, was ich dazu sagen kann«, verweigerte er eine weitere Antwort.

Der Kommissar verließ seinen Stehplatz vor dem Stuhl des alten Mannes und ging einen Schritt näher an ihn heran. Er stieg auf die Stufe, auf der der alte Mann in seinem Stuhl saß, beugte sich zu ihm hinunter und blickte ihm direkt in die Augen. »Herr Stehle«, flüsterte er eindringlich, »machen wir uns nichts vor. Ihr Enkelsohn Sven sitzt in der Patsche. Er ist angeklagt wegen versuchten Mordes an einem Beamten, da fällt die nicht unerhebliche Schmuggelaktion kaum noch ins Gewicht. Wir werden ihm die Mittäterschaft an dem Mord an David nachweisen, glauben Sie mir.« Mit diesen Worten senkte der Kommissar seine Stimme noch weiter: »Ihr Enkelsohn Bernd ist tot, warum auch immer, auch das wissen nur Sie. Wollen Sie nicht endlich reinen Tisch machen, bevor Sie auch gehen müssen?«

Joseph Stehle zitterte. Seine Augen wurden glasig, sein Blick trüb. Trotzdem bäumte sich alles in ihm auf, was er an Kraft noch besaß: »Ich kann mich an nichts mehr erinnern«, sagte er so fest und klar, dass erkennbar war, wie er sich selbst an seine Lüge klammerte.

Leon sah seine Chance und setzte ebenso leise und verständnisvoll nach: »Katharina Gloger hat ihr Vermächtnis in ›Stalins Piroggen‹ hinterlassen. Herr Stehle, wollen Sie nicht nach 60 Jahren endlich dieser Familie ihren Frieden schenken?«

Stehle schaute zu Leon. Seine Augen formten sich zu dünnen Schlitzen. Mit Hass schleuderte er ihm an den Kopf: »Sie muss ich hier nicht dulden, Ihnen haben wir die alten Geister zu verdanken, raus mit Ihnen!«

»Sie spielen hier den alten unschuldigen Mann. Bei Ihnen laufen die Drähte doch zusammen. Sie opfern selbst Ihren eigenen Enkelsohn. Alles in einem höheren Auftrag natürlich. Die Rettung des Abendlandes liegt in Ihren Händen, und dabei zerstören Sie Ihre eigene Familie. Doch was ist das schon im Vergleich zu dem, was Sie sonst schon alles im Namen Gladios angerichtet haben?«

Der Kommissar hatte sich, überrascht über Leons deutliche Vorwürfe, aufgerichtet und Joseph Stehle genau beobachtet. Er hatte sich während der Attacke neben Leon gestellt und war diesem kräftig auf den Fuß getreten. Doch Leon war nun in Fahrt geraten – ganz gegen die Absprache. Jetzt war er der bad Boy.

Joseph Stehle dagegen schien plötzlich genesen zu sein. Er sprang aus seinem Sessel auf und schrie Leon an: »Solchen subversiven Elementen wie Ihnen muss man Einhalt gebieten. Sie wissen doch gar nicht, was das Abendland ist. Vaterland, Treue und Ehrfurcht, das sind doch Fremdworte für Sie!«

»Und deshalb muss man Typen wie mich und David Gloger beseitigen?«, provozierte Leon den alten Mann.

»Ihnen fehlt jegliches deutsches Bewusstsein, Ihnen fehlt die angemessene Erziehung!«, ereiferte sich dieser in einer Lautstärke, die man ihm nicht mehr zugetraut hätte.

»Schade, dass ich so spät erst auf Gladio gestoßen bin«, provozierte Leon unverdrossen weiter, »das ist doch für Sie die Organisation, mit der Sie Ihre kriminellen Raubzüge staatlich legitimieren konnten.«

Aber der alte Hase war klug genug. Beherrscht wich er einem weiteren Schlagabtausch aus und senkte seine Stimme, um das Thema ruhig abzuschmettern: »Sie wissen doch gar nicht, wovon Sie sprechen«, winkte er ab und versuchte, seinen Körper wieder in dem Sessel in Ruhestellung zu bringen.

»Seltsam aber ist schon«, griff der Kommissar nun wieder in den eröffneten Schlagabtausch ein, »dass Ihr Enkelsohn

Bernd sich erhängt haben soll, während doch Sven wegen versuchten Mordes angeklagt ist.«

Joseph Stehle hatte sich gesetzt und zeigte sich offensichtlich erschöpft. Er ließ seinen schmalen Kopf tief auf die Brust hängen, bewegte seine Lippen, als würde er etwas in seinem Mund mahlen, und stierte mit leeren Augen vor sich hin.

In diesem Augenblick riss Sven die Tür des Zimmers auf und platzte herein: »Sie durchsuchen unser Haus!«, brüllte er erregt. »Sie durchsuchen mein Zimmer und den Keller.«

Der Kommissar lächelte überlegen.

Leon wich einen Schritt zurück.

Sven baute sich vor dem Kommissar auf: »Das werden Sie bereuen, dafür werden Sie büßen.«

»Ist das eine Drohung?«, fragte der Kommissar ernst. »Ihr Spiel neigt sich dem Ende entgegen, Herr Vierneisel. Rufen Sie Ihren Anwalt an, es wird Zeit.«

»Warum? Weil Sie unsere Kartoffeln beschlagnahmen?«

»Nein, weil wir sicherlich feststellen werden, dass in Ihrem Keller mit Benzin und Pulver hantiert wurde.«

Svens Selbstsicherheit schien kurz gebrochen. Über sein Gesicht glitt ein kurzer Schatten, dann hatte er sich wieder im Griff: »Was würde das beweisen?«

»Womit Sie schon mal eingestanden hätten, dass Sie tatsächlich mit Benzin und Sprengstoff im Keller gearbeitet haben«, spitzte der Kommissar seine Antwort sofort auf ein Teilgeständnis zu.

»Das habe ich nicht gesagt«, wehrte sich Sven: »Was würde es beweisen?, war meine Frage.«

»Geschenkt«, lachte der Kommissar siegessicher, »wir warten die Ergebnisse ab, dann wissen wir, wovon wir reden.«

»Woher wissen Sie, dass die Polizei Ihr Haus durchsucht?«, fragte Leon neugierig, um endlich herauszubekommen, wie Sven so schnell von seinem Besuch in dem Keller erfahren hatte.

»Haben Sie nicht selbst die Alarmanlage gehört, als Sie geschnüffelt haben?«

»Ja«, gab Leon zu, »und ich habe die Bestandteile Ihrer Bombenwerkstatt gesehen.«

Joseph Stehle hüstelte angestrengt. Sven ging zu seinem Opa, klopfte ihm sacht auf den Rücken und schmetterte in Richtung der beiden Besucher: »Es wird Zeit, dass Sie gehen!«

Gleichzeitig öffnete sich die Tür, und der junge Mann, der sie in das Haus geführt hatte, stand unter dem Türrahmen. »Kommen Sie!«, sagte er in einem scharfen Befehlston.

Der Kommissar verabschiedete sich höflich.

Leon aber ging auf Sven zu und flüsterte warnend: »Du hast David umgebracht. Du hast deinen Bruder auf dem Gewissen. Eine steile Karriere liegt vor dir, alle Achtung!«

»Und du bist der Nächste«, gab Sven ihm so leise zur Antwort, dass es sonst niemand hören konnte, dazu lachte er laut und böse auf.

Leon war schon aus dem Raum geeilt und folgte dem Kommissar und dem jungen Mann, der sie zur Tür begleitete.

KAPITEL 17

Oswald Wohl hatte sein Geschäft in Old Europe erledigt. Er war mit sich und der Welt zufrieden und freute sich auf Brasilien. Dort schien die Sonne, der Karneval stand vor der Tür, und so, wie die Dinge lagen, würde er nie mehr in die Schweiz zurück müssen. Er hatte vor der Banken-Kommission eine gute Figur abgegeben. Er hatte klargestellt, dass er und sein Vater alle Geschäfte ordentlich abgewickelt hatten, auch in den Zeiten während des Zweiten Weltkrieges. ›Denn gerade zu dieser Zeit waren die Devisenbestimmungen penibel einzuhalten‹, hatte er den jungen Burschen erzählen können, ›damals konnte man sich nicht so einfach an Gesetzen vorbeimogeln.‹

Oswald Wohl hatte in seiner Anhörung lange über den Aufbau der familieneigenen Bank philosophiert. Er war einer der noch wenigen lebenden Menschen, der die Jahre damals bewusst miterlebt hatte. Bei der Frage, wie es denn zu erklären sei, dass damals die Kundengelder in der Schweiz dermaßen angestiegen seien, hatte er abgewinkt. »Das hatte doch nichts mit den jüdischen Vermögen zu tun, das hatten wir allein den Leistungen und dem Service unserer Bankhäuser zu verdanken.«

Diese Aussage war nicht falsch. Zwar ließ sich heute längst nicht mehr beziffern, wie viel deutsch-jüdisches Fluchtkapital in die Schweiz geflossen war, aber gewiss ist, dass hot money schon zu jener Zeit nur in der Schweiz sicher deponiert werden konnte. Denn seit 1934 galt in der Schweiz das Gesetz des Bankgeheimnisses. Das allein schützte das Kapital vor ausländischen Behörden. Zum stetigen Strom des deutschen Fluchtkapitals kamen ab 1936 auch Gelder von polnischen, tschechischen oder ungarischen Juden hinzu.

Oswald Wohl hatte bei seinen Aussagen meist still in sich hineingelächelt. Natürlich hatte er sich an Katharina Gloger erinnert. Ihr Neffe war da schon auf der richtigen Spur. Ihn hätten sie mal vorladen sollen, der Junge hätte tatsächlich einiges zu erzählen gewusst. Aber nun war er tot, und sämtliche Dokumente, auch zu den Nachforschungen des Zollprotokolls aus jener Zeit, waren vom Tisch.

Der Exbankier wusste sich noch einiger Beziehungen zu bedienen. Sein Auftritt vor der Kommission war glänzend verlaufen. Er hatte im Vorfeld für die richtigen Fragen gesorgt. Die alten Protokolle des Schaffhauser Zollkreises hatte er leicht abgeschmettert. Wie konnte er heute noch wissen, was damals nicht einmal die Polizei deutlich hatte formulieren können. Nach 60 Jahren sah die Welt eben anders aus! Oswald Wohl hatte, im Nachhinein gesehen, seinen Auftritt genossen. Er hatte von der äußerst kosmopolitischen Kundschaft seines Vaters erzählt. Dieser hatte mit seinen Brüdern das kleine, überschaubare Institut in Schaffhausen gegründet. Natürlich hatten sie sich moralisch verpflichtet gefühlt, auch jüdisches Kapital für Flüchtlinge anzunehmen. Aus der Sicht der Herkunftsstaaten mochte dies zum Teil illegal gewesen sein. ›Aber man musste doch diesen Leuten helfen‹, hatte er während seiner Vernehmung argumentiert.

Weiter hatte er der Kommission klargemacht, dass die Geschäfte ihrer kleinen Bank sich im Wesentlichen nicht von den Geschäften der Großbanken unterschieden hatten. ›Wir saßen damals doch alle in einem Boot‹, hatte er einmal mehr um Solidarität geworben.

Den Vorwurf eines Kommissionsmitglieds, dass namenloses Vermögen in der Bank bis 1945 gehortet und danach auf verschiedene andere Konten verschoben worden war, konnte er leicht widerlegen: ›Nur zum Schutz unserer Kunden haben wir – auf deren ausdrücklichen Wunsch – auf Namensangaben in Verbindung mit dem Konto verzichtet. Stellen Sie sich vor, die Deutschen wären einmarschiert, und davor war die Schweiz nie ganz sicher, die hätten doch sofort das ganze Fremdvermögen beschlagnahmt. Und das galt es zu verhindern.‹

›Und nach 1945?‹, hatte der Vertreter einer jüdischen Vereinigung spitz nachgefragt.

›Danach haben wir die Konten nach Recht und Gesetz weiter geführt. Für die meisten haben sich ja die Eigentümer oder auch Erben sofort gemeldet‹, hatte er süffisant ausgesagt, ›und einen kleinen Rest haben wir gemäß Bundesbeschluss von 1962 nach Bern überwiesen, bevor ich das Bankhaus an die Schweizer Bankgenossenschaft verkaufte.‹

Zwischendurch hatte Oswald Wohl leichthin von sich und seinem Leben erzählt, wie er in den 1930er-Jahren in Zürich studiert hatte, dann 1935 in das Geschäft seines Vaters und seiner zwei Onkels eingestiegen war, als diese sich aber schon aus dem operativen Geschäft verabschiedet hatten. Er stand mit großer und selbstgefälliger Geste zu allen Geschäften, die das Bankhaus Wohl & Brüder seit 1935 bis zu dem Verkauf Anfang der 1970er-Jahre getätigt hatte. ›Ich weiß gar nicht, warum Sie mich vorgeladen haben, meine Herren‹, hatte er seine Ausführungen beendet, ›aber ich hoffe, ich konnte Ihnen etwas weiterhelfen und Sie haben verstanden, unter welchen Bedingungen wir zu den schweren Zeiten damals gearbeitet haben.‹

Später hatte sich Oswald Wohl sogar noch zu einem Interview für eine Zeitung bereit erklärt. Sein Anwalt hatte die dafür angemessene Plattform ausgesucht und einen freundlichen Journalisten eingeladen. Diesem stand er gerne Rede und Antwort. Besonders stolz war er auf die Passage, die ihn und seinen Vater als Widerstandskämpfer gegen die Nazis auswiesen. ›Wir haben damals in der großen Gefahr gelebt, dass wir, mein Vater und ich, nach einem Einmarsch der Deutschen auf jeden Fall sofort verhaftet worden wären, weil wir eben den armen Juden halfen, ihr Geld vor den Häschern der Nazis zu verstecken, das ist gar keine Frage.‹

Oswald Wohl hatte den Artikel ausgeschnitten und legte ihn nun, mit sich und der Welt zufrieden, zu seinen Unterlagen. Er hatte ihn nochmals durchgelesen und sich dabei selbst applaudiert. Jetzt packte er seine beiden Koffer, legte die Flugtickets obenauf und wartete auf das Gespräch mit Berlin. Es mussten nur noch einige Details geklärt werden, wie er die fünf Millionen wieder zurückbekam, die ihm Joseph Stehle entwendet hatte und die dank der Aufmerksamkeit des deutschen Zolls beschlagnahmt werden konnten.

Oswald Wohl hatte der deutschen Zollbehörde mithilfe der Schweizer Bankgenossenschaft nachweisen können, dass die Nummernkonten, die die Vierneisel-Brüder geräumt hatten, sein Eigentum waren. Joseph Stehle war lediglich der Verwalter seiner Konten in Europa, deshalb hatte er sämtliche Papiere bei ihm gelagert, und deshalb hatte Stehle auch seine geheimen Passworte gewusst.

Die Erklärung und einige Papiere, die ihn als den Kontenbesitzer auswiesen, waren überzeugend. Oswald Wohl und sein Anwalt hatten sie direkt im Finanzministerium Stuttgart vorgelegt. Dort schienen die Beamten froh zu sein, den Kollegen in Singen bei der Aufklärung des bis dahin mysteriösen Falles eine Nasenlänge voraus zu sein.

Geld, Gold und Silber lagerten noch immer in einem Tresor des LKA in Stuttgart. Nun war der Besitzer gefunden, die steuerrechtliche Seite konnte somit abgeschlossen werden.

Unberührt davon musste die Staatsanwaltschaft in Singen noch den Mordversuch an einem ihrer Kollegen zur Anklage bringen, dann schien für sie der Fall erledigt.

Das Telefon in Oswald Wohls Hotelzimmer schrillte laut. Er hatte zwei Apparate in seinem Zimmer stehen, einen neben seinem Bett und einen im Wohnraum auf dem Schreibtisch. Der Exbankier setzte sich an den Tisch, nahm ab und schrieb seine eigenen Anweisungen mit: »Die Abwicklung der Rücküberweisungen auf mein Bankkonto übernimmt mein Anwalt Dr. Birgi«, bestimmte er freundlich. »Die Wertgegenstände wird er persönlich abholen, das ist doch selbstverständlich, ich danke Ihnen für die unkomplizierte Abwicklung der leidigen Angelegenheit, Herr Dr. Nowack.«

Dieser antwortete: »Es war mir ein Vergnügen, mit Ihnen zusammenzuarbeiten. Es lief alles nach Plan.«

»Ja«, lachte Wohl selbstgefällig, »sobald Sie mir die Überweisung bestätigt haben. Mein Guthaben und auch die Wertsachen werden am besten ganz offiziell vom deutschen Staat an mich übergeben, dadurch ist es sauber, und ich bin zweifelsohne endgültig der ehrliche Besitzer des Vermögens«, lachte er, »nun sogar dank Ihrer Hilfe mit staatlicher Absegnung.«

»Bedauerlich nur, dass Ihr junger Kurier einen Beamten verletzte, das war doch unnötig«, antwortete Dr. Nowack am anderen Ende der Leitung.

»Ja«, stimmte Wohl ihm zu, »das war nicht vorherzusehen, aber der Beamte befindet sich ja auf dem Weg der Besserung. Ich konnte nicht wissen, dass der Junge so überreagiert, ich dachte, er sei abgeklärt wie sein Großvater.«

»Einen zweiten Stalin gibt es nicht mehr«, lachte Dr. Nowack, »und unser Stalin ist nun alt. Wir werden uns in Zukunft neu orientieren müssen, Stehle ist am Ende, ich denke, wir ziehen einen Schlussstrich, bevor er uns noch gefährlich werden kann.«

»Das war uns klar, dass dies sein Ende sein wird, er ist ausgebrannt und wird unberechenbar. Dass aber Ihre Zollbeamten nach unserem Tipp so unprofessionell vorgegangen sind, haben sie sich selbst zuzuschreiben, den verletzen Kollegen hätte man verhindern können«, merkte Oswald Wohl bedauernd an, »dann hätten wir auch den Enkel Stalins nicht opfern müssen. Aber ich habe nun mein Geld und Ihre Regierung alle Trümpfe zum Ausbau der Sicherheitsgesetze in der Hand, also: Schwamm drüber!«

»Sage ich doch, eine gelungene Aktion«, bestätigte Dr. Nowack, »und der Abschluss kommt wie abgemacht nach dem Abschuss.«

Beide Herren lachten und legten auf.

Oswald Wohl lehnte sich entspannt zurück. Er zündete sich eine Krumme an bzw. eine Culebras, die für ihn zu den besten Zigarillos in der Schweiz zählte. Heute schmeckte sie ihm so gut wie schon lange nicht mehr. Nach über 60 Jahren war für ihn endlich das Thema Stalin beendet. Er hatte diesen Eisenbahnschnösel nie besonders geschätzt. Doch er war 60 Jahre auf diesen eingebildeten Emporkömmling angewiesen gewesen. Lange hatte er auf den Tag warten müssen, an dem er sich von ihm trennen konnte, zu lange. Nur der Tod dieses alten Mannes konnte dies endgültig besiegeln.

Er gönnte sich einen Cardinal Primero aus der Bar, nippte daran und dachte an den Beginn der gemeinsamen Zeit mit diesem undurchsichtigen Bastard. Nicht Schweizer, nicht Deutscher – nicht Schaffner, nicht Bankier. Er hatte nie gewusst, woran er mit ihm war. Natürlich erinnerte er sich noch an den Namen Katharina Gloger. Weniger an die Frau, aber natürlich an ihr Kapital. Nicht Weiber, Zahlen waren seine Leidenschaft. Es waren ganz genau 213.500 Reichsmark, 1.579 Gramm Gold und 1.459 Gramm Silber gewesen. Sie lagen auf einem der Konten, die ihm von Anfang an Bauchgrimmen bereitet hatten. Dieser Stalin mit seinen Weibergeschichten: Rühr mir ihr Geld nicht an, hatte er ihm gedroht. Doch was er bis 1945 nicht aus dem Land geschafft hatte, war danach erst mal schwer zu bewegen. Erst Anfang der 1950er-Jahre hatte er damit begonnen, vorsichtig zu spekulieren. Stalin hatte ihm gesagt, wann die Gloger über die Grenze wollte und wann er sie zu erwarten hätte. Er hatte damals daraufhin der Grenzkommission den Tipp gegeben. Am liebsten wäre ihm gewesen, wenn er schon damals Stalin hätte mit hochgehen lassen können, doch das war zu gefährlich gewesen. Der hätte ihn kaltblütig verpfiffen. Aber jetzt, nach 60 Jahren, hatte er endlich sein schwer verdientes Geld selbst in der Hand. Was er aus dem Kleingeld der Gloger gemacht hatte: fast sechs Millionen Euro. Und Stalin hatte geglaubt, es wäre sein Geld.

Oswald Wohl schüttelte sein weißes Haupt und schüttete sich den Cognac hinter die Binde.

Er war mit sich im Reinen.

*

Der Kommissar hatte Leon in seinem Auto zusammengestaucht. »Good Guy und bad Guy!«, schimpfte er, »eine super Rollenaufteilung, wenn man sich daran gehalten hätte.«

Leon versuchte, sein Vorpreschen bei Joseph Stehle zu rechtfertigen, aber der Kommissar winkte nur sauer ab. »Man sollte nicht mit Amateuren zusammenarbeiten, das war mir mal wieder eine Lehre«, tadelte er sich selbst.

Leon war sich bewusst, dass er die Abmachungen während des Besuchs bei Stehle nicht eingehalten hatte. Auf der anderen Seite fragte er sich aber, was sie mehr hätten erreichen können. Der alte Mann hatte stur abgeblockt und ihn aus der Reserve gelockt. Erregt rechtfertigte er sich jetzt vor dem Kommissar: »Die wenigen Sätze haben den Alten doch überführt und gezeigt, wessen Geistes Kind er ist. Und er hatte nichts dagegenzuhalten.«

»Die Geisteshaltung ist in diesem Land noch nicht strafbar, und mir ist sie auch völlig egal, wenn ich einen Mord aufzuklären habe.«

Leon schluckte und sprach vorsichtig das nächste Thema an: »Denken Sie, die Spurensicherung kann schon was über die Ergebnisse im Vierneisel-Keller sagen?«

Der Kommissar ließ seine angestaute Wut mit einem langen Seufzer raus. Er kramte umständlich in seiner Manteltasche, fischte schließlich sein Handy heraus und tippte eine Nummer. Nach einem kurzen Wortwechsel legte er wieder auf und sagte: »Geduld, sie müssen die Proben im Labor analysieren, aber unter der Hand haben sie mir jetzt schon Ihre Beobachtungen bestätigt. Auf jeden Fall wurde in dem Keller mit Benzin und Sprengstoff hantiert, da sind sie sich sicher.«

»Wenigstens ein Indiz«, meinte Leon versöhnlich.

Der Kriminalist griff erneut zu seinem Handy, wählte wieder eine Nummer und fragte erneut: »Gibt's was Neues, Kollegen?«

Dann pfiff er anerkennend durch die Zähne, bedankte sich und legte auf. Zu Leon sagte er: »Sie stehen mit Sven in engerem Kontakt?«

»Wie?«

»Die Kollegen haben auf seinem Rechner eine Mail von Ihnen gefunden.«

»Das kann nicht sein«, antwortete Leon reflexartig, erinnerte sich dann aber schnell an die Mail-Antwort, die er auf seine Warnung hin zurückgeschickt hatte.

»Wir haben Spezialisten, die Svens Festplatte eben auseinandernehmen«, erklärte der Kommissar, »außer Ihrer Mail haben sie einen auffallend regen Kontakt mit einem Brasilianer, vermutlich Ihrem Herrn Wohl, von dem Sie mir erzählten, festgestellt. Sie hatten täglich Kontakt, in der letzten Mail von heute Morgen ist von einer gemeinsamen Rio-Reise der beiden die Rede.«

»Wohl ist der Komplize von Stehle«, erinnerte Leon den Kommissar an Davids Recherchen. »Aber was hat der mit Sven zu tun?«

»Vielleicht alles das, was Sie bisher immer Stehle vorgeworfen haben«, stellte der Kommissar ganz sachlich fest. »Wir werden auf jeden Fall Sven im Auge behalten müssen, bevor er uns nach Brasilien entschwindet. Ich denke, es wird Zeit, dass wir seinen Freigang beenden. Bei der neuen Beweislage hilft keine Kaution mehr weiter, ich muss sofort zum Staatsanwalt.«

Leon ließ den Kommissar beim Überlinger Parkhaus Post aus dem Wagen steigen bzw. klettern. Das Letzte, was er von ihm sah, war, wie er seinen dicken Po aus dem Beifahrersitz hievte, das Hemd in die Hose stopfte und eilig davonlief.

Leon drehte seinen Wagen und fuhr nach Hause.

In seinem Büro griff er nach einem Blatt Papier. Er notierte sich ein paar Sätze des Gesprächs. Der alte Mann hatte nun sein wahres Gesicht gezeigt. Von wegen Sympathie. Es schauderte ihn bei dem Gedanken an diesen Altnazi. Mechthilde Vierneisel, seine Tochter, hatte recht. Stalin hatte sicherlich nicht nur ihre Familie auf dem Gewissen.

Vielleicht hatte er Katharina an die Gestapo ausgeliefert. Zuerst hatte er ihr den Familienschatz abgenommen und danach sie und ihre Fluchthelfer, die beiden Priester, verraten. Leon traute dem alten Giersack nun alles zu. Wenn auch der Kommissar noch immer zweifelte, so waren sie beide doch nun wenigstens auf der gleichen Spur.

Es war Zeit, dass er seinen Kameramann verständigte. Er musste jetzt jederzeit bereit sein. Er musste, so wie es aussah, für seine Story zuerst das Finale drehen. Vielleicht die erneute Verhaftung von Sven oder gar die Verhaftung von Stehle. Dann musste er die Geschichte von hinten her aufrollen und konnte sie so leicht zum Ende hin erzählen.

Leon machte sich einige handschriftliche Notizen. Er traute sich nicht mehr, seinen Computer zu benutzen. Wenn auch Svens PC beschlagnahmt war, so konnte sich dieser sicherlich von jedem anderen PC bei ihm einklinken. Er musste zunächst selbst seine eigene Festplatte säubern. Er musste seinen Virenschutz aktualisieren, sodass kein Trojaner mehr zurückbleiben und sich auch kein neuer installieren konnte. Solange musste er eben wieder Briefe schreiben.

Trotz der Angst, dass Gladio seine Internet- und Telefonleitung überwachte, griff er zum Telefon. Sicherheitshalber nahm er das Handy. Er rief den Kommissar an und bat diesen, ihn unbedingt auf dem Laufenden zu halten. »Wir sollten eine Abmachung treffen«, schlug er vor, »ich unternehme keine Einzelaktionen mehr, und Sie geben mir Bescheid, sobald sich etwas Neues ergibt.«

»Warum sollte ich darauf eingehen?«

»Erstens, weil auch Sie von mir noch einiges Neues erfahren könnten«, bemerkte Leon, »und zweitens, weil ich auch mein Geld verdienen muss und unbedingt das

Finale drehen sollte. Wie sonst kann ich endlich meinen Film beenden?«

Der Kommissar lachte: »Haben Sie denn schon damit begonnen?«, fragte er süffisant.

»Was Sie ermitteln nennen, bezeichne ich als Recherche. Und da stehe ich Ihnen bei diesem Fall, glaube ich, in nichts nach«, stellte Leon aufgebracht klar.

»Ist schon gut«, beruhigte ihn der Kommissar und legte schnell auf. Denn vor seinem Schreibtisch sah er plötzlich seinen Direktor, Fridolin Möhrle, stehen.

»Mit wem haben Sie eben telefoniert?«, fragte dieser jovial.

»Mit einem alten Kollegen«, log Sibold, der sich nicht traute, vor seinem Chef den Namen Leon Dold zu erwähnen.

»Ich hoffe, Sie wissen, was Sie da tun«, mit diesen Worten gewann die Stimme des Chefs an Schärfe.

»Was meinen Sie, Herr Direktor Möhrle?«, fragte Sibold forschend.

»Ihre Alleingänge, Herr Sibold!«, raunzte der Chef nun noch schärfer. »Ohne dies mit mir abzusprechen, verlangen Sie von unserem Staatsanwalt eine Hausdurchsuchung. Ohne Rücksprache laden Sie Sven Vierneisel, einen der Hauptverdächtigen in einem schwebenden Verfahren, vor. Und ohne Absprache mit irgendeinem Kollegen gehen Sie allein zu Joseph Stehle und verdächtigen diesen alten Mann des Mordes an David Gloger. Das ist doch lächerlich und vor allem anmaßend!«

»Mag sein, aber ich muss nun mal in dem Fall David Gloger ermitteln. Sie selbst haben mir den Mord aufs Auge gedrückt. Und die ersten Ergebnisse der Hausdurchsuchung bei Sven Vierneisel nähren den Verdacht, dass tatsächlich in diesem Keller die Bombe hergestellt wurde. Da liegt es doch nahe, dass der Junge auch damit was zu tun hat, oder wie würden Sie die Sachlage beurteilen?«

Der Regierungsdirektor des Singener Kommissariats nickte und rieb dabei nachdenklich sein Kinn, leise und überaus freundlich antwortete er: »Das Problem ist, wenn tatsächlich im Keller der Vierneisels die Bombe, die David Gloger das Leben gekostet hat, gebastelt wurde und es sich dabei um die gleiche Bauart handelt wie bei den Bomben aus Köln, wie wollen Sie das dann erklären?«

»Nicht ich muss das dann erklären, sondern Sven Vierneisel.«

Fridolin Möhrle nickte und schaute seinen Untergebenen auffordernd an. Er wusste, dass Sibold noch etwas dazu zu sagen hatte.

Der Kommissar ließ sich leicht verleiten. Die Kröte, die ihm sein Chef am Tag vor Weihnachten vorgesetzt hatte, hatte er noch nicht geschluckt. Zögerlich setzte er nach: »… und die Kollegen vom LKA, die haben uns einiges zu erklären. Die Freunde, die auf Ihrer Couch saßen, müssen uns dann reinen Wein einschenken und uns sagen, wie ihr gefürchtetes al-Qaida-Mitglied aus dem Konstanzer Wohnheim an die Bomben aus Svens Keller gelangt ist.«

Der Regierungsdirektor schwieg und verließ nachdenklich das Zimmer.

*

Leon war zu unruhig. Er konnte keinen logischen Gedanken zu Ende spinnen. Er musste warten, bis sich der Kommissar wieder mit neuen Ergebnissen der Spurensicherung bei ihm meldete. Er konnte vorerst nichts weiter tun als abwarten. Das hielt er nicht aus, also zog er seine Laufschuhe an und rannte durch die Obstplantagen zwischen Überlingen und Hödingen. Während er lief, durchdachte er nochmals den ganzen Fall. Eigentlich lag doch längst alles sonnenklar vor ihnen. Stehle wollte endlich an das Geld, das er schon seit dem Zweiten Weltkrieg in der Schweiz gebunkert hatte. Seine Enkelsöhne mussten es herausholen, weil er das Geld Gladio und dem BND für die Aktion Sicherheitsgesetze ausleihen wollte. Telekom-Mitarbeiter sollten vermutlich damit geschmiert werden. Dabei wurden seine beiden Enkel erwischt. Stehle hatte Angst, dass Bernd dem Druck nicht standhalten würde und plauderte. Deshalb wurde Bernd von Gladio eliminiert, bevor er aussagen konnte. Das war die eine Seite der Story.

Die andere Seite: Zur Aktion gehörte auch Öffentlichkeitsarbeit. Die klassische Aufgabe von Gladio war es, Unsicherheiten zu schüren, Ängste zu provozieren, Stimmungen in der Bevölkerung herbeizuführen, die es den strammen Sicherheitspolitikern leicht machen sollten, Polizeigesetze nach deren Geschmack zu verabschieden. Dafür hatte Sven dem Konstanzer Palästinenser zwei Bomben geliefert. Wie geplant, wurde dieser gefasst, und die Medien besorgten den Rest. Dabei musste Leon nur an die Umfrage des Radiosenders zur Verschärfung der Sicherheitsgesetze denken.

Der dritte Teil der Geschichte war nicht geplant gewesen: David war plötzlich aufgetaucht. Er hatte in den Archiven gestöbert und etwas ans Tageslicht gezerrt, das mit den anderen zwei Geschichten auf den ersten Blick nichts, aber auch gar nichts zu tun hatte. Doch nun war der Ablauf gestört, und Stehle musste reagieren. Der Anschlag in Wiechs hatte mit der Planung Gladios nichts zu tun. Davids Tod war ein privater Feldzug von Stehle. Und dieser hatte natürlich seinen Enkel eingespannt, der ihm sowieso hörig war.

Leon keuchte den Berg durch den Hödinger Tobel hoch. Er wusste, er stand kurz vor der Lösung des letzten Rätsels. Und doch schien es ihm, als hätte er noch nicht einmal den Schlüssel in der Hand. Er hatte immer nur Stehle als den Mann gesehen, der in allen drei Geschichten die Schlüsselrolle innehatte. Er war so fixiert auf diesen Stalin. Und nach dessen neonazistischem Ausfall heute Morgen sowieso.

Leon bemerkte gar nicht, wie leicht er heute diesen sonst verfluchten Berg bezwang. Er war so intensiv in seine Gedanken versunken, dass er immer nur weiter lief und nachdachte. Erst als es schon dunkel wurde, kehrte er um und lief nach Hause.

Es schneite sachte, als Leon am Salemer College vorbeirannte. Er achtete nicht darauf, dass ein grüner Landrover ihn überholte. Er lief einfach weiter, schloss hin und wieder die Augen und hob den Kopf hoch, um jede Flocke zu genießen, die in seinem erhitzten Gesicht landete.

Zu Hause war er vollkommen erledigt. Er ging in den Heizungsraum, streifte seine Schuhe von den Füßen, hängte seine nassen Kleider an einen Bügel und schlurfte in seine kleine Wohnung. Er ging direkt in das Bad, öffnete den Wasserhahn der Dusche und stellte sich darunter. Er spürte das heiße Wasser, genoss die Erfrischung, wenn er den kalten Hahn aufdrehte, und freute sich an der Wärme, wenn er die Mischbatterie wieder auf heiß stellte.

Doch plötzlich schien ihm die Regulierung nicht mehr zu gehorchen. Er stellte auf heiß, es wurde kalt, er stellte auf kalt, es wurde heiß. Leon öffnete die Augen und wollte unter dem Wasserstrahl hervortreten, da traf ihn ein Schlag voll auf den Schädel, ein zweiter in die Eier. Er klappte nach vorn, konnte sich gerade noch an den Duscharmaturen festhalten und sah Sven lachend vor sich stehen. Er hatte noch die eine Hand am Regulierungshahn der Dusche und in der anderen Hand einen Baseballschläger. Leon überlegte nicht lange, riss seine Arme nach oben, hielt sich an der oberen Schiene der Duschkabinentür fest und sprang mit beiden Füßen voraus auf ihn. Sven schlug es rückwärts gegen die Badezimmertür, und diese knallte laut zu, aber nun war es so eng in dem Badezimmer, dass er mit seinem Baseballschläger nicht mehr ausholen konnte. Leon lag auf Sven und rammte ihm mit aller Kraft sein Knie in den Unterleib. Gleichzeitig versuchte er, ihm den Gurgelknopf einzudrücken, und verstärkte seinen Druck. Die Panik verlieh ihm Kräfte, die er bis dahin gar nicht an sich gekannt hatte.

Doch Sven war durchtrainiert und mit allen Kniffen bestens vertraut. Er schlug Leon mit beiden Händen gleichzeitig dermaßen heftig auf dessen beide Ohren, dass dieser glaubte, ihm platzten die Trommelfelle.

Der Schmerz aber betäubte Leon nur den Bruchteil einer Sekunde, und schon drückte er Sven, der noch immer unter ihm lag, sein Knie gegen die Gurgel. Er konnte sich aber nur kurz halten, dann hatte Sven ihn auch schon abgeworfen. Jetzt griff Leon nach dem Baseballschläger, holte aus und schlug blind zu. Dabei traf er aber lediglich die Duschkabine, an der sich Sven schnell hochzog. Leon attackierte Sven erneut, dieser jedoch lehnte sich mit dem Rücken an eine Wand und schleuderte Leon in die Kabine zurück.

Leon reagierte und ging sofort wieder auf den direkten Körperkampf über. Er wusste, er durfte Sven keinen Freiraum lassen, damit dieser nicht noch einmal den Baseballschläger einsetzen konnte. Mit der rechten Hand riss er in seiner Verzweiflung einen alten, hässlichen Hängeschrank von der Wand und zog diesen mitsamt dem Inhalt Sven über dessen Schädel. Der Spiegel zersprang, aber Sven schien unverletzt und ging lachend auf Leon zu. »Das war's jetzt!«, brüllte er siegessicher und schlug Leon mit aller Kraft seine Faust mitten ins Gesicht.

Leon hörte einen Hund bellen und knurren und sah Senta, wie er das Tier noch nie gesehen hatte. Der Hund fletschte seine Zähne wie eine wild gewordene Bestie. Sven erschrak. Er fürchtete sich offensichtlich vor dem angriffswütigen Tier. Senta fletschte die Zähne, wie sie es sonst nur bei feinsten Filetstücken tat, wenn ihr jemand den Happen wegzunehmen drohte. Sie sah furchterregend aus. Sven hatte sich flach an die Wand gedrückt, und Senta stand gefährlich knurrend vor ihm. Die treue Helma hatte die Badezimmertür geöffnet und schrie dazu geradezu hysterisch immer wieder: »Fass! Fass! Fass!«

Leon nutzte den kurzen Überraschungsmoment, griff schnell zu dem Baseballschläger, der noch immer auf dem Boden lag, und zog dem Gegner in seiner Panik den gefährlichen Schläger über den Schädel.

Sven fiel um wie ein alter Sack Kartoffeln.

»Zieh dich an!«, rief Helma unvermittelt, als wäre das nun das Wichtigste.

Leon schluchzte, zitterte und blutete aus der Nase und wusste nicht, was er nun zuerst tun sollte. Doch seine Angst dirigierte ihn. Er rannte, nackt, wie er war, in den Keller, riss die Wäscheleine aus den Verankerungen und spurtete wieder hoch in seine Wohnung.

Sven lag noch immer bewusstlos auf dem Badezimmerboden. Senta hatte sich hinter Helma verkrochen, und die stand zitternd noch immer in der Badezimmertür. Leon band Sven schnell sämtliche Glieder zusammen. Dann erst setzte er sich neben ihn auf den Boden, holte tief Luft und stimmte in Helmas Zittern mit ein. Er konnte es kaum fassen: Die alte

Helma und ihre dicke Senta hatten ihm das Leben gerettet. Er drückte die Frau, noch immer splitternackt, an sich und liebkoste Senta, wie er es noch nie getan hatte.

Helma lachte schließlich auf und wiederholte ihre dringlichste Bitte: »Zieh dich an!«

»Hast du schon mal gesagt«, lachte Leon, »hast du das schon wieder vergessen?«

»Stell mich nicht immer so alt und dusslig hin«, ermahnte sie ihn stolz, »ich glaube, Senta und ich haben dir gerade aus der Patsche geholfen.«

»Ja«, gab er unumwunden zu.

Sven war noch immer bewusstlos. Leon bekam es mit der Angst zu tun. Er hatte den Angreifer nicht umbringen wollen. Er tastete nach dessen Puls und war froh, dass er ihn fand. Dann fesselte er ihn erneut, dieses Mal in Ruhe und gezielt an den Beinen und Armen und band ihn an den Heizkörper.

Helma wollte sofort die Polizei rufen, aber Leon hielt sie zurück. »Das mache ich alles der Reihe nach, mach dir nun keine weiteren Sorgen mehr, den Rest erledige ich.«

Helma nickte tapfer und fragte: »Hat er meinen verschwundenen Eberhardt …?« Mit ihrer Frage deutete sie gleichzeitig auf die Badezimmertür, hinter der Sven lag.

Leon nickte. »Tut mir leid, es sollte wohl eine Warnung sein, er hat ihn umgebracht und mir auf den Küchentisch gelegt.«

Der Frau liefen nun Tränen über ihr altes Gesicht. Trost suchend schaute sie zu Senta, streichelte deren Kopf und sagte: »Nun sind wir nur noch zu zweit, mal sehen, wer von uns der Nächste ist.« Dann verließ sie traurig das Schlachtfeld ihres Mieters und ging die Treppen hoch in ihre Wohnung.

Leon wusch sich das Blut aus seinem Gesicht, nebenbei schaute er immer wieder nach Sven, doch der bewegte sich nicht.

Dann zog er sich hastig an, durchsuchte die Taschen seines ungebetenen Gastes, fand aber außer einem Autoschlüssel mit dem Schriftzug der englischen Nobelfirma Landrover nichts. Er nahm den Schlüssel an sich und ging vor das Haus. Er trabte die dunkle Straße hinunter und auf der anderen Seite wieder hoch auf der Suche nach dem Landrover Stehles, mit dem Sven offensichtlich da sein musste. Schließlich fand er ihn um die Ecke. Er öffnete die Beifahrertür und durchstöberte einige Unterlagen, die im Handschuhfach steckten. Dann packte er alle Papiere, die darin lagen, zusammen und rannte zurück in seine Wohnung.

Sein Gast lag noch immer unbeweglich auf dem Boden neben der Heizung, deshalb ging er in sein Büro, knipste die Schreibtischlampe an und blätterte durch, was er im Wagen eben zusammengerafft hatte. Unter anderem fiel ihm sofort ein Flugticket in die Hand. Abflug in Zürich-Kloten, direkt nach Rio de Janeiro. Ausgestellt war der Flugschein auf Sven Vierneisel. Abflug am nächsten Tag, morgens um 7 Uhr. »Daraus wird wohl nichts«, lächelte Leon selbstsicher vor sich hin.

Dann lief er wieder ins Bad, nahm den Duschkopf in die Hand, drehte den Hahn auf und hielt den eiskalten Wasserstrahl auf Svens Gesicht. Es platschte nur kurz, da öffnete dieser auch schon die Augen. Der junge Mann wollte sofort aufspringen, spürte, dass dies nicht ging, erkannte seine aussichtslose Lage und sackte wieder in sich zusammen.

Leon war freundlich gestimmt, sagte milde: »Hallo, Sven«, und las ihm die Daten seines Tickets vor, das er ihm anschließend vor die Augen hielt.

»Daraus wird nun wohl nichts werden«, bedauerte er, »ich

muss nun den Kommissar anrufen, der wird dich abholen. Statt Karneval in Rio, Sing-Sing im Knast!«

»Wir sind noch nicht fertig«, drohte Sven, »ich bin nicht allein.«

Leon erschrak kurz, beruhigte sich aber wieder. Wenn Sven tatsächlich nicht allein gekommen wäre, dann hätten seine Freunde schon längst eingreifen müssen. Trotzdem hatte der Mann recht, er musste aufpassen, er konnte sich nicht in Sicherheit wiegen. Er musste jetzt mit Gladio verhandeln und Sven als Faustpfand benutzen.

Kurz entschlossen löste er die Verankerung von dessen Fesseln am Heizungskörper, packte Sven fest an den Schultern und stellte ihn auf die Beine. Wacklig konnte Sven die Balance halten, ohne umzufallen. Leon lockerte vorsichtig die Fußfesseln, sodass Sven sich mit kleinen Schritten fortbewegen konnte. Dann schubste er ihn vor sich her, dirigierte ihn aus der Wohnung und um die Ecke zu dem Landrover. Dort stellte er ihn hinter den Wagen, öffnete die Heckklappe und stieß ihn in den Kofferraum. Sven konnte sich nicht halten und fiel längs auf die Ladefläche.

Leon knotete ihm die Füße wieder enger zusammen und verstopfte ihm mit einem alten Lappen, der zufällig im Kofferraum lag, den Mund. Dann zog er den Sichtschutz über den halb offenen Kofferraum und setzte sich selbst ans Steuer.

Er fuhr los in Richtung Meersburg. Jetzt musste Joseph Stehle ihn anhören, jetzt musste er auspacken. Leon hatte seinen Enkelsohn als Pfand, er konnte bestimmen, ob der Junge in den Knast kam oder nach Brasilien flog. Den Kommissar wollte Leon noch nicht anrufen, der hätte sonst nur versucht, ihn von seinem Vorhaben abzubringen. Das kam später. Vorerst konnte ihm wenig passieren, solange nur er wusste, wo Sven steckte.

Leon hielt in Unteruhldingen bei den Pfahlbauten an. Hier war ein Gästeparkplatz abseits der Durchgangsstraße eingerichtet. Hier würde niemand den Landrover suchen, deshalb stellte er den Wagen dort in einer verlassenen Ecke ab. Er schaute noch einmal nach Sven, aber dieser lag ruhig im Kofferraum, bewegen konnte er sich kaum. Er war voll damit beschäftigt, ausreichend Luft durch die Nase in seine Lungen zu ziehen. Leon überprüfte die Fesseln und Knoten und joggte los. Er lief entlang der Verbindungsstraße in Richtung Meersburg. Außer ihm war niemand unterwegs, nur hin und wieder fuhr ein Auto an ihm vorbei. Vor der Einfahrt zu dem noblen Anwesen von Joseph Stehle verlangsamte er seinen Lauf. Plötzlich hatte er Bedenken. Sein Vorhaben war nicht ungefährlich. Er konnte nicht wissen, wie Stehle wirklich reagierte. Deshalb griff er zu seinem Handy und schickte eine SMS an den Kommissar: »Bin bei Stehle, habe Sven gekidnappt, nachdem er mich überfallen hatte. Vorsicht, er hat für morgen einen Flug nach Rio ab Zürich gebucht, Leon.«

Dann drückte er auf ›Senden‹ und machte das Handy aus, bevor der Kommissar ihn zurückrufen konnte. Sollte er nun von Stehle festgehalten werden, so war er sicher, dass Sibold auftauchen würde.

Jetzt erst ging er mutig auf das Einfahrtstor der Villa zu. Doch bevor er klingeln konnte, sah er plötzlich das orangefarbene Warnlicht aufleuchten. Es drehte sich ohne erkennbaren Grund. Leon sprang schnell zur Seite, um nicht von der Videokamera erfasst zu werden. Dann sah er, wie die Flutlichter im Park entlang der Hauswände aufflackerten.

Er wich schnell einige Meter von der Einfahrt zurück und verkroch sich hinter einem Buschwerk. Gleichzeitig hörte er einen Wagen auf der Straße und sah dessen Lichter. Das Auto bremste scharf ab, blinkte kurz und bog in die, in der Zwischenzeit vollständig geöffnete, Einfahrt.

Kaum war der Wagen durch das Tor gefahren, sprang Leon hinterher. Er stand nun sichtbar in dem gleißenden Flutlicht. Ruhig wartete er, bis der Fahrer ausgestiegen war. Er sah den kleinen, dicken Mann, der Stehle schon auf der Beerdigung begleitet hatte und der an jenem Abend, als er das Quartett in dem Wohnzimmer belauscht hatte, von Sven mit Onkel Georg angesprochen worden war.

Der alte, untersetzte Mann ging, als wäre er der Hausbesitzer, auf die Haustür zu, zückte einen Schlüssel und schloss auf. Er hatte Leon nicht bemerkt, obwohl dieser absichtlich in dem Lichtkegel stehen geblieben war. Doch jetzt musste er schnell handeln, also machte er drei Sätze nach vorn und stand auch schon mit einem Fuß in dem Türrahmen, als Onkel Georg gerade die Tür wieder schließen wollte.

»Guten Abend«, grüßte Leon gelassen, »ich glaube, wir wollen beide zum gleichen Herrn.«

»Wer sind Sie?«, raunzte der Alte Leon giftig an und versuchte, seinen Schrecken zu überspielen.

»Ein Freund des Hauses, wie Sie«, antwortete Leon gelassen, »wenn auch ohne Schlüsselgewalt.«

Er hatte seine Angst verloren. Seit er den Angriff von Sven überstanden hatte, ging er wie in Trance vor. Er wusste, es gab sowieso kein Zurück mehr. Er konnte jetzt nur noch frech nach vorne marschieren.

»Sie sind nicht gemeldet, das wüsste ich!«, polterte der Alte böse weiter.

»Sparen Sie sich Ihren formellen Quatsch«, fiel Leon ihm harsch ins Wort. »Ich komme direkt von Sven, ich glaube, Stehle will nun mit niemand anderem reden als mit mir.« Ohne Furcht setzte er hinzu: »Ich habe nämlich Ihren Liebling gekidnappt, Onkel Georg. Wenn Sie ihn wieder lebend sehen wollen, müssen Sie mich nun reinlassen.«

Der alte Mann erschrak offensichtlich und trat einen Schritt zurück. Leon nutzte unverhohlen die Chance und stellte sich nun breitbeinig in den dunklen Flur.

Der Alte schloss unwillig die Tür hinter ihnen und stand unschlüssig vor dem Eindringling.

Dieser hatte an seiner Rolle Gefallen gefunden und spielte weiter den furchtlosen Rächer: »Bitte nach Ihnen, ich folge Ihnen. Führen Sie mich einfach direkt zu Stalin, Onkel Georg.«

Georg Brunner drehte sich abrupt um und wackelte unsicher vorneweg durch den Gang. Vor der Wohnzimmertür, vor der Leon schon am Morgen mit dem Kommissar gestanden hatte, drehte sich Brunner um und sagte in strengem Befehlston: »Sie bleiben hier, ich schaue erst, wie es ihm geht.«

»Nein«, widersprach Leon selbstsicher und schob den dicken Bauch des alten Mannes mit seiner jugendlichen Kraft zur Seite. Er ergriff die Klinke der Tür, öffnete diese und betrat den Raum.

Georg Brunner war ihm schnell gefolgt und schob sich an Leon vorbei.

Joseph Stehle saß hinter seinem alten Schreibtisch und stöberte in Papieren.

»Er hat sich einfach mit mir hereingedrängt«, entschuldigte Brunner die Anwesenheit Leons. »Er sagt, er kommt von Sven.«

»Sie müssen uns nicht mehr vorstellen«, fiel Leon Brunner ins Wort, »Herr Stehle und ich sind alte Bekannte, und ich bin hier in diesem Haus zum Stammgast geworden, nicht wahr Herr Stehle?«

»Was wollen Sie hier schon wieder?«

»Herr Stehle, Ihre Pläne gehen nicht mehr auf. Die Sachlage hat sich grundlegend geändert«, sagte Leon in einem Ton, als würde er als Soldat einem Offizier eine Meldung machen. »Ihr Enkelsohn ist entführt worden. Ich habe ihn in meiner Gewalt.«

Stehles Körper spannte sich an. Sein Kopf reckte sich nach vorn, seine Augen begannen zu funkeln. »Was reden Sie für einen Unsinn?«, herrschte er Leon an. »Sie reichen Sven nicht das Wasser.«

»Nein«, lachte Leon noch immer sehr selbstsicher, »Ihrem Enkelsohn reiche ich gar nichts. Aber Sie haben die Chance, ihm zu helfen. Ich habe ihn gekidnappt.«

Stehle schaute fragend zu Brunner, der zu Leon.

»Machen wir er es kurz«, befahl dieser. »Sie sollten mir jetzt einige Fragen beantworten, sonst sieht es um Ihren einzigen und letzten Enkelsohn düster aus.«

»Sie wollen uns drohen?«, mischte sich jetzt Brunner in das Gespräch ein und ging entschlossen auf Leon zu.

Leon trat ebenfalls einen Schritt nach vorn und stand nun direkt vor Brunner. »Ihnen ist das Leben von Sven vielleicht so viel wert wie das Leben von Bernd«, provozierte er und hoffte, dadurch einen Keil zwischen die beiden alten Herren zu treiben.

»Was wollen Sie damit sagen?«, schrie dieser tatsächlich wie getroffen und wankte einen Schritt zurück.

»Dazu werden wir schon noch kommen, aber erst später«, versuchte Leon, das Heft in der Hand zu halten und zunächst

Stehle aus der Reserve zu locken. Deshalb bemerkte er in dessen Richtung: »Sie wollen doch, dass Sven wohlbehalten in Rio ankommt. Also sollten Sie nun endlich meine Fragen beantworten. Sonst wird aus der Flugreise Ihres Enkelsohnes nämlich nichts.«

Joseph Stehle wirkte irritiert. Er schaute unsicher zu Brunner, dann wieder zu Leon. »Ich verstehe Sie nicht«, äußerte er sich schwerfällig. »Rio? Was wollen Sie mir damit sagen?«

»Wir sollten endlich das Katz-und-Maus-Spiel beenden. Ich habe seine Tickets. Abflug morgen um 7 Uhr nach Rio de Janeiro ab Zürich«, sagte er siegessicher, »glauben Sie mir jetzt, dass ich Sven in meiner Gewalt habe.«

»Rio?«, wiederholte Stehle ungläubig und schüttelte beunruhigt seinen Kopf, »wie kommt der Junge denn darauf?«

Georg Brunner schnaufte tief durch und presste einen Namen zwischen seinen Zähnen hervor: »Wohl«, sagte er nur.

»Oswald Wohl«, ergänzte Stehle trüb. »Oswald Wohl«, wiederholte er den Namen erneut, nun deutlicher und lauter. Dann schrie er fast: »Warum sind wir nicht schon früher darauf gekommen? Oswald Wohl! Er steckt hinter der ganzen verdammten Scheiße.«

Leon verstand den alten Mann und dessen plötzliche Wut nicht. Wohl, das war der alte Bankier, mit dem sich David unterhalten hatte. Er hatte ihm davon erzählt. Aber was hatte Wohl mit Sven zu tun? »Wollen Sie mir jetzt einreden, dass der alte Schaffhauser Bankier David ermordet hat?«, fragte Leon verdutzt.

»Ich will Ihnen gar nichts einreden, junger Mann«, antwortete Stehle giftig, »aber nun sehe ich klar: Wohl stand hinter dieser unnützen Schmuggelaktion. Er hat von Anfang an von Rio aus diese überflüssige Aktion gesteuert. Er hat uns angewiesen, sein Gold und Geld nach Deutschland zu schmuggeln. Er hat den BND eingeschaltet und ihm frisches Geld für dessen Abhöraktionen geboten. Ich habe ihm diese ganze vermaledeite Geschichte geglaubt. Ich habe dafür meine eigenen Enkel angeheuert. Ich dachte, wenn der BND involviert ist, dann ist die Grenze an diesem Tag sauber. Ich habe mich die ganze Zeit über schon gefragt, warum genau zu besagter Zeit überhaupt eine Grenzkontrolle in dieser gottverlassenen Ecke stattgefunden hat, wo sonst wochenlang kein Zöllner zu sehen ist. Wohl hat den BND benutzt, die haben uns beauftragt, genau an diesem Tag und genau an diesem Übergang das Geld aus der Schweiz herauszuholen. Was für eine miese Falle, verdammt, er war schon immer ein hinterhältiges Schwein!«

Stehle war von seinem langen Klagelied und der plötzlichen Erkenntnis, dass sein alter Kompagnon ihn gelinkt hatte, erschöpft. Er hatte die Sätze laut aus sich herausgebrüllt, jetzt schluchzte er leise. Er hatte die Rede mehr in Brunners Richtung gehalten. Dieser war die ganze Zeit über unschlüssig und wortlos vor ihm gestanden.

Leon war ruhig geblieben. Er wollte Stehle nicht unterbrechen, doch nun hielt er die Stille kaum mehr aus. Er hatte sich Stehles Version genau angehört, doch es passte nichts zusammen. »Das macht doch keinen Sinn, dass Wohl sein eigenes Geld vom Zoll beschlagnahmen lässt«, widersprach er der Theorie Stehles.

»Warum denn nicht, wenn es nachweislich sein Geld ist, dann bekommt er es auch wieder. Er muss doch nur glaubhaft versichern, dass er von der illegalen Ausfuhr gar nichts wusste. Er muss sich doch nur als Geprellten hinstellen, geprellt von mir, seinem Verwalter. Ich, bzw. meine zwei Buben, wir haben die Arschkarte gezogen.«

»Verstanden«, gab Leon zu, »so hat er Sie nicht nur ausgespielt, sondern auch gänzlich abserviert und kann die gesamte Summe selbst einstreichen. Aber hätte er dies nicht auch so können?«

»Nein«, lachte Brunner bitter auf, »nur gemeinsam funktionierte der Schlüssel. Wohl hatte der Transaktion grundsätzlich zugestimmt und uns seine Code-Nummern übermittelt, und wir haben diese mit unseren Nummern ergänzt, nur so konnte die Gesamtsumme abgehoben und alle weiteren Schließfächer geöffnet werden.«

»Aber warum musste dann Bernd sterben?«, fragte Leon weiter, »er war doch nur Ihr Handlanger.«

»Aber das schwächste Glied. Nachdem Sven nun mal auf den Beamten geschossen hatte, war das für den Jungen zu viel. Er hätte geplaudert, das steht fest«, rechtfertigte Stehle leise sein Einverständnis zu Bernds Tod.

»Was hätte er denn ausplaudern können?«, wollte Leon, der sich der Argumentation des Alten nicht ganz verschließen konnte, wissen, »und wie will denn der alte Wohl den jungen Bernd im sicheren Knast aufgehängt haben?«

Stehle lachte bitter, und Brunner gab die Antwort: »Wissen Sie, wie viel ein Vollzugsbeamter verdient? Und dann noch ein einfacher Schließer? Der schaut bei einem netten Betrag mal kurz weg, geht pinkeln und vergisst dabei aus Versehen, eine Tür zu schließen, das kann doch mal passieren?«

Leon schaute ihn ungläubig an.

Brunner aber spann seine Version in aller Seelenruhe weiter: »Für ein paar Tausender geht er einfach mal kurz auf die Toilette, und wenn er zurückkommt, hängt der Bursche. Dann wird es ihm selbst ganz heiß, und er wird mit allen seinen Kollegen die Mär vom Selbstmord stricken, da bleibt ihm gar nichts anderes mehr übrig. Mann, Sie sind wohl nicht von dieser Welt, was?«, raunzte Brunner Leon an.

»Schon«, erinnerte sich Leon an seine Recherchen zu Gladio und äußerte spitz: »Sie müssen es ja wissen, schließlich haben Sie schon einen Zeugen nach dem Oktoberfest-Anschlag in München auf diese Weise ausgeschaltet.«

»Was soll jetzt diese Unterstellung schon wieder?«, fuhr Brunner ihn nun völlig aufgebracht an.

Leon überlegte kurz und änderte dann schnell seine Taktik. Die Lage war günstig. Die beiden alten Herren schienen tatsächlich von Wohl übertölpelt worden zu sein und hatten dies erst jetzt gemerkt. Auf jeden Fall waren sie gesprächig wie nie zuvor. Ob Wohl nun tatsächlich der Mann im Hintergrund war oder nicht, konnte Leon vorerst gleichgültig sein. Doch er hatte noch keine plausible Erklärung gehört, wie die drei Verbrechen zusammenpassten: die Schmuggelaktion, die versuchten Bombenanschläge von Köln und Davids Tod. Und doch mussten sie alle von diesem Zimmer aus in die Wege geleitet worden sein. Oder nun etwa doch nicht?

Stehles Erklärung, warum seine Enkel trotz eines höheren Kurses in der Schweiz Gold nach Deutschland auszuführen versucht hatten, war einsichtig. Sollte tatsächlich das Schmuggelgut jetzt von den deutschen Behörden an Wohl ausgehändigt werden, wäre sein Vorgehen geradezu genial gewesen. Der Zoll als Geldwäscher, das hatte was. Aber warum sollte er sein Geld nun für eine groß angelegte Abhöraktion von Gladio oder BND verwenden? Und was hatten damit auch noch die Kofferbomben bei Köln zu tun?

Leon nutzte den Zorn der beiden alten Kämpfer und fragte naiv weiter: »Und die Kofferbomben in Köln, die hatte auch Wohl in den Zug gestellt?«

Die beiden alten Männer stierten bewegungslos vor sich hin, keiner regte sich.

Leon legte nach: »Ich habe eine Ihrer Zusammenkünfte belauscht. Ich lag draußen vor Ihrem Fenster an dem Abend nach Bernds Beerdigung. Ich habe gehört, wie Sven erzählte, dass er dem Palästinenser in Konstanz Bomben übergeben hatte. Sie hatten Besuch vom Verteidigungsministerium oder sonst einem Amt aus Berlin, von einem gewissen Herrn Nowack, und da hinten, hinter Ihnen, Herr Stehle, stand fast wie im Headquarter in Brüssel die NATO-Fahne. Es wirkte alles ein bisschen schräg.«

»Schräg?«, erregte sich Brunner, »schräg! Was wissen Sie denn über Staatsführung. Geheime Operationen, die nun mal jeder Staat leisten muss, wenn er nicht untergehen will. Wir leben nicht im Paradies. Es gibt hier zu viele Vögel wie Sie. Sie wissen doch gar nicht, worum es hier geht.«

»Klären Sie mich auf: Sie verscherbeln Bomben an jene, die von paradiesischen Zuständen und vielen Jungfrauen träumen?«, höhnte Leon. »Und nebenbei hätten Sie, wenn es geklappt hätte, ganze Züge in die Luft fliegen lassen.«

Brunner schaute zu Stehle. Stehle zu Leon. Dann stellte sich Brunner mit seinen Einsfünfzig wieder vor Leon mit dessen Einsneunzig und bellte nach oben: »Das waren ganz billige Attrappen, die eh nie hätten explodieren können. Die haben wir dem Palästinenser verkauft, damit konnte er nichts anstellen, aber damit verriet er seine eigene Gesinnung und vor allem zeigte er uns Deutschen, auch Ihnen, wie gefährlich al-Qaida ist!«

»Die Bombe, die neben David explodierte, die war gefährlich«, eiferte sich jetzt Leon und schrie: »Was wollten Sie den dummen Deutschen damit beweisen? Wie gefährlich Sie sind, wie gefährlich Gladio ist?«

Brunner ließ von David ab und schaute zu Stehle. Dieser räusperte sich und bewegte langsam seine Lippen: »Glauben Sie mir, das verstehe ich auch nicht.«

Brunner lachte Stehle an und blickte ihm in die Augen. »Ich jetzt schon«, sagte er hämisch. »Wohl, Oswald Wohl. Warum glaubst du«, fragte er Stehle, »hat er für Sven die Flucht nach Brasilien organisiert? Er hat ihn zum Mord an diesem David angestiftet, vielleicht hatte dieser Judenschnüffler doch was gegen euch in der Hand. Und Sven hatte nichts Besseres zu tun, als eine dritte Bombe zu bauen.«

Langsam klärte sich das dritte Rätsel für Leon auf. Sollte dies alles wahr sein, dann hatten doch alle Straftaten einen gemeinsamen Hintergrund und sogar nur einen Haupttäter. Allerdings nicht Stehle, wie er immer gedacht hatte, sondern diesen Wohl? Ungläubig fragte er nach: »Und Oswald Wohl soll die Schmuggelaktion von Brasilien aus eingefädelt haben? Wie denn das?«

»Pah!«, machte Georg Brunner, »Oswald Wohl ist kein Einmannunternehmen. Der sitzt nicht nur in Rio. Wohl ist überall. Er hat als Erster kapiert, dass Geheimdienste keine kleinstaatlichen Einzelunternehmen sind, sondern grenzüberschreitende Player. Wohl hatte Carringtons Philosophie schon verstanden, da wussten wir noch gar nicht, dass der Krieg aus ist, nicht wahr, Stalin?«

Joseph Stehle winkte verächtlich ab. »Lang, lang ist's her«, murmelte er vor sich hin, »was erzählst du da dem jungen Mann?«

»Dass Oswald Wohl uns immer beschissen hat. Und dass er immer mit irgendwelchen Geheimdiensten hinter unserem Rücken operierte«, entrüstete sich Brunner, »nicht umsonst galt er als der Vater von Gladio und sollte eine grenzübergreifende Geheimorganisation auch in Südamerika aufbauen.«

Leon schaute Brunner fragend an.

Dieser war in seinem Element und ließ sich nicht mehr bremsen: »Warum glauben Sie denn, dass er nach Rio gezogen ist?«, ereiferte er sich weiter. »Wohl war auf dem internationalen Finanzparkett zu Hause, da kann man leicht nebenher ein bisschen Geheimagent spielen.«

»Aber wie soll er denn dann hier in Deutschland den Deal mit dem BND eingefädelt haben?«, fragte Leon noch immer ungläubig.

»Was glauben Sie, mit wem der BND in Südamerika zusammenarbeitet? Ohne Wohl hätten die doch dort drüben gar keinen Fuß auf den Boden bekommen. Es waren Wohls alte Kameraden, und zugegeben auch von uns, die dem BND zunächst in Argentinien und dann in ganz Südamerika die Türen öffneten.«

Leon wusste nicht, was er davon halten sollte. Es klang schlüssig und doch auch unglaubwürdig. Aber warum sollten die beiden sich vor ihm über ihren alten Kampfgefährten so echauffieren? Brunners Enttäuschung und Zorn klangen echt.

Es blieb Leon keine Zeit, noch weiter zu bohren. Er musste jetzt schnell handeln. Er musste den Kommissar verständigen. Vielleicht konnte dieser mit einem internationalen Haftbefehl Wohl vor der Abreise nach Rio noch greifen. Er drehte sich einfach um, ließ die beiden alten Männer stehen und lief aus dem Raum. Er rannte durch den Flur, öffnete die Haustür und kletterte über das große Einfahrtstor. Dabei löste er einen Alarm aus, aber das war ihm jetzt gleichgültig. Er hörte eine Sirene, sah die Warnleuchten blinken und rannte los in Richtung des Autos, das er, mit Sven im Kofferraum, in Unteruhldingen geparkt hatte.

Er lief immer schneller und versuchte dabei, klare

Gedanken zu fassen. Konnte er den beiden alten Männern ihre Version glauben? Er hielt an, schaltete sein Handy ein und rief den Kommissar an.

Der Kommissar war sofort am Apparat. Kaum hatte sich Leon gemeldet, wollte er loslegen. Doch Leon unterbrach ihn scharf und warnte: »Ich sage es Ihnen jetzt nur ein Mal, hören Sie genau zu.« Dann erzählte er in Kurzfassung die Version der beiden alten Männer. Schließlich endete er mit der Frage: »Glauben Sie denen die Story, glauben Sie, dass Oswald Wohl und der BND tatsächlich hinter der ganzen Geschichte stecken?«

»Keine Ahnung, was ich noch denken soll«, gestand der Kommissar, »aber wir haben zunächst keine andere Wahl, die Zeit läuft. Also: Was wissen Sie über Wohl?«

»Eigentlich nur das, was David mir erzählt hat. Er muss in einem Zürcher Hotel direkt am Zürichsee wohnen. Er war Schweizer Bankier und lebt seit Jahren in Rio. Versuchen Sie, ihn zu schnappen, dann wissen wir mehr.«

»Und was ist mit Sven?«

»Den bringe ich Ihnen, der liegt in meinem Kofferraum.«

Dann rannte er wieder weiter zu dem Landrover auf dem Parkplatz bei den Pfahlbauten, die vorgaben, seit tausend Jahren im Wasser zu stehen, in Wahrheit aber erst im Dritten Reich erbaut wurden.

Er hastete über einen Lehrpfad, konnte im Dunkeln kaum den schmalen Weg erkennen und kam endlich am Ende des Pfades auf dem Parkplatz an. Er sah das Auto noch immer in der Ecke stehen, doch plötzlich sah er mehr: Er sah, dass die Heckklappe geöffnet war.

Leon stoppte so jäh, dass er beinahe vornübergefallen wäre. Er kehrte auf dem Absatz um und rannte ohne zu überlegen zurück. Erst nach einigen Metern wurde er wieder langsamer und horchte nach hinten, während er weitertrabte. Doch er hörte keinen Verfolger, blieb schließlich stehen und drehte sich um. Angst kroch in ihm hoch. War Sven noch hier? Hatte er sich selbst befreit, oder hatten andere ihn gefunden? Lauerten sie auf seine Rückkehr?

Er ging hinter einer Schautafel des Pfahlbaumuseums in Deckung und wartete ab. Er zitterte am ganzen Körper. Er erinnerte sich an die brutalen Schläge, die Sven ihm zu Hause im Bad versetzt hatte. Er spürte sie noch immer, jetzt wieder stärker als zuvor. Ihm wurde schlecht. Trotzdem verharrte er leise.

Nach einigen Minuten, in denen er nichts gehört und nichts gesehen hatte, traute er sich, langsam wieder in Richtung Parkplatz zu schleichen. Er musste wissen, ob Sven noch hier war oder wo er hingerannt sein konnte.

Er schlich in einem großen Bogen über die angrenzende Wiese von hinten an den Wagen heran. Dann warf er einen Stein auf das Blech.

Es gab einen lauten metallischen Klang, dann war wieder Stille.

Langsam traute sich Leon näher an den Wagen heran. Er sah, dass der Kofferraum leer war. Er ging um den Wagen herum, schlug die Heckklappe zu und setzte sich hinter das Steuerrad. Doch der Wagen sprang nicht an. Er öffnete die Motorhaube und sah, dass einige Kabel lose herunterhingen.

Er selbst war technisch nicht versiert und wusste, dass er es nicht schaffen würde, die Karre wieder flottzubekommen, sie war für ihn wertlos. Er fluchte, zückte sein Handy und versuchte, ein Taxi zu bestellen. Über die Auskunft und eine Direktverbindung meldete sich eine müde Stimme aus der

Taxizentrale Überlingen. Man wollte einen Wagen schicken. Für Leon wurde das Warten zur Geduldsprobe.

*

Der Kommissar hatte nach Leons SMS-Nachricht, dass dieser zu Stehle gegangen war, keine Ruhe gehabt, aber was sollte er tun? Er hatte die Nachricht von Leon gelesen, hatte versucht, ihn sofort anzurufen, ihn aber nicht erreicht. Es war ihm klar geworden: Der Junge spielte jetzt sein eigenes Spiel. Er war hilflos und fühlte sich zum Nichtstun verdammt. Er musste warten, bis Leon sich wieder meldete. Eine Stunde wollte er ihm geben, mehr nicht, dann würde er mit einem Streifenwagen dorthin fahren müssen, gleichgültig, was ihm bis dahin als Grund einfallen würde.

Unruhig war er daraufhin durch seine Wohnung getigert und hatte jeden Gegenstand abgestaubt. Ungeduldig strich er über den Fernsehapparat, über die Abdeckhaube seines Plattenspielers, über das Fensterbrett – er wusste nicht, wohin mit seinen Händen und sich selbst. Schließlich warf er sich auf seine Couch. In der Anfangsphase seiner Alkoholentwöhnungszeit hatte er öfter eine Gruppe der Anonymen Alkoholiker besucht. Dort hatten sie ihm Yoga beibringen wollen. Daran erinnerte er sich jetzt. Er brachte sich in eine ganz flache Lage, legte beide Hände übereinander auf seinen Bauch und sog die Luft tief ein, bis in das Zwerchfell. Sein Bauch hob sich sachte. Durch die Nase ließ er die Luft langsam wieder entweichen, sein Bauch senkte sich. Diese Übung wiederholte er, dann stand er wieder auf und checkte sein Handy. Erneut las er die SMS laut: »Bin bei Stehle, habe Sven gekidnappt, nachdem er mich überfallen hatte. Vorsicht, er hat für morgen einen Flug nach Rio ab Zürich gebucht, Leon.«

Sibold hielt nun nichts mehr. Er stopfte das Handy in seine Hosentasche, warf sich seinen Mantel über die Schultern und verließ seine Wohnung. Er musste etwas unternehmen. Auf jeden Fall war sein Platz jetzt im Kommissariat, sagte ihm eine innere Stimme.

Die Wache in der Pforte wunderte sich über Sibold, der selten so spät noch in sein Büro kam. Doch es dauerte nicht lange, da kam er auch schon wieder heraus und gesellte sich zu den Kollegen in der kahlen Empfangsstube.

»Haben Sie eine Zigarette für mich?«, fragte er nervös den Kollegen, der gerade seinen überfüllten Aschenbecher vor ihm verbergen wollte.

»Gerne«, antwortete dieser erleichtert, denn seit Neustem war das Rauchen in allen Räumen des Präsidiums verboten. »Sind Sie nervös?«

»Ja, ich sitze wie auf Kohlen. Ich weiß nicht, ob ich eine Fahndung herausgeben soll, aber eigentlich hatten wir den Mann gerade erst eingebuchtet, und ein anderer gehört eigentlich auch eingesperrt, nennt sich aber Journalist und macht, was er will.«

Der Polizist zog fragend seine Augenbrauen hoch und stieß eine dicke Rauchwolke aus seiner Lunge. »Verstehe ich nicht«, hustete er dann, »Sie haben ihn eingelocht, wollen ihn aber zur Fahndung ausschreiben?«

»Ja«, lachte Sibold, »die Welt ist schizophren.«

»Wieso, verstehe ich nicht?«

»Ganz einfach«, antwortete Sibold. »Sven Vierneisel, Sie erinnern sich. Warum der Richter den freiließ, versteht doch keiner.«

»Das stimmt«, antwortete der grün uniformierte Kollege solidarisch, »und der Journalist?«

»Der gehört in dieselbe Zelle«, antwortete Sibold geistesabwesend und setzte drohend hinzu: »Und dafür werde ich jetzt sorgen!« Dann stapfte er entschlossen, mit der Zigarette in der Hand, aus der Pforte.

In seinem Büro griff er zum Telefonhörer und rief beim Flughafen Zürich an. Er wollte wissen, wann die nächste Maschine nach Rio startete. Doch nach einigen längeren Weiterverbindungen von Schalter zu Schalter wollte er sein Glück im Internet probieren. Mürrisch warf er den Telefonhörer auf den Apparat und ging wieder zurück in die Pforte.

Dort saß in der Zwischenzeit ein weiterer Kollege, der wohl mit dem Kettenraucher die Nachtschicht gemeinsam bewältigen musste. Kaum war Sibold eingetreten, unterbrachen die beiden ihr Gespräch.

»Kollegen«, schmeichelte sich Sibold ein, »wer von Ihnen beherrscht denn dieses Gerät?«, fragte er und zeigte auf den PC.

»Ja, ich schon«, erklärte der Kettenraucher.

»Könnten Sie für mich mal im Internet eine kleine Recherche durchführen?«

»Der hat keinen Internetzugang«, klärte der den Kommissar auf, »das ist nur ein Rechner für unsere hausinternen Pläne.«

Horst Sibold staunte. Mit diesen Geräten schien doch alles möglich. »Warum nicht?«, fragte er naiv.

»Weil wir im Dienst nicht zu surfen haben, ganz einfach«, lachte der grün uniformierte Polizist, »das dürfen nur gestandene Kripobeamte wie Sie.«

»Ja, ich habe so ein Gerät auf meinem Schreibtisch stehen«, gab der Kommissar zu, »probieren wir es damit.«

Gemeinsam gingen sie in sein Büro. »Ich muss wissen, wann morgen ein Flug von Zürich nach Rio geht.«

»Kein Problem«, lachte der junge Kollege und startete den Computer.

Während der Beamte aus der Pforte sich kundig machte, klingelte das Handy des Kommissars. Sibold erkannte sofort Leons Nummer. Er drückte die grüne Taste und polterte los: »Was fällt Ihnen denn ein, jetzt ist Schluss, das kann ich Ihnen sagen.«

Der junge Kollege schaute erschrocken auf, noch nie hatte er den Kommissar so in Rage erlebt. Doch der Kriminalist beruhigte sich wieder, denn er hörte nur noch ein zustimmendes »Ja« und »Aha« und schließlich den resignierten Satz: »Machen Sie doch, was Sie wollen.«

Doch kaum hatte Sibold das Handy aus der Hand gelegt, brauste er wieder auf und raunzte seinen hilfsbereiten Kollegen böse an: »Machen Sie Platz, jetzt machen wir es offiziell!«

Sibold griff nach seinem Dienstapparat und rief die Kollegen der Einsatzbereitschaft in der Zentrale an. »Es eilt, wir haben den Mörder von David Gloger«, begründete er die Eile und gab einen internationalen Haftbefehl heraus: Gesucht wird Oswald Wohl!

Gleichzeitig verständigte er die Zollbehörden und die Schweizer Kollegen am Flughafen in Zürich. Auch die Kantonspolizei Zürich alarmierte er, denn Oswald Wohl lag ja, wie er hoffte, noch tief schlummernd in einem weichen Bett des edlen Hotels direkt am Zürichsee.

Horst Sibold war plötzlich in seinem Element. Zwar war er noch nicht überzeugt, dass Oswald Wohl tatsächlich der Mörder war, aber zumindest war er eine Schlüsselfigur in dem Rätsel. Wenn es stimmte, was Leon ihm erzählt hatte, dann musste Wohl der Auftraggeber von Sven gewesen sein. Dann war der Mord an David schon in Auftrag gegeben worden, bevor sie den Palästinenser am Morgen in Konstanz gefasst hatten. Das wiederum passte auch zu seinen Beobachtungen, dass der grüne Polo schon ausgerüstet worden war, bevor Stehle David kennengelernt hatte. »Ja, so kann es gewesen sein«, murmelte Sibold die neue Verdachtsvariante leise vor sich hin.

»Oder vielleicht auch nicht?«, hörte er plötzlich eine laute Stimme hinter seinem Rücken. Fridolin Möhrle war ebenfalls alarmiert worden. Er stand mit dem Staatsanwalt unter dem Türrahmen und blickte grimmig auf Sibold. »Haben Sie die Kollegen des BKA auch verständigt?«, fragte er ihn harsch. Sibold war überrascht, ging um seinen Schreibtisch herum und schüttelte dem Staatsanwalt die Hand. Er begrüßte ihn freundlich und meinte dann zu Möhrle: »Wichtig ist zunächst, dass wir ihn fassen, danach können wir immer noch unsere internen Verwaltungswege einhalten.«

»Umgekehrt wird ein Schuh daraus«, maßregelte Möhrle seinen Untergebenen, »Verwaltungswege sind da, damit wir sie einhalten – immer! Ich werde das übernehmen«, kündigte er an und verließ das Büro des Kommissars.

»Sie fahren da einen heißen Reifen«, warnte nun auch der Staatsanwalt Sibold. »Ihr Chef hat recht. Die Kofferbomben sind nicht unsere Sache. Auch mir sind, als unterste Instanz, die Hände gebunden. Das ist Sache des Staatsschutzes. Die Angelegenheit wird von staatsanwaltschaftlicher Seite durch die Bundesanwaltschaft in Karlsruhe betreut.«

»Streiten wir uns darüber, wenn wir Wohl haben«, antwortete Sibold zornig, »man sollte das Fell nie verteilen, bevor der Bär erlegt ist.«

*

Leon hatte sich mit dem Taxi nach Hause fahren lassen und stieg sofort in sein Auto um. Er raste in Richtung Singen. Er war sich sicher, dass Sven zum Zürcher Flughafen fuhr, es war seine einzige Chance. Nur in Brasilien war er sicher. Aus dem Taxi hatte er zuvor schon den Kommissar angerufen und ihm gesagt, dass Sven geflohen sei. Er hatte einen fürchterlichen Anschiss erwartet, doch der Kommissar hatte völlig gelassen reagiert: »Dann muss ich mir wenigstens um Sie keine Sorgen mehr machen.«

Erst mit dieser für ihn zunächst überraschenden Antwort war auch Leon klar geworden, in welche Gefahr er sich begeben hatte. Gleichgültig, ob Sven befreit wurde oder ob er sich selbst hatte befreien können – Leon wollte ihm nicht noch einmal Auge in Auge gegenüberstehen. Ohne die dicke Senta hätte er schon den letzten Angriff nicht überlebt.

Der Kommissar hatte ihm versichert, dass weder Wohl noch Sven verschwinden konnten. Der Zoll war informiert, die Beamten in Zürich fahndeten nach Wohl, und die Grenzer am Flughafen waren alarmiert. Jeder Passagier wurde ab sofort einer peniblen Kontrolle unterzogen.

Doch Leon meinte den Fluchtweg von Sven zu kennen. Er rief seinen Kameramann an und bat ihn, sofort mit seinem Equipment nach Wiechs an den Randen zu kommen. Sie trafen sich beim Ortsschild. Leon sprang in den Teamwagen und dirigierte den Kameramann zu dem kleinen Grenzübergang Bibern, der seit der Festnahme von Sven und dessen Bruder Bernd wieder verwaist war.

Der Kameramann hörte sich Leons Geschichte mürrisch an. »Was soll das«, fragte er sauer, »du hast ein Feature über die Grenzlandschaft zwischen Bodensee und Oberrhein angemeldet und willst nun mitten in der Nacht überstürzt den Dreh beginnen? Grüne Wiesen, den blauen See und dunkle Wälder drehen wir am Tag mit Sonnenschein. Glaubst du, ich leuchte dir die Landschaft hier aus?«

»Grüne Wiesen und den blauen See drehen wir am Tag«, beruhigte ihn Leon, »aber jetzt drehen wir den spannenden Auftakt: Du wirst gleich eine Verhaftung sehen und Anfang und Ende unserer Grenzreise in einem Arbeitsgang drehen: den Versuch einer Flucht und das Ende im Knast.«

Leon war sich sicher, dass Sven bald vor ihren Augen auftauchen würde. Dann wollte er sich einfach nur an dessen Fersen heften und die Flucht aus sicherer Entfernung drehen, bis die Polizei hier an dem Grenzübergang oder spätestens am Flughafen Kloten in Zürich Sven verhaftete.

Diese Bilder schienen für ihn reserviert, exklusiv.

*

Horst Sibold hatte es in seinem Büro nicht mehr ausgehalten. Der Großalarm war ausgelöst. Nachdem er nun auch Sven auf die Fahndungsliste gesetzt hatte, war für seine Kollegen der Ernst der Lage klar. Dieser Jüngling hatte einen ihrer Kollegen angeschossen und wollte jetzt fliehen, das durfte nicht sein. Sämtliche Ausfallstraßen von Singen in Richtung Schweiz waren gesperrt. Auch auf den Bundesstraßen und auf der Autobahn hatten sich die Polizisten positioniert. Aber Horst Sibold war sich nicht sicher, ob Sven nicht doch einen anderen Fluchtweg nutzte. Das Grenzgebiet war zu unübersichtlich. Sven musste nur bis auf die Höri kommen und konnte dort dann jederzeit mit einem Boot in die Schweiz rüberpaddeln.

Der Kommissar setzte sich in seinen privaten Omega und fuhr los. Man brauchte ihn in der Zentrale nicht. Zunächst fuhr er über die Südtangente Richtung Radolfzell. Doch plötzlich drehte er um. Er ließ sich von seinem Gefühl leiten. Er fuhr Richtung Thayngen, überquerte die Grenze und bog dann in Thayngen wieder Richtung Deutschland ab. Über eine kleine Nebenstraße nahm er den Weg zu dem unbemannten Grenzübergang Bibern. Diesen Weg hatte Sven schon einmal gewählt. Wer diesen Grenzübergang kannte, wusste, dass er durchlässig war, nachts sowieso.

*

Nur kurze Zeit, nachdem Sven allein in dem Landrover bei Uhldingen gelegen hatte, befreiten ihn seine Kameraden. Die kleine Wehrgruppe der Nationalen Front – Standort Singen war immer miteinander verbunden. Sie hatten als Kameraden in der Tradition der SS einen Schwur abgelegt und standen füreinander ein. Der harte Kern der Truppe hatte auf den Handys ein Programm gespeichert, das den Kameraden ständig anzeigte, wo sich ein jeder von ihnen gerade befand. Dazu musste das Handy gar nicht bedient werden, sondern lediglich auf Stand-by bereitliegen. So war es für sie ein Leichtes, Sven aus dem Wagen in Uhldingen zu befreien. Er hatte das Handy, bevor er sich in Leons Wohnung schlich, unter dem Fahrersitz deponiert.

Die Kameraden hatten dank Peilung die Koordinaten des Wagens und somit Sven schnell gefunden. Sie wussten, dass er Leon hatte auflauern wollen, und sie hatten klare Anweisung, dass sie nach ihm sehen sollten, wenn er sich nicht bei ihnen meldete. Als er auch die Anrufe nicht angenommen hatte, war ihnen schnell klar geworden, dass er ihre Hilfe brauchte.

Doch kaum hatten sie ihn befreit, musste er sich auch schon wieder von ihnen trennen. Sven wusste, er musste jetzt raus aus Deutschland, er musste abhauen, bevor die Polizei ihn erneut suchte. Morgen um 9 Uhr würde er nicht auf der Polizeiwache antanzen, da wollte er längst weg sein, weg aus Europa.

Deshalb fuhren ihn seine Freunde, wie mit ihrem Gönner Oswald Wohl abgesprochen, zunächst in das Schweizer Grenzgebiet von Beuren. Dort stieg er aus und rannte querfeldein in Richtung Thayngen. Er konnte sich leicht an den Lichtern der Kleinstadt orientieren. Er musste nur auf die andere Seite von Bibern kommen, dort wollte ihn Wohl selbst abholen. Sven glaubte, dass auf Wohl Verlass war. Dieser hatte Beziehungen zu sämtlichen Geheimdiensten, das hatte er ihm bewiesen. Wohl war für Sven längst in der Wichtigkeitsskala an seinem eigenen Opa vorbeigezogen. Früher war der alte Herr sein uneingeschränktes Vorbild gewesen. Seit der jüngsten Aktion aber hatte Sven kapiert, dass Oswald Wohl der wirkliche Chef Gladios war. Nicht nur in Europa, sondern weltweit spann der noble Exbankier die Fäden. Nur er konnte ihn jetzt noch retten.

Sven glaubte, sein illegaler Grenzübertritt wäre dank seines neuen Förderers nur ein Spaziergang.

*

Leon hatte auf der Schweizer Seite der Grenze ein Auto auf das kleine Wachhäuschen zurollen sehen. Er spähte angestrengt, konnte aber nichts Genaues sehen, die Lichter des Wagens waren ausgeschaltet.

Leon instruierte seinen Kameramann, auf jeden Fall draufzuhalten und zu drehen, was ging, sobald sich irgendetwas tat.

Er selbst war mit einer Infrarotkamera ausgestiegen, um sich näher an den Wagen auf der anderen Seite der Grenze heranzupirschen.

Horst Sibold dagegen stand auf der Schweizer Seite und sah auf der deutschen Gemarkung einen Wagen im Dunkeln stehen. Dieser wäre ihm gar nicht weiter aufgefallen, hätte nicht eben die Innenbeleuchtung kurz aufgeflackert.

Er drehte seine Scheibe ein bisschen herunter, um besser sehen zu können.

Plötzlich zischte ein leiser Schuss durch die Ruhe der Nacht. Er war kaum zu vernehmen und nur schwer zu identifizieren. Doch Sibold kannte dieses Geräusch. Er war sich sicher, dass es ein Schuss aus einem Gewehr war.

Auch Leon hatte das Geräusch gehört. Zunächst war er erschrocken. Das Zischen war nicht weit von ihm entfernt gewesen. Doch er war sich nicht sicher, ob es tatsächlich ein Schuss war, dafür war der Knall für ihn nicht eindeutig.

Ein neues Geräusch war lauter und eindeutiger. Eine Maschine wurde gestartet. Leon sprang auf und schaute sich verunsichert um, er wusste nicht, wohin er seine Kamera halten sollte.

Auch der Kommissar hörte das laute Motorengeräusch, stieg, so schnell er konnte, aus seinem alten Omega und drehte sich suchend um die eigene Achse. Woher nur kam das Motorengeräusch?

Der Krach wurde lauter, jetzt konnte man plötzlich Rotorblätter hören. Dann stieg ein Licht auf in den Himmel.

Ein Hubschrauber flog davon.

Der Kommissar rannte über die Straße in Richtung deutscher Grenze und schaute bass erstaunt einem Helikopter nach. Auch Leon kam aus seiner Deckung und rannte zu dem

Zollhäuschen. Fassungslos blickten er und der Kommissar sich an.

»Wer hat geschossen?«, rief Sibold.

»War das ein Schuss?«, fragte Leon unsicher.

»Klar«, antwortete Sibold und zückte sein Handy. Er forderte einen Krankenwagen und weitere Polizeikräfte an.

Leon stand ratlos neben ihm und schaltete die Kamera aus.

»Los, suchen wir«, befahl der Kommissar, »der Schuss muss jemanden getroffen haben, sonst wären die nicht weg.«

Leon verstand noch immer nicht. »Wer wäre sonst nicht weg?«, fragte er irritiert.

»Ich weiß auch nicht, wer das war, aber sicher ist, dass sie ihrem Opfer auflauerten, und sicher ist, dass sie es getroffen haben«, behauptete der Kommissar und rannte in die Richtung, aus der der Schuss offenbar abgefeuert worden war.

Leon hastete zu seinem Kameramann, der fragend neben dem Wagen stand und in den dunklen Himmel filmte. Auch er hatte die Kamera auf Infrarot gestellt gehabt und einfach mal draufgehalten. »Natürlich habe ich den Hubschrauber gedreht«, lachte er, »aber ich glaube, dass das weder ein Filmeinstieg noch ein Filmausstieg ist.«

»Aber vielleicht ein Hinweis, wer hier gerade geballert hat«, antwortete Leon trocken.

Der Kameramann spulte das Band zurück, und gemeinsam sahen sie sich das eben gedrehte Material an. Deutlich war ein Hubschrauber zu sehen, der sich aus dem kleinen Wäldchen neben dem Zollhäuschen erhob. Es war eine kleine Maschine, in der Glaskuppel saßen zwei Menschen, die man aber unmöglich erkennen konnte.

»Sven«, flüsterte eine Stimme hinter den beiden.

Leon drehte sich um und sah den Kommissar, wie er sichtlich

mitgenommen vor ihnen stand. »Sie haben Sven eliminiert«, erklärte Sibold, »so würden die das wohl ausdrücken.«

»Wer, sie?«, fragte Leon argwöhnisch.

»Was weiß ich«, gab der Kommissar müde zur Antwort, »Stehle, Wohl, Gladio oder vielleicht sogar unser eigener Geheimdienst? Was wissen wir? Höhere Ebene, wird der Staatsanwalt uns gleich anweisen. Wiesbaden oder Pullach wird den Fall an sich reißen. Wir werden da schnell raus sein und werden kaum alles erfahren.«

Leon war frustriert. Seine Story war geplatzt. Von wegen spannende Räuberpistole entlang der deutsch-schweizerischen Grenze. Die Geschichte der Goldschmuggler hatte keinen deutlichen Anfang und kein klärendes Ende. Offiziell gab es keine wirklichen Guten und keine wahren Bösen, die er ohne juristisches Nachspiel der Öffentlichkeit hätte präsentieren können. Bernd und Sven waren tot, Joseph Stehle war ein alter, gebrochener Mann, und Oswald Wohl saß längst wieder in Rio de Janeiro in seiner Villa über dem blauen Strand der Copacabana. Er hatte schon am Tag vor Svens Tod die Schweiz verlassen. Dabei hatte er sich zum Ende hin tatsächlich als der verbrecherische und clevere Strippenzieher im Hintergrund herausgestellt.

Nach allem, was Hauptkommissar Horst Sibold noch hatte von Amts wegen ermitteln dürfen, galt als sicher: Oswald Wohl hatte Joseph Stehle von Rio aus beauftragt, alle seine Konten bei der Zürcher Bankgenossenschaft zu leeren. Seine Schätze sollten ohne Aufsehen aus der Schweiz transferiert werden. Dies bestätigte Joseph Stehle offiziell während den Vernehmungen zu Svens Tod. Mehr nicht.

Inoffiziell, das heißt außerhalb des amtlichen Protokolls, hatte Sibold unter vier Augen von Stehle weitere Einzelheiten erfahren. Dabei stellte sich heraus, dass Wohl der deutschen Sektion der Gladio-Gruppe den Auftrag erteilt hatte, alles Gold und Geld seiner Konten in der Schweiz schnellstmöglich in Deutschland in den Aufbau einer geheimen Abhörorganisation zu investieren. Der deutsche Geheimdienst wollte die Gelder über eine Berliner Sicherheitsfirma direkt an rekrutierte Telekom-Mitarbeiter weiterleiten. Diese hatten für einen unkomplizierten, digitalen Zugriff auf die Vorratsdaten ihrer Kunden zu sorgen. Gladio wollte dadurch in der Lage sein, den gesamten Telekommunikationsverkehr, und damit natürlich auch gezielt E-Mails, jederzeit abhören bzw. lesen zu können. Nach dem Vorbild der italienischen Gladiozelle sollten so schon bald in Zusammenarbeit mit allen Geheimdiensten der NATO die Telekommunikationsnetze des gesamten Europäischen Telefonverkehrs abgehört werden können. Gleichzeitig wurde auf EU-Ebene das Gesetz zur Vorratsdatenspeicherung der Telekommunikationsunternehmen neu geregelt. Alle Telekommunikationsdaten mussten in allen Telekommunikationsunternehmen mindestens sechs Monate zur Einsicht für die Polizei und Geheimdienste gespeichert werden. Aber nicht nur auf die gespeicherten, sondern auch auf Echtzeit-Gespräche wollte Gladio sich einen eigenen Zugang über die Server der Telekom verschaffen. Joseph Stehle hatte schließlich Sibold, nachdem er diese Fakten als Bilanz nach ihrem Gesprächs geordnet hatte, nicht widersprochen. ›No comment!‹, hatte er niedergeschlagen und nur noch schwach gehaucht. Ein unbrauchbares Geständnis für Sibolds Vermutungen, mit dem er nichts anfangen konnte. Als Polizeibeamter hatte für ihn dieses Gespräch gar nicht stattgefunden, da er es erstens allein geführt hatte, und zweitens das Ergebnis niemand hören wollte.

Ebenfalls nicht für die Öffentlichkeit war auch der weitere Teil des Gesprächs zwischen dem Hauptkommissar und Stehle. Die Verbindung zu Gladio hatte der ehemalige Reichsbahnschaffner eingestanden, doch er verwies jede Teilnahme an dem missglückten Bombenanschlag in Köln in den Bereich der ›linken Spinnereien‹. Mit einem Anflug von Stolz quittierte er Sibolds Mutmaßungen: ›Wenn wir den Anschlag wirklich geplant gehabt hätten, dann wäre er nicht gescheitert!‹, lächelte er kraftlos. So blieb es auch offiziell dabei: Der junge Palästinenser der Uni Konstanz hatte unter Führung al-Qaidas gearbeitet, die Bombe hatte er sich aus rechtsradikalen Kreisen besorgt. Ohne Zweifel stammte sie aus dem Arsenal von Sven Vierneisel. Die deutsche Öffentlichkeit war erleichtert, dass die Polizei den vermeintlichen Palästinenser schnell überführt hatte, an dieser Version durfte es öffentlich keinen Zweifel geben. Staatstragend blieb das Ergebnis. Weitere Sicherheitsgesetze im Kampf gegen den internationalen Terrorismus passierten ungehindert den Bundestag.

Erfolgreich der Öffentlichkeit dargestellt wurde auch die schnelle Überführung des Mörders von David Gloger. Die Spurenermittlung hatte klar ergeben, dass im Keller der Familie Vierneisel die Bomben gebaut worden waren. Die beiden in Köln sichergestellten sowie auch die, mit der David Gloger getötet wurde. Dies belegten die Spuren, die Sven Vierneisel als Einzeltäter des tödlichen Anschlags auf David überführten. So bewiesen außerdem Fingerabdrücke und DNA-Spuren, dass Sven den grünen Polo aus der Garage seines Nachbarn entwendet und in diesem Wagen die tödliche Fracht neben David Glogers Mietauto geparkt hatte. Als Motiv sah die Polizei den rechtsradikalen Hintergrund des jungen Täters und David Glogers Einsatz im Kampf um jüdisches Kapital auf Schweizer Konten.

Die direkte Verbindung des Familienschatzes der Glogers zu Oswald Wohl oder gar zu Joseph Stehle verschwieg die Polizei. Stattdessen wurde offiziell erklärt: Sven Vierneisel habe sich mit seinem Bruder Bernd unrechtmäßig an den Konten eines Freundes des Großvaters vergriffen, der unbescholten in Brasilien lebte und in seinem hohen Alter die Code-Nummern seiner Schweizer Konten dem Großvater der beiden Vierneisel-Brüder anvertraut hatte. Die beiden Brüder hatten die Codes entwendet und die Schweizer Konten unrechtmäßig geplündert. Nach ihrer Festnahme in Singen habe sich der ältere, sensible Bruder Bernd nach der Tat im Gefängnis erhängt. Sven dagegen sei jetzt vermutlich von al-Qaida als möglicher Zeuge für die Bombenlieferung an ihren palästinensischen Mittäter liquidiert worden. Vielleicht auch, mutmaßten die Terroristenfahnder des BKA, weil die Lieferung von Sven schadhaft war und der Zeitzünder versagt hatte. ›Vielleicht eine der besten Taten des Sven Vierneisel‹, hatte Fridolin Möhrle zum Ende der Pressekonferrenz süffisant angemerkt.

›Hoorig, hoorig, hoorig isch die Katz …‹, die Fastnachtszeit stand vor der Tür. Die Frage: ›Wolle-mer-se-reilasse?‹ stellte sich am Bodensee noch nie. Die Zeitungen waren zu Beginn des neues Jahres voll von Poppele und Hänsele und Hemdgloncker. Wer wollte jetzt noch einem Sven Vierneisel nachtrauern, der doch irgendwie seine gerechte Strafe bekommen hatte. Nur ein kleiner Pulk seiner schwarzen Kampfgenossen stand an seinem Grab, als er in Singen, neben seinem Bruder Bernd, in der noch weichen Erde, ebenfalls beerdigt wurde. Mutter Mechthilde reichte die Nacht längst nicht mehr allein zum Weinen, sie schluchzte hemmungslos und laut. Großvater Joseph Stehle verkroch sich hinter heruntergelassenen Jalousien in seiner noblen Villa bei Meersburg. Er haderte mit sich und seinem Leben. Er hatte bis vor wenigen Wochen immer geglaubt, sein Leben im Griff gehabt zu haben. Doch nun zum Ende hin entglitten ihm seine Zuversicht und Kraft. Er fand kaum noch Ruhe, war tagsüber hundemüde und konnte nachts kaum schlafen. Seit Wochen lief vor seinen Augen immer wieder der gleiche Film ab. Seit er in das Gesicht von David Gloger geblickt hatte, war ihm Katharina so nah, wie seit über 60 Jahren nicht mehr. Zunächst konnte er die Bilder aus seinem Kopf verbannen, doch seit Svens Tod war er ohne Unterbrechung einer wilden Bildercollage seines Lebens ausgeliefert. Dabei hatte er schon längst alle begraben geglaubt, doch plötzlich waren sie wie Geister zurückgekehrt: John Carrington, Luise Levi und vor allem Katharina Gloger. Die Bilder sprachen zu ihm, quälten ihn, stürzten ihn in Gewissenskonflikte. Doch er hielt stand.

Er sah sich im Herbst 1943 vor dem Hotel Central in Singen stehen, er erinnerte sich, wie er an der Pforte vorbeihuschte und Katharina in ihrem Zimmer aufsuchte. Er war einfach eingetreten. Ohne Umschweife hatte er ihr seine Hilfe angeboten. Es war ihm klar, dass sie flüchten wollte. Deshalb war sie schließlich zu diesem Pfaffen gerannt, von dem man munkelte, dass er Flüchtlingen half. Er hatte den Braten schnell gerochen. Deutlich hatte er ihr klar gemacht, dass sie nicht länger als eine Nacht in dem Hotel bleiben könnte. Er musste sie in seine Abhängigkeit zwingen, nur so hatte er die Chance gesehen, an den Inhalt des Koffers zu gelangen. Der Stadtpfarrer hatte ihr geraten sich zu verstecken und in zwei Tagen wieder bei ihm nachzufragen. Sie ging daraufhin schnurstracks in das Hotel, musste sich aber natürlich an der Rezeption mit ihren Papieren anmelden. Das sprach für Stehles Plan, denn es war nur eine Frage der Zeit, bis die Polizei sie überprüfen würde. Ohne lange zu überlegen hatte er ihr ein Versteck angeboten. Sie hatten bis weit nach Mitternacht gewartet, dann brachen sie auf. Er hatte ihr den Koffer tragen wollen, doch sie hatte sich energisch an diesem festgeklammert. Freundschaftlich hatte er ihre andere Hand genommen und sie zum Hinterausgang des noblen Hotels geführt. Hastig schlichen sie durch die verdunkelte Stadt, vom Hotel aus über die Bahngleise in die Siedlung, in der er wohnte. Schnell schloss er die Haustür auf und schob sie in den dunklen Flur. Es war nicht ungefährlich, was er da trieb. Er, Joseph Stehle, einer der überzeugtesten Nationalsozialisten, die in Singen wohnten, gewährte einer Jüdin Unterschlupf. Doch Joseph Stehle alias Stalin hatte Geld gerochen.

Katharina hielt noch immer ihren Koffer fest, während Stehle sie die Stufen in den ersten Stock des kleinen Häuschens bugsierte. Im oberen Flur befanden sich zwei Zimmer. Das eine war das Schlafzimmer, im anderen schlief Töchterchen Mechthilde. Josef Stehle ergriff einen Eisenring in der Decke und zog eine eingebaute Treppe herunter. Wacklig hingen die Stufen, die auf die Bühne hinaufführten, in der Luft. Katharina hatte ihn unschlüssig angesehen, es war stockdunkel. Trotzdem hatte er den ängstlichen Ausdruck in ihren Augen gesehen. Kurz entschlossen packte er das junge Mädchen, legte seine großen Hände unter ihre Arschbacken und schob sie mit festem Druck die Stufen hoch. Bei dieser Erinnerung huschte seit Tagen wieder einmal ein flüchtiges Lächeln über das alt gewordene, bärbeißige und griesgrämige Gesicht des alten Mannes. Er dachte an diesen festen Arsch des Judenmädchens, den er damals in den Händen hielt. Er sah ihre kleinen, festen Brüste vor sich und erinnerte sich, wie er sie auf dem Speicher fast jede Nacht genommen hatte. Schon bald hatte ihm dieses stolze Mädchen aus der Hand gefressen, lachte er bei den Bildern, die er jetzt vor seinen Augen sah, in sich hinein. Josef Stehle wollte diese Erinnerungen auskosten, wohlig schmiegte er sich in seinen Sessel, da erfasste ihn ein schmerzhafter Hustenanfall. Er spürte ein Stechen in seiner linken Brust. Er keuchte und röchelte, schob seine rechte Hand zum Herzen und massierte es. Er wollte an Katharinas Busen denken, diese junge, feste, zarte Brust, doch schon sah er wieder ihre Augen vor sich und hörte ihre letzten Worte: ›Wir sehen uns drüben!‹, hatte sie gelacht, ›drüben in der Schweiz oder drüben in einem anderen Leben.‹

Zwei Wochen hatte er sie versteckt. Glücklicherweise war er in dieser Zeit fast täglich zu Hause. Er besuchte damals alle Parteiversammlungen. Er zeigte sich mehr denn je als aufrechter Parteigenosse. Er wetterte gegen die Russen, Amerikaner und gegen die Juden erst recht. Denn sie waren es, die das Reich zerstören wollten, und nun hatte eine dieser jüdischen Schlampen auch ihn in diese missliche Situation gebracht. Das warf er Katharina heute noch genau so überzeugt vor wie damals. Sie hatte Schuld, dass er kaum mehr schlafen konnte. Sie hatte Schuld, dass er sich plötzlich in einem Gewissenskonflikt befand, und was wäre gewesen, wenn man sie auf seinem Speicher entdeckt hätte? Seine Frau war die Erste, die ihn zur Rede gestellt hatte. Wegen Mechthilde, hatte sie gesagt, doch er wusste, warum. Aber er war der Mann im Haus. Kaum ging Mechthilde ins Bett, hatte er auch seine Frau ins Schlafzimmer geschickt und war selbst mit einem kleinen Teller Proviant auf die Bühne hinauf gestiegen. Er hatte Katharina eine Matratze auf den Bretterboden gelegt, auf der sie fast den ganzen Tag schlief.

Stehen konnte sie wegen der geringen Raumhöhe kaum. Deshalb hatte er sich immer zu ihr gelegt, alles Weitere hatte sich ergeben. Seine Frau tröstete er mit den Worten: ›Sie ist doch nur eine Jüdin.‹

Das Stechen in seiner Brust war jetzt auf der rechten Seite deutlicher zu spüren. Zu allem Überfluss fiel ihm das Atmen immer schwerer. Mühsam quälte er sich aus seinem Sessel und schlurfte schweren Schrittes Richtung Terrasse. Er wollte das große Fenster öffnen, schaute auf den See, sah aber schon wieder Katharina vor sich. Ihr rötlichen, langen Lockenhaare, ihr blasses Gesicht, ihre Ansammlung dunkler Sommersprossen auf ihrem Nasenrücken. Sie hatte ihn fast täglich angefleht, zu dem Pfarrer zu gehen. Sie hielt ihr Gefängnis, wie sie schon bald ihr Versteck nannte, nicht mehr aus. Doch der Pfarrer hatte ihm zunächst misstraut. Es sollte dauern, bis er mit konkreten Fluchtplänen herausrückte. Bis dahin musste er sie überzeugt haben, dass sie ihm den Koffer überließ. Er bot ihr an, einen Teil ihres Reisegepäcks zu übernehmen. »Befreie dich von allem, was zu schwer ist«, hatte er ihr geraten, »du darfst dich nicht mit unnötigem Gepäck belasten.«

Einen Tag vor ihrer Flucht hatte sie schließlich eingewilligt und ihm ihren Schatz anvertraut. Er hatte die Geldbündel, und die Schmuckstücke in Butterbrotpapier gewickelt und in seine Arbeitstasche gesteckt. Er hatte ihr genau erklärt, warum er nur kleine Gegenstände in der Zwischenwand in seinem Dienstabteil schmuggeln konnte, aber unmöglich Menschen. Sie war davon überzeugt, dass Stehle, im Falle eines Scheiterns ihres Grenzübertritts, das Guthaben der Familie zurückgeben werde. ›Wenn dann der Hitler hängt‹, hatte sie gesagt. Stehle zwang sich, bei diesen Worten ruhig zu bleiben. Er glaubte damals noch fest an den Endsieg und an Hitler als großen Feldherrn. Am 8. November 1943 war Katharina Gloger tot. Die Meldung war für Joseph Stehle wie eine Erlösung gewesen. Die Tage zuvor war er durch die Hölle gegangen. Zunächst wurde bekannt, dass eine Jüdin beim Fluchtversuch am Grenzübergang Wiechs gestellt worden sei. Einen Tag später meldete die ›Bodensee-Rundschau‹, dass die beiden Pfarrer August Ruf aus Singen und Eugen Weiler aus Wiechs am Randen wegen Fluchthilfe verhaftet worden seien. Als Nächstes, fürchtete Stehle, sei er an der Reihe. Jeden Tag konnten sie kommen. Katharina war zu jung und zart, als dass sie den Verhörmethoden auf Dauer hätte stand halten können. Ihr Selbstmord war seine Befreiung und auch eine Bestätigung für ihn: Sie war eine Jüdin und ziemlich verlogen!

Er sah den Grenzübergang 1943 vor sich und den Grenzübergang nach der Verhaftung seiner beiden Enkel vor wenigen Wochen. Er sah Sven und schon wieder Katharina mit ihren herrlichen, leuchtenden Augen. Er erinnerte sich plötzlich ganz genau, wie er in den Kriegstagen mit seinem Fahrrad an diesen Grenzübergang bei Wiechs gefahren war. Katharina wurde genau an der gleichen Stelle von den Schweizer Zöllnern der Gestapo übergeben, wo seine Jungs angehalten worden waren. Joseph Stehle schnappte nach Luft. Es schien ihm alles wie ein böser Zufall, oder war es ein perfider Plan? Die Bilder des Grenzübergangs von 1943 und heute sowie Bilder von Katharina, David, Sven und Bernd flossen ineinander.

Dazu tauchte nun Oswald Wohl vor ihm auf. Er sah ihn in seiner Bank im November 1943, als er ihn bat, den Schatz von Katharina Gloger zu deponieren. Nicht auf ein Nummernkonto, nicht auf seinen Namen, sondern auf den Namen von Katharina. Und jetzt sah er wieder dieses hämische

Grinsen des jungen Bankchefs vor sich: ›Stalin‹, hatte dieser damals gelacht, und ihn mit einem breiten Schweizer Slang angepflaumt: ›Äxgüsi, hätts dir uf d'Zündschnur grägnet?‹ Und dann hatte er überaus ernst und mit Nachdruck klargestellt: ›Die Grenzen sind dicht, das Boot ist voll!‹ Doch Katharinas Fluchtweg schien offen, hatte er, Stalin, damals ganz sicher geglaubt. Immer wieder hatte man in Singen von Flüchtenden gemunkelt, denen der Pfarrer einen Weg durch die Wälder des Randens gewiesen haben soll. Und tatsächlich, erinnerte sich Stehle, Katharina war ja schon auf Schweizer Staatsgebiet, als sie von Schweizer Zöllnern aufgegriffen wurde. Erst die Schweizer Zöllner hatten sie angehalten und sie nach ihren Papieren gefragt. Pech für deutsche Flüchtlinge. Ohne amtliche Ausreisepapiere der deutschen Behörden führte ihr Weg zu dieser Zeit ohne Chancen wieder zurück nach Deutschland. Die Schweizer Zöllner machten im Falle Katharinas kurzen Prozess. Sie ersparten sich lange Formalitäten. Sie hielten die junge Frau fest, riefen über den Schlagbaum ihren deutschen Kollegen zu, warum sie ihre Grenze nicht besser beaufsichtigen würden und übergaben Katharina ohne langes Verwaltungsverfahren der Gestapo. In der ›Bodensee-Rundschau‹ war ihr Fall dokumentiert. Stehle erinnerte sich an die Schlagzeilen. Sie hatten ihm auf den Magen geschlagen. Er sah wieder Oswald Wohl vor sich. Jetzt erst wurde ihm klar, was der junge Bankdirektor damals meinte mit: ›Die Grenzen sind dicht.‹ Die Schweizer Grenzen! hatte er gemeint, wurde Stehle klar. Deshalb ging die Flucht Katharinas schief. Das konnte verdammt nochmal kein Zufall sein! Joseph Stehle wurde es schwindelig. Die Bilder schwirrten immer schneller in seinem Kopf herum. Er suchte Halt, setzte sich auf den Couchtisch, warf die Schachfiguren auf den Boden, sah den alten Bankdirektor während seines letzten Besuchs in seinem Wohnzimmer vor sich stehen, und hörte, wie er lachte, als er ihm Katharina ins Gedächtnis rufen wollte: ›Wenn ich mich an alle deine Frauengeschichten erinnern wollte.‹ Verdammt, er hatte sich erinnert, und wie! Und wie damals Katharina hatte er heute auch seine Enkel am gleichen Grenzübergang den Behörden ausgeliefert. ›Das Boot ist voll!‹

Joseph Stehle wurde klar, dass Oswald Wohl in beiden Fällen die Schweizer Grenzer zur besonderen Aufmerksamkeit angestachelt hatte. Er hatte ihm von Katharinas Fluchtweg über den Randen erzählt. Und Wohl hat daraufhin dafür gesorgt, dass Katharina gar nicht ankommen konnte. Und er hatte gewusst, dass Bernd und Sven mit ihrem Bankguthaben bei Wiechs die Grenze passieren sollten. Joseph Stehle schob mit dem Fuß den auf den Boden liegenden König von sich. Er legte sich müde auf die Couch. Er wollte alle diese Bilder nicht mehr länger sehen. Er hatte zu viel verloren, wurde ihm erneut klar. Er schloss für immer die Augen.

Leon hatte noch versucht, mit Anfragen und Interviews im Verteidigungsministerium und im Bundeskanzleramt Näheres zum Thema Gladio zu erfahren. Es wurde ihm bestätigt, dass sich eine Geheimgruppe des BND, zusammen mit den Bündnispartnern, natürlich auch um innenpolitische Sicherheit und Stabilität bemühe. »Aber«, flüsterte ihm ein Staatssekretär zu, »wenn man darüber Bescheid wüsste, wäre der Geheimdienst ja kein Geheimdienst mehr.«

Offiziell hatte sich kein Ministerium für zuständig erklärt.

»Die Existenz einer NATO-Geheimgruppe Gladio ist nicht bekannt, dies können Sie gerne zitieren«, war ihm im Verteidigungsministerium erklärt worden.

Daraufhin hatte Leon sich endgültig entschieden, seinen

eigentlichen Auftrag auszuführen, mit dem er Geld verdiente. Er drehte seinen Reisebericht entlang der deutschschweizerischen Staatsgrenze, ganz genau so, wie sein Redakteur dies von Anbeginn an gewollt hatte. Er interviewte Menschen, die entlang der Grenze wohnten und arbeiteten, und zeigte die Exklave Büsingen als ein Novum deutscher Grenzgeschichte. In nur zwei Wochen war er mit den Dreharbeiten fertig, weitere zwei Wochen später mit dem Schnitt der gesamten halbstündigen Dokumentation.

Danach flog er mit Lena nach Südafrika. Sie hatte sich erstaunlich schnell von ihren Strapazen erholt. Ihre Haare begannen schon wieder zu wachsen und ihre Augen zu leuchten. Lachend strahlte sie ihn an: »Ich dachte, du bist wegen des Sees hierher gezogen, und jetzt willst du schon wieder weg?«

»Ja«, antwortete Leon cool, »warum sonst hätte ich an den Bodensee kommen sollen? Aber manchmal muss man auch Platz machen, damit andere sehen können, wie schön es hier am See ist!«

ENDE

Dank meiner Lektorin, Claudia Senghaas, die das Manuskript aus unzähligen Zusendungen an ihren Verlag herausgefischt hat und so bearbeitete, dass es zu einem lesenswerten Kriminalroman wurde.

Das neue KrimiJournal ist da!
**2 x jährlich das Neueste
aus der Gmeiner-Krimi-Bibliothek**

In jeder Ausgabe:

- Vorstellung der Neuerscheinungen
- Hintergrundinfos zu den Themen der Krimis
- Interviews mit den Autoren und Porträts
- Allgemeine Krimi-Infos
- Großes Gewinnspiel mit ›spannenden‹ Buchpreisen

*ISBN 978-3-89977-950-9
kostenlos erhältlich in jeder Buchhandlung*

KrimiNewsletter
Neues aus der Welt des Krimis

Haben Sie schon unseren KrimiNewsletter abonniert?
Alle zwei Monate erhalten Sie per E-Mail aktuelle Informationen aus der Welt des Krimis: Buchtipps, Berichte über Krimiautoren und ihre Arbeit, Veranstaltungshinweise, neue Krimiseiten im Internet, interessante Neuigkeiten zum Krimi im Allgemeinen.
Die Anmeldung zum KrimiNewsletter ist ganz einfach. Direkt auf der Homepage des Gmeiner-Verlags (www.gmeiner-verlag.de) finden Sie das entsprechende Anmeldeformular.

Ihre Meinung ist gefragt!
Mitmachen und gewinnen

Wir möchten Ihnen mit unseren Krimis immer beste Unterhaltung bieten. Sie können uns dabei unterstützen, indem Sie uns Ihre Meinung zu den Gmeiner-Krimis sagen! Senden Sie eine E-Mail an gewinnspiel@gmeiner-verlag.de und teilen Sie uns mit, welches Buch Sie gelesen haben und wie es Ihnen gefallen hat. Alle Einsendungen nehmen automatisch am großen Jahresgewinnspiel mit ›spannenden‹ Buchpreisen teil.

Wir machen's spannend

Alle Gmeiner-Autoren und ihre Krimis auf einen Blick

ANTHOLOGIEN: Tödliche Wasser • Gefährliche Nachbarn • Mords-Sachsen 3 • Tatort Ammersee (2009) • Campusmord (2008) • Mords-Sachsen 2 (2008) • Tod am Bodensee • Mords-Sachsen (2007) • Grenzfälle (2005) • Spekulatius (2003) **ARTMEIER, HILDEGUND:** Feuerross (2006) • Katzenhöhle (2005) • Drachenfrau (2004) **BAUER, HERMANN:** Karambolage (2009) • Fernwehträume (2008) **BAUM, BEATE:** Ruchlos (2009) • Häuserkampf (2008) **BECK, SINJE:** Totenklang (2008) • Duftspur (2009) • Einzelkämpfer (2005) **BECKMANN, HERBERT:** Die indiskreten Briefe des Giacomo Casanova (2009) **BLATTER, ULRIKE:** Vogelfrau (2008) **BODE-HOFFMANN, GRIT / HOFFMANN, MATTHIAS:** Infantizid (2007) **BOMM, MANFRED:** Glasklar (2009) • Notbremse (2008) • Schattennetz • Beweislast (2007) • Schusslinie (2006) • Mordloch • Trugschluss (2005) • Irrflug • Himmelsfelsen (2004) **BONN, SUSANNE:** Der Jahrmarkt zu Jakobi (2008) **BOSETZKY, HORST (-KY):** Unterm Kirschbaum (2009) **BUTTLER, MONIKA:** Dunkelzeit (2006) • Abendfrieden (2005) • Herzraub (2004) **BÜRKL, ANNI:** Schwarztee (2009) **CLAUSEN, ANKE:** Dinnerparty (2009) • Ostseegrab (2007) **DANZ, ELLA:** Kochwut (2009) • Nebelschleier (2008) • Steilufer (2007) • Osterfeuer (2006) **DETERING, MONIKA:** Puppenmann • Herzfrauen (2007) **DÜNSCHEDE, SANDRA:** Friesenrache (2009) • Solomord (2008) • Nordmord (2007) • Deichgrab (2006) **EMME, PIERRE:** Pasta Mortale • Schneenockerleklat (2009) • Florentinerpakt • Ballsaison (2008) • Tortenkomplott • Killerspiele (2007) • Würstelmassaker • Heurigenpassion (2006) • Schnitzelfarce • Pastetenlust (2005) **ENDERLE, MANFRED:** Nachtwanderer (2006) **ERFMEYER, KLAUS:** Geldmarie (2008) • Todeserklärung (2007) • Karrieresprung (2006) **ERWIN, BIRGIT / BUCHHORN, ULRICH:** Die Herren von Buchhorn (2008) **FOHL, DAGMAR:** Das Mädchen und sein Henker (2009) **FRANZINGER, BERND:** Leidenstour (2009) • Kindspech (2008) • Jammerhalde (2007) • Bombenstimmung (2006) • Wolfsfalle • Dinotod (2005) • Ohnmacht • Goldrausch (2004) • Pilzsaison (2003) **GARDEIN, UWE:** Die Stunde des Königs (2009) • Die letzte Hexe – Maria Anna Schwegelin (2008) **GARDENER, EVA B.:** Lebenshunger (2005) **GIBERT, MATTHIAS P.:** Eiszeit • Zirkusluft (2009) • Kammerflimmern (2008) • Nervenflattern (2007) **GRAF, EDI:** Leopardenjagd (2008) • Elefantengold (2006) • Löwenriss • Nashornfieber (2005) **GUDE, CHRISTIAN:** Homunculus (2009) • Binärcode (2008) • Mosquito (2007) **HAENNI, STEFAN:** Narrentod (2009) **HAUG, GUNTER:** Gössenjagd (2004) • Hüttenzauber (2003) • Tauberschwarz (2002) • Höllenfahrt (2001) • Sturmwarnung (2000) • Riffhaie (1999) • Tiefenrausch (1998) **HEIM, UTA-MARIA:** Wespennest (2009) • Das Rattenprinzip (2008) • Totschweigen (2007) • Dreckskind (2006) **HUNOLD-REIME, SIGRID:** Schattenmorellen (2009) • Frühstückspension (2008) **IMBSWEILER, MARCUS:** Altstadtfest (2009) • Schlussakt (2008) • Bergfriedhof (2007) **KARNANI, FRITJOF:** Notlandung (2008) • Turnaround (2007) • Takeover (2006) **KEISER, GABRIELE:** Gartenschläfer (2008) • Apollofalter (2006) **KEISER, GABRIELE / POLIFKA, WOLFGANG:** Puppenjäger (2006) **KLAUSNER, UWE:**

Wir machen's spannend

Alle Gmeiner-Autoren und ihre Krimis auf einen Blick

Pilger des Zorns • Walhalla-Code (2009) • Die Kiliansverschwörung (2008) • Die Pforten der Hölle (2007) **KLEWE, SABINF:** Die schwarzseidene Dame (2009) • Blutsonne (2008) • Wintermärchen (2007) • Kinderspiel (2005) • Schattenriss (2004) **KLÖSEL, MATTHIAS:** Tourneekoller (2008) **KLUGMANN, NORBERT:** Die Adler von Lübeck (2009) • Die Nacht des Narren (2008) • Die Tochter des Salzhändlers (2007) • Kabinettstück (2006) • Schlüsselgewalt (2004) • Rebenblut (2003) **KOHL, ERWIN:** Willenlos (2008) • Flatline (2007) • Grabtanz • Zugzwang (2006) **KÖHLER, MANFRED:** Tiefpunkt • Schreckensgletscher (2007) **KOPPITZ, RAINER C.:** Machtrausch (2005) **KRAMER, VERONIKA:** Todesgeheimnis (2006) • Rachesommer (2005) **KRONENBERG, SUSANNE:** Rheingrund (2009) • Weinrache (2007) • Kultopfer (2006) • Flammenpferd (2005) **KURELLA, FRANK:** Der Kodex des Bösen (2009) • Das Pergament des Todes (2007) **LASCAUX, PAUL:** Feuerwasser (2009) • Wursthimmel • Salztränen (2008) **LEBEK, HANS:** Karteileichen (2006) • Todesschläger (2005) **LEHMKUHL, KURT:** Nürburghölle (2009) • Raffgier (2008) **LEIX, BERND:** Fächertraum (2009) • Waldstadt (2007) • Hackschnitzel (2006) • Zuckerblut • Bucheckern (2005) **LOIBELSBERGER, GERHARD:** Die Naschmarkt-Morde (2009) **MADER, RAIMUND A.:** Glasberg (2008) **MAINKA, MARTINA:** Satanszeichen (2005) **MISKO, MONA:** Winzertochter • Kindsblut (2005) **MORF, ISABEL:** Schrottreif (2009) **MOTHWURF, ONO:** Taubendreck (2009) **OTT, PAUL:** Bodensee-Blues (2007) **PELTE, REINHARD:** Inselkoller (2009) **PUHLFÜRST, CLAUDIA:** Rachegöttin (2007) • Dunkelhaft (2006) • Eiseskälte • Leichenstarre (2005) **PUNDT, HARDY:** Deichbruch (2008) **PUSCHMANN, DOROTHEA:** Zwickmühle (2009) **SCHAEWEN, OLIVER VON:** Schillerhöhe (2009) **SCHMITZ, INGRID:** Mordsdeal (2007) • Sündenfälle (2006) **SCHMÖE, FRIEDERIKE:** Fliehganzleis • Schweigfeinstill (2009) • Spinnefeind • Pfeilgift (2008) • Januskopf • Schockstarre (2007) • Käfersterben • Fratzenmond (2006) • Kirchweihmord • Maskenspiel (2005) **SCHNEIDER, HARALD:** Erfindergeist • Schwarzkittel (2009) • Ernteopfer (2008) **SCHRÖDER, ANGELIKA:** Mordsgier (2006) • Mordswut (2005) • Mordsliebe (2004) **SCHUKER, KLAUS:** Brudernacht (2007) • Wasserpilz (2006) **SCHULZE, GINA:** Sintflut (2007) **SCHÜTZ, ERICH:** Judengold (2009) **SCHWAB, ELKE:** Angstfalle (2006) • Großeinsatz (2005) **SCHWARZ, MAREN:** Zwiespalt (2007) • Maienfrost • Dämonenspiel (2005) • Grabeskälte (2004) **SENF, JOCHEN:** Knochenspiel (2008) • Nichtwisser (2007) **SEYERLE, GUIDO:** Schweinekrieg (2007) **SPATZ, WILLIBALD:** Alpendöner (2009) **STEINHAUER, FRANZISKA:** Wortlos (2009) • Menschenfänger (2008) • Narrenspiel (2007) • Seelenqual • Racheakt (2006) **SZRAMA, BETTINA:** Die Giftmischerin (2009) **THÖMMES, GÜNTHER:** Das Erbe des Bierzauberers (2009) • Der Bierzauberer (2008) **THADEWALDT, ASTRID / BAUER, CARSTEN:** Blutblume (2007) • Kreuzkönig (2006) **VALDORF, LEO:** Großstadtsumpf (2006) **VERTACNIK, HANS-PETER:** Ultimo (2008) • Abfangjäger (2007) **WARK, PETER:** Epizentrum (2006) • Ballonglühen (2003) • Albtraum (2001) **WILKENLOH, WIMMER:** Poppenspäl (2009) • Feuermal (2006) • Hätschelkind (2005) **WYSS, VERENA:** Todesformel (2008) **ZANDER, WOLFGANG:** Hundeleben (2008)

Wir machen's spannend